国家社科基金
GUOJIA SHEKE JIJIN HOUQI ZIZHU XIANGMU
后期资助项目

宋代宰相制度研究

A Study on System of Prime Minister in Song Dynasty

田志光　著

社会科学文献出版社
SOCIAL SCIENCES ACADEMIC PRESS (CHINA)

国家社科基金后期资助项目
出版说明

后期资助项目是国家社科基金设立的一类重要项目，旨在鼓励广大社科研究者潜心治学，支持基础研究多出优秀成果。它是经过严格评审，从接近完成的科研成果中遴选立项的。为扩大后期资助项目的影响，更好地推动学术发展，促进成果转化，全国哲学社会科学工作办公室按照"统一设计、统一标识、统一版式、形成系列"的总体要求，组织出版国家社科基金后期资助项目成果。

全国哲学社会科学工作办公室

研究动态历史中的制度

——《宋代宰相制度研究》序

王瑞来

　　"没有规矩，不成方圆"。规矩为方圆所设，方圆为规矩所限。文明社会是有秩序的社会。秩序的遵守需要有各种规则。各种规则便是人类在社会实践中人为设置的制度或法律。在我看来，中国古代的行政制度犹如一座大厦，框架很早便已构筑定型，后来的调整多是在大厦内部对房间格局的调整。我们看中国传统时代的行政制度，无论是三公九卿制，还是三省六部制，都与《周礼》记载的天地春夏秋冬六官未脱干系。从先秦的王权时代到秦汉以后的皇权时代，几千年来，都是在一座大厦内的改造。大体框架不变，但框架内部却是时代各异，花样翻新。看似拥有一定稳定性的制度，又一直处于变化之中。历史研究的对象是历史上的人与事，而人与事又是特定时空下的各种制度范围内的人与事。因此，制度史的研究，即制度的考证与复原便成为历史研究的基础作业。

　　制度的考证与复原既有宏观的整体操作，也有微观的细部作业。宏观的整体操作，尽管有从《周礼》到"二十四史"史志以及"十通"政书等较为完整的记载，但由于时代的隔膜，以现代话语加以叙述和梳理，依然很有必要。

　　制度史研究，较之宏观的整体操作，微观的细部作业则很有困难。除了宏观的整体操作可资利用的基本文献之外，需要从海量的文献中大海捞针和去伪存真。举个小例子，古代文献中常见有万户侯，宋代官员也有封邑的遗存保留，成为一定级别官员的一种荣誉和福利。那么，食实封一户到底给多少钱？几乎就找不到记载。后来我整理《朝野类要》，才知道"每实封一户，随月俸给二十五文"。有些古代的典章制度，在当时人看来都是不言而喻的常识，但对今天的研究者来说，则相当隔膜。其实，繁杂的古代典章制度，稍稍与实施的时代拉开距离，就连当时的人也不甚了了。比如跟宋太祖之死"烛影斧声"绑在一起的柱斧究竟是什么形状，南宋朱熹就曾慨叹说："物才数年不用，便忘之。祖宗时，升朝官出入有柱斧，其制是水精小斧头子，在轿前。至宣政间方罢之，今人遂不识此物，亦不闻其名矣。"北宋末期业已消失的悬挂柱斧的习俗，时光流逝七八十年，便将人们的记忆冲刷得一干二净，要依赖博学的学者来解释了。物犹如此，何况复杂多变的制度。

宋代的典章制度尤为烦冗，不仅是时过境迁使人忘却，即使是当时处于体制内的官员，如果不是从事跟制度有关的工作，其实也不是十分清楚，而一般官员也懒于去弄清。比如基层官员选人改官，需填写很多文件，都去委托"书铺"这样精通制度规定的专业机构。前面提到的《朝野类要》，就是为这样的从业人员撰写的官制小辞典。因此说，对制度细部的考证与复原极为繁难。这项作业，尽管只是历史研究的基础作业，却是不可或缺的研究，学术含金量相当高。对从事这项艰苦作业的学者，值得致以深深的敬意。

就宋代政治制度来看，宏观的整体考证与复原，从韩国申采湜的《宋代官僚制研究》（1981）、日本梅原郁的《宋代官僚制度研究》（1985），到朱瑞熙的《中国政治制度通史·宋代》（1996），已经有了丰硕的研究成果。然而，就具体制度的考证与复原来看，尽管也已经有了一定的研究积累，但依然存在大面积的空白。可喜的是，一直有学者在终日乾乾地从事这项作业。田志光教授就是其中之一。

我跟志光相识有年，学术交往过从颇多。由于研究宋代的士大夫政治与皇权，所以一直也关注志光对宋代宰辅制度的研究。从中国宋史研究会年会、开封宋史论坛，到日本宋代史研究会，我多次听过志光关于宋代宰辅制度研究的报告。多年如一日，锲而不舍地研究一个题目，犹如向地下钻井，钻得很深，终于涌出滚滚的原油。志光的《宋代宰相制度研究》就是长期钻研积累而成的硕果。

　　选择确定一个课题，需要进行价值评估。研究的意义是否重要，是一个决定性的标尺。志光选定宋代宰相制度作为研究课题，就是一个很见史识的选择。历代历朝的行政机构，不能没有行政首脑。无论宰相的具体名目如何，都是不可或缺的存在。即使是明太祖朱元璋废除了宰相的名目，不久还是出现了内阁首辅大学士这样实际上的宰相。在秦汉以后，大一统的中央集权制下呈现出君主专制形态。在政体上，尽管赋予了皇帝至高无上的地位，但也使皇权更多的是拥有象征意义，给处于行政第一线的首脑宰相留出了较大的权力空间。因此，就使一人之下万人之上的宰相的作用显得分外重要。程颐曾一针见血地指出："天下治乱系宰相。"

　　程颐的话尽管像是泛泛而言，其实更是一种置身在宋代的当下感慨。延续隋唐五代以来崇文的社会潜流，基于历史教训的重文抑武的朝廷政策取向，科举规模扩大的技术性因素等，诸多合力造成了宋代的士大夫政治。唐宋变革也好，宋元变革也罢，无论以什么视点观之，看不见的天崩地裂的中国历史大变局，正是以宋代士大夫政治的形成悄然开启的。不论以后的政治形势如何，士大夫政治在传统中国产生了超越朝代的影响，在中国知识人的意识深层植入了"格物、致知、诚意、正心、修身、齐家、治国、平天下"的遗传基因。与魏晋南北朝时期"王与马共天下"的贵族政治不同，人们多用北宋宰相文彦博的"与士大夫治天下"这句话来形容皇帝与士大夫权力共享的宋代政治现实。士大夫是复数，是一个社会阶层，是一个政治集团。位于这个阶层与集团最顶端的就是宰相。这是因为宋代的宰相很少不是士大夫出身。所以说，程颐的话是置身宋代的当下感慨。"天下治乱系宰相"，从这个视点来看，研究宰相这一士大夫政治的龙头便具有了广泛的意义，是解码宋代政治史的一个重要路向。

　　研究宰相的政治活动，无疑要研究言论行事。不过，研究言论行事，如果不在制度史框架内入手，对宰相制度不甚了解，则会遇到很多拦路虎，不少事实变得不可解，甚或误解。因此，从常识而言，政治史研究须以制度史研究为基础。

　　志光选择这样一个有意义的课题，认定一个方向，拥有明确的目标，咬定青山不放松，对宋代宰相制度的方方面面，都有计划地陆续做了深入细致的研究。对于宋代宰相制度，尽管也有一定的研究积累，但跟宋代政治制度的研究类似，一些论著仅停留于整体的概貌复原，缺乏骨骼以外的丰满血肉。有鉴于此，志光较之仅就主要依据相对完整的文献记载进行的概貌复原，另下了一番苦功夫，考证归纳，进行了制度细部的具体复原。比如，对于宰相这一职务，就分别有本官与兼官以及贴职制度的考述。考述具体到宰相拜任时所带之本官、任期中的本官迁转、罢任时本官的变化等。考察贴职则细分宰执就任前后与特殊执政的贴职，以及贴职的实际职事等。对于宰相本身，又有丁忧起复以及致仕、免谪地等多视角的综合考察。具体复原又是置于历史演进脉络中的历时操作，分别考察有北宋初期宰相权力的配置法则、北宋中后期宰相"取旨"制度、南宋宰相机构改革与职权演变。历史在时空中运行。在历时性考察的同时，还对历史的场域投射有相应的关注，比如对宋代宰相理政场域的演变，就分别考察了北宋元丰改制前的政事堂、北宋元丰改制后的三省都堂以及南宋时期的都堂。

前面讲过，对于烦冗复杂的宋代典章制度，同时代的宋人也少有人可以缕析清楚。志光对于宋代宰相制度的考证复原，不仅关注众所周知的大路货史料，还钩玄索隐，利用了散见于各种典籍中的前人考证成果，这就让复原变得很充实厚重。

在大数据时代，各种数据库的存在让研究者不再对浩如烟海的史料望洋兴叹，数据库延长了人脑的功能，人人都变得博闻强记了。在这种新的研究环境之下，纯粹的资料性考证，学术含金量已经变得很低。论述需要闪耀思想的光芒，而制度的复原考证也需要显现逻辑的力量。观察志光对宋代宰相制度复原考证的归纳，我们可以感受到这种逻辑的力量。志光对宋代宰相制度细部的绵密复原考证，为宋代政治史在一个领域的研究奠定了坚实的基础。除了欣赏考述所显示的逻辑力量，还要感谢志光这部研究论著带给学界的重要贡献。

任何制度，形成出台，是一种固化形态，但在产生之后，并非一成不变。从初具雏形到日臻完备，在实施过程中，或微调或巨变，人事因素、地理因素、时代因素，综合作用其中。特别是行政制度，与政治变化息息相关。观察宋代宰相制度的演变，这种印象尤为强烈。历史本身的动态性质，决定了历史之中相对静态的制度会不断变化。因此，包括研究制度在内的一切历史，都不能抽去特定的背景，去静止考察。制度史研究必须置于特定的时代背景之下，与政治史、经济史、文化史、军事史等相关多学科实现"量子纠缠"，从动中求静。

跟宋代的宰相制度有关，政治与制度纠缠的最为显著的例子就是元丰改制。

元丰改制，从制度建设的层面看，使北宋施行了百余年的中书门下决策体制发生了巨变。

改革的始初推力之一，不能不说是出于锐意改革的宋神宗意志。对于中央决策机制，憧憬唐朝官制的神宗，决意要回归"中书取旨，门下审覆，尚书受而行之"这样《唐六典》所规定的轨道上去。不能否认，这一充满反馈机制的决策程序是一种近乎理想的程序。因此，在士大夫与君主共治的政治环境下，士大夫认可并接受了主要出于皇帝意志的官制改革设想，并具体付诸实施。

跟《周礼》的官制设计一样，三省制其实也是一种理想化的静态设计，犹如在无菌状态下的手术实施。理想的制度一旦付诸实践，加入了人的活动因素，便增加了很大的变数。正是这些变数让理想的制度变形、扭曲，无形中遵循力学原理，为强力所牵引。

元丰改制实施有一个特殊的背景，这个背景便是充满争议的王安石变法。一个理想化的制度投入"多菌"而活跃的党争背景之下，其施行状态可想而知。

士大夫政治的模式是君臣共治。各种政治力量获取皇帝的支持至关重要。元丰改制后，左仆射兼门下侍郎和右仆射兼中书侍郎均为宰相之任。左尊于右，左仆射为首相，右仆射为次相。于是，一个怪现象便出现了。由于右仆射带中书侍郎，有取旨之权，也就是有跟皇帝商议之便，形成反而次相实权重于首相的局面。副相中的中书侍郎，也比门下侍郎有权。

在改制之初，王珪为左仆射，蔡确为右仆射，蔡确实权在握。尽管有三省同进呈取旨的规定，但为蔡确所阻挠，从而实际形成了中书单独取旨的形态。王珪死后，蔡确成为左仆射，韩缜成为右仆射。蔡确明升暗降，失去实权。在党争的背景下，权重的中书侍郎成为各派角逐的对象，看重的是中书省单独取旨权。

理想的制度为党争所利用。

反对呼声过大，各集团势力需要均衡。神宗去世后，实行五年的"中书取旨，门下审覆，尚书受而行之"被事实上废止，实行三省同进拟同取旨。这实际上又回归到改制前的中书门下决策体制上去了。

任何事物都有其存在的理由。神宗执着于三省制，其实是对唐朝制度的误读。"中书取旨，门下审覆，尚书受而行之"，只是停留于《唐六典》书面上的制度设计。按吕公著所言，"唐太宗用隋制，以三省长官共议国政，事无不总，不专治本省事"。可见，《唐六典》的设计并未实际施行，而入宋后的中书门下决策体制，则正是对实际唐制的沿袭。

尽管后来又实行三省同进拟同取旨，元丰改制毕竟造成了中书省权重的势态，因此作为宰相都希望把持住中书侍郎的头衔。这就是宁可做有权的次相，也不愿做权力不大的首相。到了元祐四年，吕公著还有这样的表示。后来，设置平章军国重事和平章军国事，都是为了解决这个问题，对中书省独大进行限制。

元丰改制，对中央决策机制造成了一定的紊乱，也给党争提供了利用的机会。因此，司马光临死写下"乞合中书、门下两省为一"的奏章，他要求道："欲乞依旧令中书、门下通同职业，以都堂为政事堂，每有政事差除及台谏官章奏，已有圣旨三省同进呈外，其余并令中书、门下官同商议签书施行。事大则进呈取旨降敕札，事小则直批状指挥，一如旧日中书门下故事。"

中书门下都堂合议制，是一种集体领导的制度。北宋承袭唐制，实行了一百多年，在元丰改制一时变更之后，又不得不恢复，而到了南宋，则成为不易之制。北宋后期蔡京效仿王安石制置三司条例司，通过另外设置都省讲议司，超越三省，攫取了最高权力。这些对于三省制和中书门下制来说，都是一种变例。但蔡京的长期专权，无疑成为嗣后南宋权相的"榜样"。蔡京开创的是权相的祖宗法。

元丰决策体制改革，呈现出理想与现实的冲突。无论理想还是现实，遵循事物自身规律，顺其自然，方可行远。

上面讲述的制度与政治史"纠缠"的事例，其实也跟志光有关。不仅跟他书中所述有关，还跟多年前的学术交往有关。有一年的宋史年会，志光提交一篇论文，会议组织者请我评议。读了事先传来的论文，我写下了如上议论。苏轼为赵抃作《表忠观碑》，全录赵抃奏疏，不增损一字，仅在其下缀以铭诗。适与内容相关，因效法东坡，亦将评议志光文字移录如上。

志光在宋代宰相制度研究这片园地辛勤耕作多年，成果累累。早在2013 年就出版有 31 万字的专著《北宋宰辅政务决策与运作研究》。这部专著得到宋史学界较高评价，荣获中国宋史研究会的邓广铭学术奖励基金优秀成果三等奖。经过几年的积累，又有了《宋代宰相制度研究》这一力作。

"功夫在诗外"。作为宋史学界为数不多的专注于宋代宰相制度研究的学者，我期待志光在扎实的制度史训练的功底之上，将制度史与政治史嫁接，在广阔的时代背景之下，把制度的演变作为事件史，洞察演变背后的人的因素、事的经纬、时的缘由、地的制约。依托制度史，跳出制度史，考察动态历史中跟制度关联的政治事相。以制度史研究锻炼出的逻辑能力，让历史研究显现更多的思想魅力。

志光嘱予为序，义不可辞，赘言如上。

目　　录

绪　论

　　宋代作为一个文官制度高度发达的朝代，皇帝奉行"与士大夫治天下"的理念，推行文治、重用儒臣的治国方针。宋代士大夫作为治国理政的中坚力量，常以天下为己任，积极入世。其中最具代表性的是王旦、寇准、范仲淹、富弼、王安石等，这为以宰相集团为首的士大夫提供了广阔的参政、议政、施政空间。然而宋代宰相研究是一个复杂而庞大的工程，要想做到全而精、深而细的论证并非易事。宋代宰相体系大（宰相、副宰相，常设的与临时的机构，一级机构与二级机构）、变化多（宋初、熙宁元丰期间、元祐绍圣期间、崇宁政和期间、靖康年间、南宋初与南宋中后期之变动）、内容杂（涉及皇权、相权、军权、财权、监察权、后宫权及制度、人事等方面）。除此之外，亦有宰相员任的分析，比如宰相的地域出身、入仕途径、婚姻状况、思想文化水平等。还有就是侧重制度层面的研究，即宰相制度运作，在政务的决断与处理中，制度与机制是如何运行的。面对如此庞大的宋代宰相体系，如何选取立足点，在现有成果的基础上有所创新、有所突破，成为笔者一段时间以来着重思考的问题。同时，制度史研究离不开政治史的探讨。制度史与政治史有各自不同的研究方法：制度史偏重制度的前后演变情况，以及推动制度变化的内外在动力、制度形成的原因、施行后产生的影响；政治史则注重政治演变的规律，政治事件、政治人物、政治环境三者在政治进程中的作用。在此基础上，应使两者有机地"结合分析"，其中既涉及决策与运作机制的演变过程，又涉及政治事件、人物、背景在机制运作中的影响及所起作用。

　　目前学界对于宋代宰相制度或宰相权力的研究成果较为丰富，20世

纪主要集中于相权与皇权的关系、宋代相权的大小及强弱等方面。钱穆在
20 世纪 40 年代发表了《论宋代相权》①，开启了宋代宰相研究的序幕，
在该文中，钱穆提出"宋代相权削弱说"。之后一些学者几乎承袭了该观
点，如漆侠《赵匡胤和赵宋专制主义中央集权制度的发展》②、邓广铭
《论赵匡胤》③、张家驹《赵匡胤论》④、关履权《宋代专制主义中央集
权》⑤ 等亦持此观点。20 世纪 80 年代后期，王瑞来《论宋代相权》《论
宋代皇权》⑥ 两文，反驳了自钱穆以来宋代相权削弱、皇权加强说，使得
对皇权与相权关系的讨论进入了一个新的局面。两文中作者强调应该将制
度的设立和制度的实施区别开来。同时期张其凡《宋初中书事权初探》⑦
批驳了北宋初期中书事权削弱的观点。王瑞来、张其凡二位学者从现实政
治运作的角度来分析宋代宰相权力的大小，将制度的设立与运行分开来观
察的研究取径为学界提供了新的研究视角。

　　20 世纪 90 年代张邦炜《论宋代的皇权与相权》⑧，将宋代皇权与相
权作为对立统一体展开探讨，提出了不能将皇权与相权的关系简单地理
解为此强彼弱或此弱彼强，而应该是相互依存。张邦炜的观点是对钱穆
及王瑞来、张其凡等所做研究的一个整合，是对宋代相权认识的又一次
升华。将宋代皇权、相权置于以士大夫为主的统治阶级中，这样使具象
的权力形态开始泛化，从阶级立场上来观察宋代皇权、相权的行使情
况。这一思路也被后来学者所认可，张其凡《"皇帝与士大夫共治天
下"试析——北宋政治架构探微》⑨ 认为北宋士大夫的社会地位和政治
影响力均较前代有了很大的提升，成为皇帝统治天下主要依靠的力量，

---

① 钱穆：《论宋代相权》，《中国文化研究汇刊》第 2 卷，1942 年 3 月。
② 漆侠：《赵匡胤和赵宋专制主义中央集权制度的发展》，《历史教学》1954 年第 12 期。
③ 邓广铭：《论赵匡胤》，《新建设》1957 年第 5 期。
④ 张家驹：《赵匡胤论》，《历史研究》1958 年第 6 期。
⑤ 关履权：《宋代专制主义中央集权》，《两宋史论》，中州书画社，1983。
⑥ 王瑞来：《论宋代相权》，《历史研究》1985 年第 2 期；《论宋代皇权》，《历史研究》
　　1989 年第 1 期。
⑦ 张其凡：《宋初中书事权初探》，《华南师范大学学报》1986 年第 2 期。
⑧ 张邦炜：《论宋代的皇权与相权》，《四川师范大学学报》1994 年第 2 期。
⑨ 张其凡：《"皇帝与士大夫共治天下"试析——北宋政治架构探微》，《暨南学报》2001
　　年第 6 期。

无论如何变化，国家机器均能循制运行，有条不紊。王瑞来《皇权再论》①　一文以宋代史实为依据，把皇帝看作与官僚士大夫同处于一个政治单元中的一员。君臣之间，不仅有互相制约的一面，更有互相支持的一面。就皇权和相权来说，皇权过强，易成君主专制；相权过重，易成权相独裁。因此，作为以天下为己任的宋代士大夫常常小心审慎地权衡两端，以阻止两种倾向的发生。至此，关于宋代相权与皇权的认识趋于融合。

对于南宋宰相制度研究，由于现存史料所限，大多数研究集中于南宋前期的高、孝两朝。何忠礼《南宋政治史》②　对南宋政治发展演变情况做了较为详细的梳理和探讨，其中诸多观点值得借鉴。如朱瑞熙《宋高宗朝的中央决策系统及其运行机制》③　主要根据高宗朝政治情势的发展，分析了中央决策系统的恢复和调整演变情况。王明《南宋宰相群体之研究》④、白晓霞《南宋初年名相研究》⑤　从南宋宰相群体人物出发，对不同时期宰相的家世、出身、籍贯、迁转、职权、党徒等做了量化分析。寺地遵《南宋初期政治史研究》⑥　对南宋初期和中期的政治发展情况做了比较详细的探讨。董喜宁《论秦桧久相与高宗朝的政局制衡》⑦　以秦桧无端拖延立嗣来分析高宗朝的政治制衡。董春林《"绍兴更化"与南宋初期的政治转向》⑧　解释了"绍兴更化"的内涵，并分析了秦桧去世后的用相情况，但没有考察执政情况。相对于高宗朝，孝宗朝的研究在逐步增多，王德毅《宋孝宗及其时代》⑨、柳立言《南宋政治初探——高宗阴影下的孝宗》⑩、崔英超《宰相群体与南宋孝宗朝政治》⑪　等论著对南宋不同时

①　王瑞来：《皇权再论》，《史学集刊》2010 年第 1 期。
②　何忠礼：《南宋政治史》，人民出版社，2008。
③　朱瑞熙：《宋高宗朝的中央决策系统及其运行机制》，《岳飞研究》第 4 辑，中华书局，1996。
④　王明：《南宋宰相群体之研究》，花木兰文化出版社，2014。
⑤　白晓霞：《南宋初年名相研究》，暨南大学出版社，2012。
⑥　〔日〕寺地遵：《南宋初期政治史研究》，刘静贞、李今芸译，复旦大学出版社，2016。
⑦　董喜宁：《论秦桧久相与高宗朝的政局制衡》，《史学月刊》2010 年第 6 期。
⑧　董春林：《"绍兴更化"与南宋初期的政治转向》，《求索》2012 年第 1 期。
⑨　王德毅：《宋孝宗及其时代》，《国立编译馆馆刊》第 2 卷第 1 期，1973 年。
⑩　柳立言：《南宋政治初探——高宗阴影下的孝宗》，《中央研究院历史语言研究所集刊》第 57 本第 3 分，1986 年。
⑪　崔英超：《宰相群体与南宋孝宗朝政治》，暨南大学出版社，2014。

期的具体政治状况做了解读分析。

诸葛忆兵《宋代宰辅制度研究》① 一书是目前学术界对宋代宰辅制度所做全面论述的专著。该著对宋代宰相的职权、参知政事的设立、枢密院的机构与职掌、宰相与三司的关系、宰相与台谏的关系等问题做了探讨，包罗较为全面，内容十分丰富。然而两宋宰辅制度是一个庞大而复杂的课题，该书以 28 万余言的篇幅显然难以将两宋的宰辅问题说清楚，所以论证时难免有以偏概全之嫌，个别地方也失于考证，有诸多内容仍可做详细具体分析。王瑞来《宋代の皇帝権力と士大夫政治》② 和《宰相故事——士大夫政治下的权力场》③ 二著（后著主要是前著的中文译本，主要内容一致）对宋真宗朝的宰相做了个案研究，将宋真宗朝的宰相权力放在具体的环境和事件中去考察，勾勒出真宗朝五位宰相与皇帝、朝廷之间的互动关系，宰辅集团不同成员之间相互合作与角力的场景。该著在尝试对宋代宰辅做动态研究上前进了一大步，然而由于选取的是北宋前期真宗朝的几位宰相作为研究的对象，在此基础上所得出的一些结论可能并不适用于两宋宰相制度运行的情况。衣川强《宋代官僚社会史研究》④ 的第一章"宋代宰相考"以仁宗以前的宰相群体为例，对宰相的谱系与升迁路径做了探讨。朱瑞熙《中国政治制度通史·宋代》⑤ 是目前对宋代政治制度研究最为系统和全面的专著，该著对皇帝制度、中央决策体制、中央行政体制等问题做了论证，诸多观点富有开创性，如两府（或三省和枢密院）的分班和合班奏事的制度、二府的关系及理政程序等内容。这些也对本书的撰写有重要的启迪作用。

此外，除了对宋代相权的研究外，对其他宰辅及宰辅制度的研究有：周道济《宋代宰相名称与其实权之研究》⑥ 对宋代宰相名称及权力前后变化做了系统考察；林天蔚《宋代权相形成之分析》⑦ 对宋代权相形成原因

---

① 诸葛忆兵：《宋代宰辅制度研究》，中国社会科学出版社，2000。
② 王瑞来『宋代の皇帝権力と士大夫政治』汲古書院、2001。
③ 王瑞来：《宰相故事——士大夫政治下的权力场》，中华书局，2010。
④ 〔日〕衣川强：《宋代官僚社会史研究》，东京：汲古書院，2006。
⑤ 朱瑞熙：《中国政治制度通史》第 6 卷《宋代》，人民出版社，1996。
⑥ 周道济：《宋代宰相名称与其实权之研究》，《大陆杂志》第 17 卷第 12 期，1958 年。
⑦ 林天蔚：《宋代权相形成之分析》，《宋史研究集》第 8 辑，"国立"编译馆，1976。

做了考察；杨树藩《宋代宰相制度》① 从制度上探讨了宋代宰相的有关问题；倪士毅《宋代宰相出身和任期的研究》② 对两宋宰相的出身（以科举为重点）和任期做了探讨；李裕民《两宋宰相群体研究》③ 从宋代宰相的地域分布、出身、任职、年龄与寿命、任期、任职前后状况、婚姻、素质等方面做了系统考察；田志光《北宋宰辅政务决策与运作研究》④ 对北宋时期宰辅（宰相和副宰相等）权力配置和运行情况进行了较为深入的探讨。

综上所述，回顾以往有关宋代宰相（宰辅）制度的研究，可以看出多数成果仍然偏重制度性的研究，以静态的断代的探讨居多，而把人事与制度运作结合起来的动态研究尚有待提升。本书有鉴于此，拟在前人成果的基础上，以制度发展演变为线索，结合当时的政治背景、宰辅个性特点、为政作风等因素，把握推动制度运行的人与事、情与境，窥探制度运作与人为因素的相互影响、相互作用的内在关系，最大限度地还原宋代宰相制度实施运作的历史样貌。本书分十章系统探讨了宋代宰相制度的一系列问题，框架明晰，内容丰富，研究具有一定的创新性，希望有助于推动宋代宰辅问题全面持续地深入研究。

目前学界对宋代宰相（宰辅）制度虽有较为丰富的研究成果，但宰辅制度研究是一个庞大课题，有许多领域尚未研究或是研究不足，本书对宋代宰相制度系列问题深入研究正是基于此，并在如下方面或有补益创新之处。

第一，系统探究宰相贴职问题。宋代的宰执贴职形式灵活多样，贴职情况十分复杂，如要厘清其各种形式和状况，必须大量爬梳史料，分类阐释，以大量实例分析论证。首先，针对北宋元丰改制前宰执兼带三馆贴职的情况，就有三相均带贴职、两相如何贴职、独相怎样贴职等十余种情形。其次，宰相兼带监修国史贴职时，该贴职具有实际职事，负责史馆的各项工作，且事务较为繁忙。在个别情况下，副宰相参知政事也可兼监修

---

① 杨树藩：《宋代宰相制度》，《政治大学学报》第 10 期，1964 年。
② 倪士毅：《宋代宰相出身和任期的研究》，《杭州大学学报》1986 年第 4 期。
③ 李裕民：《两宋宰相群体研究》，漆侠、王天顺主编《宋史研究论文集》，宁夏人民出版社，1999。
④ 田志光：《北宋宰辅政务决策与运作研究》，人民出版社，2013。

国史或权领史馆事，暂时负责史馆的修史工作。此外，史馆的"修""并修""同修""编修"等职务，类似于贴职。签书（同签书）枢密院事是宋代唯一在任时可以带职的执政，成为一道独特风景。

第二，系统探究了宋代宰相理政场域的演变问题。对两宋政事堂、都堂的内涵、性质、作用等问题做了细致的探讨，作为外朝宰执所处的都堂（政事堂）与内廷皇帝所居的殿阁构成决策的两个支点，而都堂（政事堂）又与中书门下（三省）、枢密院甚至六部紧密相关，成为政务具体实施的起点。因此，在政务决策中都堂（政事堂）联结内外，在政务实施中沟通上下，这对宋代中枢决策与政务施行具有重要作用。这些问题学界尚未研究。

第三，关于北宋前期宰相本官迁转的规定、原则、路径及影响因素等，目前仍未研究清楚，本书系统探究了这些问题，论证本官与兼官的性质问题。对宋代宰相权力配置、丁忧起复等问题进行专题探讨，这些问题是学界尚未探究的，论证了如上诸制度运行的实态，探讨隐藏在制度背后的复杂关系。

第四，通过对宰相取旨制度的研究，指出左相王珪曾多次奏请神宗扩大自己与门下省的权力，一直不甘心屈于右相蔡确权力阴影下。之前认为王珪是"三旨宰相"的观点存在很大的片面性。宋代宰相免谪地在政治生活中发挥着重要影响，也为我们深入认识宋代宰相罢免问题提供了崭新的视角。

本书的研究方法如下。

第一，以马克思主义基本理论和唯物辩证法为指导。立足于史料的全面搜集与详细考证，将微观剖析和宏观把握相结合，整体和个案研究相结合，动态与静态研究相结合，注重前后朝代的对比，试提炼出一般的规律性认识。

第二，综合运用历史学、政治学、统计学理论，采取比较、统计等多种研究方法。严格秉循"有一分史料，说一分话"的朴学论证传统，做到以史料为依据，以解决问题为导向，以还原史实为旨归。

第一章

北宋前期宰相的本官与兼官

北宋元丰改制前，宋朝施行官、职、差遣分离制度。在官僚集团中作为最高级别的宰相，其列衔仍然有官、职、差遣的区分，官员会以不同的本官拜任宰相，拜相前本官品级的高低、拜相次数都是影响拜相时所带本官高低的重要因素。宋太祖朝以后，初次拜相时官员所带本官通常偏低，这与宋朝帝王的权术、时局变化有关。任相期间，宰相本官会发生相应的迁转，迁转速度不固定，但迁官顺序则有相应的规定，迁官原因多与国家政局、皇帝态度息息相关。罢相降官的情况不多，且罢相时所除本官都不低于六部侍郎。宰相兼官实质上是本官（寄禄官）之一种，"兼"字仅作系衔之用。"侍中"虽为宰相称谓，但侍中衔宰相仍带"平章事"，这与"平章事"成为任相的主流以及宋人认知观念密切相关。

宋朝建立后，沿袭唐五代时期的使职制度，并加以细化，实施官、职、差遣分离的职官制度，以本官为寄禄官，"差遣以治内外之事"，时人"不以官之迟速为荣滞；以差遣要剧为贵途"，本官实际上阶官化，用以"寓禄秩、叙位著"。① 但本官与差遣仍有密切联系，出任重要差遣者所带本官普遍较高。北宋元丰改制之前，"宰相不专用三省长官"，② "中书令、侍中及丞郎以上至三师同中书门下平章事并为正宰相"。③ 那么，这一时期官员拜相前后本官会有哪些具体变化？任相期间宰相本官的迁转

---

① 马端临：《文献通考》卷四七《职官考一》，中华书局，2011，第1362页。
② 马端临：《文献通考》卷四七《职官考一》，第1361页。
③ 孙逢吉：《职官分纪》卷三《宰相》，《景印文渊阁四库全书》第923册，台湾商务印书馆，1986，第45页。按：实际上北宋元丰改制以前未有以尚书左、右丞拜相者，下文详析。

情况又是怎样？目前，专门研究成果尚付阙如，只有部分论著偶有提及，如王原茵《北宋宰相罢相述论》① 主要论述了宋代宰相罢相类型和原因。甄鹏《北宋前期首相考》② 提出宰相衔、正官和馆职是影响宰相杂压合班的三个因素。常沁飞《北宋宰相加官问题考论》③ 对宰相加官的类型及特点进行了总结，并指出宋仁宗在为宰臣恢复相位时，习惯将宰相前期在任时所加的尚书官衔悉数重新授予。但上述论文各有侧重点，都没有从正面论述宰相本官的变化特征。迟景德《北宋宰相的名称与官阶》④ 对宰相本官与兼官问题有所阐述，认为三师三公为宰相本官，侍中不是宰相的本官而是宰相兼官，左、右仆射只可为宰相本官，不可作为宰相兼官。中书侍郎、门下侍郎既可为宰相本官，也可做宰相兼官。迟振汉《北宋宰相制度》⑤ 第一章涉及北宋宰相本官、兼官的部分较多，且与迟景德的文章观点一致。不过，这两种论著对拜相时官员本官变化情况、任相期间本官迁转情况的论述甚少。另外，对宰相兼官性质和定位论述值得商榷。关于北宋元丰改制前宰相所带差遣、带职（贴职）问题，学界已有深入探讨，⑥ 而宰相所带官阶问题仍有许多方面值得详细探讨，一些问题尚未厘清，一些似是而非的记载仍需要厘正。通过总结北宋前期官员拜相时、任相期间、罢相时的本官变化情况，进而分析引起变化的因素，以及宰相本官、兼官的本质，侍中衔宰相的根本特征等。

第一节　宰相拜任时所带之本官

宋朝官、职、差遣相分离，同样的差遣可以有不同的本官，官员在带同平章事差遣成为宰相时也有不同的本官。宋建立至元丰改制期间，共拜

---

① 王原茵：《北宋宰相罢相述论》，《碑林集刊》第14辑，陕西出版集团、陕西人民美术出版社，2009。
② 甄鹏：《北宋前期首相考》，《中国石油大学胜利学院学报》2017年第1期。
③ 常沁飞：《北宋宰相加官问题考论》，《绵阳师范学院学报》2018年第10期。
④ 迟景德：《北宋宰相的名称与官阶》，《宋史研究集》第16辑，"国立"编译馆，1986，第158~176页。
⑤ 迟振汉：《北宋宰相制度》，丽文文化事业股份有限公司，2010，第4~15页。
⑥ 田志光：《北宋前期宰相官衔再探》，《史林》2010年第1期；参见本书第八章。

相42人（不包括范质、王溥、魏仁浦）。他们拜相前的本官有三种情况。东宫官：太子太保。三省部门：右谏议大夫（中书省）；侍中、左谏议大夫、给事中（门下省）；六部侍郎、尚书左丞、尚书右丞、六部尚书、左仆射、右仆射（尚书省）。另外，还有部分拜相前不带本官的情况（见表1-1）。

表1-1　宋元丰改制前官员拜相前与拜相时本官变化

	拜相时之本官	拜相前之本官
守本官 29人次	李昉(2)、吕蒙正(3)、富弼(2)	左、右仆射
	宋琪、李昉、吕蒙正(2)、向敏中(2)、丁谓、王曾、李迪(2)、晏殊、韩琦、王安石(2)	六部尚书
	李沆、向敏中、毕士安、寇准、吕夷简、陈尧佐、章得象、杜衍、贾昌朝、陈执中、庞籍、刘沆、韩绛、韩绛(2)、吴充、王珪	六部侍郎
三师三公 3人次	赵普(2)	太子太保
	赵普(3)	兼侍中
	王钦若(2)	六部尚书
左、右仆射 5人次	王钦若	左、右仆射
	冯拯、丁谓(2)、王曾(2)	六部尚书
	吕夷简(3)	不带本官
六部尚书 12人次	张齐贤(2)	六部尚书
	王旦、张知白、张士逊、陈升之	左、右丞
	吕蒙正	给事中
	寇准(2)、张士逊(2)、吕夷简(2)、张士逊(3)、陈执中(2)、文彦博(2)	不带本官
两省侍郎 5人次	薛居正、沈义伦、卢多逊、王随	六部侍郎
	赵普	不带本官
六部侍郎 9人次	张齐贤、李迪、宋庠、曾公亮	六部侍郎
	梁适	给事中
	吕端、文彦博、王安石	左、右谏议大夫
	富弼	不带本官

注：表中（2）、（3）表示第二、三次拜相。

资料来源：此表主要依据《宋史·宰辅表》《宋大诏令集》《宋宰辅编年录校补》《续资治通鉴长编》《宋会要辑稿》《东都事略》《隆平集校证》《名臣碑传琬琰集校证》《两宋名贤小集》等文献制作。

　　据表 1-1，拜相前本官为六部尚书或侍郎的官员，一般以本官拜相。"本朝宰相，有以侍郎为之，而无左右丞为之者。"[①] 拜相前本官为左、右丞的官员，则迁六部尚书拜相。当拜相前本官为给事中与左、右谏议大夫时，除吕蒙正外，其余 4 人均迁官至六部侍郎。"国朝宰相、枢密使必以侍郎以上为之。若官旧尊，则守本官；官卑，则躐迁侍郎。"[②] 这里"国朝"特指宋元丰改制前，这一说法基本概括了该时期官员拜相前后本官变化的特点，但仍有小部分例外，如太宗太平兴国六年（981）九月，太子太保赵普以司徒兼侍中第二次拜相。[③] 太宗端拱元年（988）二月，给事中、参知政事吕蒙正迁中书侍郎兼户部尚书拜相。[④] 真宗天禧元年（1017）八月，枢密使同中书门下平章事王钦若自本官右仆射迁左仆射兼中书侍郎拜相。[⑤] 仁宗天圣元年（1023）九月，王钦若第二次拜相，本官自刑部尚书迁司空兼门下侍郎。[⑥] 那么，当官员初相、再相、第三次拜相时所带本官情况是否存在差异？影响拜相时本官高低的因素有哪些？"天圣时，二府之相，犹以其职高下定位"，[⑦] 是否意味着本官不再被看重？这些问题都值得深入讨论。

一　初次拜相：罕除左、右仆射

　　尚书仆射一官不轻易除人。"故事，尝为宰相而除枢密使，始得迁仆射。"[⑧] 宋真宗天禧元年八月，时任宰相向敏中由中书侍郎兼吏部尚书迁右仆射兼门下侍郎。真宗对翰林学士李宗谔说："朕自即位，未尝除仆

---

① 徐自明撰，王瑞来校补《宋宰辅编年录校补》卷七，熙宁二年十月丙申，中华书局，1986，第 409 页。"唐制，宰相不兼尚书左、右丞，盖仆射常为宰相，而丞辖留省中领事。元和中，韦贯之为右丞、平章事，不久而迁中书侍郎。"宋敏求：《春明退朝录》卷中，中华书局，1980，第 22 页。
② 徐度：《却扫编》卷上，《全宋笔记》第 39 册，大象出版社，2019，第 230 页。
③ 徐自明撰，王瑞来校补《宋宰辅编年录校补》卷二，太平兴国六年六月甲戌，第 29 页。
④ 《宋大诏令集》卷五一《进拜一》，司义祖整理，中华书局排印本，1962，第 260~261 页。
⑤ 《宋大诏令集》卷五二《进拜二》，第 264 页。
⑥ 《宋大诏令集》卷五二《进拜二》，第 266 页。
⑦ 《宋大诏令集》卷七〇《进拜二》，第 340 页。按：北宋元丰改制前中书门下（简称"中书"）与枢密院号称"二府"，然而枢密院长贰官，枢密使与枢密副使等并不能称为"相（宰相）"，只有中书的正长官（同）平章事才可称为宰相。
⑧ 李焘：《续资治通鉴长编》卷九四，天禧三年十二月辛卯，中华书局，2004，第 2173 页。

射，今命敏中，此殊命也，敏中应甚喜。"① 洪迈指出此事有虚构嫌疑，"真宗朝自敏中之前，拜仆射者六人……及敏中转右仆射……是时李昌武死四年矣。昌武者，宗谔也"。② 尽管如此，这也足以反映出仆射官阶在当时官员选任中的重要地位。

宋元丰改制前，以尚书左、右仆射为本官初相者只有 2 人，即真宗朝的王钦若、冯拯。天禧元年八月，枢密使、尚书右仆射王钦若以左仆射初相。③ 宋真宗很早前即想令王钦若为相，只因宰相王旦的阻挠作罢，王旦曾言："钦若遭逢陛下，恩礼已隆，且乞令在枢密院，两府任用亦均。臣见祖宗朝未尝使南方人当国，虽古称立贤无方，然必贤士乃可，臣位居元宰，不敢阻抑人，此亦公议也。"王钦若也曾说："为王子明故，使我作相晚却十年。"④ 王钦若拜相前本官已至右仆射，以左仆射拜相也在情理之中。而枢密使、吏部尚书冯拯以右仆射初相则是宰相李迪、丁谓斗争的结果。天禧四年（1020）十一月，李迪指责"（丁）谓奸邪弄权"，"钱惟演亦谓之姻家"，"曹利用、冯拯亦相朋党"。真宗十分愤怒，将李迪、丁谓同时罢免。当时契丹使者即将至京师开封，宰相位置不能空缺，钱惟演建议"冯拯旧臣，过中书甚便"。于是，真宗便拜冯拯为宰相。⑤ 但是丁谓却在辞谢时，趁真宗病重健忘之际，耍起了花样。丁谓将责任全部推给李迪，认为自己不应被罢。真宗并未表示异议，即而命人赐坐，丁谓便说道："有旨复平章事。"⑥ 经过丁谓的搅乱，其结果是，"吏部尚书、平章事丁谓加左仆射、门下侍郎、兼太子少师"，枢密使、吏部尚书、同平章事冯拯为"右仆射、中书侍郎、兼少傅、平章事"。⑦

二　初次拜相：六部尚书、侍郎多为宰相本官

太宗朝初相者共 6 人。端拱元年之前初相者的本官都不低于工部尚

---

① 《宋史》卷二八二《向敏中传》，中华书局，1977，第 9556 页。
② 洪迈：《容斋随笔》卷四《野史不可信》，孔凡礼点校，中华书局，2005，第 53~54 页。
③ 《宋大诏令集》卷五二《进拜二》，第 264 页。
④ 以上见李焘《续资治通鉴长编》卷九〇，天禧元年八月庚午，第 2075 页。
⑤ 以上见李焘《续资治通鉴长编》卷九六，天禧四年十一月乙丑，第 2223~2224 页。
⑥ 李焘：《续资治通鉴长编》卷九六，天禧四年十一月己巳，第 2225 页。
⑦ 李焘：《续资治通鉴长编》卷九六，天禧四年十一月庚午，第 2226 页。

书。太平兴国八年（983）十一月，刑部尚书、参知政事宋琪，工部尚书、参知政事李昉，均守本官拜相。① 本来宋琪为左谏议大夫、参知政事。"上（太宗）将以工部尚书李昉参预国政，以琪先入，乃迁琪为刑部尚书。"② 这也说明早在宰辅位置的人，其本官一般不会低于晚于他升任宰辅者。淳化二年（991）九月，刑部侍郎、参知政事张齐贤迁吏部侍郎拜相。③ 至道元年（995）四月，左谏议大夫、参知政事吕端迁户部侍郎拜相。④ 与之前拜相的卢多逊、宋琪、李昉、吕蒙正相比，不难看出太宗朝初次拜相时的本官呈现前期高后期低的特征。从宋太宗朝开始，多以六部尚书、六部侍郎为拜相者的本官。据笔者统计（见表1-2），从开宝九年（976）宋太宗即位至神宗元丰五年（1082），以六部尚书、六部侍郎为本官初相的共35人，而元丰五年以前初相人数才39人，占比89.74%。

三 再相与三相：所除本官较高

此期间再相者共20人（后周留任的宰相范质、王溥、魏仁浦视作再相），本官普遍较高。以三师三公为本官再相者共4人，范质、王溥、赵普、王钦若。以尚书左、右仆射为本官再相者5人，魏仁浦、李昉、丁谓、王曾、富弼。以六部尚书为本官再相者共10人，吕蒙正、张齐贤、向敏中、张士逊、寇准、李迪、吕夷简、陈执中、文彦博、王安石。以六部侍郎再相者最少，只有韩绛1人以吏部侍郎为本官再相。三相者共4人，其本官分别为：赵普守太保，吕蒙正为左仆射，张士逊为兵部尚书，吕夷简为右仆射。

综上所述，初相时，以六部侍郎为本官者最多，六部尚书次之，尚书仆射最少；再相、三相时，以六部尚书为本官者最多，六部侍郎最少。这表明一般情况下，初相者的本官普遍较低，再相者的本官普遍偏高。

---

① 李焘：《续资治通鉴长编》卷二四，太平兴国八年十一月壬子，第556页。
② 《宋史》卷二六四《宋琪传》，第9122页。
③ 《宋大诏令集》卷五一《进拜一》，第261页。
④ 《宋大诏令集》卷五一《进拜一》，第261页。

表 1-2　北宋元丰改制前初相者所带本官情况

初相本官		人数
左、右仆射	王钦若、冯拯	2
六部尚书	丁谓(吏尚)、吕蒙正(户尚)、宋琪(刑尚)、晏殊(刑尚)、王曾(礼尚)、张士逊(礼尚)、陈升之(礼尚)、李昉(工尚)、王旦(工尚)、张知白(工尚)、韩琦(工尚)	11
两省侍郎	赵普、薛居正、沈义伦、卢多逊、王随	5
六部侍郎	张齐贤(吏侍)、毕士安(吏侍)、李迪(吏侍)、杜衍(吏侍)、曾公亮(吏侍)、韩绛(吏侍)、向敏中(兵侍)、寇准(兵侍)、宋庠(兵侍)、吕端(户侍)、李沆(户侍)、吕夷简(户侍)、陈尧佐(户侍)、章得象(户侍)、庞籍(户侍)、富弼(户侍)、文彦博(礼侍)、梁适(礼侍)、王安石(礼侍)、王珪(礼侍)、贾昌朝(工侍)、陈执中(工侍)、刘沆(工侍)、吴充(工侍)	24

　　资料来源：此表主要依据《宋史·宰辅表》《宋大诏令集》《宋宰辅编年录校补》《续资治通鉴长编》《宋会要辑稿》《东都事略》《隆平集校证》《名臣碑传琬琰集校证》《两宋名贤小集》等文献制作。

　　由表 1-2 可知，北宋元丰改制前，拜相者共 42 人。其中以尚书左、右仆射为本官初相者 2 人；以六部尚书为本官初相者共 11 人，工部尚书最多，共 4 人，兵部尚书为零；以六部侍郎为本官初相者共 24 人，户部侍郎最多，共 7 人，吏部侍郎次之，共 6 人，刑部侍郎为零。

　　北宋元丰改制前，以六部侍郎为本官初相的情况最多。太祖朝以后，初相时所带本官阶普遍偏低，这一现象在太宗朝已经显现，仁宗朝以六部侍郎为本官初相者比以他官初相者多出一半，至神宗朝已经没有以尚书仆射、中书侍郎、门下侍郎为本官初相者。笔者认为出现这种现象的原因有以下几点。第一，国家建立不久，所任命的宰相多是跟随太祖、太宗多年的亲旧功臣，拜相时，超迁这些功臣的本官既能表示帝王对其恩宠有加，又能起到激励他们为国效力的作用。第二，太宗朝开始，国家转入承平时期，各项制度规定也趋于稳定。而且太祖、太宗奠定的"防弊之政"渐渐显露弊端，宋仁宗时期，因循守旧之风盛行，用人重资历、履历，轻学识、才干，超迁本官也就失去存在的理由。宋仁宗曾向大臣询问"用人以资与才孰先"的问题，得到的回答是"承平宜用资，边事未平宜用才"。① 第三，官阶本身多阶化、繁复化，加恩、推恩等升迁官阶的机会增加，借此笼络臣僚效力朝廷。

---

　　① 李焘：《续资治通鉴长编》卷一五四，庆历五年正月甲戌，第 3736 页。

第二节　宰相任期中的本官迁转

宰相本官的高低并不会扩大或减少其职权范围，但宰相本官的变动与朝政时局密切相关，隐含丰富的政治信息。皇帝可借此凸显皇权的威严或君臣关系的亲疏，向外界释放相应的政治信号。笔者认为，根据宋代的特定语境，"加"有本官之外再加一官的含义，如真宗咸平二年（999）十一月，"宰相兵部尚书张齐贤加门下侍郎"，① 也有迁官之意。以向敏中为例，真宗天禧元年二月，"中书侍郎、兼兵部尚书、平章事向敏中加吏部尚书"，② 即由兵部尚书升到吏部尚书。再如天禧元年八月，"中书侍郎、兼吏部尚书、平章事向敏中加右仆射、门下侍郎"，③ 根据《宋大诏令集》"向敏中进官制天禧元年八月壬申"条载"开府仪同三司、行中书侍郎、兼吏部尚书、同中书门下平章事、充景灵宫使、集贤殿大学士、上柱国、河内郡开国公向敏中。……可尚书右仆射、兼门下侍郎、同中书门下平章事、监修国史、加食邑食实封如故"④ 可知，这是向敏中由吏部尚书迁右仆射，由中书侍郎迁门下侍郎。关于宰相任期中本官的迁转问题，笔者拟从宰相本官迁转速度、顺序、影响迁转的因素等角度探讨。

一　宰相迁官的速度与顺序

宰相本官迁转速度并不固定，如卢多逊、李昉、章得象等任相六七年不迁一官，而吕端、李沆、张齐贤、吕夷简、寇准、文彦博等任相两年内便得以转官；赵普、沈伦、王曾、韩琦等任相三四年内得以转官，王安石、王珪、吴充等任相三四年内没有转官。宰相转官的频率虽不固定，但每一次转官都与时局、朝政和皇帝态度等因素相关。

宰相迁官的顺序有一定规律可循，据《宋史》卷一六九之《文臣京

① 李焘：《续资治通鉴长编》卷四五，咸平二年十一月丁亥，第968页。
② 李焘：《续资治通鉴长编》卷八九，天禧元年二月戊寅，第2041页。
③ 李焘：《续资治通鉴长编》卷九〇，天禧元年八月壬申，第2075页。
④ 《宋大诏令集》卷五九《进官加恩别使一》，第298~299页。

官至三师叙迁之制》载：

> 工部侍郎（正四品下）→兵部侍郎（正四品下）。
>
> 礼部侍郎（正四品下）→吏部侍郎（正四品上）。
>
> 刑部侍郎（正四品下）、户部侍郎（正四品下）、兵部侍郎（正四品下）、吏部侍郎（正四品上）→礼部尚书（正三品）→户部尚书（正三品）→吏部尚书（正三品）→左仆射（正二品）→司空（正一品）→司徒（正一品）→太保（正一品）→太傅（正一品）→太尉（正一品）→太师（正一品）。
>
> 工部尚书（正三品）→刑部尚书（正三品）→兵部尚书（正三品）→右仆射（正二品）→左仆射（正二品）→司空（正一品）→司徒（正一品）→太保（正一品）→太傅（正一品）→太尉（正一品）→太师（正一品）。①

以上为宰相本官迁转的基本制度，这只作为重要的参考，仍有一部分宰相的本官迁转并未严格遵循这一制度。如太宗至道二年正月，南郊结束后，尚书户部侍郎、同中书门下平章事吕端"可门下侍郎、兼兵部尚书、依前同平章事"。② 真宗景德二年（1005）十一月，"兵部侍郎、平章事寇准加中书侍郎、兼工部尚书"。③ 仁宗天圣七年（1029）八月，户部侍郎、同平章事吕夷简加吏部侍郎、昭文馆大学士。④ 仁宗皇祐中，宋庠"拜兵部侍郎、同中书门下平章事、集贤殿大学士。享明堂，迁工部尚书"。⑤ 上述四人按照宰相迁官顺序应当迁礼部尚书，而事实是，吕端迁

---

① 《宋史》卷一六九《职官志九》，第4027～4028页。官品参见李昌宪《北宋前期官品令复原研究》，《河南大学学报》2012年第1期。左、右仆射，唐代从二品。然治平二年（1065），富弼上章以疾坚辞枢密使之职，英宗优礼两朝老臣，"除仆射及使相"。富弼再三恳辞，他说："仆射是正二品官，师长百僚，使相者文武中并是第一等俸禄，臣因病退，反有此授，固不敢当。"最后折中，只授使相而罢仆射。由此可知，元丰改制前，仆射已升为正二品。

② 《宋大诏令集》卷五九《进官加恩别使一》，第298页。

③ 李焘：《续资治通鉴长编》六一，景德二年十一月癸亥，第1373页。

④ 徐自明撰，王瑞来校补《宋宰辅编年录校补》卷四，天圣七年二月丙寅，第186页。

⑤ 《宋史》卷二八四《宋庠传》，第9592页。

门下侍郎兼兵部尚书，寇准迁中书侍郎兼工部尚书，吕夷简迁吏部侍郎，宋庠迁工部尚书。吕端、寇准、宋庠三人的本官或迁至兵部尚书，或迁至工部尚书，官品与礼部尚书一样均为正三品，只有吕夷简的本官由户部侍郎（正四品下）迁至吏部侍郎（正四品上）。那么，吕夷简的本官迁转为何如此特别？

仁宗天圣七年正月，"枢密使曹利用罢"。① 宰相张士逊为其求情，触怒刘太后。二月，张士逊罢相出知江宁府，吕夷简拜相。② 六月，"大雷雨，玉清昭应宫灾"。③ 苏舜钦通过登闻鼓院上书给皇帝，"今岁自春徂夏，霖雨阴晦，未尝少止，农田被灾者几于十九。臣以谓任用失人，政令多乖，赏罚失中之所召也。……察辅弼及左右无裨国体者罢之"。④ 再加上，王曾之前曾多次忤逆刘太后，"始，太后受尊号册，将御天安殿，曾执不可。及长宁节上寿，曾执不可如前，皆供张别殿。太后左右姻家稍通请谒，曾多所裁正，太后滋不悦"。于是，王曾罢相知青州。⑤ 天圣七年的前半年，宰辅大臣变更频繁，先是枢密使曹利用被罢，而后宰相张士逊、王曾相继去位，宰相仅剩新除拜的吕夷简。不久，河北大水成灾。⑥ 八月，天空出现日食。⑦ 又因"上封者言职田有无不均，吏或不良，往往多取以残细民"，皇帝与三司等部门商议后，下诏"罢天下职田，官收其入，以所直均给之"。⑧ 实际上是皇帝对天谴做出的回应。"宰臣吕夷简加吏部侍郎、昭文馆大学士。"⑨ 首相去位，次相替补本是常例，虽然迁昭文相往往伴随本官的升迁，但除拜新相才是迁旧相本官的直接原因，与是否进昭文相关系不大。如仁宗庆历七年，宰相陈执中守本官工部侍郎迁昭文相。⑩ 吕蒙正、丁谓、韩绛、王安石迁昭文相时本官均未发生变化。因

---

① 李焘：《续资治通鉴长编》卷一〇七，天圣七年正月癸卯，第 2491 页。
② 李焘：《续资治通鉴长编》卷一〇七，天圣七年二月丙寅，第 2495 页。
③ 李焘：《续资治通鉴长编》卷一〇八，天圣七年六月丁未，第 2515 页。
④ 李焘：《续资治通鉴长编》卷一〇八，天圣七年六月丁未，第 2516 页。
⑤ 李焘：《续资治通鉴长编》卷一〇八，天圣七年六月甲寅，第 2518 页。
⑥ 李焘：《续资治通鉴长编》卷一〇八，天圣七年七月戊午，第 2518 页。
⑦ 李焘：《续资治通鉴长编》卷一〇八，天圣七年八月丁亥，第 2520 页。
⑧ 李焘：《续资治通鉴长编》卷一〇八，天圣七年八月丁亥，第 2520 页。
⑨ 李焘：《续资治通鉴长编》卷一〇八，天圣七年八月己丑，第 2520 页。
⑩ 《宋大诏令集》卷五四《进拜四》，第 275～276 页。

此，吕夷简的这次转官比较特殊，频繁更换宰辅大臣、贬抑宰相不利于政局的稳定和日常工作的运行，所以，此次迁官是刘太后和仁宗对吕夷简的勉励，希望他能尽力辅助自己，同时对群臣释放出中书得人，天灾也会很快消失的信号。

二　宰相迁官的原因

（一）郊祀

宋太祖时期，郊祀，宰臣只加恩（如勋、爵、食邑、功臣号等赏赐）不迁官，"太祖四郊，二府加恩而已，未尝进官"。① 宋太宗时，"郊祀行庆，群臣率多进改"。② 宰相也不例外，太宗"雍熙元年郊祀，命昉与琪并为左右仆射，昉固辞"。③ 最后，刑部尚书、同中书门下平章事宋琪迁门下侍郎、昭文馆大学士，工部尚书、同中书门下平章事李昉迁中书侍郎、监修国史。④ 太宗至道二年（996）正月，南郊结束后，户部侍郎、同中书门下平章事吕端"可门下侍郎、兼兵部尚书、依前同平章事"。⑤ 至道三年九月，左正言、直史馆孙何建议"自今郊祀，群官不得一例迁陟，必若绩用有闻，才名夙著，自可待之不次，岂只历阶而升"，⑥ "上（宋真宗）览而善之"。⑦ 真宗咸平四年（1001）四月，"上既用孙何、耿望等议，罢郊祀进改"。⑧ 由此可知，孙何的建议最终被宋真宗采纳。不过，这一政策并没有得到很好的执行。真宗咸平五年十一月"壬寅（十一日），合祭天地于圜丘。大赦"。⑨ 八天后，"庚戌，左仆射、平章事吕蒙正加司空、门下侍郎、平章事。李沆加右仆射"。⑩ 真宗景德二年十一月"丁巳（十三日），合祭天地于圆丘。大赦"。⑪ 六天后，"癸亥，兵部

---

① 李心传：《旧闻证误》卷一，中华书局，1981，第1页。
② 李焘：《续资治通鉴长编》卷四五，咸平二年十一月丁亥，第968页。
③ 《宋史》卷二六五《李昉传》，第9136页。
④ 徐自明撰，王瑞来校补《宋宰辅编年录校补》卷二，太平兴国八年十一月壬子，第42页。
⑤ 《宋大诏令集》卷五九《进官加恩别使一》，第298页。
⑥ 李焘：《续资治通鉴长编》卷四二，至道三年九月壬午，第883页。
⑦ 李焘：《续资治通鉴长编》卷四二，至道三年九月壬午，第881页。
⑧ 李焘：《续资治通鉴长编》卷四八，咸平四年四月壬子，第1057页。
⑨ 李焘：《续资治通鉴长编》卷五三，咸平五年十一月壬寅，第1162页。
⑩ 李焘：《续资治通鉴长编》卷五三，咸平五年十一月庚戌，第1163页。
⑪ 李焘：《续资治通鉴长编》卷六一，景德二年十一月丁巳，第1373页。

侍郎、平章事寇准加中书侍郎、兼工部尚书"。① 真宗天禧三年十二月，宋真宗在南郊结束后，除右仆射向敏中为左仆射、昭文馆大学士，② 除中书侍郎兼吏部尚书寇准为右仆射、集贤殿大学士。③ 宰臣因郊祀迁官的情形在宋仁宗时期才发生改变。仁宗天圣二年（1024）十一月"丁酉，合祀天地于圜丘，大赦"。④ "故事，辅臣例迁官，参知政事吕夷简与同列豫辞之，遂著于式。"⑤ 所以，郊祀迁官的情况在宋太宗时期出现，到宋真宗时期有所改变，但宰相仍会因郊祀迁官，天圣二年后，宰相不再因郊祀而迁官。

（二）皇帝即位

新即位的皇帝为显示对先皇的尊重，也出于安定人心的考虑，通常会对上任皇帝宰辅大臣予以礼遇，升其本官就是常用的手段之一。开宝九年（976）十月，开国皇帝赵匡胤去世，其弟赵光义继承皇位，同月，"宰相薛居正加左仆射，沈伦加右仆射"。⑥ 至道三年（997）四月，"真宗即位，覃恩除尚书（吕端）右仆射、监修国史"。⑦ 乾兴元年（1022）二月，宋仁宗即位，"宰臣丁谓加司徒、冯拯加司空"。⑧ 嘉祐八年（1063）四月，英宗即位，"癸酉（初二），大赦。除常赦所不原者，百官进官一等"。⑨ "甲申（十三日），宰相韩琦加门下侍郎兼兵部尚书"。⑩ 此前韩琦的本官为刑部尚书。⑪ 吏部侍郎、同平章事、集贤殿大学士曾公亮，⑫ "加中书侍郎兼礼部尚书"。⑬ 治平四年，"神宗立，（韩琦）拜司空兼侍

---

① 李焘：《续资治通鉴长编》卷六一，景德二年十一月癸亥，第1373页。
② 徐自明撰，王瑞来校补《宋宰辅编年录校补》卷三，大中祥符五年四月戊申，第109页。
③ 徐自明撰，王瑞来校补《宋宰辅编年录校补》卷三，天禧三年六月戊戌，第137页。
④ 李焘：《续资治通鉴长编》卷一〇二，天圣二年十一月丁酉，第2369页。
⑤ 李焘：《续资治通鉴长编》卷一〇二，天圣二年十一月辛亥，第2369页。
⑥ 李焘：《续资治通鉴长编》卷一七，开宝九年十月庚申，第382页。
⑦ 徐自明撰，王瑞来校补《宋宰辅编年录校补》卷二，至道元年四月癸未，第72页。
⑧ 李焘：《续资治通鉴长编》卷九八，乾兴元年二月丙寅，第2273页。
⑨ 李焘：《续资治通鉴长编》卷一九八，嘉祐八年四月癸酉，第4794页。
⑩ 李焘：《续资治通鉴长编》卷一九八，嘉祐八年四月甲申，第4799页。
⑪ 杜大珪主编，顾宏义、苏贤校证《名臣碑传琬琰集校证》上卷一，《神宗皇帝御制》，上海古籍出版社，2021，第18~21页。
⑫ 徐自明撰，王瑞来校补《宋宰辅编年录校补》卷五，嘉祐六年四月庚辰，第338页。
⑬ 李焘：《续资治通鉴长编》卷一九八，嘉祐八年四月甲申，第4799页。

中，为英宗山陵使"，①"加（宰相曾公亮）门下侍郎兼吏部尚书"。②

（三）对外战争获胜

因对外战争取胜而迁宰相本官的情况主要出现在太祖、太宗两朝。太祖乾德五年（967）正月，"丁巳（二十八日），赏伐蜀功，曹彬、刘光义等进爵有差"。③三月，"丙午（十七日），门下侍郎、平章事赵普加左仆射，充昭文馆大学士"。④太宗太平兴国四年（979）十月，"文武官预平太原者皆迁秩有差"。齐王赵廷美晋封秦王，宰相左仆射薛居正迁司空，右仆射沈伦迁左仆射。⑤

（四）除拜宰相

除拜宰相是国家大事，皇帝非常重视，所谓"人主之职，在于任相"。⑥旧相去位，新相除拜之际，仍在任的宰相一般会迁转本官。《石林燕语》卷八载：

> 国朝宰相，自崇宁以前，乾德二年，范质、王溥、魏仁浦罢，赵普相，开宝六年罢，独相者十年；雍熙二年，宋琪罢，李昉在位，端拱元年罢，独相者四年；淳化元年赵普罢，吕蒙正在位，独相者逾年；景德三年，寇准罢，王旦相，祥符五年向敏中相，旦独相者七年；天圣七年王曾罢，吕夷简在位，明道元年张士逊复相，夷简独相者三年；皇祐三年，宋庠、文彦博罢，庞籍相，独相者三年；元祐九年吕大防罢，章惇相，七年罢，独相者七年。七朝独相者七人，惟赵韩王十年，其次王魏公、章申公七年，最久云。⑦

由上可知，北宋时期，独相者较少，从宋太祖朝到宋哲宗元祐末，独

---

① 《宋史》卷三一二《韩琦传》，第10226页。
② 《宋史》卷三一二《曾公亮传》，第10233页。
③ 《宋史》卷二《太祖本纪二》，第25页。
④ 李焘：《续资治通鉴长编》卷八，乾德五年三月丙午，第191页。
⑤ 李焘：《续资治通鉴长编》卷二〇，太平兴国四年十月乙亥，第463页。
⑥ 范祖禹：《范太史集》卷二九，《景印文渊阁四库全书》第1100册，台湾商务印书馆，1986，第335页。
⑦ 叶梦得：《石林燕语》卷八，中华书局，1984，第122页。

相者 7 人，独相时间共 35 年。独相时间短，也就意味着旧相去位后很快就有新相除拜。

真宗咸平四年（1001）三月"庚寅，左仆射吕蒙正、兵部侍郎参知政事向敏中并守本官、平章事，中书侍郎、平章事李沆加门下侍郎"。① 仁宗天圣三年（1025）十二月，枢密副使、尚书右丞张知白"加工部尚书、平章事"。② 中书侍郎兼礼部尚书、集贤殿大学士王曾"可特授门下侍郎、兼户部尚书、同中书门下平章事、充玉清昭应宫使、昭文馆大学士、监修国史"。③ 仁宗明道元年（1032）二月，知许州、定国节度使张士逊"为刑部尚书、平章事"，④ 吏部侍郎、同中书门下平章事、昭文馆大学士、监修国史吕夷简迁中书侍郎兼兵部尚书。⑤ 仁宗皇祐元年（1049）八月，首相陈执中罢相出任青州知州，枢密使、工部侍郎宋庠"为兵部侍郎、平章事"，"礼部侍郎、平章事文彦博加吏部侍郎、昭文馆大学士、监修国史"。⑥ 仁宗至和二年（1055）六月，宰相陈执中第三次罢相，"忠武节度使、知永兴军文彦博为吏部尚书、平章事、昭文馆大学士"，"宣徽南院使、判并州富弼为户部侍郎、平章事、集贤殿大学士"，"工部侍郎、平章事、集贤殿大学士刘沆加兵部侍郎、监修国史"。⑦ 仁宗嘉祐三年（1058）六月，首相文彦博罢相出判河南府。"枢密使、工部尚书韩琦依前官平章事、集贤殿大学士。""户部侍郎、平章事、集贤殿大学士富弼加礼部尚书、昭文馆大学士。"⑧ 嘉祐六年（1061）闰八月，"枢密使、礼部侍郎曾公亮为吏部侍郎、平章事、集贤殿大学士"，"工部尚书、平章事、集贤殿大学士韩琦加昭文馆大学士、监修国史"。⑨ 仁宗天圣六年（1028）三月，"枢密副使张士逊为礼部尚书、平章事"，宰相王曾"加吏部

---

① 李焘：《续资治通鉴长编》卷四八，咸平四年三月庚寅，第 1054 页。
② 李焘：《续资治通鉴长编》卷一〇三，天圣三年十二月癸丑，第 2394 页。
③ 《宋大诏令集》卷五二《进拜二》，第 267 页。
④ 李焘：《续资治通鉴长编》卷一一一，明道元年二月庚戌，第 2576 页。
⑤ 徐自明撰，王瑞来校补《宋宰辅编年录校补》卷四，天圣七年二月丙寅，第 186 页。
⑥ 李焘：《续资治通鉴长编》卷一六七，皇祐元年八月壬戌，第 4009~4010 页。
⑦ 李焘：《续资治通鉴长编》卷一八〇，至和二年六月戊戌，第 4352~4353 页。
⑧ 李焘：《续资治通鉴长编》卷一八七，嘉祐三年六月丙午，第 4511~4512 页。
⑨ 李焘：《续资治通鉴长编》卷一九五，嘉祐六年闰八月庚子，第 4718 页。

尚书"。① 当然，也有例外，如天圣元年八月，刑部尚书、知江宁府王钦若拜昭文相，宰相王曾本官未变，这与王钦若拜相有关。"太后有复相王钦若意"，"辅臣皆不与闻"。② 天圣七年（1029）二月，"户部侍郎、参知政事吕夷简以本官平章事"。③ 作为首相的王曾，其本官保持不变，一是吕夷简这次拜相出于偶然，宰相张士逊因替曹利用求情被罢，吕夷简这才得以拜相；二是此前一年，张士逊拜相，王曾的本官迁至吏部尚书，一年后，再次因除拜新相而迁官，显得迁官速度过快。另外也不难发现，皇帝任命宰相，旧相本官在迁官的同时，通常还伴随馆职的升迁。

（五）其他

从上述几种情况看，宰相本官的升迁与国家的重要事件联系密切。其他情况下的迁官也是如此。

真宗大中祥符元年（1008）十二月，"辛丑，工部尚书、平章事王旦为中书侍郎、兼刑部尚书、平章事"。④ 大中祥符四年，真宗祀汾阴，除王旦"右仆射兼中书侍郎"。⑤

大中祥符七年（1014）十一月，玉清昭应宫建成，"加玉清昭应宫使王旦司空"。⑥

真宗天禧五年（1021）三月，"辅臣以天章阁成，并进秩"。宰相丁谓迁司空，冯拯迁左仆射。⑦

仁宗明道元年（1032）十一月，"甲戌，上以修内成，恭谢天地于天安殿，遂谒太庙，大赦，改元，优赏诸军，百官皆进官一等，不隔磨勘，选人及十二考历任无赃罪并许磨勘引见"。⑧ 中书侍郎、兼兵部尚书、同平章事、昭文馆大学士、监修国史吕夷简加门下侍郎、兼吏部尚书。本来宋仁宗要除吕夷简右仆射、兼门下侍郎，但被吕夷简婉拒。⑨ 宰相由兵部

---

① 李焘：《续资治通鉴长编》卷一〇六，天圣六年三月壬子，第2468页。
② 李焘：《续资治通鉴长编》卷一〇一，天圣元年八月己未，第2332页。
③ 李焘：《续资治通鉴长编》卷一〇七，天圣七年二月丙寅，第2495页。
④ 李焘：《续资治通鉴长编》卷七〇，大中祥符元年十二月辛丑，第1581页。
⑤ 徐自明撰，王瑞来校补《宋宰辅编年录校补》卷三，景德三年二月戊戌，第102页。
⑥ 李焘：《续资治通鉴长编》卷八三，大中祥符七年十一月己丑，第1901页。
⑦ 李焘：《续资治通鉴长编》卷九七，天禧五年三月壬寅，第2244页。
⑧ 李焘：《续资治通鉴长编》卷一一一，明道元年十一月甲戌，第2591页。
⑨ 徐自明撰，王瑞来校补《宋宰辅编年录校补》卷四，天圣七年二月丙寅，第187页。

尚书转右仆射是符合制度规定的，吕夷简推辞并无其他因素的干扰，是他行事作风的体现。刑部尚书、同平章事、集贤殿大学士张士逊则"加中书侍郎、兼兵部尚书"。①

大中祥符九年（1016）二月，"监修国史王旦等上两朝国史一百二十卷，优诏答之"，"加旦守司徒"。②

仁宗皇祐二年（1050）九月"辛亥（二十七日），大飨天地于明堂，以太祖、太宗、真宗配，从祀如圜丘。大赦，文武职官及分司、致仕官，并特与转官"。③"冬十月丙辰（初二），宰臣文彦博加礼部尚书，宋庠加工部尚书。"④

神宗熙宁八年（1075）六月，"吏部尚书、平章事、昭文馆大学士王安石加左仆射、兼门下侍郎，右谏议大夫、参知政事吕惠卿加给事中，右正言、天章阁待制王昉加龙图阁直学士，太子中允、馆阁校勘吕升卿直集贤院，并以修《诗》、《书》、《周礼义解》毕，推恩也"。⑤

（六）天灾与政治斗争

任相期间，宰相本官升迁的情况较多，降官的情况较少。"阴阳不和，责在宰相。"⑥每当天灾出现后，宰相为了避免政敌的攻击，通常主动请求降官或罢相，但若无其他深层原因，皇帝一般都不会答应其请求。如太宗淳化三年（992）夏季，"旱蝗，既雨。时（李）昉与张齐贤、贾黄中、李沆同居宰辅，以燮理非材，上表待罪，上不之罪"。⑦淳化四年（993）九月，"上（太宗）以阴阳愆伏，罪由公府，切责宰相李昉及参知政事贾黄中、李沆"。⑧但这次只是口头上的责罚，宋太宗并没有降宰辅的本官。仁宗明道二年（1033），"旱蝗，士逊请如汉故事册免，不许。及帝自损尊号，士逊又请降官一等，以答天变，帝慰勉之"。⑨宋仁宗庆

---

① 徐自明撰，王瑞来校补《宋宰辅编年录校补》卷四，明道元年二月庚戌，第 191 页。

② 李焘：《续资治通鉴长编》卷八六，大中祥符九年二月丁亥，第 1972 页。

③ 李焘：《续资治通鉴长编》卷一六九，皇祐二年九月辛亥，第 4060 页。

④ 李焘：《续资治通鉴长编》卷一六九，皇祐二年十月丙辰，第 4062 页。

⑤ 李焘：《续资治通鉴长编》卷二六五，熙宁八年六月辛亥，第 6495 页。

⑥ 李焘：《续资治通鉴长编》卷一六〇，庆历七年三月乙未，第 3865 页。

⑦ 《宋史》卷二六四《李昉传》，第 9137 页。

⑧ 李焘：《续资治通鉴长编》卷三四，淳化四年九月丙午，第 753 页。

⑨ 《宋史》卷三一一《张士逊传》，第 10217 页。

历时，倒有一例宰相因旱灾降官的事。仁宗庆历七年（1047）三月大旱，"贾昌朝引汉故事乞罢相"。① 仁宗避殿减膳，"幸西太一宫祈雨，所过神祠，皆遣中使致祷"。② "昌朝既罢，执中等复申前请，于是各降官一等而辅政如故。" 宰相陈执中由工部侍郎降为给事中，成为宋朝唯一一个以给事中为本官的宰相。③ 其实，宰相贾昌朝罢相的深层次原因是他与枢密副使吴育的矛盾，"昌朝与育数争论帝前，论者多不直昌朝"。④ 一个月后，陈执中等人"皆复所降官"。⑤ 因此，"所谓的天灾不过是政治斗争的借口"。⑥

综上所述，宋代宰相的本官迁转与国家大事、朝政时局相联系，皇帝正好借机迁转宰相本官。这其实是帝王驾驭大臣的手段之一，以宰相为代表的百官在接受皇恩的同时，皇权的威严也在无形之中得以提高。另外，在任宰相很少有降官的。因为降低宰相本官，并不能有助于任何实际问题的解决。如果宰相不再被皇帝信任或不称职，皇帝一般会采取更直接、更实际的措施，即将其罢免，选用更合适的官员任相。

第三节　宰相罢任时本官的变化

宰相罢任时本官的变化呈现阶段性特征，宋仁宗朝之前，皇帝对罢相者的礼遇程度主要通过罢相时所授本官的高低来体现。仁宗朝以后至元丰改制前，与本官的高低相比，罢相者更看重使相与职名。叶梦得《石林燕语》卷六载：

> 祖宗故事，宰相去位，例除本官，稍优则进官一等，或易东宫"三少"。惟赵韩王以开国旧臣，且相十年，故以使相罢，盖异恩也。自是迄太宗、真宗世，皆不易旧制。天圣初，冯魏公以疾辞位，始除

---

① 李焘：《续资治通鉴长编》卷一六〇，庆历七年三月壬寅，第3868页。
② 李焘：《续资治通鉴长编》卷一六〇，庆历七年三月辛丑，第3868页。
③ 李焘：《续资治通鉴长编》卷一六〇，庆历七年三月壬寅，第3868页。
④ 李焘：《续资治通鉴长编》卷一六〇，庆历七年三月乙未，第3865页。
⑤ 李焘：《续资治通鉴长编》卷一六〇，庆历七年四月乙卯，第3871页。
⑥ 王瑞来：《宰相故事——士大夫政治下的权力场》，第19页。

武胜军节度使。宰相建节，自魏公始。明道末，吕申公罢，仁宗眷之
厚，始复加使相。盖自韩公以来，申公方继之。其后王文惠、陈文惠
罢日，相继除，遂以为例。宰相除使相，自申公始。景祐末，王沂公
罢相，除资政殿大学士，判郓州。宰相除职，自沂公始。至皇祐，贾
文元罢，除观文殿大学士，自是遂以为例。盖自非降黜皆建节，或使
相为优恩加职名为常例，迄今不改也。①

据此可知，太祖、太宗、真宗朝，宰相以本官罢相是常态，如果政绩
优异或者皇帝特殊眷顾则往往迁升本官。宋人把罢相后担任使相视为十分
荣耀的事。宋仁宗皇祐年间，贾昌朝罢相后担任观文殿大学士。此后，罢
相加职名成为常例，本官受重视程度有所减弱。但罢相者本官的高低仍
"寓有礼遇或黜退之意"。②

一　仁宗朝之前：本官的升降为主要奖惩手段

仁宗天圣元年之前，当罢相前官员本官为三师三公、左右仆射时，罢
相时多改换东宫官，而以检校官为使相罢相的只有赵普一人。天圣元年之
后，出现超迁本官罢相的情况，而且宰相罢为使相的数量在增多。这表明
宋朝对曾经担任宰相要职的官员优礼越来越重。

（一）罢相时改换东宫官

宋仁宗天圣元年以前，当罢相前本官为三师三公、左右仆射时，多改
换东宫官罢相。这样的做法在宋太祖朝曾实施。如乾德二年范质、王溥、
魏仁浦三人同时罢相，司徒（正一品）兼侍中（正二品）范质与司空
（正一品）兼门下侍郎（正三品）王溥改为东宫官，分别为太子太傅（从
一品）、太子太保（从一品），右仆射魏仁浦迁一官为左仆射。③ 虽然范
质、王溥罢相时的官品有所降低，但太子太傅、太子太保已经是东宫官中
官品最高的。范质、王溥、魏仁浦作为留任的前朝宰相，宋太祖这样已经

---

① 叶梦得：《石林燕语》卷六，第 90 页。
② 杨树藩：《宋代中央政治制度》，台湾商务印书馆，1982，第 148~149 页。
③ 《宋大诏令集》卷六五《罢免一》，第 317 页。官品参见李昌宪《北宋前期官品令复原
　研究》，《河南大学学报》2012 年第 1 期。

算是优待了。

宋太宗朝，没有以东宫官罢相者。因为罢相前本官在右仆射及以上的只有赵普、沈伦、李昉三人。淳化元年（990）正月，太保兼侍中赵普守太保兼中书令罢相。① 因为赵普是宋朝的开国元勋，所以受到特殊照顾。太平兴国七年（982）四月，左仆射、兼门下侍郎、同平章事沈伦因卢多逊勾结赵廷美的事受到牵连，罢为工部尚书。② 淳化四年（993）十月，右仆射、平章事李昉则因受到翰林学士张洎的弹劾，罢守本官。③

宋真宗时期，以东宫官罢相者最多。天禧三年（1019）六月，"（王）钦若恩遇浸衰，人有言其受金者，钦若于上前自辨，乞下御史台覆实。上不悦"，"钦若皇恐，因求出藩"，最后"左仆射、平章事王钦若罢为太子太保"。"制辞以均劳之意，从优礼云。"④ 天禧四年（1020）六月，"时上（真宗）不豫，艰于语言，政事多中宫所决，（丁）谓等交通诡秘，其党日固"。又因为宰相寇准与刘皇后、丁谓、曹利用不和，最后，"以右仆射、兼中书侍郎、平章事寇准为太子太傅、莱国公"。⑤ 罢相制词中言"升宫傅之崇资，启国封于宁宇。仍移美号。益表隆恩"。⑥ 至道三年（997）四月，宰相吕端迁右仆射、监修国史。⑦ 咸平元年（998）十月，"吕端久被病"，"累上疏求解"，"罢为太子太保"。⑧ 咸平六年（1003）九月，"司空、平章事吕蒙正七上表求退，甲辰，罢为太子太师，封莱国公"。⑨ 从罢相制词中不难看出，东宫官一般是宋朝皇帝用以优待卸任宰相者的官职。当罢相前本官为三师三公或左右仆射时，罢相时本官多改换东宫官，即便是有较大过失的宰相也不例外。如乾兴元年（1022）六月，司徒（正一品）兼侍中（正二品）丁谓因勾结宦官雷允恭等事，"降守太

① 《宋大诏令集》卷六五《罢免一》，第 318 页。
② 李焘：《续资治通鉴长编》卷二三，太平兴国七年四月庚辰，第 518 页。
③ 李焘：《续资治通鉴长编》卷三四，淳化四年十月辛巳，第 754 页。
④ 李焘：《续资治通鉴长编》卷九三，天禧三年六月甲午，第 2149 页。
⑤ 李焘：《续资治通鉴长编》卷九五，天禧四年六月丙申，第 2196 页。
⑥ 《宋大诏令集》卷六六《罢免二》，第 321 页。
⑦ 徐自明撰，王瑞来校补《宋宰辅编年录校补》卷二，至道元年四月癸未，第 72 页。
⑧ 李焘：《续资治通鉴长编》卷四三，咸平元年十月戊子，第 917 页。
⑨ 李焘：《续资治通鉴长编》卷五五，咸平六年九月甲辰，第 1213 页。

子少保（从二品），分司西京"。① 这也体现出宋朝对高级官员的优容程度相当高。

（二）有微过，罢相时所得本官略有浮动

当宰相因小过错或触怒皇帝而罢相时，皇帝一般让其守本官或略升、略降其本官。

守本官：淳化四年（993）十月，宋太宗欲让右仆射、平章事李昉以左仆射罢相。翰林学士张洎表示反对，他认为李昉"居辅相之任，职在燮调阴阳"，"近霖霪百余日"，"而昉宴然自若，无归咎引退之意"，"宜加黜削，以儆具臣"。宋太宗"以昉耆旧，不欲深谴，但令罢守本官"。② 咸平三年（1000）十一月冬至，宋真宗宴会群臣。门下侍郎、兼兵部尚书、平章事张齐贤醉酒失仪，被御史中丞弹劾。张齐贤谢罪，"罢守本官"。③

略降官：天禧四年十一月，宰相李迪"欲得中书侍郎、尚书"，宰相丁谓"专意抑迪"，"迪加中书侍郎、兼左丞"。本来"两省侍郎无兼左右丞者"，李迪不能忍受丁谓的羞辱，"引手板欲击谓，谓走得免"。两人不和，令真宗十分恼怒。④ 吏部尚书丁谓"可户部尚书归班"，吏部侍郎李迪"可户部侍郎归班"。⑤ 咸平五年（1002）十月，因违法购买薛居正的宅邸，传出与张齐贤争娶薛惟吉遗孀的绯闻，兵部侍郎、平章事向敏中罢为户部侍郎。⑥

略升官：淳化四年六月，"王延德与朱贻业同掌京廋，欲求补外，贻业与参政李沆有姻娅，托之以请于沆，沆为请于齐贤，齐贤以闻。太宗以延德尝事晋邸，怒其不自陈而干祈执政，召见诘责。延德、贻业皆讳不以实对，齐贤不欲累沆，独任其责。四年六月，罢为尚书左丞"。⑦ 罢相前张齐

---

① 徐自明撰，王瑞来校补《宋宰辅编年录校补》卷四，乾兴元年六月癸亥，第159页。
② 李焘：《续资治通鉴长编》卷三四，淳化四年十月辛未，第754~755页。
③ 李焘：《续资治通鉴长编》卷四七，咸平三年十一月甲午，第1033页。
④ 李焘：《续资治通鉴长编》卷九六，天禧四年十一月乙丑，第2223页。
⑤ 《宋大诏令集》卷六六《罢免二》，第321~322页。
⑥ 李焘：《续资治通鉴长编》卷五三，咸平五年十月癸未，第1157页。
⑦ 《宋史》卷二六五《张齐贤传》，第9154页。

贤的本官为吏部侍郎，① 虽然吏部侍郎与尚书左丞均为正四品上，但后者官阶略高。② 景德三年（1006）二月，中书侍郎、兼工部尚书、平章事寇准居功自傲，"无大臣体"，"罢为刑部尚书"。③ 按迁转次序，刑部尚书官阶略高于工部尚书。

宋人所说"旧制二府侍从有薄罪，多以本官归班，朝请而已"。④ 这句话实质是指，宰相有微过，在罢相时本官官品一般不会有太大的变动。这样的原则也一直在延续，如庆历五年（1045）正月，陈执中抨击宰相杜衍"欺罔擅权""怀奸不忠"。⑤ 仁宗听信其言，"工部侍郎、平章事、兼枢密使杜衍罢为尚书左丞，知兖州"。⑥ 再如庆历四年（1044）九月，晏殊由刑部尚书、平章事罢为工部尚书，知颍州，⑦ 本官略有降低。其中夹杂着宋仁宗复杂的感情因素，晏殊为李宸妃写的志文，"并没有说明刘太后只是仁宗养母而李宸妃才是仁宗生母的这件事"。⑧ 这件事成了宋仁宗心中的隐痛，晏殊也终因撰写碑文的事而受到影响。

（三）皇帝异恩对惯例的破坏

皇帝对大臣的恩礼很容易突破惯例的束缚。如开宝六年（973）八月，尚书左仆射、门下侍郎平章事、昭文馆大学士赵普免本官罢相，以检校太傅、同中书门下平章事充河阳三城节度使。⑨ 这是宋太祖对赵普这位元老重臣的特殊礼遇。宋人洪迈说，"国初以来，宰相带三公官居位，及罢去，多有改他官者……天禧以前唯赵普、王旦乃依旧公师，仍复迁秩"。⑩ 淳化二年（991），宰相赵普"三上表求致仕，上勉从之，以普为西京留守、河南尹，依前守太保兼中书令"。⑪ 李昉也得到宋太宗的优容。

---

① 徐自明撰，王瑞来校补《宋宰辅编年录校补》卷二，淳化四年六月丙寅，第 62 页。
② 李昌宪：《北宋前期官品令复原研究》，《河南大学学报》2012 年第 1 期。
③ 李焘：《续资治通鉴长编》卷六二，景德三年二月戊戌，第 1389 页。
④ 朱弁：《曲洧旧闻》卷九，孔凡礼点校，中华书局，2002，第 219 页。
⑤ 李焘：《续资治通鉴长编》卷一五四，庆历五年正月乙酉，第 3741 页。
⑥ 李焘：《续资治通鉴长编》卷一五四，庆历五年正月丙戌，第 3741 页。
⑦ 李焘：《续资治通鉴长编》卷一五二，庆历四年九月庚午，第 3699 页。
⑧ 杨天云：《晏殊研究——以政治活动为中心》，硕士学位论文，西北大学，2016，第 37~38 页。
⑨ 徐松辑《宋会要辑稿》职官七八之二，上海古籍出版社，2014，第 5187 页。
⑩ 洪迈：《容斋随笔》卷九，第 119 页。
⑪ 《宋史》卷二五六《赵普传》，第 8938 页。

端拱元年（988）二月，中书侍郎、兼工部尚书、平章事李昉，因"不忧边思职，但赋诗饮酒并置女乐"罢相。宋太宗却命翰林学士贾黄中草制，"授昉右仆射罢政"。① 真宗对王旦更为优待。天禧元年（1017）七月，"王旦以病，坚求罢相"。② 守太保兼门下侍郎、同中书门下平章事王旦"可太尉，依前充玉清昭应宫使"。③ 仁宗康定元年（1040）五月，门下侍郎兼兵部尚书、平章事张士逊，无所作为，被谏官弹劾。"优拜太傅，进封邓国公致仕。"④

二　仁宗朝及其以后：使相为优恩，加职名为常例，但本官仍有褒贬的政治含义

仁宗天圣元年（1023）之前，宋朝皇帝对宰相已经十分优礼了，之后，对宰相更为优礼。除了体现在罢相加职名或改任使相上，还体现在罢相者本官的变化上。

宋朝文官十分重视职名。仁宗景祐四年（1037）四月，王曾因与首相吕夷简相互攻讦，同时罢相。王曾带职出守，以左仆射、充资政殿大学士，判郓州，"宰相罢政而带职自曾始"。⑤ "观文殿大学士，非曾为宰相不除。观文殿学士、资政殿大学士及学士，并以宠辅臣之去位者。"⑥ 那么，带职衔罢相者，其本官在罢相前后有什么变化？

表 1-3　元丰改制前，罢相即除观文殿大学士、资政殿大学士

时间	官员	罢相原因	罢相前	罢相后
景祐四年四月	王曾（2）	与吕夷简不和	右仆射兼门下侍	左仆射、资政殿大学士、判郓州
皇祐三年三月	宋庠	谏官攻击，不戢子弟，无所建明	工部尚书	刑部尚书、观文殿大学士、知河南府、兼西京留守司事

---

① 李焘：《续资治通鉴长编》卷二九，端拱元年二月庚子，第647页。
② 李焘：《续资治通鉴长编》卷九〇，天禧元年七月甲寅，第2073页。
③ 《宋大诏令集》卷六五《罢免一》，第320页。
④ 杨仲良：《皇宋通鉴长编纪事本末》卷三六，李之亮校点，黑龙江人民出版社，2006，第628页。
⑤ 徐自明撰，王瑞来校补《宋宰辅编年录校补》卷四，景祐四年四月甲子，第212页。
⑥ 马端临：《文献通考》卷五四《职官考八》，第1592页。

续表

时间	官员	罢相原因	罢相前	罢相后
皇祐三年十月	文彦博	御史弹劾	礼部尚书	吏部尚书、观文殿大学士、知许州
嘉祐元年十二月	刘沆	御史弹劾	兵部侍郎	工部尚书、观文殿大学士、知应天府
熙宁七年四月	王安石	因旱灾,求去	礼部侍郎	吏部尚书、观文殿大学士、知江宁军
熙宁八年八月	韩绛(2)	与王安石不和	吏部侍郎	礼部尚书、观文殿大学士、知许州
元丰三年三月	吴充	引反新法之人	工部侍郎	吏部尚书、观文殿大学士、西太一宫使

注：(2) 表示第二次拜相。

资料来源：此表主要依据《宋史·宰辅表》《宋大诏令集》《宋宰辅编年录校补》《续资治通鉴长编》《宋会要辑稿》《东都事略》《隆平集校证》《名臣碑传琬琰集校证》《两宋名贤小集》等文献制作。

从表 1-3 可以清楚地看到，充资政殿大学士罢相的只有王曾一人。本来是令王曾出判青州，而青州正是王曾的故乡。或许出于避嫌的考虑，在向皇帝辞谢时，王曾请求改任郓州，仁宗批准，又令他充资政殿大学士以示优礼。[1] 充观文殿大学士罢相者共 6 人，这些人的本官都得以升至六部尚书，有的从工部侍郎迁吏部尚书，有的从工部尚书迁刑部尚书。官员罢相时只要带职，本官则均有升迁。

使相是对卸任宰相的高级礼遇。宋承唐制"以节度使兼中书令，或侍中，或中书门下平章事，皆谓之使相"，"以待勋贤故老及宰相久次罢政者。随其旧职或检校官加节度使出判大藩，通谓之使相"。[2] 那么罢相即为使相者，其本官会出现怎样的变化呢？

"文臣为枢密使，皆带检校太尉、太傅兼本官。"[3] 据笔者统计，元丰改制前，以使相罢相的多带检校太师、检校太傅（见表 1-4）。

---

① 李焘：《续资治通鉴长编》卷一二〇，景祐四年四月甲子，第 2827 页。

② 马端临：《文献通考》卷五九《职官考十三》，第 1772 页。

③ 宋敏求：《春明退朝录》卷上，第 3 页。

表 1-4　元丰改制前，宰相罢为使相一览

时间	官员	原因	罢相前带衔	罢相后带衔*
开宝六年八月	赵普	雷有邻有讼	左仆射、兼门下侍郎、昭文馆大学士	河阳三城节度使、平章事、检校太傅
太平兴国八年十月	赵普(2)	年老	司徒、兼侍中	检校太尉、兼侍中、武胜军节度使
淳化元年正月	赵普(3)	疾病	太保、兼中书令	太保、兼中书令、西京留守、河南尹
天圣元年九月	冯拯	因病求去	司徒、昭文馆大学士、监修国史	武胜军节度使、检校太尉、兼侍中、判河南府
明道二年四月	吕夷简	仁宗亲政	尚书右仆射、兼门下侍郎、同中书门下平章事、昭文馆大学士、监修国史	检校太傅、同中书门下平章事、充武胜军节度使、判澶州(一作陈州)军州事
景祐四年四月	吕夷简(2)	与王曾不和	尚书右仆射、兼门下侍郎、同中书门下平章事、昭文馆大学士、监修国史	检校太师、同中书门下平章事、充镇安军节度、判许州
宝元元年三月	王随	与陈尧佐不和，天灾，老病	门下侍郎、同中书门下平章事、昭文馆大学士	检校太傅、同中书门下平章事、彰信军节度使、判河阳
宝元元年三月	陈尧佐	与王随不和，天灾，老病	户部侍郎、同中书门下平章事、集贤殿大学士	检校太傅、同中书门下平章事、充淮康军节度、判郑州军州
庆历五年四月	章得象	御史弹劾，无所建明	工部尚书、同中书门下平章事、兼枢密使、昭文馆大学士、监修国史	检校太傅、同中书门下平章事、充镇安军节度、陈州管内观察处置等使、判本州事
庆历七年三月	贾昌朝	旱灾，与枢密使吴育不和	工部侍郎、同中书门下平章事、昭文馆大学士、监修国史	检校太傅、同中书门下平章事、行邓州刺史、充武胜军节度使、判大名府
至和二年六月	陈执中(2)	翰林学士攻击御史弹劾	吏部尚书、同中书门下平章事、昭文馆大学士、监修国史	检校太尉、同中书门下平章事、充镇海军节度、判亳州军州
嘉祐三年六月	文彦博(2)	御史弹劾	吏部尚书、同中书门下平章事、昭文馆大学士、监修国史	检校太师、同中书门下平章事、充河阳三城节度、判河南府

续表

时间	官员	原因	罢相前带衔	罢相后带衔*
治平四年九月	韩琦	御史弹劾，上章求去	司空、兼侍中、昭文馆大学士、监修国史	司徒、检校太师、兼侍中、镇安及武胜等军节度、判相州军州事
熙宁二年十月	富弼（2）	反对新法，以病求去	尚书左仆射、兼门下侍郎、同中书门下平章事、昭文馆大学士、监修国史	检校太师、尚书左仆射、同中书门下平章事、武宁军节度、判亳州
熙宁三年九月	曾公亮	反对新法	尚书左仆射、兼门下侍郎、同中书门下平章事、昭文馆大学士、监修国史	司空、检校太师、兼侍中、河阳三城节度
熙宁九年十月	王安石（2）	与吕惠卿不和	尚书左仆射、兼门下侍郎、同中书门下平章事、昭文馆大学士、监修国史	检校太傅、尚书左仆射、同中书门下平章事、镇南军节度、判江宁府

　　*罢相后即时所带之衔，不含以后一段时间的官衔变化情况。

　　注：（2）、（3）表示第二、三次拜相。

　　资料来源：此表主要依据《宋史·宰辅表》《宋大诏令集》《宋宰辅编年录校补》《续资治通鉴长编》《宋会要辑稿》《东都事略》《隆平集校证》《名臣碑传琬琰集校证》《两宋名贤小集》等文献制作。

　　由表1-4可知，宋仁宗朝以使相罢相的最多，共8人：冯拯、吕夷简、王随、陈尧佐、章得象、贾昌朝、陈执中、文彦博。宋仁宗朝之前，只有赵普一人。宋仁宗朝之后至元丰改制前，共4人：韩琦、富弼、曾公亮、王安石。[1] 以至于富弼感叹，"终仁宗一朝，罢相罢枢密使者，皆除使相，其间最为不可者数人，并以不称职及过恶彰露，台谏官互有弹劾，本合得罪黜削，而亦皆除使相，领大藩，人情非常不允"。[2] 以使相罢相者（未统计赵普），免去本官者有7人：吕夷简、王随、陈尧佐、章得象、贾昌朝、陈执中、文彦博。带本官者共5人，冯拯、韩琦、富弼、曾公亮、王安石，除冯拯外，其余4人是宋神宗在位期间罢为使相的。韩

---

① 参考《宋史·宰辅表》《宋大诏令集》《宋宰辅编年录校补》《续资治通鉴长编》《宋会要辑稿》《东都事略》《隆平集校证》《名臣碑传琬琰集校证》《两宋名贤小集》等文献。

② 李焘：《续资治通鉴长编》卷二〇五，治平二年七月癸亥，第4977页。

琦、富弼、曾公亮都曾是宋仁宗朝的宰相，王安石曾是神宗熙宁变法的主要推动者，这是神宗皇帝对元老重臣的优待。

表 1-5　天圣元年至元丰改制前，官至仆射者罢相情况

时间	官员	罢相原因	宰相本官	罢相后带衔
景祐四年四月	吕夷简（2）	与王曾不和	右仆射兼门下侍郎	检校太师、使相
景祐四年四月	王曾（2）	与吕夷简不和	右仆射兼门下侍郎	左仆射、资政殿大学士
熙宁二年十月	富弼（2）	反对新法	右仆射兼门下侍郎	左仆射、检校太师、使相
熙宁三年九月	曾公亮	反对新法	右仆射兼门下侍郎	司空、检校太师、使相
熙宁九年十月	王安石（2）	请辞	右仆射兼门下侍郎	左仆射、检校太傅、使相

注：（2）表示第二次拜相。

资料来源：此表主要依据《宋史·宰辅表》《宋大诏令集》《宋宰辅编年录校补》《续资治通鉴长编》《宋会要辑稿》《东都事略》《隆平集校证》《名臣碑传琬琰集校证》《两宋名贤小集》等文献制作。

通过表 1-5 可知，"若罢平章事而官已至仆射者，仍旧领之"[①] 的记载，其实有误。如前文所述，天圣元年之前，若宰相本官为左右仆射，多改换东宫官罢相。据表 1-5 所统计，天圣元年至元丰改制前，除"仍旧领之"的情况外，还存在免本官（如吕夷简）或升本官（如曾公亮）的情况。

综上所述，宋朝宰相罢相时，责降本官情况不多，贬官力度也不大。从宋仁宗朝开始，对曾任宰相的官员加学士职成为惯例，罢相后为使相的官员数量也在不断增加，这与唐朝形成鲜明的对比。"唐宰相既无定员，又多以他官兼领，以故用之亦易，多自下僚超拜，同时或至有十七人。及其贬责，亦无复礼貌。"[②] 据周道济统计，唐代宰相 300 多人，"其中正居相位时，身遭惨死者盖有四十一人"，"唐宰相于罢相后身遭惨死者则有四十二人"。[③] 而宋朝就大为不同，即便在政治斗争激烈的时期，其责授的本官也不会低于六部侍郎。如太宗太平兴国七年（982）四月，赵普指责卢多逊"与秦王廷美交通"，[④] 其由中书侍郎兼兵部尚书、同平章事责

① 徐松辑《宋会要辑稿》职官四之五，第 3097 页。
② 朱弁：《曲洧旧闻》卷一〇，第 230 页。
③ 周道济：《汉唐宰相制度》，台北：大化书局，1978，第 655~669 页。
④ 李焘：《续资治通鉴长编》卷二三，太平兴国七年四月戊辰，第 516 页。

授兵部尚书。① 左仆射、兼门下侍郎、同平章事沈伦，在这场政治斗争中受到牵连，责授工部尚书。② 但不久，"复授伦左仆射致仕"。③ 再如奸相丁谓因交通宦官雷允恭和擅自改动真宗陵墓，由司徒兼侍中降授太子少保，分司西京。④

第四节　宰相之兼官及其他问题

宰相本官的除授和迁转问题前文已述，而宰相"兼官"亦是一个重要问题，对此笔者提出一些新的思考。《宋史·职官志》中将"兼官"特指"宪衔"。⑤ 也有学者将职事官之外所充之差遣作为"兼官"。⑥ 而宰相的"兼官"则是其阶官之一种，指本官之外另带的他官，如宰相在本官之外加带的中书侍郎、门下侍郎、侍中等。也有学者提出北宋前期宰相的本官由两部分组成的观点，但未展开论述。⑦

一　中书侍郎、门下侍郎

有学者认为，"门下侍郎、中书侍郎并不在元丰改制前的本官序列中，而是只有某些宰相才会兼带，故也可将其视为宰相特有的兼官衔"。⑧ 也有学者认为，北宋前期，中书侍郎、门下侍郎（两省侍郎）一般为宰相本官，很少单独除授。⑨ 以上两位学者的论述并无冲突。其实第一种情况应特指宰相本官为三公三师或者尚书左右仆射时。如建隆元年（960）二月，司徒兼门下侍郎范质"加兼侍中"，尚书右仆射兼门下侍郎王溥

---

① 《宋大诏令集》卷六五《罢免一》，第317页。
② 李焘：《续资治通鉴长编》卷二三，太平兴国七年四月庚辰，第518页。
③ 李焘：《续资治通鉴长编》卷二三，太平兴国七年七月壬子，第524页。
④ 徐自明撰，王瑞来校补《宋宰辅编年录校补》卷四，乾兴元年六月癸亥，第159页。
⑤ 《宋史》卷一六九《职官志九》，第4063页。
⑥ 惠鹏飞：《宋代吏部尚书兼官研究》，《史志学刊》2015年第5期。
⑦ 李华瑞主编《宋辽西夏金史青蓝集》，中国社会科学出版社，2017，第317页。
⑧ 方诚峰：《再论宋代的三公官》，《唐宋历史评论》第5辑，社会科学文献出版社，2018。该文认为"宰相兼门下、中书侍郎必须满足两个条件：一是本官是三公三师或者左右仆射，二是差遣一定是同平章事，而不是侍中"。
⑨ 陈文龙：《北宋本官形成述论——唐后期至北宋前期官僚品位结构研究》，博士学位论文，北京大学，2011，第125页。

"加守司空兼门下侍郎",中书侍郎魏仁浦"加尚书右仆射兼中书侍郎"。① 第二种情况则重在说明宋朝有以中书侍郎、门下侍郎为宰相本官的情况。如乾德二年(964)正月"推忠协谋佐理功臣、枢密使、光禄大夫、检校太保、兼御史大夫、上柱国、天水县开国伯、食邑七百户赵普。……可门下侍郎、同中书门下平章事、集贤殿大学士、功臣、散官、勋、封、如故"。②

北宋元丰改制前,中书侍郎、门下侍郎作为寄禄官存在,但当宰相的系衔中有两省侍郎兼六部尚书时,笔者仍倾向于六部尚书为宰相的本官。原因有三:一是两省侍郎几乎没有迁转空间;二是六部尚书排班在两省侍郎之前,③ 俸禄也比两省侍郎高;④ 三是此观点与宋朝人的认知相符。太宗端拱元年(988)正月,中书侍郎、兼工部尚书、平章事李昉"罢为右仆射"。翰林学士贾黄中评价道:"仆射师长百僚,旧宰相之任,今自工部尚书拜,乃殊迁,非黜责之义也。"⑤ 可见,贾黄中认为工部尚书才是李昉的本官。真宗咸平三年(1000)十一月冬至,宋真宗宴会群臣。门下侍郎、兼兵部尚书、平章事张齐贤"罢守本官"。⑥《宋会要辑稿》则记为,咸平三年"十一月二十二日,门下侍郎、兼兵部尚书、同中书门下平章事张齐贤罢为兵部尚书归班"。⑦ 这就表明此处的"兵部尚书"是宰相张齐贤的本官。真宗乾兴元年(1022)七月,礼部尚书、参知政事王曾"可特授行中书侍郎、兼礼部尚书、同中书门下平章事、集贤殿大学士"。⑧《宋史》卷三一〇载:"(王曾)拜中书侍郎兼本官、同中书门下平章事、集贤殿大学士、会灵观使。"⑨ 可知礼部尚书为王曾的本官。《中国历史大辞典》认为"北宋前期,朝官加除三省、台、省、寺、监之

---

① 徐自明撰,王瑞来校补《宋宰辅编年录校补》卷一,建隆元年二月乙亥,第1页。
② 《宋大诏令集》卷五一《进拜一》,第259页。
③ 李昌宪:《宋朝官品令与合班之制复原研究》,上海古籍出版社,2013,第23~48页。
④ 徐松辑《宋会要辑稿》职官五七之一,第4557页。
⑤ 李焘:《续资治通鉴长编》卷二九,端拱元年二月庚子,第647页。
⑥ 李焘:《续资治通鉴长编》卷四七,咸平三年十一月甲午,第1033页。
⑦ 徐松辑《宋会要辑稿》职官七八之八,第5192页。
⑧ 《宋大诏令集》卷五二《进拜二》,第266页。
⑨ 《宋史》卷三一〇《王曾传》,第10184页。

官……若新除官品级与寄禄官同，系衔时于寄禄官前加'兼'字"。① 这一概括未必适用于全部官僚群体，但恰恰适用于两省侍郎兼六部尚书的情况。此处将"兼"字理解为系衔时所用字，这给笔者以启发，进而推测"兼"字前后的两种官应当没有实质区别，但为行文方便，当《宋史》卷一六九之"文臣京官至三师叙迁之制"所载范围内的寄禄官与该范围之外的寄禄官（如中书侍郎、门下侍郎、侍中等）"兼"任时，以在叙迁范围内的寄禄官为宰相的本官，有时也将以上官衔一起称为本官，如称"中书侍郎兼兵部尚书"为宰相本官。

此外，北宋前期，宰相加除门下侍郎、中书侍郎是否为迁官？真宗咸平二年（999）十一月，"宰相兵部尚书张齐贤加门下侍郎，户部侍郎李沆加中书侍郎"。② 李焘在《续资治通鉴长编》注文中解释道："宰相转官，旧制，兵书当转吏书，户侍当转礼书，今但加门侍、中侍，非进改也。"③ 因为张齐贤多加了一个门下侍郎，本官仍是兵部尚书。李沆的本官虽从户部侍郎（从四品）变为中书侍郎（正三品），但中书侍郎、门下侍郎不在元丰改制前的本官叙迁体系之中，④ 户部侍郎隶属尚书省系统，中书侍郎隶属中书省，不在同一系统内。这应是李焘认为宰相张齐贤、李沆并未迁官的理由。本书则认为凡不在"叙迁之制"内的本官变化情况，以官品的变化与否作为迁官之标准。如宋仁宗景祐四年（1037）四月，"吏部侍郎、知枢密院事王随，户部侍郎、知郑州陈尧佐，并为平章事，随加门下侍郎，尧佐守本官"。"自薛居正后，初相无越迁门下侍郎者，丁度始误草制，因不复改。"⑤ 另据《宋大诏令集》中《王随罢免建节制》载，王随自门下侍郎、同中书门下平章事、昭文馆大学士、监修国史罢为太傅、同中书门下平章事、充彰信军节度，⑥ 可知吏部侍郎、知枢密院事王随迁门下侍郎（正三品）、平章事后，便不再带吏部侍郎（正四品上）。因前后官品发生了改变，可视为迁官的情况。另外，当中书侍郎

---

① 郑天挺等主编《中国历史大辞典》，上海辞书出版社，2007，第1165~1166页。
② 李焘：《续资治通鉴长编》卷四五，咸平二年十一月丁亥，第968页。
③ 李焘：《续资治通鉴长编》卷四五，咸平二年十一月丁亥，第968页。
④ 《宋史》卷一六九《职官志九》，第4027~4028页。
⑤ 李焘：《续资治通鉴长编》卷一二〇，景祐四年四月甲子，第2827页。
⑥ 《宋大诏令集》卷六七《罢免三》，第326页。

单独作为宰相的本官时，则中书侍郎迁门下侍郎可视为迁官。如咸平四年（1001）三月，"中书侍郎、平章事李沆加门下侍郎"。① 《宋大诏令集》卷五九亦载："光禄大夫、行中书侍郎、同中书门下平章事、监修国史、上柱国、陇西郡开国公李沆……可门下侍郎加食邑。"题记为"李沆迁官制"。②

加除中书侍郎或门下侍郎也是皇帝奖励宰相的手段之一。如太宗雍熙元年十二月，南郊大礼结束后，宰相宋琪由刑部尚书加门下侍郎，李昉由工部尚书加中书侍郎。③ 仁宗明道二年（1033）四月，行中书侍郎、兼兵部尚书、同中书门下平章事、集贤殿大学士张士逊"可特授行门下侍郎、兼兵部尚书、同中书门下平章事、昭文馆大学士、监修国史"。④ 大中祥符五年（1012），宋真宗大力倡导的神道设教活动渐入高潮。十月，"九天司命上卿保生天尊降于延恩殿"。⑤ "大赦天下，常赦所不原者咸除之。"⑥ 然后"以天尊降临，分命辅臣告天地、宗庙、社稷"。⑦ 十一月，"丙午，宰臣王旦加门下侍郎，向敏中中书侍郎"。⑧ 此前，宰相王旦的本官为右仆射兼中书侍郎。⑨ 向敏中本官为刑部尚书。⑩

二　关于"侍中"衔宰相

洪迈《容斋随笔》卷一二之"三省长官"条记载："见任宰相带侍中者才五人，范鲁公质、赵韩王普、丁晋公谓、冯魏公拯、韩魏王琦。"⑪ 再加上辞而不拜的王旦、富弼，共 7 人。

陈振《关于北宋前期的宰相制度》认为宋前期真拜侍中即为真宰相，

---

① 李焘：《续资治通鉴长编》卷四八，咸平四年三月庚寅，第 1054 页。
② 《宋大诏令集》卷五九《进官加恩别使一》，第 298 页。
③ 钱若水修，范学辉校注《宋太宗皇帝实录校注》卷三一，中华书局，2012，第 253 页。
④ 《宋大诏令集》卷五三《进拜三》，第 269 页。
⑤ 李焘：《续资治通鉴长编》卷七九，大中祥符五年十月戊午，第 1797 页。
⑥ 李焘：《续资治通鉴长编》卷七九，大中祥符五年十月己未，第 1798 页。
⑦ 李焘：《续资治通鉴长编》卷七九，大中祥符五年十月辛酉，第 1799 页。
⑧ 李焘：《续资治通鉴长编》卷七九，大中祥符五年十一月丙午，第 1804 页。
⑨ 徐自明撰，王瑞来校补《宋宰辅编年录校补》卷三，景德三年二月戊戌，第 102 页。
⑩ 徐自明撰，王瑞来校补《宋宰辅编年录校补》卷三，大中祥符五年四月戊申，第 108 页。
⑪ 洪迈：《容斋随笔》卷一二，第 154 页。

无须再"平章事"。该文在对赵普以侍中拜相的史料做出一番考证后，认为赵普以侍中拜相而不带平章事。治平四年，门下侍郎兼兵部尚书、同平章事韩琦"拜司空兼侍中"，以此证明韩琦以侍中拜相而不以平章事结衔。又以王旦、富弼辞而不拜的例子为辅证，证明以侍中拜相在制度上具有可行性。① 张祎赞成陈振的观点，并认为"中书令、侍中与同平章事均为宰相职衔，前二者与后者之间不能构成本官与差遣的搭配关系。具体说来，就是北宋前期以侍中任宰相，不会再带同平章事衔"。② 笔者《北宋前期宰相官衔再探》③ 认为，侍中为宰相之兼官，不单拜，元丰改制前，在任相期间，有以他官加侍中的，但没有仅以侍中衔拜相的情况。王旦、富弼辞而不拜。范质、丁谓、冯拯、韩琦则是在宰相任上加侍中。对于赵普在第二次、第三次任相的制文中没有"同平章事"的记载，认为赵普第一次是以"同平章事"为相，且任相近十年之久，进而推测制文中应是省略了"同平章事"，并不能说赵普这两次是以"侍中"拜相。而且赵普任相的本官是三公之一的司徒与三师之一的太保，侍中在此只是兼官。赵普自从兼带"侍中"一衔后，无论是入朝为相还是罢相后赴外任职，其"侍中"衔一直兼带，直至第三次罢相时，由"侍中"升至"中书令"。

由上可知，其实两文论述的重心并不同。陈振主要是说"真拜侍中"为宰相，不会再带同平章事衔，其主要依据是赵普第二次、第三次拜相时带"侍中"却不带"平章事"。笔者则重在说明宋朝没有以"侍中"衔拜相（任命为宰相）的实例，而是在宰相任上加侍中。至于赵普的第二、三次拜相，也能找到带"平章事"的相关史料支撑。如李埴《皇宋十朝纲要》卷二记载了赵普第三次拜相同样带"同平章事"的差遣：

（端拱元年）二月庚子，李昉罢为右仆射，山南东道节度兼侍中赵普为太保兼侍中，给事中、参知政事吕蒙正为中书侍郎兼户部尚

①　陈振：《关于北宋前期的宰相制度》，《中州学刊》1985 年第 6 期。
②　张祎：《关于北宋的"大敕系衔"》，《首都师范大学学报》2015 年第 6 期。
③　田志光：《北宋前期宰相官衔再探》，《史林》2010 年第 1 期。

书，并同平章事。普昭文馆大学士，蒙正监修国史。①

徐自明《宋宰辅编年录》卷二所记与李埴相同：

> （端拱元年二月庚子），普自检校太师兼侍中、山南东道节度使除太保兼侍中、昭文馆大学士，三入相。蒙正自给事中、参知政事除中书侍郎兼户部尚书、监修国史，并同中书门下平章事。②

郭洋辰《北宋元丰改制前宰相名衔新探》认为宋人对北宋元丰改制前的宰相名衔有两种不同的看法，一是"以同平章事为宰相之职"，二是"中书令、侍中，丞郎以上至三师同中书门下平章事并为正宰相"。对此，郭洋辰认为前者是对时事的总结，后者是制度设计。③ 笔者并不反对这一观点。从宋初制度规定看，侍中确为宰相名衔，但宋人对侍中任相的理解未必与制度条文相一致。如宋徽宗朝，时任尚书左丞的李邦彦言"三省者，人主出令之地也，故旧制宰相同平章事而已；新制则仆射兼侍郎而已，亦不敢专也"。④ 这就表明在李邦彦看来，元丰改制前，宰相必带同平章事。章如愚《山堂考索》续集卷三〇言："宋初三省长官皆为空名不与朝政，其命官必曰'同中书门下平章事'，惟其真拜侍中则不带平章事。"⑤ 那么，章如愚所认为的"真拜侍中"当指本官与差遣的合一，"不带平章事"当指在诏书中不会出现"平章事"的字样，即所谓侍中任相应理解为省去"平章事"。这可与唐朝的情况相类比，唐武德年间（618~626），侍中等三省实际长官为宰相，同时会带"知政事"之类的使职（宋朝的差遣与此类似），至唐末，宰相罢职，常称"罢知政事"。⑥

---

① 李埴撰，燕永成校正《皇宋十朝纲要校正》卷二，中华书局，2013，第75页。
② 徐自明撰，王瑞来校补《宋宰辅编年录校补》卷二，端拱元年二月庚子，第49页。
③ 郭洋辰：《北宋元丰改制前宰相名衔新探》，李华瑞主编《宋辽西夏金史青蓝集》，第309~320页。
④ 徐松辑《宋会要辑稿》职官一之四三，第2961页。
⑤ 章如愚：《山堂考索》续集卷三〇，中华书局，1992，第1095页。
⑥ 赖瑞和：《唐代高层文官》，中华书局，2017，第79~85页。

只是这样的使职名号一般不会出现在正式的诏书之中。① 宋初，"平章事"已替代"知政事"，成为表示官员是否具有宰相职权的唯一标志。虽然宋承唐制，在制度条文上侍中可以为真宰相，但毕竟现实环境发生了巨大变化。晚唐五代，以侍中拜相者人数不多，而且大部分是在宰相任上迁侍中。② 北宋元丰改制前更是以平章事任相，《宋大诏令集》载赵普后两次任相不带同平章事属于孤例、特例，其中原委只能合理推测。《两朝国史志》言："中书令国朝罕除，侍中虽常除，亦罕预政事。同平章事，是为宰相之职，掌邦国之政令，弼庶务，和万邦，佐天子，执大政。"③ 这正表明以侍中拜相已非任命宰相的常态，以平章事为宰相是宋人包括高级官员的普遍认知。

小　结

综上所述，元丰官制改革之前，官员拜相时所除本官有如下规律。初次拜相时，多以六部侍郎作为宰相的本官。二次拜相时，多以六部尚书作为宰相的本官。三次拜相者仅赵普、吕蒙正、张士逊、吕夷简 4 人而已，张士逊的本官最低，为刑部尚书，其余三人本官均不低于尚书右仆射。太祖朝以后，初相时所带本官阶普遍偏低。从开宝九年（976）宋太宗即位至神宗元丰五年（1082），以六部尚书、六部侍郎为本官初相的共 35 人，而元丰五年以前初相人数才 39 人，占比 89.74%。任相期间，宰相本官会发生相应的迁转，但迁转的速度不定，有任相三年就迁官的，也有任相五六年不迁一官的。宰相迁官的顺序则有相应的规定。其迁官原因多种多样，但都与国家时局、皇帝的态度相关，如郊祀、皇帝即位、对外战争获胜、除拜宰相、天灾等都是宰相迁官的契机。天圣元年，应吕夷简等人的请求，郊祀，宰相不再迁官。罢相时，总体来看，罢相降官的人数不多，罢相后所除本官均不低于六部侍郎。宋仁宗朝天圣元年之前，宰相罢相前本官在尚书右仆射及以上时，多改换东宫官罢相。天圣元年之后，罢相时

---

① 赖瑞和：《唐代高层文官》，第 63～72 页。
② 陈振：《宋代社会政治论稿》，上海人民出版社，2007，第 75～85 页。
③ 徐松辑《宋会要辑稿》职官一之一六，第 2946 页。

的待遇更高。在此之前，宰相以使相罢者仅赵普一人，之后，人数达 12
人之多。宋王朝对高级官员的优待程度可见一斑。在相应史料的基础上，
对宰相的"兼官"提出新的认识和思考，认为"兼"字仅作系衔之用。
侍中任相存在带"平章事"的可能，应与唐朝的"知政事"的情况类似，
只是一个单纯的差遣，即有实际职事，但没有品位。因宋朝以参知政事为
副宰相，所以，以"知政事"代指宰相的做法已经行不通了。又因实际
以侍中拜相者仅赵普一人，以平章事任相是宋人的通常认识，所以在某些
史籍中会存在以"侍中"为相而带"平章事"的记载。在宋代，相权与
皇权的强弱关系姑且不论，但从北宋元丰改制前 40 多位官员拜相前、任
相中、罢相时本官的迁转情况来看，宋朝宰相确实得到了皇帝的充分
尊重。

　　本官的升降是皇帝以示奖惩的重要手段，因而无实际执掌的本官仍具
有非常现实的政治意义。与汉唐相比，北宋中前期文官政治制度越发成
熟，君主处理君臣关系的手段更为温和，作为文官之首的宰相在罢任时均
得到皇帝不同程度的礼遇，即便存在较大过失的宰相也能较为体面地罢
相，不会立刻受到严重的责罚。这也从侧面体现出皇帝与宰执大臣共治天
下的时代特征。优礼宰相一方面便于培育良好的官场风气，避免政治恶
斗；另一方面也为广大士人树立了成功的榜样，有助于激励士风、优化
政风。

第二章

北宋初期宰相权力的配置法则

在宋朝开国皇帝宋太祖、太宗时期形成了一系列有关选官用人、统军御民等治国理政的原则,作为限制宰相专权的"异论相搅"规则也在此期间形成,它有效地制约了宰相专权,防止了权相乱政,巩固了皇权,保障了宋朝初年中枢权力的正常运行。赵普作为历经宋初二帝的名相,其权力随着朝廷人事安排、政治斗争、皇位更迭等屡经调整变动,以赵普权力变迁为视角,能够更好地解读宋初宰相权力配置规则的实施状况。

罗家祥指出:"异论相搅的内容与用意,即是皇帝蓄意让政见相左、各不相能乃至怀有宿怨的大臣共处一朝,使之相互纠诘,相互监视,相互牵制,以达到在最高统治集团内部消除任何潜在威胁的目的。从现有材料依稀可以看出,至晚在宋太宗时期此法即被运用。"[1] 宋晞《异论相搅——北宋的变法及其纷争》分析了北宋"庆历新政""熙宁变法"时期改革派与保守派的纷争,谈及"异论相搅"问题时基本承袭了罗家祥的观点。[2] 此后,一些学者在某些问题探讨时偶尔涉及"异论相搅"。如李华瑞《宋神宗与王安石共定"国是"考辩》认为,宋神宗在熙宁初选择王安石的思想或施政纲领作为"国是"进行变法,但在变法过程中又不愿放弃"异论相搅"的祖训,最终导致王安石辞去相位。[3] 何忠礼《南

---

① 罗家祥:《"异论相搅"的传统家法与台谏势力的病态发展》,《北宋党争研究》,台北:文津出版社,1993。

② 宋晞:《异论相搅——北宋的变法及其纷争》,《历史月刊》总第138期,1999年,后收入《宋史研究集》总第31辑,"国立"编译馆,2002。

③ 李华瑞:《宋神宗与王安石共定"国是"考辩》,《文史哲》2008年第1期。

宋孝宗朝的政治生态与周必大的政治活动》指出，宋孝宗为对内实行
"独断"，防止大臣擅权而采取"异论相搅"、不让三省和地方主要长官久
任、重用近习等一系列措施，结果造成政治生态的严重失衡。① 综上所
述，目前对"异论相搅"的探讨仅限于论述某些专门问题时简要提及，
对此进行系统探讨的专著尚付阙如。作为宋朝君臣遵奉的重要原则之一，
"异论相搅"体现在诸多的人事变迁、政治改革、军事外交等事件的处理
中。对"异论相搅"的研究无疑是一个系统而复杂的问题，本章以宰相
赵普权力变迁为视角进行考察，以此来解读"异论相搅"是如何在宋初
宰相权力配置中发挥作用的。

《续资治通鉴长编》卷二一三"熙宁三年秋七月壬辰"条，关于神宗
与王安石、曾公亮、韩绛等讨论是否可由司马光代替吕公弼为枢密使一
事载：

> 吕公弼将去位，上议所以代之者，曾公亮、韩绛极称司马光……
> 安石曰："司马光固佳，今风俗未定，异议尚纷纷，用光即异论有宗
> 主。今但欲兴农事，而诸路官司观望莫肯向前，若便使异论有宗主，
> 即事无可为者。"绛徐以安石所言为然，公亮言："不当以此废光。"
> 固请用之，上弗许，乃独用（冯）京。明日，又谓执政曰："京弱，
> 并用光如何？"公亮以为当，安石曰："比京诚差强，然流俗以为宗
> 主，愈不可胜，且枢密院事光果晓否？"上曰："不晓。"安石曰：
> "不晓，则虽强，于密院何补？但令流俗更有助尔。"上曰："寇准何
> 所能，及有变，则能立大节。"……公亮曰："真宗用寇准，人或问
> 真宗，真宗曰：'且要异论相搅，即各不敢为非。'"安石曰："若朝
> 廷人人异论相搅，即治道何由成？臣愚以为朝廷任事之臣，非同心同
> 德、协于克一，即天下事无可为者。"上曰："要令异论相搅，即不
> 可。"……上遂不用光。②

---

① 何忠礼：《南宋孝宗朝的政治生态与周必大的政治活动》，《井冈山大学学报》2015 年第
　 2 期。
② 李焘：《续资治通鉴长编》卷二一三，熙宁三年秋七月壬辰，第 5168~5169 页。

司马光是否适合接任吕公弼担任枢密使，宰相曾公亮与参知政事王安石、韩绛有不同的见解。王安石坚决反对起用司马光，担心他成为朝廷之中"异论"或"流俗"的"宗主"，阻碍当时由其主导的变法活动；而曾公亮则抬出真宗且要"异论相搅"的祖宗之法坚持力荐司马光，认为这样会使朝臣互相牵制，不至于弄权乱政。这在锐意进取的神宗和王安石齐心协力推动变法的政治背景下当然不被允许，结果司马光未被起用。曾公亮谈及宋真宗任用寇准，在朝廷实施"异论相搅"，有当时现实政治的需要。① 虽然熙宁时期朝臣首次提出"异论相搅"在真宗朝既已实施，但是该方略并非真宗首创，罗家祥认为太宗时期已实施。考诸史籍，笔者认为宋太祖朝既已推行该方略。960 年，后周禁军统帅殿前都点检赵匡胤发动"陈桥兵变"，建立了赵宋王朝，然而因"赵氏起家什武，两世为裨将，与乱世相浮沉，姓字且不闻于人间。……乃乘如狂之乱卒控扶以起，戈获大宝"。② 为了稳固政权，避免赵宋成为又一短命的王朝，宋太祖赵匡胤采取了加强中央集权、强化君权的措施，使赵宋王朝逐步走向正轨，各项制度建设也渐次展开，而"异论相搅"等一系列祖宗之法也应运而生。

第一节　宰相人事安排与权力界定

宋太祖实施的"异论相搅"，贯彻于宰辅等人事安排与权力配置中，其霸府元从赵普成为赵匡胤控御新生政权的一个重要砝码。首先赵普于建隆元年（960）八月被任命为枢密副使，以牵制由后周留任的枢密使吴廷祚与宰相兼枢密使魏仁浦，赵普后又升任枢密使。除了枢密院系统，中书门下行政系统的权力运作机制也在按照太祖的意愿不断调整。

建隆元年二月，太祖命司徒兼门下侍郎、平章事范质加侍中，右仆射兼门下侍郎、平章事王溥加司空，枢密使、中书侍郎兼刑部尚书、平章事

---

① 王瑞来：《宰相故事——士大夫政治下的权力场》，第 79~127 页；田志光：《北宋宰辅政务决策与运作研究》，第 66~74 页。

② 王夫之：《宋论》卷一，中华书局，2013，第 3 页。

魏仁浦加右仆射，①即留任后周宰相范质、王溥、魏仁浦继续为相。由于三相皆为后周旧臣，立足新朝不可能不"稍存形迹"，②表现出"龌龊循默"③的姿态。关于太祖与三相的理政情况和君臣关系，史载：

> 旧制，宰相早朝上殿，命坐，有军国大事则议之，常从容赐茶而退。自余号令除拜，刑赏废置，事无巨细，并熟状拟定进入。上于禁中亲览，批纸尾用御宝，可其奏，谓之印画，降出奉行而已。由唐室历五代，不改其制，抑古所谓坐而论道者欤！国初，范鲁公质、王宫师溥、魏相仁溥在相位，上虽倾心眷倚，而质等自以前朝相，且惮太祖英睿，（每事辄）具札子面取进止，朝退各疏其事，所得圣旨，臣等同署字以志之，如此则尽禀承之方，免妄误之失，帝从之。自是奏御浸多，或至旰昃，啜茶之礼寻废，固弗暇于坐论矣。于今遂为定式，自鲁公始也。④

唐时宰相事无不总，除拜、刑赏、废置等事以熟状（中书初拟意见）进呈皇帝，皇帝审阅后画可降出施行，这期间皇帝的决策作用并不十分突出。入宋后，太祖改变了这种决策形式，凡政事宰相用札子（理政文书）向皇帝呈报，听取皇帝的处理意见，然后再以圣旨的形式颁下实施，相比唐时宰相，范质等在政务处理中的主动性已大为减弱。由于政务处理方式的改变，凡事皆由皇帝裁决，必然会降低中书门下施政的效率，以致"奏御浸多，或至旰昃"，从而无暇"坐论"。关于废"坐论之道"，王巩《闻见近录》则言："故事，执政奏事，坐论殿上。太祖皇帝即位之明日，执政登殿，上曰：'朕目昏，持文字近前。'执政至榻前，密遣中使彻其坐。执政立奏事，自此始也。"⑤依王巩之说，范质等宰辅的座椅撤除是太祖有意为之。太祖在表面上对后周三相"倾心眷倚"，实际上却在压制

---

① 李焘：《续资治通鉴长编》卷一，建隆元年二月乙亥，第9页。
② 李焘：《续资治通鉴长编》卷五，乾德二年正月戊子，第118页。
③ 《宋史》卷二五六《赵普传》，第8940页。
④ 王曾：《王文正公笔录》，《全宋笔记》第7册，第176页。
⑤ 王巩：《闻见近录》，《全宋笔记》第20册，第57~58页。

其权力与威望。坐论之道的废除，无论是政务烦冗而无暇坐论，还是太祖的故意行为，都反映出范质等宰相权力已大为削弱，这为以后太祖任命新宰相、规范新王朝的宰相事权奠定了基础，为宋初中枢权力运行立下了新的政治规矩。

乾德二年（964）正月戊子，范质、王溥、魏仁浦三相同时被免。两日后（庚寅），太祖以枢密使赵普为门下侍郎、平章事。① 从此宋朝的宰相机构开始发挥真正意义上中央政府之作用。赵普上任后当仁不让，史载："太祖初即位，命韩王为相，顾谓赵曰：'汝虽为相，见旧相班立坐起，也须且让他。'赵奏曰：'陛下初创业，以为相，正欲弹压四方。臣见旧相，臣须在上，不可更让也。'太祖嘉之。"② 太祖此时虽对赵普比较信任，但仍希望他能够为政谦虚谨慎，尊重同僚。赵普任相三个月后，太祖以薛居正、吕余庆为参知政事，作为副宰相辅助宰相赵普工作。关于两位参知政事的选任，首先谈一下薛居正。《续资治通鉴长编》卷五引《太祖新录·窦仪传》言："太祖屡对大臣称仪有执守，欲用为相，赵普忌仪刚直，遽引薛居正参知政事。据此，则居正乃普所引，非太祖意也。"③ 同书卷七亦载："上（太祖）以翰林学士、礼部尚书窦仪在滁州时弗与亲吏绢，每嘉其有执守，屡对大臣言，欲用为相。赵普忌仪刚直，遽引薛居正及吕余庆参知政事，陶谷、赵逢、高锡等又相党附，共排仪，上意中辍。"④ 以上两则史料表达之意相近，说明了两位参知政事的人选由赵普引荐，不同之处是第二则史料多了吕余庆。

太祖为何设置参知政事一职，史无明言。太祖想继赵普之后再任命一员宰相，人选就是"有执守"的窦仪。关于窦仪的有执守、讲原则，史载："显德中，太祖克滁州，世宗遣仪籍其府库。太祖复令亲吏取藏中绢给麾下，仪曰：'太尉初下城，虽倾藏以给军士，谁敢言者。今既著籍，

---

① 李焘：《续资治通鉴长编》卷五，乾德二年正月庚寅，第119页。

② 丁谓：《丁晋公谈录》，《全宋笔记》第6册，第185页。

③ 李焘：《续资治通鉴长编》卷五，乾德二年四月乙卯，第125页。

④ 李焘：《续资治通鉴长编》卷七，乾德四年十一月，第182页。

乃公帑物也，非诏不可取。'后太祖屡对大臣称仪有执守，欲相之。"① 还有就是窦仪谏太祖正衣冠再接受臣僚拜见的例子，史载："上（太祖）尝岸帻跣足召仪，仪不肯入，亟索冠带而后召入，仪因进曰：'陛下创业垂统，宜以礼示天下。'上敛容谢之。由是对近臣未尝不冠带也。"② 这些事也许给太祖留下深刻印象，这时太祖想任命一位办事极具原则性的宰相，这样在某种程度上可以辅助赵普规范中书的行政事务，牵制赵普权力，监视其滥权行为。太祖是了解赵普的，之后的事实也证明了赵普在为政过程中是缺少原则性的。还有一点就是太祖比较看重窦仪的广博学识与清介重厚。关于窦仪的学识，《续资治通鉴长编》卷七记载如下：

上初命宰相撰前世所无年号，以改今元。既平蜀，蜀宫人有入掖廷者，上因阅其奁具，得旧鉴，鉴背有"乾德四年铸"，上大惊，出鉴以示宰相曰："安得已有四年所铸乎？"皆不能答。乃召学士陶毂、窦仪问之，仪曰："此必蜀物，昔伪蜀王衍有此号，当是其岁所铸也。"上乃悟，因叹曰："宰相须用读书人。"由是益重儒臣矣。赵普初以吏道闻，寡学术，上每劝以读书，普遂手不释卷。③

《宋史》卷二六三《窦仪传》记载：

建隆元年秋，迁工部尚书，罢学士，兼判大理寺。奉诏重定《刑统》，为三十卷。会翰林学士王著以酒失贬官，太祖谓宰相曰："深严之地，当待宿儒处之。"范质等对曰："窦仪清介重厚，然已自翰林迁端明矣。"太祖曰："非斯人不可处禁中，卿当谕以朕意，勉令就职。"即日再入翰林为学士。④

---

① 《宋史》卷二六三《窦仪传》，第 9094 页。
② 陈均：《皇朝编年纲目备要》卷一，乾德四年十二月，许沛藻等点校，中华书局，2006，第 24 页。
③ 李焘：《续资治通鉴长编》卷七，乾德四年五月甲戌，第 171 页。
④ 《宋史》卷二六三《窦仪传》，第 9093~9094 页。

窦仪因起草宋朝法典《宋刑统》升为翰林学士，屡次奏对称旨，显示了窦仪"学问优博"。① 对上述两则材料进一步分析，可以揭示出隐含的信息。第一则《续资治通鉴长编》所记太祖问"鉴背之字"于宰相，此宰相虽未言明，但为赵普无疑，宋平蜀在乾德三年正月，从"既平蜀"一语得知此事在乾德三年正月后，而赵普早已于乾德二年正月独相中书。面对太祖询问，赵普无言以答，显示出其寡学乏术，以致太祖劝其多读书。太祖询问窦仪，窦仪却能对答如流，就是同在学士院的陶穀也未能作答。此时作为百官之长的赵普应是十分尴尬的，其对窦仪应是十分嫉妒的。这也解释了赵普之前为何反对太祖任命窦仪为相。窦仪与陶穀的奏对，窦仪能言明制度之宜，得到太祖首肯。这使陶穀对窦仪心存芥蒂并伺机报复，史载："（陶）穀在翰林，与窦仪不协，仪有公望，虑其轧己，尝附宰相赵普与赵逢、高锡辈共排仪，仪终不至相位。"② 在排挤窦仪的问题上，赵普与陶穀不谋而合，一拍即成。再者，范质对窦仪"清介重厚"的评价应是比较客观的，范质与窦仪同仕于周世宗，入宋后又同朝为官，对其为人应是比较了解的。《旧五代史》卷一四八载："显德二年三月，礼部侍郎窦仪奏请诸科举人，若合解不解、不合解而解者，监试官为首罪，勒停见任，举送长官，奏闻取裁。监官如受赂，及今后进士，如有请人述作文字应举者，许人言告，送本处色役，永不进仕。"③ 窦仪对收受贿赂的官员深恶痛绝。

太祖看重窦仪具有广博的学识和清介廉明的品质，这是赵普所缺少的，因此太祖试图任命窦仪为相，可以规范和监督赵普的政治行为。然而，窦仪的任命遭到赵普强烈抵制，"忌仪刚直"只是一个借口，最重要的是窦仪的学识与清廉与赵普形成鲜明的对比。陶穀等人亦"相党附，共排仪"，致使"上意中辍"。④ 在任命窦仪为相的问题上，太祖向赵普做了一次妥协，想必太祖此时还不愿与赵普公开闹矛盾。

太祖打消任命窦仪为相的念头后，又征询陶穀的意见，打算设置副宰

① 《宋史》卷二六三《窦仪传》，第 9094 页。
② 《宋史》卷二六九《陶穀传》，第 9237 页。
③ 《旧五代史》卷一四八《选举志》，中华书局，1976，第 1982 页。
④ 李焘：《续资治通鉴长编》卷七，乾德四年十一月戊戌，第 182 页。

相——参知政事。赵普荐引薛居正，然薛并"非太祖意也"。赵普为何援引薛居正，作为参知政事分担宰相政务？从现存史料来看，薛居正与赵普之关系实为一般，入宋前也无亲密过从，直至建隆三年后，二人才共事枢密院。据《宋史·薛居正传》载："宋初，迁户部侍郎。太祖亲征李筠及李重进，并判留司三司，俄出知许州。建隆三年，入为枢密直学士，权知贡举。初平湖湘，以居正知朗州。……乾德初，加兵部侍郎。车驾将亲征太原，大发民馈运。时河南府饥，逃亡者四万家，上忧之，命居正驰传招集，浃旬间民尽复业。以本官参知政事。"① 又据《续资治通鉴长编》卷四"（乾德元年四月）丙午，以枢密直学士、户部侍郎薛居正权知朗州"② 及前文所引"（乾德二年）四月乙丑，以枢密直学士、兵部侍郎薛居正吕余庆并本官参知政事"可知，薛居正在建隆三年（962）以后至以本官兵部侍郎参知政事，这段时间一直担任枢密直学士，虽然其间有短暂赴外知州的经历，但仍兼带此衔。而此期间赵普曾任枢密副使、枢密使，直至乾德二年正月升任宰相。由于是同事，赵普可以更多地了解薛居正为人，其"任宽简，不好苛察"③ 的性格与作风应为赵普所熟知。荐引薛居正为参知政事，要比有执守、讲原则的窦仪更利于赵普掌控中书权力，其"不好苛察"的作风也使赵普贪财受贿的行为不易被发觉。还有就是薛居正不是太祖的亲信元从，太祖虽然较器重薛居正，也曾委派他做一些重要事务，但他在任参知政事前并非太祖心腹圈内的成员，这一点不同于另一位参知政事吕余庆。实际上，赵普荐引薛居正是对太祖控御的又一反制举措。

《太祖新录·窦仪传》谈及赵普荐引参知政事人选时并未提及吕余庆，《续资治通鉴长编》将其加入。吕余庆与薛居正同时被任命为参知政事，但其实在任命前赵普与太祖就人选问题做了博弈。既然赵普荐引薛居正并非太祖中意之人选，那么太祖肯定要基于自己考虑再任命一位参知政事，那就是吕余庆。吕余庆与赵普一样，同为太祖的霸府元从。《宋史·吕余庆传》载：

① 《宋史》卷二六四《薛居正传》，第9110页。
② 李焘：《续资治通鉴长编》卷四，乾德元年四月丙午，第90页。
③ 《宋史》卷二六四《薛居正传》，第9111页。

　　（余庆）仕汉历周，迁濮州录事参军。太祖领同州节制，闻余庆有材，奏为从事。……太祖历滑、许、宋三镇，余庆并为宾佐。及即位，自宋、亳观察判官召拜给事中，充端明殿学士。……未几，知开封府。太祖征潞及扬，并领上都副留守。建隆三年，迁户部侍郎。丁母忧。荆湖平，出知潭州，改襄州，迁兵部侍郎、知江陵府。召还，以本官参知政事。①

　　吕余庆为太祖亲从，是重要宾佐幕僚，屡历中央与地方重任。太祖选任吕余庆，可以对权力欲极强的赵普起到监督、制约作用。在宋初的文臣中，就与太祖的亲密程度和才干能力来讲，吕余庆并不逊于赵普，这从建隆二年宰相范质的奏疏中可以窥探：

　　（建隆二年七月壬午）范质奏疏言："……宰相者以举贤为本职，以掩善为不忠。所以上佐一人，开物成务。端明殿学士吕余庆、枢密副使赵普，富有时才，精通治道，经事霸府，历岁滋深，自陛下委以重难，不孤倚任，每因款接，备睹公忠。伏乞授以台司，俾申才用。今宰辅未备，久难其人，以二臣之器能，攀附之幸会，置之此任，孰谓不然。"②

　　范质在奏疏中将吕余庆与赵普相提并论，并提议两人担任宰相，这反映出后周旧相在朝廷的尴尬地位，更说明了赵、吕二人受太祖器重的程度。从以后吕余庆处事的果敢作风以及为人谦和的品质来看，③ 其是当时朝中非常合适的参知政事人选。因此由吕余庆任参知政事，赵普也不便反对。更何况赵普已阻止过太祖欲相窦仪的计划，并且荐引了一位参知政事。据上文所引《宋史·吕余庆传》可知，吕余庆在乾德二年四月任参知政事前迁兵部侍郎、知江陵府，并不在朝。而薛居正自乾德初从知朗州任返京后，一直为枢密直学士、兵部侍郎供职于枢密院。这也可以解释太

---

① 《宋史》卷二六三《吕余庆传》，第 9098~9099 页。
② 李焘：《续资治通鉴长编》卷二，建隆二年七月壬午，第 51 页。
③ 《宋史》卷二六三《吕余庆传》，第 9099 页。

祖欲为赵普置副时，赵普为何得以"遽引"薛居正了。而吕余庆正远在千里之外的江陵府，须由太祖颁令"召还"就任。关于此时参知政事的权限，史载：

> （乾德二年四月）乙丑，以枢密直学士、兵部侍郎薛居正，（兵部侍郎）吕余庆并本官参知政事，不宣制，不押班，不知印，不升政事堂，止令就宣徽使厅上事，殿廷别设砖位于宰相后，敕尾署衔降宰相数字，月俸杂给皆半之，盖上意未欲令居正等与普齐也。①

参知政事"不宣制，不押班，不知印，不升政事堂"。"宣制"与"押班"倾向于仪礼性质，与实际政务关系不大。"不知印"，即不掌有中书门下印，意味着参知政事不具有中书政务的最后决定权。政事堂是宰相的议事场所，国家政令的商议与决策在此进行。不升政事堂，即一般情况下不参与政事堂议政。另外，敕令末尾有参知政事的署衔之位，敕令须参知政事押字才能颁降行下。《隆平集校证》卷二亦言："乾德二年，太祖既以赵普为相……并命居正、余庆参知政事……敕尾列衔，仍下押字。"② 因此参知政事在最后关键之处仍可行使否决权，拒绝签押，使敕令无法行下。

参知政事的权限设置，是太祖与赵普在中书权力分配问题上博弈的结果。此时太祖不欲过分削弱赵普权力，只是设法限制其权力滥用。王栐《燕翼诒谋录》载云："太祖皇帝以赵普专权，欲置副贰以防察之。问陶榖以下承相一等有何官？榖以参知政事、参知机务对。乾德二年四月乙丑，乃以薛居正、吕余庆为参知政事。"③ 王栐使用"防察"一词概括太祖心境应是十分恰当的，可以在心理上对赵普形成一定的震慑作用。

第二节　宰相权力增减与仕宦沉浮

宰相赵普与皇弟赵光义的权力斗争，幕后有太祖实施"异论相搅"

---

① 李焘：《续资治通鉴长编》卷五，乾德二年四月，第125页。
② 曾巩撰，王瑞来校证《隆平集校证》卷二《宰执》，中华书局，2012，第94页。
③ 王栐：《燕翼诒谋录》卷一，中华书局，1981，第6页。

之策掌控朝局的目的。开国之初赵普因与太祖的故旧关系，在朝中势力强大，实施了一系列维护巩固赵宋政权的措施。赵光义作为太祖亲弟弟，野心勃勃地笼络了一批人，成为朝中又一股重要势力。二人相互博弈，太祖应是心知肚明。淳化三年（992）七月，太宗听闻赵普去世后，对近臣说："普事先帝与朕，最为故旧，能断大事，向与朕常有不足，众人所知。"① 赵普与赵光义的矛盾是公开化的，太宗亦不否认。早在太祖乾德四年（966）八月，宰相赵普因怀疑枢密直学士、右谏议大夫冯瓒私下贿赂开封府尹赵光义的幕僚刘熬，有交好赵光义之嫌，于是密遣亲信伪装为冯瓒随从，"伺察其过。间一岁，奴遂亡而归，击登闻鼓，诉（冯）瓒……等为奸利事"，后来查实受贿者是开封府尹赵光义的幕僚。赵普看到冯瓒有可能成为赵光义集团的势力，于是欲对其严惩，"普白上，言瓒等法当死。上欲贷之，普执意不可"。② 太祖在处理此事时，碍于皇弟光义的情面，要赦免冯瓒，但因赵普的强烈反对，最后采取了折中办法，将冯瓒流沙门岛，刘熬免官。此外，开宝四年（971）十一月发生了姚恕被诛事件，史载：

> 河决澶州，东汇于郓、濮，坏民田。上怒官吏不时上言，遣使按鞫。是日，通判、司封郎中姚恕坐弃市，知州、左骁卫大将军杜申肇免归私第。③

澶州知州杜申肇、通判姚恕因河患受到严厉处罚，尤其是姚恕竟被诛杀，相比于其他地区官员因类似事件受到的处罚要重许多。究其根由确是：

> （姚）恕，博兴人，事皇弟光义于开封府为判官，颇尽裨赞。尝谒宰相赵普，会普宴客，阍者不通，恕怒而去。普闻之，亟使人谢焉，恕遂去不顾，普由是憾恕。及上为申肇择佐贰，普即请用恕，光

① 李焘：《续资治通鉴长编》卷三三，淳化三年七月己酉，第737页。
② 李焘：《续资治通鉴长编》卷七，乾德四年八月壬寅，第175页。
③ 李焘：《续资治通鉴长编》卷一二，开宝四年十一月庚戌，第273页。

义留之弗得。居澶州几二年，竟坐法诛，投其尸于河。……人谓恕罪不至死，普实报私怨耳。①

赵普通过严厉打击赵光义的亲信，削弱其集团势力。他妨贤忌能、排斥异己的性格特征再次凸显出来。打击冯瓒，是因为太祖曾夸"冯瓒材力，当世罕有……尝欲大用之，（赵）普心忌瓒"。② 姚恕自恃有赵光义支持，不顾及赵普颜面，由此得罪赵普。但是究其根本，二人都与赵光义有着密切的联系。其一，冯瓒私下贿赂刘嶅，交好赵光义，有可能成为赵光义集团的势力。其二，姚恕更是开封府判官，赵光义的直隶下属，从"光义留之弗得"可见赵光义对姚恕的青睐和重视。当得知赵普想要姚恕佐杜审肇时，他更是不同意，于是尽力想把姚恕留下，但最终是无法挽留。在此时赵普与赵光义的斗争中，赵普占据了上风，背后定少不了太祖的支持。因太祖此时察觉到赵光义曾几次妄图夺取军权，③ 虽被阻，太祖为推行"异论相搅"之策制衡朝臣，对赵光义集团进行一定程度的打压，他所利用的对象就是宰相赵普。

在宋太祖的眷顾下，赵普的地位不断提升，其权力欲也逐渐膨胀，为政不免专权之嫌。"国初，赵普中令为相，于厅事坐屏后置二大瓮，凡有人投利害文字，皆置瓮中，满即焚于通衢。"④ 赵普在审查内外章疏中，凡利害文字者皆焚之，当然所谓"利害"文字，即以赵普的评判为准，其中固有不宜筹办之政事，但以赵普为人处事的风格来看，这些"利害"文字亦很可能有弹劾赵普为政之专、贪污受贿之事。此时在朝堂之上，因"赵普之为政也专，廷臣多疾之"，⑤ 一些大臣开始在太祖面前控诉赵普专权、受贿，这引起太祖警觉，再次尝试控制赵普的专权。恰逢此时，枢密使李崇矩和赵普相交甚厚，将女儿嫁给赵普之子，二人结为儿女亲家。北宋初期，宰相与枢密使为两府长官，皇帝希望他们互相牵制，防止相互勾

① 李焘：《续资治通鉴长编》卷一二，开宝四年十一月庚戌，第273页。
② 李焘：《续资治通鉴长编》卷七，乾德四年八月壬寅，第175页。
③ 蒋复璁：《宋太祖时太宗与赵普之政争》，《史学汇刊》（台北）第5期，1973年。
④ 邵伯温：《邵氏闻见录》卷六，李剑雄、刘德权点校，中华书局，1997，第54页。
⑤ 李焘：《续资治通鉴长编》卷一四，开宝六年六月丁未，第304页。

结。赵普违背了宋代文武殊途、"异论相搅"之策。因此，"上（太祖）闻之，不喜。先是，枢密使、宰相候对长春殿，同止庐中，上始令分异之"。① 这个上殿程序的变化，对实际决策与政令运作没有太大的影响，却具有重要的标志性意义——赵普的专权受到太祖猜疑，其权力将不可避免地被削弱。太祖对赵普的警示，就是很快罢免了李崇矩的枢密使之职。次年六月，又发生雷德骧之子雷有邻状告赵普事件，使太祖下定决心削弱赵普权力，重新配置中书权力：

> （开宝六年六月辛卯）初，雷德骧责商州司户参军，刺史以德骧旧为尚书郎，颇宾礼之。及奚屿知州，希宰相意，至则倨受庭参，德骧不能堪，出怨言。屿闻之，怒。有言德骧尝为文讪谤朝廷，屿因召德骧与语，潜遣吏绐德骧家人取得之，即械系德骧，具事以闻。上贷其罪，削籍徙灵武。②

太祖对赵普的专权不满，之前雷有邻之父、判大理寺雷德骧曾在开宝二年弹劾过宰相赵普"市人宅第，聚敛财贿"③ 的不法行为，却遭到太祖的无情训斥，被责降商州司户参军。而此时知商州奚屿又秉承赵普之意继续对雷德骧打压，并搜出其"讪谤朝廷"的文书奏闻。讪谤朝廷是一个不小的罪名，而太祖对其处理与上次迥然有别，竟"贷其罪"。这是太祖对赵普不满的表现。雷有邻正积极收集赵普的不法与专权事实，意图扳倒赵普，以解父仇：

> （雷）德骧子有邻，意赵普实挤排之，日夜求所以报普者。于是，堂后官胡赞、李可度在职岁久，或称其多请托受赇。而秘书丞王洞与德骧同年登第，有邻每造谒于洞，洞多委以家事，一日托有邻市白金半铤，因语有邻曰："此欲与胡将军。"胡将军，谓赞也。有邻亦尝出入赞家，故洞语之。时又有诏，应摄官三任解由全者，许投牒

---

① 李焘：《续资治通鉴长编》卷一三，开宝五年九月庚午，第289页。
② 李焘：《续资治通鉴长编》卷一四，开宝六年六月辛卯，第303页。
③ 李焘：《续资治通鉴长编》卷九，开宝二年十月甲戌，第210页。

有司，即得引试录用。有邻素与前摄上蔡主簿刘伟交游，知伟虽经三摄，而一任失其解由。伟兄前进士侁，为伟造伪印得送铨。遂上章告其事，并言宗正丞赵孚，乾德中授西川官，称疾不之任，皆宰相庇之。上怒，悉下御史狱鞫实，上始有疑普意矣。①

赵普对中书堂后官胡赞、李可度，主簿刘伟，宗正丞赵孚等官员的不法行为进行庇护，使得太祖难以容忍，于是决心分割赵普的宰相事权。太祖在六月壬寅下诏：“参知政事吕余庆、薛居正升都堂，与宰相同议政事。”② 此时参知政事可就国家大政与宰相共同商议，提出自己的看法意见，这样就实际上参与到决策中来。第二日（癸卯），太祖又对赵普的势力进行打压，即“伟坐弃市，孚及洞、侁、赞、可度并决杖除名，赞、可度仍籍没其家财”。③ 而此时与赵普素不协的翰林学士卢多逊亦在太祖面前“数毁短普，且言普尝以隙地私易尚食蔬圃，广第宅，营邸店，夺民利”，致使“上（太祖）于普稍有间，及赵孚等抵罪，普恩益替”，④ 太祖诏令：“薛居正、吕余庆与普更知印押班奏事，以分其权。”⑤ 因此，参知政事与宰相轮流掌有中书印、同押班，具有了独立的押印之权，承担了更大的责任与事权。张其凡认为，“参知政事地位提高，权力大增，实际上已相当于次相了”。⑥ 在“赵中令末年，太祖恶其专”⑦ 的背景下，从中书权力运作和行使程序上看，中书门下的副宰相——参知政事变成了实际的次相，具有了宰相的所有职权。其次，在一些礼节仪式与修史上也可以看出参知政事地位的提高，如“祠祭行香，今后宜令宰相赵普与居正等轮知”。⑧ 在祭祀上也体现出参知政事与宰相的同等重要。开宝六年八月甲辰，赵普终于被罢为河阳三城节度使、同平章事，以使相出镇地

① 李焘：《续资治通鉴长编》卷一四，开宝六年六月辛卯，第303页。
② 李焘：《续资治通鉴长编》卷一四，开宝六年六月壬寅，第303页。
③ 李焘：《续资治通鉴长编》卷一四，开宝六年六月癸卯，第303页。
④ 李焘：《续资治通鉴长编》卷一四，开宝六年六月丁未，第304页。
⑤ 李焘：《续资治通鉴长编》卷一四，开宝六年六月庚戌，第304页。
⑥ 张其凡：《宋初政治探研》，暨南大学出版社，1995，第35页。
⑦ 叶梦得：《石林燕语》卷五，第68页。
⑧ 徐松辑《宋会要辑稿》职官一之六九，第2975页。

方，结束了其九年半的宰相任期。赵普此次罢相，在雷德骧父子的背后，应是有赵光义的势力支持。据《续资治通鉴长编》卷二九载：

> 先是，赵普再入相，方立班宣制，工部侍郎、同知京朝官考课雷德骧闻之，手不觉坠笏，遂上疏乞归田里，又请对，具陈所以。上勉谕良久，且曰："卿第去，朕保全卿，勿以为虑。"①

雷德骧在听闻赵普"宣制"再次为相之时，惊恐过度，以至于"手不觉坠笏"，上奏请求辞官归乡，后来又向太宗陈述缘由，应是把当年之事再说与太宗。太宗听后也是多加慰勉，并对雷德骧做出保证人身安全的许诺。另据《宋史·雷德骧传》载：

> 太平兴国四年，车驾征太原，（雷德骧）为西路转运使。六年，同知京朝官考课，俄迁兵部郎中。七年，以公累降本曹员外郎，出知怀州，未几，复旧官。又命为两浙转运使，其子殿中丞有终，亦为淮南转运使，父子同日受诏，缙绅荣之。俄迁右谏议大夫。②

从雷德骧的升迁履历可见，太宗继位之后其可谓如鱼得水，深获圣恩。太平兴国七年，其官阶却由兵部郎中降为员外郎，并出知怀州，此时正是赵普二度为相之时。雷德骧"累降"，很可能是出自赵普私意。因其昔日与赵普有隙，赵普为相，必定伺机打压。然不久，雷德骧就复旧官，父子二人同日受诏，受到同僚们赞誉和羡慕，荣耀之至。此中必为太宗之意，他看到赵普打压昔日旧部，肯定对赵普心有芥蒂，就给予雷德骧额外的声誉补偿。

张其凡、李勤德认为，赵普第一次罢相是因为位高权重，引起群臣忌恨，已逐渐威胁到宋太祖的皇权。③ 笔者认为赵普此次罢相，虽与赵普日

---

① 李焘：《续资治通鉴长编》卷二九，端拱元年正月己酉，第649页。
② 《宋史》卷二七八《雷德骧传》，第9453~9454页。
③ 张其凡：《赵普评传》，北京出版社，1991；李勤德：《试论赵普》，《史学月刊》1983年第6期。

益权重，太祖分其权不无关系，但同时也与太祖利用赵普与皇弟光义的矛盾，利用职权调整等实施"异论相搅"的驭臣策略分不开。

第三节　相权与君权的表层融合

开宝九年（976）十月，太祖驾崩，皇弟赵光义即位，为太宗。在太宗朝，赵普面对时过境迁、物是人非的新政局，处事作风大为转变，迅速改变与太宗敌对的立场。宋太宗与赵普在复杂而又无法言明的政局中相互利用，达成了表层和解。

太宗曾这样形容赵普对其继位的阻碍："洎太祖晏驾，太宗嗣位，忽有言曰：'若赵普在中书，朕亦不得此位。'"① 赵普在抑制赵光义发展中起到很大作用。当身为河阳三城节度使的赵普听到太祖驾崩的消息后，"乞赴太祖山陵"，却被授予太子少保留驻京师。宋太宗因为过往的嫌隙，令赵普留驻京师目的是更好地控制赵普，并没有给予赵普权力，等于使其赋闲在家。虽然太宗没有刻意打压赵普，赵普以前的政敌卢多逊等人却处处刁难：一方面怕赵普东山再起，毕竟赵普为功勋元老，太宗会起用他；另一方面报旧日之仇。赵普及其亲属，多受到卢多逊打压。《隆平集校证》卷四载："（卢多逊）在相位，普之子及其亲属，多为所抑。"② 赵普妹夫侯仁宝成为卢多逊打压赵普的牺牲对象。据《续资治通鉴长编》卷二一载：

> 卢多逊与普有隙，因白上以仁宝知邕州。凡九年不得代。仁宝恐因循死岭外，乃上疏言："交州主帅被害，其国乱，可以偏师取之，愿乘传诣阙面奏其状，庶得详悉。"疏至，上大喜，令驰驿召，未发，多逊遽奏曰："交阯内扰，此天亡之秋也，朝廷出其不意，用兵袭击，所谓疾雷不及掩耳。今若先召仁宝，必泄其谋，蛮寇知之，阻山海预为备，则未易取也。不如授仁宝以飞挽之任，因令经度其事，选将发荆湖士卒一二万人，长驱而往，势必万全，易于摧枯拉朽

---

① 潘汝士：《丁晋公谈录》，中华书局，2012，第 25 页。
② 曾巩撰，王瑞来校证《隆平集校证》卷四，第 144～145 页。

也。"上以为然。①

邕州（今广西南宁）属于蛮荒之地，瘴气潮湿严重，侯仁宝自知邕州后连续九年不能返朝，或是改任他地。侯仁宝因其父据洛阳，家有大第良田，本无意于为官躬亲吏事，却因卷入卢多逊与赵普之争，于太平兴国六年（981）三月在交趾战死。后来赵普之子赵承宗，当时知潭州，因娶燕国长公主女，奉诏回京成婚。然而，"礼未逾月，多逊白遣归任，普由是愤怒"。② 赵普处处受到卢多逊的打压，郁郁不得志。据《涑水记闻》载："赵普为卢多逊所谮，出守河阳，日夕忧不测。"③ 太平兴国四年，太宗征伐北汉与辽，给赵普的政治生涯带来转机。太宗攻下太原之后，意欲伐契丹，直取幽蓟。高粱河之战，宋军大败，太宗身披箭伤，"军中尝夜惊，不知上所在，或有谋立王（武功郡王德昭，太祖之子）者，会知上处，乃止"。④ 这次事件使太宗认识到自己皇位并没有想象的那样稳固，还有一些大臣、将领企图在战乱中立德昭为帝。太宗以此次伐辽为由收回大将兵权，趁机贬黜石守信、段思恭、刘遇等一批他认为心怀叵测的大将。⑤ 赵普顺势献上"金匮之盟"策，以求起复。《续资治通鉴长编》卷二二载：

> （普）退，复密奏："臣开国旧臣，为权幸所沮。"因言昭宪顾命及先朝自诉之事。上于宫中访得普前所上章，并发金匮，遂大感寤……召普谓曰："人谁无过？朕不待五十，已尽知四十九年非矣。"⑥

太宗看到昔日政敌妥协、臣服，心生意动。太宗晋邸旧臣柴禹锡与赵镕等人上告"秦王廷美骄恣，将有阴谋窃发"，太宗召见赵普询问对策，

---

① 李焘：《续资治通鉴长编》卷二一，太平兴国五年六月己亥，第 476 页。
② 李焘：《续资治通鉴长编》卷二二，太平兴国六年九月丙午，第 500 页。
③ 司马光：《涑水记闻》卷一，中华书局，1989，第 10 页。
④ 李焘：《续资治通鉴长编》卷二〇，太平兴国四年八月甲戌，第 460 页。
⑤ 李焘：《续资治通鉴长编》卷二〇，太平兴国四年八月壬子、甲寅，第 459 页。
⑥ 李焘：《续资治通鉴长编》卷二二，太平兴国六年九月丙午，第 500 页。

赵普"乞备枢轴，以纠奸变"。① 言外之意是如果想令其对抗秦王，必须要任命他为宰相主政。太宗朝三位宰相分别是薛居正、沈伦、卢多逊。薛居正、沈伦二人朴实厚重，为自守之相，无法在朝堂之上对太宗制衡秦王廷美有多少襄助，而卢多逊与廷美多有"交通"，太宗必定是有所察觉。他也急需赵普这样的前朝旧臣来彰显其皇位的正统性，遂有起用赵普之意。太平兴国六年六月，薛居正卒。赵普顺势献上"金匮之盟"策，重新拜相回到权力中枢。九月，赵普以司徒兼侍中，位于沈伦、卢多逊之上。秦王廷美感受到太宗对其打压之意，次日上疏"乞班赵普下，从之"。② 太宗为晋王、开封府尹时，班于宰相之上。太宗降赵廷美班次，表明太宗对开封府尹、秦王廷美确有刻意打压之意。

卢多逊因赵普复相"多不自安"，秦王廷美也因"德昭既不得其死，德芳相继夭绝，廷美始不自安，浸有邪谋"。③ 赵廷美从太宗的刻意打压，以及德昭、德芳的相继夭绝中也能察觉到太宗想阻止其继位，以便传子。之后又有人告发赵廷美意欲谋反，《续资治通鉴长编》卷二三载：

> 金明池水心殿成，上将泛舟往游。或告秦王廷美谋欲以此时窃发，若不果，则诈称病于府第，候车驾临省，因作乱。上不忍暴其事。癸卯，罢廷美开封尹，授西京留守。④

廷美是否真的会行谋逆之举姑且不论，太宗借此罢廷美开封尹，给予秦王廷美势力沉重一击。卢多逊身居相位，廷美被授予西京留守，在京势力大不如前，赵普仍唆使知开封府李符上太宗言："廷美不悔过怨望，乞徙远郡以防他变。"⑤ 太宗降廷美为涪陵县公，安置房州。赵普掌握卢多逊与秦王廷美勾结的证据，"多逊自言累遣赵白以中书机事密告廷美，去年九月中，又令赵白言于廷美云：'愿宫车早晏驾，尽心事大王。'廷美

① 邵博：《邵氏闻见后录》卷一，李剑雄、刘德权点校，中华书局，1983，第1页。
② 李焘：《续资治通鉴长编》卷二二，太平兴国六年九月壬子，第502页。
③ 李焘：《续资治通鉴长编》卷二二，太平兴国六年九月丙午，第501页。
④ 李焘：《续资治通鉴长编》卷二三，太平兴国七年四月癸卯，第514页。
⑤ 李焘：《续资治通鉴长编》卷二三，太平兴国七年五月癸丑，第520页。

又遣樊德明报多逊云：'承旨言正会我意，我亦愿宫车早晏驾。'私遗多逊弓箭等，多逊受之"。① 两人书信往来频繁，交往密切，惹得太宗大怒，下诏剥夺卢多逊官爵，流放崖州。赵普借廷美案扳倒政敌卢多逊，太宗也借助赵普彻底打垮秦王廷美集团。雍熙元年（984）正月，廷美卒于房州。次年，卢多逊卒于崖州。赵普成功复出，重居相位。

太平兴国八年（983）十月，赵普以"武胜节度使、检校太尉兼侍中"罢相，出任邓州刺史。太宗"作诗以饯之，普奉而泣曰：'陛下赐臣诗，当刻石，与臣朽骨同葬泉下。'帝为之动容"。② 在这种表面和谐的氛围中，君臣二人度过了两年多的时光。赵普在太宗朝的第一个宰相任期表现谦逊，与太祖之时的为政作风迥异，处处小心谨慎，并不像昔日那样执拗，直抒己见。究其原因，一是太宗的权力欲极强，特别是在军权上，这一点从驭将策略上可见一斑。太宗在驭将上虽沿用太祖之策，"边防大事，万机之重，当悉以先帝旧规，无得改易"，③ 然而由于其滥发阵图，宋廷在对外战争中屡受挫折。④ 漆侠认为，太祖、太宗驭将策略的区别在于，太宗施行"将从中御"，使将帅无自主指挥权。⑤ "将从中御"也成为以后宋朝皇帝所尊奉的祖宗之法。赵普深知太宗器量狭小，不愿在军政事务处理中与太宗发生矛盾冲突。二是此时赵普已年过六旬，步入暮年，他也希望缓和与太宗之间的关系。太宗也因"普事先帝与朕，最为故旧"，赵普"刻石同葬"的言语也令太宗感动，在饯别赵普之后，"翌日，谓宰相曰：'普有功国家，朕昔与游，今齿发衰矣，不容烦以枢务，择善地处之，因诗什以导意。普感激泣下，朕亦为之坠泪'"。⑥ 看到赵普此时年事已高，须发苍白，作为君上，太宗也不愿与其继续争斗。赵普的谦逊表现与太宗对其利用的现实需要，使二者在政治上处于合作状态。

雍熙三年（986），"（贺令图）言：'契丹主年幼，国事决于其母，

---

① 李焘：《续资治通鉴长编》卷二三，太平兴国七年四月丙寅，第516页。
② 《宋史》卷二五六《赵普传》，第8934页。
③ 李焘：《续资治通鉴长编》卷一七，开宝九年十月丁巳，第382页。
④ 田志光：《宋太宗朝"将从中御"政策施行考——以宋辽、宋夏间著名战役为例》，《军事历史研究》2011年第2期。
⑤ 漆侠：《探知集》，河北大学出版社，1999，第160页。
⑥ 《宋史》卷二五六《赵普传》，第8934页。

其大将韩德让宠幸用事，国人疾之，请乘衅以取幽蓟。'上遂以令图等言为然，始有意北伐"。① 听闻契丹内乱，太宗有意北伐，一方面改变近年来对契丹的消极防守，另一方面报当年的一箭之仇。然而雍熙北伐，因曹彬等未按当初太宗授予之策，急功近利，酿下失败之祸。此时身居邓州的赵普，听闻军事失利，上奏《班师疏》，为太宗解脱当前困境，以示虽处"江湖"，仍"忧其君"的情怀。疏中劝谏太宗汲取前代兵变的教训，不可用兵长久，因"兵久则生变，此不可不深虑也"。② 这一点正是太宗所担心的"内患"。然后赵普又言：

> 臣猥蒙二圣之深知，当两朝之大用，不唯此世，应系前生。礼虽限于君臣，情实同于骨肉，是以凡关启沃，周避危亡。……即日民愁未定，战势方摇，仍于梦幻之中，大作烦劳之事。是何微类，误我至尊。乞明验于奸人，愿不容于首恶。兴言及此，涕泪交流。③

赵普以"同于骨肉"的肺腑之言打动太宗，并为此次的军事失利开脱。太宗在回复赵普的手诏中云："奈何将帅等不遵成算，各骋所见……为戎人所袭，此责在主将也。"④ 这就把雍熙北伐失败的责任全部推诿到众位将领身上。在手诏的最后，太宗勉慰赵普云："卿社稷元臣，忠言苦口，三复来奏，嘉愧实深。"⑤ 赵普站在太宗立场上，表达了虽赋闲在外仍忧国忧君的心境。当时军事新败，也急需赵普这样的元勋重臣补救朝纲。刘子健在评论南宋高宗初期频繁换相的现象时认为："通常，一次军事上的失败，便会导致一位宰相的得咎和被迫下野。"⑥ 这种"国家出事，宰相担责"的做法被太宗运用到北伐失利的责任承担上。端拱元年（988）二月，宰相李昉被罢，赵普被委任为宰相（昭文相），开始太宗朝

---

① 李焘：《续资治通鉴长编》卷二七，雍熙三年正月戊寅，第602页。
② 李焘：《续资治通鉴长编》卷二七，雍熙三年五月丙子，第615页。
③ 李焘：《续资治通鉴长编》卷二七，雍熙三年五月丙子，第616页。
④ 李焘：《续资治通鉴长编》卷二七，雍熙三年五月丙子，第617页。
⑤ 李焘：《续资治通鉴长编》卷二七，雍熙三年五月丙子，第617页。
⑥ 〔美〕刘子健：《中国转向内在：两宋之际的文化转向》，赵冬梅译，江苏人民出版社，2012，第85页。

第二次为相的生涯。同时，吕蒙正亦自参知政事升任史馆相。史载：

> 山南东道节度使、兼侍中赵普为太保、兼侍中，给事中、参知政事吕蒙正为中书侍郎、兼户部尚书，并同平章事。上谕普曰："卿勿以位高自纵，勿以权势自骄，但能谨赏罚，举贤能，弭爱憎，何忧军国之不治？朕若有过，卿勿面从，古人耻其君不为尧、舜，卿其念哉！"①

太宗此次任命赵普为相，象征意义颇大。赵普在第二次为相时因献"金匮之盟"策，得到太宗的赏识与宠幸，又帮助太宗打垮秦王廷美，打击与廷美交通的卢多逊，为太宗稳固皇位和传位于子立下重大功劳。赵普第三次为相，显示出太宗尊崇硕德元勋。从太宗的话语中可以体味到，赵普这次为相太宗诫勉其勿以功高自傲，并要求赵普行使权力时"谨赏罚，举贤能，弭爱憎"。另一位宰相吕蒙正为政宽简，但也遇事敢言，不失执守。在赵普此次为相期间，太宗利用他打击了枢密副使赵昌言集团。当时赵昌言勾结盐铁副使陈象舆、度支副使董俨、知制诰胡旦、右正言梁颢及佣书人马周等，常在三更半夜密谋奸佞之事，诽谤时政。京师朝野有"陈三更，董半夜"② 之语。赵普对此十分不满。其后，开封府尹许王元僖"使亲吏仪赞廉得其事，白上，捕马周系狱"。后经审理，马周认罪。赵普"恶昌言刚戾难制"，"请加诛殛"。③ 因太宗网开一面，赵昌言、陈象舆、董俨、梁颢、胡旦等人均被贬外放。

淳化元年（990）正月，赵普病重，三次上表请求致仕。当月戊子，赵普以西京留守、兼中书令罢相，淳化三年（992）七月卒于西京。赵普与太宗的种种恩怨随着赵普的去世而烟消云散。太宗闻讯后，废朝五日，"上（太宗）撰神道碑铭，亲八分书以赐之。遣右谏议大夫范杲摄鸿胪

---

① 李焘：《续资治通鉴长编》卷二九，端拱元年二月庚子，第 647 页。
② 钱若水修，范学辉校注《宋太宗皇帝实录校注》卷四四，端拱元年三月甲戌，第 576 页。
③ 李焘：《续资治通鉴长编》卷二九，端拱元年三月甲子，第 651 页。

卿，护丧事，赙绢布各五百匹，米面各五百石"。①

对于赵普的去世，太宗可以说是五味杂陈，感情复杂，既缅怀他对巩固皇位的襄助，又愤慨他与自己在谋取帝位时的政治对抗。然而，从宋太宗恣意猜疑的个性与赵普的政治作为来看，两人只是表面和解，不可能完全契合，更无法形成"情实同于骨肉"的关系。但是，作为帝王的太宗仍然表现出一定的大度和豁达，显示出亲善眷顾元勋重臣的态度。

小　结

太祖、太宗两朝从分权理念出发，形成了一系列的祖宗法则，他们运用这些法则保障了内政稳定，避免了权臣当政、尾大不掉局面的出现。太祖对赵普的信任重用与有效牵制并举，使赵普既勇于任事、积极理政，又在其权力过于膨胀时及时制止，这样将有"吏干"的宰相赵普权力约束在一定限度内，既保障了皇权的至上，又使相权得到充分发挥，为中枢政务运行和国家治理尽出所能。赵普在太宗朝两次为相，为太宗巩固帝位和处理不忠臣僚做出了重要贡献。彼此基于现实需要，为了各自利益，由早年的冲突转变为合作，结果取得了共赢。基于"分权"理念的"异论相搅"虽然维护了朝政稳定，但在具体政务运作中平添了政治内耗，增加了行政成本。然而这些对于最高统治者所期许的政局稳定和帝位传承来说，是微不足道的。

王瑞来认为，中国古代的政治是"政"与"治"的组合。"政"即王朝或国家的制度、秩序与施政方式，是静态的呈现；"治"则为动态的呈现，指施政活动、治理的结果。中国古代政治史研究的特点：一是将关注点停留于"政"上，即对政治制度的复原；二是将视野投放在"治"上。制度复原是一项必要且基础的操作，但没有对"治"的研究，政治史的叙述便会失语。② 笔者在研究中始终注意制度史与政治史研究的不同侧重：制度史偏重制度的前后演变情况，以及推动制度变化的内外在动

---

① 《宋史》卷二五六《赵普传》，第 8939 页。
② 王瑞来：《多元立体，推陈出新——政治史研究新路径思索》，《史学月刊》2014 年第 3 期。

力、制度形成的原因、施行后产生的影响；而政治史则注重政治演变的规律、政治事件、政治人物、政治环境三者在政治进程中的作用。想必唯有此才能使研究更加贴近历史真实，最大限度地还原鲜活多彩的历史景象。

从宰相赵普仕途沉浮来看，太祖、太宗实施"异论相搅"的治国方略，目的是"事为之防，曲为之制"。① 太祖、太宗在人才任用、权责界定时讲求政治平衡术，为巩固皇权取得了显著效果，之后宋代帝王仿照先皇惯例，任用那些政治情操、理想抱负相异的人士为自己效力。这使得宋朝历代不乏寇准、丁谓、王曾、范仲淹、吕夷简、王安石、司马光、赵鼎、张浚等这样拥有"异见"的士大夫为帝王建言献策。"异论相搅"在宋代君臣之间反复践行，得益于中国古代君主专制的政治体制与分权制衡的权力运作机制需要并存共生这一土壤。其实"异论相搅"也同样反映出中国古代帝制时期中央集权（centralisation）、分权制衡（decentralisation）、君主专权（autocracy）原则的融合与冲突。作为统治阶级的君主和宰执都希望将国家权力集中于中央，在这一层面上君主与宰执大臣的立场一致。但中央集权实现后，就会面临君权与宰执权力的再次分配，而勤政的君主总想尽量控制中央机构和执政臣僚，使中央权力得到较为合理的配置，在君主专权与宰执分权之间保持一个恰当的度，既要保证中央政务决策与执行的效率，又要限制某些官员权力的过分膨胀。而作为"分权制衡"的手段之一，"异论相搅"无疑是宋代帝王控御臣下的一个有效举措。"崇文抑武""守内虚外""将从中御""强干弱枝""异论相搅"等一系列祖宗法建构了政治运行的体系，新的政治生态在宋王朝渐次形成。

---

① 李焘：《续资治通鉴长编》卷一七，开宝九年十月乙卯，第382页。

第三章
北宋中后期宰相"取旨" 制度

北宋神宗元丰时期对中央机构进行了一次较为彻底的改革，即将原来职能甚少的省、部、寺、监等机构实职化，尤其是三省（中书省、门下省、尚书省）制度改革对宋朝政治进程产生了重大影响，由此中央政府由中书门下体制转变为三省制，使宰执集团的政务决策机制发生了根本变化。改制后，三省宰执取旨权不断调整，从改制伊始的三省各自拥有取旨权，到元丰后期中书省独取旨，再到哲宗朝三省合取旨，最后到徽、钦两朝三省宰执取旨权归属的混乱，可以说获得"取旨权"在一定程度上即拥有了政务决策的主导地位。中书省宰执取旨权在中央政务运行中发挥了关键作用，曾一度左右三省政务运行的方向。

三省制是中国传统帝制时期中央政务决策与运行的一项重要制度，其由秦汉时期的宰相制度发展而来，历经魏晋南北朝，至隋唐时期逐渐定型。然而随着政治形势的变化，三省制在唐中后期逐渐转变为中书门下体制。五代时期，战乱频发，拥有军事指挥权的枢密院（枢密使）在中央权力格局中居于主导地位，沿袭于唐后期的中书门下主要负责民政事务，但作用明显弱化。入宋后，国家政权趋于稳定，中央机构再次调整和重建。北宋前期，中央政务决策与运行实行"二府制"（中书门下与枢密院），由宰相"同中书门下平章事"、副宰相参知政事、枢密使、枢密副使等与皇帝共同处理国家军民政务。宋廷虽有三省建制，但此时期三省不是实际意义上的宰相机构，并无实权，仅掌管一些礼仪方面的事务以及在告身、敕文中保留三省官员的署位。神宗元丰官制改革，中书门下一分为三：中书省、门下省和尚书省。中央政务处理机制由"中书门下—枢密院"的二府模式转变为"三省—枢密院"的运作模式。① 元丰改制后取旨权是三省宰执努力争取的对象，获得取旨权意味着掌握了政务决策的先导权。对于三省取旨权之前学界虽有涉及，② 但大多从某一视角分析，尚未做贯通式的系统研究，而且往往忽视人为因素与体制变革之间的互动关系，因此该问题仍有深入探究的空间。

第一节　宋元丰改制伊始三省宰相各自独立的取旨权

北宋元丰改制之前宋廷中央的宰相机构为"中书门下"，简称中书，设置在皇宫内文德殿之西，负责国家重要政务决策与处理。在皇城之外还设有三省——中书省、门下省和尚书省，但它们的绝大部分职权已被各种使职差遣取代，各机构长贰官员"非别敕不治本司事"，③ 并不参与朝廷军国大政的决策与执行，所以北宋前期的三省并不是实际意义上的宰相机构。宋神宗元丰二年（1079）五月乙丑，右正言、知制诰李清臣上疏，言"官制蹈袭前代，官与职不相准，差遣与官职不相准，其他勋爵、食邑、实封、章服、品秩、俸给、班位各为轻重，后先皆不相准"，④ 建议神宗厘正官制，改变唐五代及入宋后官职差遣等混乱的情况。元丰三年（1080）六月丙午，神宗"诏中书置局详定官制，命翰林学士张璪、枢密副都丞旨张诚一领之，祠部员外郎王陟臣、光禄寺丞李德刍检讨文字，应详定官名制度，并中书进呈"，⑤ 即在中书门下开设专局组织部分臣僚研究官制改革事宜。这次官制改革有两方面的内容。一是元丰三年进行的

---

① 田志光：《北宋中后期"三省—枢密院"运作机制之演变》，《史学月刊》2012年第3期。

② 如钱穆、王瑞来、张邦炜、张其凡等对宋代宰相权力实施以及相权强化或削弱提出了不同观点。邱志诚《错开的花：反观宋代相权与皇权研究及其论争》（《海南大学学报》2007年第5期）对20世纪40年代至90年代有关宋代相权的研究做了述评。朱瑞熙《中国政治制度通史》第6卷《宋代》、诸葛忆兵《宋代宰辅制度研究》、〔日〕衣川强《宋代官僚社会史研究》第一章"宋代宰相考"、刘后滨《"正名"与"正实"——从元丰改制看宋人的三省制理念》（《北京大学学报》2011年第2期）以及笔者《北宋宰辅政务决策与运作研究》讨论了宋代三省制度运行问题。

③ 《宋史》卷一六一《职官志一》，第3768页。

④ 王应麟：《玉海》卷一一九《元丰新定官制》，广陵书社，2016，第2233页。

⑤ 李焘：《续资治通鉴长编》卷三〇五，元丰三年六月丙午，第7424页。

"以阶易官"改革。该项内容不涉及权力调整，只是将官员俸禄发放标准与依据重新编订。二是元丰五年（1082）进行的三省六部等机构改革。改制后的中书省与门下省设在禁中，其地理位置史籍有所记载，其中《宋宰辅编年录》卷八记载最为具体："以旧中书东西厅为门下、中书省，都台（堂）为三省都堂。徙建枢密院于中书省之西，以故枢密、宣徽、学士院地为中书、门下后省，列左右常侍至正言厅事，直两省之后。"①即将原来的中书门下东、西厅改为门下省和中书省，将原枢密院、宣徽院、学士院之地改为中书后省和门下后省，以承办中书和门下两省的具体事务。宋人陈元靓《事林广记》后集卷六"宫室类"绘有北宋东京（开封）宫城图局部（见图3-1）。

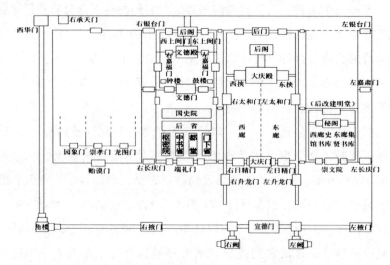

图 3-1　北宋东京（开封）宫城图局部

资料来源：据陈元靓《事林广记》后集卷六"宫室类"，中华书局，1963，第 147 页，按比例绘制。

图 3-1 中的后省即中书后省与门下后省，也就是元丰改制前的枢密院、宣徽院、学士院所在区域。图中门下省、都堂（三省都堂）、中书省和枢密院，也就是改制前的中书门下所在地。

尚书省由于机构庞大，无法容纳于禁中，元丰改制伊始，"以新省营

———————————

① 徐自明撰，王瑞来校补《宋宰辅编年录校补》卷八，元丰五年四月，第 497 页。

缮未毕,凡寓治四所:一、旧三司,二、旧司农寺,三、旧尚书省,四、三司使廨舍"。① 即以原尚书省、三司、司农寺等机构作为新尚书省的临时办公之所。元丰五年五月,在"殿前司廨舍地"开始修建新尚书省及六部诸司,元丰六年十月建成。② 新尚书省与下辖六部的办公衙署规模宏大,布局规范。前为尚书都省,后为尚书六部,建筑规模有三千一百余间。③ 关于新建尚书省的位置,据《老学庵笔记》《萍洲可谈》《东京梦华录》等记载,其位于皇城之西,贴近西角楼。④ 因为三省改革涉及宰执权力重新分配和调整,所以宰相王珪、参知政事蔡确等积极参与,力赞其事,都想借这次机构调整扩充权力。⑤《山堂考索》后集卷四载:"神宗喜观《唐六典》,一日谕王珪等,朕欲仿《唐六典》,酌古今之宜,修改官制,蔡确为参知政事,与珪替行之。"⑥ 这说明官制改革过程中神宗与宰相王珪和副宰相(参知政事)蔡确等宰执大臣共同谋划实施。

按照唐代"中书出令,门下审驳,分为二省,而尚书受成,颁之有司"⑦ 的三省运作模式来理解,蔡确私下对王珪说:"公久在相位,必拜中书令。"因为中书省负责政令制定或是政务决策处理,假如王珪担任中书令即掌管中书省,在三省中占有主导地位。王珪对蔡确的阴奉深信不疑。然而蔡确又通过留身独对方式,向神宗提出建议:"三省长官位高,恐不须设,只以左仆射兼门下侍郎、右仆射兼中书侍郎,各主两省事。"⑧ 即提议沿袭唐中期以后三省长官位高不置的做法,可阻止王珪担任具有实权的中书令。尚书左、右仆射的品级虽都是从一品,但在地位上左仆射尊于右仆射,改制前左、右仆射作为文臣所迁官阶,左仆射高右仆射一阶。⑨

---

① 徐松辑《宋会要辑稿》职官四之六,第3098页。
② 李焘:《续资治通鉴长编》卷三四〇,元丰六年十月庚子,第8192页。
③ 庞元英:《文昌杂录》卷三,《全宋笔记》第12册,第166~167页。
④ 陆游:《老学庵笔记》卷五,中华书局,1979,第62页;朱彧:《萍洲可谈》卷一,《全宋笔记》第26册,第6页;孟元老撰,邓之诚注《东京梦华录注》卷三《大内西右掖门外街巷》,中华书局,1982,第82~83页。
⑤ 李焘:《续资治通鉴长编》卷三二七,元丰五年六月乙卯,第7871页。
⑥ 章如愚:《山堂考索》后集卷四,第478页。
⑦ 马端临:《文献通考》卷五〇《职官考四》门下省条引胡致堂曰,第1425页。
⑧ 李焘:《续资治通鉴长编》卷三二七,元丰五年六月乙卯,第7871页。
⑨ 龚延明编著《宋代官制辞典(增补本)》第四编"三省门·尚书省右仆射",中华书局,2017,第196页。

当时王珪为宰相且独相，蔡确为排名第一的副宰相（参知政事），按资历，王珪应任尚书左仆射兼门下侍郎为首相，蔡确则升任尚书右仆射兼中书侍郎为次相。最终，神宗认可了蔡确的这项提议。① 元丰五年四月癸酉（二十四日），神宗诏命："银青光禄大夫兼门下侍郎、同中书门下平章事、监修国史王珪依前官守尚书左仆射兼门下侍郎，太中大夫、参知政事蔡确依前官守尚书右仆射兼中书侍郎。"② 按当时规定，左仆射兼门下侍郎为左相以行侍中之职，右仆射兼中书侍郎为右相以行中书令之职，③ 也就是说左相代行侍中职权，负责门下省事务，而右相代行中书令职权，负责中书省事务。侍中与中书令因官品、地位太高而不除人。左相、右相实际上是门下、中书两省的长官，又因二者皆带仆射之衔，所以他们同时也是尚书省的长官。接着，神宗又任命知定州章惇守门下侍郎，参知政事张璪守中书侍郎，翰林学士、承议郎蒲宗孟守尚书左丞，翰林学士、朝奉郎王安礼守尚书右丞，④ 即配齐了三省的副长官。三省中两正（王珪、蔡确）四副（章惇、张璪、蒲宗孟、王安礼），宰执成员共有六位。关于改制以后三省如何运作，元丰五年二月癸丑朔（初一），朝廷议定由神宗诏令颁布：

> 中书省面奉宣旨事，别以黄纸书，中书令、侍郎、舍人宣奉行讫，录送门下省为画黄；受批降若覆请得旨，及入熟状得画事，别以黄纸亦书，宣奉行讫，录送门下省为录黄。枢密院准此，惟以白纸录送，面得旨者为录白，批奏得画者为画旨。门下省被受录黄、画黄、录白、画旨，皆留为底，详校无舛，缴奏得画，以黄纸书，侍中、侍郎、给事中省审读讫，录送尚书省施行。⑤

通过以上诏令可知，三省职权有了明确界定，中书省权限分三种类

---

① 李焘：《续资治通鉴长编》卷三二七，元丰五年六月乙卯，第 7871 页。
② 李焘：《续资治通鉴长编》卷三二五，元丰五年四月癸酉，第 7823 页。
③ 叶梦得：《石林燕语》卷三，第 39 页。
④ 李焘：《续资治通鉴长编》卷三二五，元丰五年四月甲戌，第 7825 页。
⑤ 李焘：《续资治通鉴长编》卷三二三，元丰五年二月癸丑，第 7775 页。

型。一是中书省直接受理皇帝旨意，即所谓的"面奉宣旨事"，经中书省长贰官员传宣和中书舍人撰写敕命后送门下省审核，这种文书称为画黄。在此过程中中书省基本没有发言权，完全按照皇帝旨意办理。二是在接受皇帝对某事项的指示意见后，中书省如果认为指示有所不便或不妥，可以提出修改和完善的意见，经中书省内"宣奉行"程序后再呈皇帝裁决批准，然后送门下省，即所谓的"受批降若覆请得旨"之事。在此过程中中书省有权发表对政务处理的意见和建议，在一定程度上可以调整甚至改变皇帝的指示。三是中书省用"熟状"的方式处理政务。在此过程中中书省可以按自己的意见做出初步决定或是形成处理的方案，呈送皇帝批准，然后再送门下省。第二种与第三种文书称为录黄。由上可知，中书省职权基本是按唐朝三省制下的分工，主要负责取旨出令。以上三种经过中书省程序的政务送到门下省，须经侍中、侍郎、给事中，省、审、读，如审核无差错，即录送尚书省施行，如果诏令文书出现违失差错，门下省有权"缴奏"，即提出修改意见呈报皇帝裁决，待皇帝"画可"后，再送尚书省施行。这样，在程序上中书省、枢密院政令文书经过门下省时，门下省也可通过"缴奏"的方式直接与皇帝交流。此外，"吏部拟注（官），过门下省，并侍中、侍郎引验讫奏，候降送尚书省"。[1] 尚书吏部在选任官员时，需门下省核验，上奏皇帝批准，然后送尚书省执行。可见，门下省同样有"取旨"权力，只是相对于中书省而言比较被动，是对政务或人事选任"事后"的补充完善。尚书省是否有取旨权，史未明言，从元丰五年五月癸未（初三）诏"尚书省得旨，合下去处并用札子"[2] 来看，尚书省得旨从何而来，·是直接取旨还是转自中书省或门下省，不得而知。笔者认为此时的尚书省应有取旨权（下文再析）。

通过以上诏令规定可以看出，中书省在三省中角色最为重要。其实经过中书省的三种类型的政务有一个共同的特点，无论是皇帝直接下发的旨意还是中书省"覆请得旨"，"熟状得画"，都得到了皇帝的认可和批准，这在帝制国家政权中非常关键，中书省与皇帝有更多的沟通交流机会，在

① 李焘：《续资治通鉴长编》卷三二三，元丰五年二月癸丑，第7775页。
② 李焘：《续资治通鉴长编》卷三二六，元丰五年五月癸未，第7839页。

政务决策时容易对皇帝产生重要影响，政务处理在中书省这一环节通常已基本定调，或是形成大致方案。送到门下省审核有时徒具形式，即使门下省发现差错可以缴奏驳正，但这些缴驳内容都是皇帝之前认可的事项，大幅度更改或调整的可能性很小，加之中书省肯定不愿看到自己的处理意见被全面否定，所以门下省缴驳职权具体操作起来也很困难，门下省在三省中很大程度上承担着"善后"作用。此外，诏令还规定政务处理"有法式，上门下省；无法式，上中书省"。① 这样，中书省处理无明文规定的政务，自由裁量权较大，而门下省处理有明确条文规定的事务，基本是按部就班，自由裁量权小。上述三省职权的规定于元丰五年二月初一颁布，"候正官名日施行"，② 也就是元丰五年五月初一正式实施。那么，正式官制改革后拥有主要取旨权的中书省与其他两省的关系如何呢？

　　神宗元丰五年五月己丑（初九），也就是新官制实施后的第九天，王珪上奏神宗言："故事，中书进熟、进草，惟执政书押。今官制，门下省给事中独许书画黄，而不得书草。舒亶疑之，因以为请。"③ 该奏言虽然简短但含义丰富，反映出王珪的两个质疑或者说是请求。其所言的"进熟、进草"就是熟状和进草，所谓"故事"即指宋初至元丰改制前的情况，"中书"即改制前的中书门下之简称。《职官分纪》卷一三载："本朝要事对禀，常事拟进入，画可，然后施行，谓之熟状。事速不及待报，则先行下，具制草奏知，谓之进草。熟状白纸书，宰相押字，他执政具姓名。进草即黄纸书，宰臣、执政皆于状背押字。"④ 其中"本朝"实指神宗元丰改制前的宋朝。改制前，中书门下作为中央政府，与主管军事的枢密院合称"二府"，⑤ 凡民政事务的处理、执行均由中书门下负责，⑥ 一般军政事务则由枢密院负责，程序同中书门下。它们的

① 李焘：《续资治通鉴长编》卷三二三，元丰五年二月癸丑，第 7776 页。
② 李焘：《续资治通鉴长编》卷三二三，元丰五年二月癸丑，第 7776 页。
③ 李焘：《续资治通鉴长编》卷三二六，元丰五年五月己丑，第 7846 页。
④ 孙逢吉：《职官分纪》卷一三《三司》，《景印文渊阁四库全书》第 923 册，第 301 页。
⑤ 马端临：《文献通考》卷五八《职官考十二》，第 1713 页。
⑥ 关于北宋元丰改制前中书门下运作情况，可参见笔者《北宋前期中书宰辅在政令颁行中的权力运作》，《河南大学学报》2013 年第 3 期；《试论宋仁宗朝宰相兼枢密使之职权》，《史学集刊》2011 年第 5 期；《试论北宋前期宰辅军事决策机制的演变》，《史林》2011 年第 2 期。

分工，主要由其处理的政务范围所决定，而不是取决于或出令或审覆或执行的程序环节分工，在管辖权限之内，决策、执行一体化。① 由此可知，改制前中书门下政务处理程序较为简明，一般事务报告皇帝批准后即可实施，或是一般紧急事务如果来不及请示皇帝也可以先行办理，事后再补报皇帝。

王珪改制前担任中书门下宰相已有 5 年 6 个月之久，② 一定很熟悉改制前中书门下的运作程序，他的第一个质疑是改制后由中书省负责进呈的熟状，改制前是由全体宰执签押，但是现今却只由中书省的长官负责，门下省不能参与，自然也就没有政务决策的先导权。二是门下省给事中只能"画黄"，也就只能审核中书省的政务处理方案，而不得事先参与政务决策筹划。王珪借时任给事中舒亶的疑问而上奏神宗，实际上反映了他自己的意图，那就是请求神宗给予门下省"书草"权，即参与中书省的决策制定。但是神宗很快给予王珪回复，"造令、行令，职分宜别。给事中不当书草，著为令"，③ 拒绝了王珪的请求，明确中书省为造令机构，即政务决策机构。所谓"右相偏重之弊，王珪非不言之，言之，卒不胜"。④王珪在改制后第一次请求扩大门下省权力的努力失败了。两日后神宗下了一道御批，史载：

> 上批："自颁行官制以来，内外大小诸司及创被差命之人，凡有申禀公事，日告留滞，比之旧中书稽延数倍，众皆有不办事之忧。未知留滞处所，可速根研裁议，早令快便，大率止似旧中书遣发可也。"⑤

① 邓小南：《"祖宗之法"与官僚政治制度——宋》，吴宗国主编《中国古代官僚政治制度研究》，北京大学出版社，2004，第247页。
② 王珪于神宗熙宁九年十月由参知政事升任集贤相，元丰三年九月转任史馆相，至元丰五年五月改制时转任左仆射兼门下侍郎（左相）。
③ 李焘：《续资治通鉴长编》卷三二六，元丰五年五月己丑，第7846页。
④ 林駉：《古今源流至论·后集》卷二《三省》，《景印文渊阁四库全书》第942册，第177页。
⑤ 李焘：《续资治通鉴长编》卷三二六，元丰五年五月辛卯，第7848页。

这是神宗在改制第十一日后发布的一道御批,从中可以看出改制后的三省行政效率较低,许多官员不能理顺政务处理的程序,工作不积极,找不到政务留滞的机构处所,造成政务积压。其实改制后的第三天这种情况就有发生,如五月癸未诏:"如闻官制新行,诸司不知所属,可一切申尚书省。其旧官司如殿中省、翰林院之类,有现任官者,令依旧治事,候新官上即对罢。其妄称疑废,托故避事,以擅去官守律论。"① 这说明官制实施伊始,尚有一些机构不知所属,部分官员不作为,行政隶属关系混乱。因此,神宗在御批中要求三省提高政务处理的效率,"似旧中书遣发",即按照改制前中书门下理政模式下发分派工作任务。由此可见,改制之初"中书出令,门下审驳,尚书施行"只是作为改制总的指导原则,在具体落实方面尚有许多事项需进一步摸索和理顺。神宗也在反思,"上以命令稽缓语辅臣,颇悔改官制"。② 而右相蔡确掌管中书省,掌握主要的取旨权,是三省制格局的最大受益者,因此极力说明新官制的优点。史载:"蔡确等虑上意欲罢之,乃力陈新官制置禄,比旧月省俸钱三万余贯,上意遂止。"③ 蔡确以新官制节省财政开支为由劝说神宗继续实施新官制,但三省面临的"谁取旨"问题仍不明晰,需要不断界定。如元丰五年六月辛亥朔(初一),神宗诏:"自今宗室防御使转观察使已上,听大宗正寺司磨勘,历任保明,奏降中书(省)取旨。其副率至防御使,即中书(省)磨勘,进状请画敕授。"④ 即在宗室成员除授选任方面,分两种情况:一是防御使转观察使以上的职务,日常管理由大宗正司负责,待年资满任后,由中书省取旨授官;二是防御使以下的职务除授,则由中书省日常管理,年资满任后,中书省直接以熟状形式进呈皇帝批准。

第二节 宋元丰后期中书省宰相独取旨的形成

神宗元丰后期中央三省机构改革基本定型,三省长贰官员人数、僚属

① 李焘:《续资治通鉴长编》卷三二六,元丰五年五月癸未,第7840页。
② 徐自明撰,王瑞来校补《宋宰辅编年录校补》卷八,元丰五年四月,第496页。
③ 徐自明撰,王瑞来校补《宋宰辅编年录校补》卷八,元丰五年四月,第496页。
④ 李焘:《续资治通鉴长编》卷三二七,元丰五年六月辛亥,第7865页。

吏员配置与元丰改制初期大体相同，只在短期内有宰执职务的微调。如前所述，关于三省取旨权的归属，虽然可以不断进行界定，但是没有一个最终明确的方案，势必给政务决策和实施带来诸多困扰，不能从根本上解决行政效率低下的问题。史载："官制所虽仿旧三省之名，而莫能究其分省设官之意。乃厘中书门下为三，各得取旨出命，既纷然无统纪。"① 这说明改制初期三省宰执均有取旨权，未能真正理解唐代三省制的内涵，造成现今三省理政程序纷然无秩序。此时，尚书右丞王安礼上奏神宗言："政畏多门，要当归于一，特所经历异耳。今也别为三，则本末不相见。臣以谓事无巨细，宣于中书，奉于门下，至尚书行之，则尽矣。"② 王安礼指出了此时三省制混乱的根源，建议神宗进一步采取措施理顺三省的工作程序。这也符合神宗一贯的主张，于是在元丰五年六月丙辰（初六）诏曰："自今事不以大小，并中书省取旨，门下省覆奏，尚书省施行。"③ 即明确中书省作为唯一拥有取旨权的机构，无论政务大小，一律由中书省取旨。此外，门下省"覆"奏，即审察上奏，与五月初一颁布的门下省"缴奏得画"还是有较大区别的，"缴"有呈报之意，呈报的对象显然是皇帝，不可能是平级的中书省，"得画"的对象即门下省，可以直接接受皇帝的旨意。而这次诏令规定只有中书省有取旨权，所以门下省在审核政令文书时如发现不便之处，还要返回中书省，由中书省修改完善，再次取旨，接受皇帝的意见。六月癸亥（十三日），又诏："尚书省六曹事应取旨者，皆尚书省检具条例，上中书省。"④ 第二日又明确了尚书省送中书省取旨的时间限制，诏曰："六曹申尚书省、尚书省送中书及过门下省文字，皆随事立日限。即尚书事应取旨者，皆日具件数，录目尾结。后批日时，执政官书押，送中书省。各限一日，有故者听展。若送中书省取旨，事已进呈不行者，每旬录报尚书省。皆著为令。"⑤ 即进一步规定了尚书省与中书省的各自职责，尚书省六部将应取旨事申报尚书都省，然后由都省检具

①　徐自明撰，王瑞来校补《宋宰辅编年录校补》卷八，元丰五年四月，第496页。
②　徐自明撰，王瑞来校补《宋宰辅编年录校补》卷八，元丰五年四月，第496页。
③　徐自明撰，王瑞来校补《宋宰辅编年录校补》卷八，元丰五年四月，第496页。
④　李焘：《续资治通鉴长编》卷三二七，元丰五年六月癸亥，第7877页。
⑤　徐松辑《宋会要辑稿》职官一之二一，第2949页。

相关条例，注拟进呈期限，再送中书省进呈取旨。如取旨事无法施行，中书省则须每旬通告尚书省，强调了中书省的取旨权，尚书省取旨权被完全摒弃。

这几道诏令进一步削弱了门下省、尚书省的权力，就在诏令颁布的同日，"辅臣有言中书省独取旨，事体太重"。① 史籍并未记载该"辅臣"的姓名，我们从当时环境分析，应该是王珪。这从侧面印证了之前除中书省外，门下省和尚书省也有部分取旨权。然而神宗并未听从辅臣的建议，他认为"三省体均，中书省揆而议之，门下省审而覆之，尚书省承而行之。苟有不当，自可论奏，不当缘此以乱体统也"。② 神宗表达出他本人对三省制架构与运转的理解。其实，宋神宗对官制改革一开始就有自己的考虑，史载："将定官制，（神宗）独处阁中考求沿革，一年而成。"③ 此突出了神宗在官制改革中的探索与思考，三省制的改革应是神宗思考的重要内容。如前所述，神宗一直强调三省的分工合作、各司其职、相互制约。

至此，中书省宰执获得了全部的取旨权，排除了门下省和尚书省宰执的取旨权，也就是说在重要政务的决策中，门下省宰执无法参与。史载："独中书取旨，而门下、尚书之官为首相者，不复与朝廷议论。"④ 中书省独自取旨造成了右相蔡确的专权，引起左相王珪的不满。史载：

> （蔡）确果独专政柄。凡除吏，（王）珪皆不与闻。后累月，珪乃言："臣备位宰相，不与闻进退百官，请以尚书省官及诸道帅臣，许臣同议。"上许之。⑤

这反映出对于一些重要官员的选任，左相王珪不能参与，这是三省运作机制造成的，并非王珪主动放弃决策权力。为何出现这样的情况呢？宋

① 徐自明撰，王瑞来校补《宋宰辅编年录校补》卷八，元丰五年四月，第496页。
② 徐自明撰，王瑞来校补《宋宰辅编年录校补》卷八，元丰五年四月，第496页。
③ 徐自明撰，王瑞来校补《宋宰辅编年录校补》卷八，元丰五年四月，第495页。
④ 马端临：《文献通考》卷四九《职官考三》，第1411页。
⑤ 徐自明撰，王瑞来校补《宋宰辅编年录校补》卷八，元丰五年四月，第497页。

神宗对此知情吗？这还要分析三省长官上殿奏事班次与两位宰相（左仆射兼门下侍郎与右仆射兼中书侍郎）的工作程序。首先，上殿奏事是三省宰执与皇帝直接交流的机会，三省奏事班次的形式很关键。史载：

> 元丰改官制，肇建三省，凡军国事，中书揆而议之，门下审而覆之，尚书承而行之，三省皆不置官长，以左、右仆射兼两省侍郎，二相既分班进呈。①

这说明代表中书省与门下省的两位宰相是分班奏事，也就是分别独立与皇帝交流。《玉海》卷一二一亦载："国朝之制，便殿奏事止是中书、枢密两班。先帝定官制，每省各为一班。"② 文中所言"先帝"即宋神宗。每省各为一班，三省则分三班，独自与皇帝交流。关于三省班次，元丰五年七月癸未（初四）又诏令："三省、枢密院独班奏事，日不过三班，遇三省并独班奏事日，枢密院事当呕闻，更展一班。"③ 在一般情况下，一日三班中，三省中每一省都有独班奏事的机会，只有三省中某一省无事可奏之时，才轮到枢密院独班上奏。此外只有当枢密院有急切要事须及时上奏时，当日班次才多展一班，也就是一日四班。三省较枢密院来说，获得了更多的与皇帝交流的机会。④ 先不论奏事班次对三省与枢密院的影响，仅就三省分班奏事来说，中书省（右相）在上殿奏事时可以"面奉宣旨"、"覆请批降"或直接进呈"熟状"，政务决策在此环节已经基本定调，形成了处理方案。而门下省（左相）奏事的内容由于职责所限只能审覆，即对已获得皇帝认可的中书省决策或皇帝亲自颁行的谕旨查漏补缺。在尚书省的奏事班次中，两位宰相与尚书左、右丞一同出席，应讨论一些具体执行方面的问题，由于尚书省职能所限，此环节不涉及政务的决策。上殿奏事完毕，两位宰相分赴本省处理政务，其程序是：

---

① 李心传：《建炎以来系年要录》卷二二，建炎三年四月庚申，中华书局，2013，第551~552页。
② 王应麟：《玉海》卷一二一《元丰三省》，第2274页。
③ 李焘：《续资治通鉴长编》卷三二八，元丰五年七月癸未，第7891页。
④ 田志光：《北宋中后期"三省—枢密院"运作机制之演变》，《史学月刊》2012年第3期。

门下、中书省执政官兼领尚书省者，先赴本省视事，退赴尚
书省。①

即左相要赴门下省理政，右相则赴中书省理政，他们在各自负责的省独立
领导和开展工作，彼此互不接触，各司其职，处理完各自事务后再赴尚书
省理政，将之前中书省进拟与皇帝认可而门下省又无异议的政务和事项分
派给六部、寺、监等具体机构施行。了解以上三省奏事班次和宰相工作程
序后，我们就能理解上文提及的王珪为何不能参与官员除授了。右相蔡确
在中书省谋划拟定官员选任后，在中书省独班奏事时，可与皇帝商议人
选，也可用熟状的形式将选任名单直接面呈皇帝裁决。门下省独班奏事
时，与皇帝所讨论的只能是之前中书省与皇帝达成共识的政务，因为同日
的中书省政务决策文书还没有送达门下省。人事选任决策待由中书省拟
进、皇帝批准的除授文书送达门下省时，门下省长官王珪等才能知晓。门
下省在决策环节总是"后知后觉"，而王珪请求与中书省同议尚书省官员
和地方大员的选任问题，得到神宗的同意。从以上三省奏事班次和两省长
官的理政程序上看，两位宰相只能在处理完各自省内的政务后，会合于尚
书省再商议，或是在三省宰执都堂不定期商议，或是在尚书省独班奏事时
商议，实际上这种商议也是事后商议，因为事前决策已经呈报皇帝裁决批
准，与其说是商议，不如说是事后告知。所以神宗许可的这种"同议"
似乎徒具形式。这样，三省运行机制的调整暂告一段落，两位宰相中右相
蔡确"名为次相，实颛大政。（左相王）珪以左仆射兼门下，拱手而
已"。② 元丰五年十二月二日，又进一步明确了中书省、门下省取旨和覆
奏的具体规定："凡中书省、枢密院文字应覆驳者，若事体稍大，（门下
省）入状论列，事小即于缴状内改正行下。若事不至大，虽不足论列，
而其间曲折难于缴状内改正者，即具进呈，以应改正事送中书、枢密院取
旨。"③ 即门下省审覆中书省取旨事件，如遇到重大政务和疑难事件应驳
奏的情况，门下省必须将驳奏事件退送中书省，由中书省再次取旨定夺。

① 李焘：《续资治通鉴长编》卷三二三，元丰五年二月癸丑，第7775页。
② 《宋史》卷四七一《蔡确传》，第13699页。
③ 徐松辑《宋会要辑稿》职官一之二二，第2950页。

但对于细微小事，如果应当驳奏的，门下省有权自行改正后送尚书省施行。但是如何区分大事、疑事与小事，诏令并未言明。此后不久，门下省驳奏了中书省处理的两件事。一是元丰六年正月壬寅，门下省驳奏："福州威果十将郑青以功转副都头，妻詈母，殴妻死。中书拟杖脊刺面，配五百里，情轻法重，不当舍功而专论其罪。"诏于副都头上降两资，仍杖之。① 二是元丰六年三月十七日，门下省言："覆奏中书省录黄下京西路提点刑狱监捕封丘县贼，误用御宝。"诏误用宝宫人已责罚。② 门下省驳奏的这两件事最后都是皇帝下诏来做的处理，也就是说门下省并未直接改正后行下，而是交由中书省再次取旨。之后凡政务由中书省取旨成为常态，如元丰六年八月丙子，诏"尚书省立法，送中书省取旨"。③ 同月壬午，诏"自今户部考较提举官功过，系上、下等，送中书省取旨"。④ 元丰六年十月戊子，诏"自今臣僚上殿札子，其事干条法者，尚书省依条法议奏；如事理难行，送中书省取旨"。⑤ 这种中书省独取旨、门下省覆审、尚书省施行的运作机制终神宗朝一直维系。

第三节　哲徽钦时期三省宰相取旨权的调整

哲徽钦时期三省机构设置仍沿袭神宗时期，未有调整。但在宰执职务上，哲宗朝曾一度置平章军国重事、平章军国事，权力大于宰相；徽宗朝曾置太师、太傅总（领）三省事，其权力总体上大于三省宰执。元丰八年（1078）三月戊戌，宋神宗去世，年幼的哲宗即位，太皇太后高氏垂帘听政，军国事并太皇太后权同处分。元丰八年五月庚戌，左相王珪去世。同月戊午，太皇太后高氏任命右相蔡确为左相，知枢密院事韩缜为右相，资政殿学士、通议大夫司马光为门下侍郎。⑥ 同年七月戊戌（初六），高氏又任命资政殿大学士、银青光禄大夫、兼侍读吕公著为尚书左丞，紧

---

① 李焘：《续资治通鉴长编》卷三三二，元丰六年正月壬寅，第8007页。
② 徐松辑《宋会要辑稿》职官二之四，第2987页。
③ 李焘：《续资治通鉴长编》卷三三八，元丰六年八月丙子，第8139页。
④ 李焘：《续资治通鉴长编》卷三三八，元丰六年八月壬午，第8143页。
⑤ 李焘：《续资治通鉴长编》卷三四〇，元丰六年十月戊子，第8186页。
⑥ 李焘：《续资治通鉴长编》卷三五六，元丰八年五月戊午，第8520页。

接着他上了一道奏疏：

> 昨来先帝修定官制，凡除授臣僚及兴革废置，先中书省取旨，次门下省审覆，次尚书省施行，每各为一班。虽有三省同上进呈者，盖亦鲜矣。……今来陛下始初听政，理须责成辅弼。……伏望圣慈留神省察，明降指挥，应三省事合进呈取旨者，并令三省执政官同上奏禀，退就本省，各举官制施行。①

吕公著在这道奏疏中回顾了宋神宗官制改革以后，三省大致上的职权运作机制，由于宋神宗本人个性刚强，喜欢乾纲独断，政务往往亲自决定，三省在运行中虽然有不少问题，但是还能正常运行，朝廷政务处理也还算有条不紊。而哲宗幼龄即位，听政的高太后与神宗相比执政能力自然逊色不少，所以吕公著上奏高太后建议要充分发挥执政集团的集体智慧，政务处理决策要集思广益。然而目前的三省宰执取旨机制不利于执政团体群策群力，中书省（右相）独取旨，只有中书省宰执对政务决策有主导权，其他两省宰执无法事前参与决策，所以他建议三省中需要共同取旨的事项由三省宰执共同取旨，与皇帝（太后）商议后，各赴本省处理。吕公著的建议在两个月后被高氏采纳，于九月乙巳（十四日）诏："三省合取旨事及台谏章奏，并同进拟，不专属中书。"② 这样，自神宗朝中书省宰执独取旨后，首次以诏令的形式规定门下省、尚书省与中书省宰执共同取旨。但需要说明两点：一是这次门下省与尚书省宰执获得的取旨权是与中书省宰执共享，而不是单独拥有取旨权，与元丰改制伊始的三省各自拥有取旨权不同；二是三省宰执合取旨仅是针对需要三省共同取旨的事项以及台谏章奏，除此之外的其他事项还是由中书省宰执独取旨。如元丰八年七月甲辰，"诏自今待制以上磨勘，止中书省拟进"。③ 除了三省合取旨事项外，在重要官员除授任命上，还有三省、枢密院同取旨。如元丰八年十月，侍御史刘挚言："臣窃睹自来朝制及近降官制格，凡差除，有中书

---

① 李焘：《续资治通鉴长编》卷三五八，元丰八年七月戊戌，第8561页。
② 李焘：《续资治通鉴长编》卷三五九，元丰八年九月乙巳，第8596页。
③ 李焘：《续资治通鉴长编》卷三五八，元丰八年七月甲辰，第8563页。

（省）进拟者，有枢密院进拟者，有三省、枢密院同进者。"针对这几种不同的取旨模式，刘挚提出了疑问，因为三省、枢密院同取旨只限于"差除帅臣、边镇大吏、内臣近上差遣"，而现"今差谏官、罢侍讲，不识枢密院何为而预也"，刘挚认为这是"三省容纵密院侵紊政体"。[①] 从刘挚的奏言来看，如今取旨模式不断多元化，归纳起来有三种：中书省独取旨，三省合取旨，三省与枢密院同取旨。《皇朝编年纲目备要》卷二一载："三省分班奏事，独中书取旨，门下（省）、尚书（省）不与。元祐初，始同取旨。"[②] 这一记载有两点不妥之处：第一，三省同取旨的时间不是发生在元祐初期，而是元丰末期，虽然哲宗已即位，但尚未改元"元祐"；第二，此时的三省宰执同（合）取旨并非针对所有事项，只有三种情况是合取旨的，即需要三省合取旨的事项、台谏章奏、重要官员除授。此时虽然共同取旨的事项还有限制，但毕竟打破了中书省宰执对取旨权的垄断，有利于三省妥善正确地制定决策。另外，出现这样的调整，其实与人事变动也有一定的关系。刘挚《忠肃集》卷七载："（蔡确）在中书二年，不将差除与三省合奏，及身迁门下，阴使言者申请，招权营私。"[③]《续资治通鉴长编》卷三六三记载较为详细：

> 适会王珪薨谢，执政递迁，（蔡）确以左仆射进兼门下侍郎，以谓去中书之位，则无差除之权，不便也。即时阴令御史中丞黄履上言以为请，朝廷从之，于是差除方归三省合班取旨矣。[④]

如上文所述，左相王珪在任上去世，右相蔡确升任左相，但其不能掌管中书省，也就失去了取旨的权力，这对蔡确来说无疑是明升暗降，权力大大缩水。于是蔡确指使御史中丞黄履上奏高太后，请求除授官员要三省宰执合班取旨，也就是在官员任命上要三省共同决策，这样作为升任左相

① 李焘：《续资治通鉴长编》卷三六〇，元丰八年十月己丑，第 8627~8628 页。
② 陈均：《皇朝编年纲目备要》卷二一，第 505 页。
③ 刘挚：《忠肃集》卷七之《劾论蔡确十罪》，中华书局，2002，第 143 页。
④ 李焘：《续资治通鉴长编》卷三六三，元丰八年十二月戊寅，第 8677 页。《宋史》卷三二八《黄履传》载："（黄）履素与蔡确、章惇、邢恕相交结，每确、惇有所嫌恶，则使恕道风旨于履，履即排击之。"（第 10573 页）

掌管门下省的蔡确也可以参与官员选任。三省宰执合取旨的出现也带来一些问题，因为有关政务同取旨也就是三省宰执共同商议，在取旨后已达成一致意见，在此基础上形成的政令文字再经过门下省宰执覆审已经没有意义，所以此后出现有些人事除授不经门下省审读的情况。哲宗元祐元年（1086）闰二月丙申（初八），给事中兼侍讲范纯仁言："近除门下侍郎吕公著文字，并不经臣书读，兼不得见。尚书吏部，合与不合将不经门下省文字直便行下，及虑别有被授指挥。"① 给事中范纯仁所言吕公著的除授发生在元祐元年闰二月壬辰（初四），也就是四天前，其由尚书左丞升任门下侍郎，这一除命显然是经三省合取旨进行的。当时门下省长官为左相司马光，门下侍郎缺员，吕公著的除命已经司马光同意，便没有再经门下省覆审的环节，所以门下省给事中根本就未见到这一项除命，无从审读，吏部在接到尚书省的指挥后便直接颁行了。后来这种情况也经常出现，甚至故意绕开门下省审读。如元祐元年闰二月乙卯（二十七日），左司谏兼权给事中王岩叟言：

> 今月二十五日，伏睹画黄，除同知枢密院安焘知枢密院。……今日伏睹画黄，除安焘知枢密院，公议不允，臣不敢放过门下。缘过门（下）之后，即是施行，既已施行，益难追改。……臣两次论驳除安焘知枢密院，敕命久之不下，意谓圣慈已赐开纳。今窃闻已有指挥门下省，更不送给事中书读，令疾速施行。臣闻命皇恐，不知所容。②

由上可知，同知枢密院安焘除授知枢密院的"画黄"送达门下省是在闰二月二十五日，如前文所述，画黄为中书省"面奉宣旨事"，即直接接受皇帝的命令而下的政令文书，因为此时重要官员任命需要三省宰执合取旨，又因涉及的是枢密院长官，这次肯定是三省、枢密院同取旨。待送达门下省覆审时，按制度规定需要侍中（实际上为左仆射兼门下侍郎）、侍郎、给事中的省、审、读程序，因门下省的正、副长官（左仆射兼门

---

① 李焘：《续资治通鉴长编》卷三六八，元祐元年闰二月丙申，第 8878 页。

② 李焘：《续资治通鉴长编》卷三七〇，元祐元年闰二月乙卯，第 8944～8946 页。

下侍郎、门下侍郎）在三省、枢密院共同取旨时已商定此项除命，所以侍中"省"、侍郎"审"的程序已没必要，在门下省只有给事中"读"的程序，王岩叟在本月二十七日前已上奏封驳该除命，后来高太后便命令门下省绕开给事中，直接颁下实行。该事表明在三省宰执合取旨的情况下，只要宰执集团和皇帝（听政太后）协商一致，即使有其他阻力也不会妨碍政令的最终实施。在这种情况下，三省中每一省独立发挥作用的空间就越来越小，但集体决策、快速施行省去了三省（尤其是中书省与门下省）之间政令文书往来反复的麻烦，有利于提高行政效率。元祐元年三月辛巳（二十四日），右司谏苏辙奏请恢复元丰改制前的"批状之法"，即"日生小事"，"执政批状，直付有司，故径而易行"，而元丰改制后，批状之法罢废，"每有一事，辄经三省，誊写之劳，既已过倍，勘当既上，小有差误，重复施行，又经三省，循环往复，无由了绝"。① 这表明当时除三省宰执合取旨的一些重要事项外，一般政务的处理程序还是比较烦琐，行政效率低下。然而该建议是否被采纳，史未明言，但我们可从后来臣僚奏疏中窥见结果，司马康曾上奏其父司马光遗稿，其中有云：

> 每有政事差除及台谏官章奏，已有圣旨三省同进呈外，其余并令中书、门下官同商议签书施行。事大则进呈取旨降敕札，事小则直批状指挥，一如旧日中书门下故事。②

据笔者考证，该奏疏撰写时间是在元祐元年八月中下旬，③ 内容是司马光奏请大事要请示皇帝裁决后施行，小事则直接使用"批状"处理。可见至迟到元祐元年八月，批状之法仍未实施，右司谏苏辙的建议未被采纳，否则司马光也不会再次奏请。元祐元年四月辛丑（十四日），地位与职权相对尴尬的门下省主动提出：

① 李焘：《续资治通鉴长编》卷三七三，元祐元年三月辛巳，第9034~9035页。
② 李焘：《续资治通鉴长编》卷四三一，元祐四年八月癸卯，第10410页。
③ 田志光：《北宋宰辅政务决策与运作研究》，第232页。

自来中书省、枢密院拟进文字，如得画，并作奉圣旨具录白过门下省，再入文字覆奏。得画，方始行出。乞应中书省、枢密院，凡系拟进得旨文字，今后并于录白内声说，某日得画，奉圣旨云何。门下省看详，如别无差失合举驳更改事件，更不入文字缴覆，落去"得画"二字，依式作奉敕录送所属施行。①

这可以说是门下省主动放权的声明，按照元丰时期的规定，凡中书省、枢密院拟进的政令文书，即使得到皇帝的同意，也要送门下省覆审或是缴奏，有差错的话，还需进呈皇帝再次取旨裁决，然后才能颁下实施。这次门下省要求凡是中书省、枢密院进呈已取旨的政令文书，只要在录白内做出说明何时得到皇帝何种旨意，再经过门下省时，若无特别需举驳的事件，一般性的差错门下省则不再缴覆，直接改正，依据奉敕格式颁下实施。此奏请得到高太后的批准。这样，门下省的覆审权更加缩小。

哲宗绍圣三年（1096）五月初二，中书侍郎李清臣言："日近尚书省官侵紊职事，将生事文字合送中书省取旨者，更不送中书省，便于尚书省将上取旨，画定指挥签书，押送中书省降敕。"② 作为执行机构的尚书省将一些没有规定如何办理的事情直接取旨，而且哲宗还予以画可，尚书省依此要求中书省降敕命实施。而到了徽宗宣和四年（1122）八月二十日，少师、太宰王黼反映道："臣伏见近岁以来，枢密院诸房浸紊成宪，凡所施行，析以为二。一曰机速，更不关录门下省；一曰急速，更不关录送门下省。止用关子，更不关录者，门下省悉不预闻。"③ 即枢密院在近几年凡军务借"机速""急速"之名，不送门下省覆审，用"关子"处理军务，门下省无从知晓。从以上"侵紊职事""浸紊成宪"等词语和事例可以看出，三省之间、枢密院与门下省之间取旨、覆审、执行权力逐渐紊乱，正常的三省运作机制无法维系。直到靖康元年（1126）正月初七钦宗下诏：

① 李焘：《续资治通鉴长编》卷三七五，元祐元年四月庚子，第 9097 页。
② 徐松辑《宋会要辑稿》职官一之二九，第 2954 页。
③ 徐松辑《宋会要辑稿》职官一之三九，第 2959 页。

昔在神祖，厘正官制，事无大小，并中书省取旨，门下省奏覆，尚书省施行，枢密院为本兵之府。朕嘉与辅臣共遵成宪，自今除中书省画旨、尚书省奉行、枢密院专兵政外，一遵元丰官制，毋或侵紊。①

钦宗下诏要求政务处理程序回归到元丰改制时期，恢复中书省独取旨、门下省覆奏、尚书省施行的正轨机制上来，然而此时正值多事之秋，外有金国不断侵逼，内则朝政腐败、钩心斗角，现实情况已经无法让三省制回归到元丰时期。更糟糕的是钦宗自食其言，十一日后又诏："应批降处分虽御笔付出者，并作圣旨行下。"② 频繁颁降御笔，并不经三省正常的取旨、覆审程序。时监察御史余应求言，"近年以来，凡有中旨，皆降御笔，三省有司奉行不暇，虽有违戾法宪，不敢执奏"，③ 以致靖康元年五月出现了入内使臣容章醉酒后殴打路人，司法机构审理后竟送入内省，由宦官取旨。④ 可见当时取旨机制的混乱程度。钦宗靖康二年，随着金兵铁蹄踏入京师开封，徽、钦二帝被俘，北宋王朝宣告灭亡。

小 结

宋神宗元丰五年的官制改革开启了宋朝中枢行政运行体制调整的序幕，作为改革的重头戏——三省制，始终牵涉着诸多政治势力，受到多种因素的影响。宋廷中枢机构由元丰改制前的中书省、枢密院二府运作模式演变为改制后的三省、枢密院模式，因枢密院在宋朝一直掌管军事事务，出于保密原则，有相对的独立性。在宋朝重文轻武的治国理念下，和平仍是北宋王朝的主流。这样，中枢政务运行很大程度上反映在民政事务的处理上，因此改制后主管民政的三省，对其运行机制的探究更有利于还原宋廷政务运行的实态，而厘清三省宰执取旨权的演变情况则是窥探三省运作

---

① 徐松辑《宋会要辑稿》职官一之四五，第2962页。
② 徐松辑《宋会要辑稿》职官一之四五，第2962页。
③ 徐松辑《宋会要辑稿》职官一之四五，第2962页。
④ 徐松辑《宋会要辑稿》职官一之四六，第2963页。

的重中之重。在三省谁掌握取旨权，谁就获得了政务决策的主导权、先导权。由于取旨需要更多地接触皇帝，宰执大臣可以利用取旨面圣的机会充分表现自己，这样很可能得到皇帝的重用和垂青，已达到专宠固位的目的。笔者认为右相蔡确在很大程度上就是利用中书省的取旨权获得神宗的眷顾，而左相王珪则处于弱势地位，但其曾多次奏请神宗扩大自己与门下省的权力，一直不甘心屈于蔡确权力阴影下，这与之前认为王珪是"无所建明，守成而已"的"三旨宰相"① 的观点有所不同。哲宗元祐时期，在皇帝（太后）的支持下，宰执人员的变动为三省取旨机制调整带来了契机，三省宰执合取旨在提高行政效率的同时也破坏了原有的三省取旨机制，为之后三省运行机制的混乱埋下了伏笔。徽钦两朝，权臣当政，朝政腐败，内忧外患，三省沦为权臣弄权和打击异己的工具。笔者曾指出："三省制其实是一种理想化的静态设计，理想的制度一旦付诸实施，便加入了人的活动因素，增添了很大的变数。正是这些变数让理想的制度变形、扭曲。"② 经过徽钦两朝长时间的破坏，三省制运行积重难返，在这样的环境中三省宰执取旨权的正常运转更是无从谈起。

① 李焘：《续资治通鉴长编》卷三五六，元丰八年五月庚戌，第 8517 页。
② 参见本书第八章。

第四章
南宋宰相机构改革与职权演变

南宋建立初期，中央三省机构和宰相职权仍相袭北宋之制。至建炎三年（1129），三省（门下省、中书省、尚书省）改革为两省（尚书省、中书门下省）。此后尚书省在宰相重视下职能迅速扩大，获得主要的取旨权，成为兼具取旨和执行于一体的中枢关键机构。改革后的中书门下省并未继承改革前中书省和门下省的职能，权力大为缩小，职权行使主要表现为政务处理的建议权，其封驳职能行使不尽理想。随着三省机构改革，宰辅名称和职权也相应发生变化，宰辅的"省份"属性逐渐淡化，宰相权力分配不再以三省机构为依托，相权更加集中，这也成为南宋相权膨胀的诱因之一。

宋代宰相机构经过多次调整，宰相称谓多有变化，与此相适应，宰相职权与机构职能也不断演变。北宋神宗元丰改制之前，宋廷以中书门下作为宰相机构，以"同中书门下平章事"（简称同平章事）作为宰相，[1] 设置宰相一至三员，一般情况下，首相贴职昭文馆大学士，次相贴职监修国史，末相贴职集贤殿大学士。[2] 以参知政事为副宰相（执政），同样设置一至三员，但中书门下宰辅人数合计不超过五员。宋神宗元丰官制改革之后，以门下省、中书省、尚书省为宰相机构，宰相称谓改为左仆射兼门下侍郎（首相）与右仆射兼中书侍郎（次相），副宰相为门下侍郎、中书侍郎以及尚书左丞、尚书右丞。以上岗位各设一员，满员设置时为六员。关

---

① 田志光：《北宋前期宰相官衔再探》，《史林》2010 年第 1 期。
② 田志光：《宋代宰辅贴职考辨》，《社会科学战线》2020 年第 4 期。

于北宋时期的宰相机构及其职能运作情况，已有较为丰富的研究成果。①
关于南宋时期宰相机构变迁以及职能研究，亦有不少成果论及，如朱瑞熙
《中国政治制度通史·宋代》第四章"中央行政体制"，诸葛忆兵《宋代
宰辅制度研究》第二章"宋代的三省制"②，袁良勇《宋代三省制度演变
研究》③，贾玉英《唐宋时期三省制度变迁论略》④，曹家齐《南宋"三省
合一"问题补议》⑤ 等。以上成果虽有论及，然尚未系统论述，一些问题
尚未彻底厘清，就南宋时期宰相机构与职能演变的整体情况尚有深入研究
的空间。因此，从多维度动态考察南宋宰相机构调整、宰辅人员选任与职
权演变等情况，可以加深对宋代中央政治制度史的研究。

第一节　南宋初期三省宰辅职权运行

南宋时期宰相机构及宰相（副宰相）名称演变情况如表4-1所示。

表4-1　南宋时期宰相机构及宰相（副宰相）名称演变情况

时间	宰相机构	宰相名号	副宰相名号	
高宗建炎元年五月庚寅	门下省　中书省尚书省	左仆射兼门下侍郎右仆射兼中书侍郎	门下侍郎中书侍郎	尚书左丞尚书右丞
高宗建炎三年四月庚申	中书门下省尚书省	左仆射平章政事右仆射平章政事	参知政事	
孝宗乾道八年二月辛亥	中书门下省尚书省	左丞相　右丞相	参知政事	

宰相称谓的调整一定伴随宰相机构以及职权行使方式的变革，这是毫
无疑问的。南宋建炎元年五月初一，宋高宗赵构即位于南京应天府（今

---

① 主要有钱穆、刘子健、朱瑞熙、衣川强、寺地遵、平田茂树、王瑞来、张邦炜、张其
凡、诸葛忆兵、刘后滨、王化雨、张祎、田志光以及周道济、林天蔚、杨树藩、梁天锡
等先生的相关论著。
② 诸葛忆兵：《宋代宰辅制度研究》，第23~46页。
③ 袁良勇：《宋代三省制度演变研究》，硕士学位论文，河北大学，2003。
④ 贾玉英：《唐宋时期三省制度变迁论略》，《中州学刊》2008年第6期。
⑤ 曹家齐：《南宋"三省合一"问题补议》，《宋学研究》第1辑，浙江大学出版社，
2017，后收入氏著《宋史研究杂陈》，中华书局，2018，第166~181页。

河南商丘），中枢宰相机构一仍北宋之旧。在名义上，左仆射兼门下侍郎作为首相（左相）主管门下省，门下侍郎为副宰相协助首相管理门下省事务，右仆射兼中书侍郎作为次相（右相）主管中书省，中书侍郎同为副宰相，协助管理中书省，同时首相与次相也是尚书省的长官，与副宰相尚书左、右丞共同负责尚书省政务。以上是宋神宗元丰改制后一般情况下的三省宰辅分工，然而在特殊时期三省宰辅的分工和职权有所调整。① 至北宋后期，曾布、蔡京、王黼等先后担任宰相，他们打着"绍述"旗号，争权夺利，相互倾轧，三省运作机制逐渐被破坏，至北宋末期随着金兵入侵开封，正常的三省运作机制完全被摒弃。② 南宋建立之初，高宗虽然在中央恢复宰相机构，任命宰辅成员，但因当时抗金局势危急，朝廷的工作重心在如何维持重建的赵宋王朝，如何抵御和躲避金军追击，此时期三省随行在迁转不定，但是作为国家中枢机构，三省一直在行使基本的理政施政与参与决策的职能。

宋高宗于即位当天就任命坚决拥护其称帝的兵马副元帅黄潜善为中书侍郎，③ 此时行在应天府三省中还有曾僭越称帝的左仆射兼门下侍郎张邦昌，以及自钦宗朝的门下侍郎耿南仲和尚书左丞冯澥。南宋建立的当天，三省即履行职能，史载"耿南仲与张邦昌进呈三省事"，④ 即将三省应该处理的事务呈报高宗审批。第二天（辛卯日），高宗欲尊元祐皇后为元祐太后，尚书省提出建议，"'元'字犯后祖讳，请以所居宫为称"，高宗下诏学士院拟定。⑤ 五月壬辰（初三），高宗罢免了张邦昌的左相职务，并于甲午日（初五）任命抗金派代表、资政殿大学士、新除领开封府职事李纲为右仆射兼中书侍郎。当时李纲尚在开封负责防务，高宗诏其赴阙主持三省事务。这一任命引起了拥立派中书侍郎黄潜善、同知枢密院事汪伯彦的不满，史载：

---

① 参见本书第三章；田志光《北宋中后期"三省—枢密院"运作机制之演变》，《史学月刊》2012 年第 3 期。

② 田志光：《北宋中后期三省决策与权力运作机制》，《史林》2013 年第 6 期。

③ 李心传：《建炎以来系年要录》卷五，建炎元年五月庚寅，第 133 页。

④ 李心传：《建炎以来系年要录》卷五，建炎元年五月庚寅，第 133 页。

⑤ 李心传：《建炎以来系年要录》卷五，建炎元年五月辛卯，第 133~134 页。

李纲为尚书右仆射兼中书侍郎，趣赴阙。先是黄潜善、汪伯彦自谓有攀附之劳，虚相位以自拟。上恐其不厌人望，乃外用纲。二人不平，緣此与纲忤。①

黄潜善与汪伯彦作为拥立高宗集团的核心人物，虽然其治国理政能力与声望不足，但此时二人深受高宗宠信，这为宰相李纲（时为唯一宰相）为政三省增添了不少阻力。当月乙未（初六），护持元祐太后手书至行在称贺的兵部尚书吕好问，被高宗任命为尚书右丞。至此，三省之中书省有右相李纲与中书侍郎黄潜善，尚书省有右丞吕好问，门下省暂无宰辅人员。建炎元年六月己未（初一），被任命为宰相二十余天的李纲至行在，高宗即令其赴"都堂视事"。② 六月庚申（初二），高宗又诏李纲立新班奏事，待其他执政退班后，李纲独自留身向高宗上奏十条施政纲领：国是、巡幸、赦令、僭逆、伪命、战、守、本政、责成、修德。③ 李纲所上十大纲领是其理政的基本思路与设想，希望高宗能够按此方略推动国家治理和稳定局势。其中有必要重点提出李纲"本政"之纲领，史载：

朝廷，天下之本也，政事法度于是乎出。故中书进拟、门下审驳、尚书奉行，皆所以宣布天子之命令，使四方禀承焉。政出于一，则朝廷尊而天下安，政出于二三，则朝廷卑而天下危。天下之安危，系于朝廷之尊卑；而朝廷之尊卑，系于宰相之贤否。与夫人主听任之重轻，其可忽乎？④

如上"本政"纲领信息量极大，反映出李纲对宰相职责的清醒认知，他将天下（国家）安危与朝廷尊卑相关联，归根到底落脚于宰相之贤否，

① 李心传：《建炎以来系年要录》卷五，建炎元年五月甲午，第 137 页。
② 李心传：《建炎以来系年要录》卷六，建炎元年六月己未，第 161 页。按：关于宋代宰辅理政空间及都堂功能的研究，参见本书第五章。
③ 李心传：《建炎以来系年要录》卷六，建炎元年六月庚申，第 162~165 页。
④ 李心传：《建炎以来系年要录》卷六，建炎元年六月庚申，第 165 页。

又强调皇帝应该充分信任宰相、重视宰相的作用，同时该奏请也暗含李纲希望规范三省运作机制、加强相权的意图，重申"政出于一"，政事由中书省进拟的原则。李纲奏事毕，高宗就以上奏请措施反而"与黄潜善等谋之"，① 第二天（初三）将李纲奏请事项除僭逆与伪命之外，其他奏疏交付中书省进一步讨论。此时可能李纲深切体会到了高宗与黄潜善的密切关系，所以当天李纲提出："崇、观以来，政出多门，纲纪紊乱，宜一归之于中书，则朝廷尊。"② 此处"中书"即现行三省体制下的中书省，李纲担任右仆射兼中书侍郎，按制度规定负责中书省事务，在三省机构设置不完善、宰辅缺员的情况下，将政务一并归于中书省处理，可使他有更大的施政话语权。此时高宗尚且支持李纲，对其提议表示赞同，"诏中书省遵守"。③ 此时在中书省中，李纲与黄潜善是上下级关系，但因此前宰相人选问题以及黄潜善倚仗自己是高宗亲信和拥立之功，与宰相李纲在政务处理中屡有摩擦，政见相左。如六月壬戌（初四），李纲提出处理张邦昌僭逆问题的建议时，高宗言："执政中有与卿论不同者，少迟议之。"④ 对此，李纲仍然坚持己见，史载：

> 执政中有论不同者，臣（李纲）请与之廷辨。上（高宗）乃遣小黄门召黄潜善、吕好问、汪伯彦再对。上语之故，潜善犹力主之，纲诘难再三。……因泣拜曰："臣（李纲）不可与邦昌同列，正当以笏击之。陛下必欲用邦昌，第罢臣，勿以为相，无不可者。"伯彦曰："李纲气直，臣等不及。"⑤

从以上记载可知，李纲欲加重对张邦昌的处罚力度，但以黄潜善为首的其他执政并不完全赞同，最后李纲以辞相相要挟，才将张邦昌等曾受金朝伪命的官员谪降出朝廷。然而李纲这种刚正不阿的性格以及有点意气用

---

① 李心传：《建炎以来系年要录》卷六，建炎元年六月庚申，第165页。
② 徐松辑《宋会要辑稿》职官一之四七，第2963页。
③ 徐松辑《宋会要辑稿》职官一之四七，第2963页。
④ 李心传：《建炎以来系年要录》卷六，建炎元年六月壬戌，第166页。
⑤ 李心传：《建炎以来系年要录》卷六，建炎元年六月壬戌，第166~167页。

事的作风也为日后罢相埋下伏笔。同日，李纲又上《议国是札子》，高宗令"付中书省遵守"。① 诸多政务在中书省处理，定会导致李、黄二人的不合，作为下属的黄潜善凭借高宗宠信肯定也不愿服从李纲的部署。因此，六月癸亥（初五）黄潜善的职务便调整了，《建炎以来系年要录》卷六载："中书侍郎黄潜善为门下侍郎兼权中书侍郎。"②《宋宰辅编年录校补》卷一四载："六月癸亥，黄潜善门下侍郎。自中大夫、中书侍郎除。未几，兼权中书侍郎。"③《宋史》卷二四载："癸亥，以黄潜善为门下侍郎兼权中书侍郎。"④《宋会要辑稿》载："五日，中书侍郎黄潜善除门下侍郎。"⑤ 以上记载稍有不同，黄潜善转任门下省副长官门下侍郎确定无疑，但是否一直兼任中书侍郎，史无明言。笔者倾向于《宋宰辅编年录校补》的说法，理由是：黄潜善在中书省与李纲政见不同，矛盾重重，于是请高宗将其调任门下省，这样在隶属关系上黄不再是李纲的直接下属。门下省在制度上还可以审驳中书省的进拟意见，在门下省没有宰相的情况下，黄潜善作为副长官事实上可以代行门下省长官（左相）的职权。然而黄潜善调任门下省后，中书侍郎尚无合适人选，中书省就仅有李纲一位宰辅，高宗对此是不放心的，便又令黄潜善兼任中书侍郎，这样在门下省、中书省均可以牵制李纲。

对此以两事说明。一是在张悫转官之事上，黄潜善与李纲意见不同，史载："（六月）壬午（二十四日），户部尚书张悫同知枢密院事。时黄潜善力荐悫，故上卒用之。"⑥ 而在此前，李纲反对张悫近期内担任执政，其理由是张悫刚从河北都转运使任上除授户部尚书，在财赋管理方面见长，短期内再升迁为枢密院长官不合适。李纲建议暂缓张悫的同知枢密院事任命，待张悫管理财赋初见成效后再改迁，并言"陛下用宰相，臣不得而与；至执政，臣当闻，敢以为请"。高宗于是暂缓了张悫的任命，然

① 李心传：《建炎以来系年要录》卷六，建炎元年六月壬戌，第166页。
② 李心传：《建炎以来系年要录》卷六，建炎元年六月癸亥，第168页。
③ 徐自明撰，王瑞来校补《宋宰辅编年录校补》卷一四，建炎元年六月癸亥，第898页。
④ 《宋史》卷二四《高宗本纪一》，第445页。
⑤ 徐松辑《宋会要辑稿》职官一之四七，第2963页。
⑥ 李心传：《建炎以来系年要录》卷六，建炎元年六月壬午，第186页。

"潜善迁门下侍郎兼中书，后二十余日，竟除悫，盖潜善主之也"。① 六月壬午，户部尚书张悫任同知枢密院事，距本月癸亥（初五）黄潜善迁门下侍郎正好二十天。另一事关于谋划经营两河的人选与职权方面，史载："（七月）丙辰（二十八日），河北招抚使张所、江东经制使王燮、副使傅亮辞行。先是，李纲建议遣所、亮措置两河，所、亮既行，两河响应。门下侍郎黄潜善疾纲之谋，建议遣河北经制使马忠节制军马，俾率兵渡河。"② 当李纲提出经略两河的人选时，黄潜善不同意，另荐人选马忠，后因"潜善固执，上卒从之"。③ 对于黄潜善的阻挠，李纲并未完全妥协，再次力荐张换为马忠副手，以牵制马忠，即"（李）纲复奏以河北制置使张换为副，于是权始分矣"。④ 如此栩栩如生的争斗画面反映出在三省政务运行中，作为门下侍郎的黄潜善对右相李纲形成有力的牵制，李纲施政难度不小。

建炎元年七月癸卯，与李纲"论事不合"的尚书右丞吕好问辞去右丞职务，同日，曾为李纲枢密院任职时的同事许翰，在李纲荐举下担任尚书右丞，"靖康中，李纲与翰同在枢府，知其贤。至是力荐于上"。⑤ 许翰就任右丞时对政局人事有清醒的认识，史载："（许）翰蒙恩召至睢阳，再俾与政。是时，李纲、黄潜善、汪伯彦、张悫在枢府，翰察之纲必为诸人所危。"⑥ 当时黄、汪、张三人皆属拥立高宗派，立场一致，深得高宗宠信，汪与张任知、同知枢密院事掌控军事，黄潜善为门下侍郎兼权中书侍郎，在三省制衡李纲。笔者认为李纲力荐许翰担任尚书右丞是希望在宰辅人数以及奏事论政中增加自己的力量，即在全体宰辅面圣讨论政务时，有个执政能够支持自己，避免被其他三人联合围攻。然而因尚书省此时作为完全的执行机构，在政务决策与处理中作用不是很突出，许翰就任尚书右丞后至当年八月底罢免，在任一个半月，史籍并未记录他这段时间的政

①　李纲：《李纲全集》卷一七五《建炎进退志总叙上之下》，王瑞明点校，岳麓书社，2004，第1622册，第817页。

②　佚名撰，孔学辑校《皇宋中兴两朝圣政辑校》卷二，中华书局，2019，第40页。

③　李心传：《建炎以来系年要录》卷七，建炎元年七月丙辰，第216页。

④　李心传：《建炎以来系年要录》卷七，建炎元年七月丙辰，第216页。

⑤　李心传：《建炎以来系年要录》卷七，建炎元年七月癸卯，第207页。

⑥　欧阳澈：《欧阳修撰集》卷七《哀辞》，《景印文渊阁四库全书》第1136册，第421页。

绩作为。建炎元年八月壬戌（初五），李纲自右仆射兼中书侍郎改任左仆射兼门下侍郎，名义上升任首相，实际上离开了拥有实权的中书省。① 而作为侧近之臣的黄潜善则由门下侍郎兼权中书侍郎升任右仆射兼中书侍郎，成为实权宰相。在当时"纲所建白，上多不从"② 的情况下，正直耿介的李纲仍"以去就争之"，③ 即以辞相要挟高宗，十三天后的八月乙亥，左仆射兼门下侍郎李纲被罢为观文殿大学士、提举杭州洞霄宫，在其正式履行宰相职权的七十余天中，可谓道义当先、不畏祸患、兢兢业业，提出一系列稳定政权的措施，然受黄潜善援引和唆使的殿中侍御史张浚却弹劾李纲"杜绝言路，独擅朝政"，④ 在反对派的掣肘和攻击中黯然下野。对此，李纲心里也很明白，其言：

> 龙飞之初，首命为相，潜善、伯彦自以谓有攀附之功，方虚位以召臣，盖已切齿。及臣至而议论伪楚，建请料理河北、河东两路，车驾巡幸宜留中原，皆与之不同，而独蒙陛下嘉纳听从，固宜为其媢嫉无所不至。方潜善未相，所以谮愬指摘臣者，不过欲为相而已。今即已相而犹沮抑不已，以是为非、变白为黑，此不过欲臣去耳。⑤

李纲所言指出了黄潜善等人与其政争的根源，当然此外也有学者认为

---

① 李心传：《建炎以来系年要录》卷八，建炎元年八月壬戌，第226页。按，此时期中书省拥有诸多实权，史载："（七月）己亥，诏：'省、台省、寺监官，减学官、馆职之半。以常平事归提刑司，市舶事归转运司。罢诸州分曹制掾。县户不满万，勿置丞。堂吏磨勘，止朝请大夫，出职止为通判。宰执子弟任待制以上者，并罢。执政官减奉钱三之一，京官奉祠者，亦如之。'先是，宰臣李纲言：'艰难之际，赋入狭而用度增广，当内自朝廷，外至监司州县，皆省冗员，以节浮费。'上命中书省条具，至是行下。"（李心传：《建炎以来系年要录》卷七，建炎元年七月己亥，第202~203页）又载："初，（李）纲尝请减上供之数，以宽州县；修盐筴之法，以通商贾；划东南官田，募民给佃；仿陕西弓箭刀弩手法，养兵于农籍；陕西保甲、京东西弓箭社免支移、折变，而官为教阅。上命中书省条具。"（李心传：《建炎以来系年要录》卷八，建炎元年八月己卯，第233页）以上记载涉及机构撤并、官吏减员与考核、职官设置、俸禄调整、赋税征收、茶盐商税、田地分配、户籍管理等事项，皆由中书省负责筹划，可见中书省职权甚多，非门下省可比。

② 李心传：《建炎以来系年要录》卷八，建炎元年八月壬戌，第226页。

③ 李心传：《建炎以来系年要录》卷八，建炎元年八月壬戌，第226页。

④ 李心传：《建炎以来系年要录》卷八，建炎元年八月乙亥，第230页。

⑤ 李纲：《李纲全集》卷一七七《建炎进退志总叙下之下》，第1644页。

二者是政治路线之争，① 笔者认为从黄潜善、汪伯彦奸邪的个人品质、曲意逢迎的为政作风以及日后表现出的极强权力欲来看，他们与李纲斗争的根源是权力与地位之争，当然表现形式是多样化的，反映在政务处理的各个方面。李纲罢相后，黄潜善以右相负责中书省且独相三省，"宰执黄潜善、汪伯彦擅权专杀，将陈东、欧阳澈置之极典"，② 即将上书为李纲罢相鸣不平的太学生陈东和平民欧阳澈杀害。"黄潜善方得政，专权妄作，斥逐忠贤"，③ 很快将李纲荐引的尚书右丞许翰罢免，并援引同党张悫、颜岐等出任三省执政，此后"黄潜善者专任宰司，与汪伯彦等日益用事"。④ 至建炎二年（1128）十二月己巳，黄潜善改任左相，同时汪伯彦由知枢密院事改任右相。此期间二人政见比较一致，意气相投，但在二人主持下三省、枢密院政务并无重大建树，多是推进例行公务。如建炎元年（1127）九月己酉，"诏谍报金人欲至江浙，可暂驻跸淮甸，捍御稍定，即还京阙，不为久计。应合行事件，令三省、枢密院措置施行"。⑤ 十一月乙巳，诏"凡宣旨及官司奏请事，元无条贯者，并中书、枢密院取旨。非经三省、枢密院者，官司无得受"。⑥ 十二月乙丑，"诏有司，自今除授并行遣有罪之人，并须经由三省及宰执进呈，方得施行"，⑦ 即三省与主管军事的枢密院共同行使处理国家政务的职责。

　　建炎二年二月，在"寇盗稍息，而执政大臣偷安朝夕"的情况下，刑部尚书周武仲奏请高宗"愿诏二府（指三省枢密院）条天下大事，与取人才、纾民力、足国用、选将帅、强兵势、消盗贼之策，讲究而力行之"。以上方面均为南宋政府面对的重要事项，从此奏本语境分析，此时三省在运行与宰执大臣理政方面肯定出了问题，很多重要政务没有得到有

---

①　〔日〕寺地遵：《南宋初期政治史研究》第二章"与宋政权重建构想有关的政治斗争"，刘静贞、李今芸译，复旦大学出版社，2016，第53页。

②　徐自明撰，王瑞来校补《宋宰辅编年录校补》卷一四，第918页。

③　朱熹：《伊洛渊源录》卷一三《胡文定公》，《朱子全书》第12册，上海古籍出版社、安徽教育出版社，2002，第1097页。

④　陈东：《少阳集》卷三《上高宗皇帝第三书》，《景印文渊阁四库全书》第1136册，第313页。

⑤　李心传：《建炎以来系年要录》卷九，建炎元年九月己酉，第251页。

⑥　李心传：《建炎以来系年要录》卷一〇，建炎元年十一月乙巳，第275页。

⑦　李心传：《建炎以来系年要录》卷一一，建炎元年十二月乙丑，第288页。

力推进。当时翰林学士朱胜非说："今行朝事无巨细，皆三省枢密院日再进呈，同禀处分。"大小事务皆须三省奏请裁决，严重影响政务处理效率，于是有臣僚提出："三省旧合为一，文书简径，事无留滞。乞循旧以宰相带同平章事。"也就是建议实施北宋元丰改制之前的中书门下体制，三省合并为一个机构——中书门下，决策执行一体化，由平章事（宰相）负责。但朱胜非认为"如复平章事，则三省规制与昔不同"，① 即此时的三省与元丰改制前的中书门下在机构设置与运行方式上存在根本差别，时值朝廷迁转不定与国家动荡不安，进行三省改革的时机尚不成熟，所以这次讨论不了了之。建炎三年（1129）二月己巳，左仆射兼门下侍郎黄潜善、右仆射兼中书侍郎汪伯彦同时罢相。黄潜善任右相期间"独当国柄，专权自恣，而竟不能有所经画"。② 他与汪伯彦可谓沆瀣一气，二人"皆无远略"，③ "误国，进战退守，皆无策可施"。④ 二人被罢标志着三省、枢密院黄汪时代的结束，自南宋建立，二人在高宗的宠信下逐渐掌控军政大权，结党营私，排斥异己。在群臣的弹奏下，高宗被迫将其二人罢免远谪。

第二节　"三省合一"的本质与职能转变

黄潜善与汪伯彦同时罢相后，先是朱胜非升任右仆射兼中书侍郎，不久因苗、刘兵乱被罢免。接着在建炎三年四月癸丑（初六），勤王护驾有功的同签书枢密院事吕颐浩任右仆射兼中书侍郎，同签书枢密院事李邴任尚书右丞，这时三省中仅有此二人理政。七日后（四月庚申），尚书右仆射兼中书侍郎吕颐浩改同中书门下平章事，尚书右丞李邴改参知政事。关于这次三省机构及宰辅名称调整背景，《建炎以来系年要录》卷二二载：

---

① 以上参见李心传《建炎以来系年要录》卷一三，建炎二年二月辛酉，第326~327页。
② 徐自明撰，王瑞来校补《宋宰辅编年录校补》卷一四，第916页。
③ 李心传：《建炎以来系年要录》卷一八，建炎二年十二月戊寅，第437页。
④ 李心传：《建炎以来系年要录》卷一八，建炎二年十一月辛丑，第429页。

时言者复引司马光《并三省状》请举行之，诏侍从、台谏议。御史中丞张守言："光之所奏较然可行。若便集众，徒为纷纷。"既而颐浩召从官九人至都堂，言委可遵行，悉无异论。颐浩乃请以尚书左、右仆射并同中书门下平章事，门下、中书侍郎并为参知政事，尚书左、右丞并减罢。自元丰改官制，肇建三省，凡军国事，中书揆而议之，门下审而覆之，尚书承而行之。三省皆不置官长，以左、右仆射兼两省侍郎，二相既分班进呈。自是首相不复与朝廷议论。宣仁后垂帘，大臣觉其不便，始请三省合班奏事，分省治事，历绍圣至崇宁，皆不能改。议者谓门下相既同进呈公事，则不应自驳已行之命，是东省之职可废也。及是上纳颐浩等言，始合三省为一，如祖宗之故。论者题之。①

《宋会要辑稿》职官一之四七亦载：

（建炎三年）四月十三日，尚书右仆射、兼中书侍郎吕颐浩等言："被旨将元祐中司马光等建请并省奏状，召侍从赴都堂，限当日参详。寻请户部尚书孙觌等九员参详，得委可遵行，并无异论。臣等今参酌，三省旧尚书左仆射今欲尚书左仆射、同中书门下平章事，尚书右仆射今欲尚书右仆射、同中书门下平章事，门下侍郎、中书侍郎今欲并为参知政事，尚书左丞、尚书右丞今欲减罢。"从之。②

以上两段记载含义大致相同，但又有区别。《建炎以来系年要录》所记强调了三省之前的运作机制以及不便之处，突出了这次三省改革是"合三省为一，如祖宗之故"，即回到元丰改制前的中书门下体制。《宋会要辑稿》所记只着重指出三省长官称谓及岗位设置的改变，并未涉及三省具体合并事宜。此外，以上两段史料均从侧面反映出这次三省（宰辅）改革时间上比较短，参加讨论的人员范围较小，为了避免议论纷纷，难以

---

① 李心传：《建炎以来系年要录》卷二二，建炎三年四月庚申，第551~552页。
② 徐松辑《宋会要辑稿》职官一之四七，第2964页。

形成一致意见，讨论仅限当天举行，在并无异议的情况下，由最高统治者高宗批准实施。相比神宗元丰三省改革前期超长的舆论准备和谋划，① 此次改革显得尤为仓促。那么，这次三省改革的实际情况是怎样的？《宋史·职官志一》载："建炎中兴，参酌润色，因吕颐浩之请，左右仆射并同中书门下平章事，两省侍郎改为参知政事，三省之政合乎一。"② 针对如上记载的三省长官称谓调整，三省合一、三省之政合一等问题，目前学界有不同解释。朱瑞熙认为，所谓的"三省合一"并不是取消三省各自机构，而是在保留各自机构的同时，三省长官一起议决朝廷重要事情，并联名向皇帝奏报请示。③ 贾玉英认为是三省长官职能的合一。④ 曹家齐认为南宋三省合一有一个较长过程，主要表现在三省实际行政长贰的合一、给舍列衔同奏等行政程序简化以及具体办事机构、吏员裁减等方面。⑤ 其实，对于这次仓促的三省改革后的运行情况，还是要从实际政务运作方面去讨论，比如以下关键问题：三省合一后中枢政务处理机构以何种形式出现？尚书左仆射同中书门下平章事、尚书右仆射同中书门下平章事，是否分管两省事务，还是共管三省事务？三省合并后是否还有每省单独理政的记载？参知政事是否管理三省事务，或是继承了原来中书侍郎与门下侍郎的职权？尚书左、右丞的职权是否被参知政事继承？以上诸多问题均需要解答和厘清。首先我们看三省改革后，史籍中有关中枢政务运作的主持和执行机构以及负责事项，史载：

> 建炎三年八月十三日，诏："今后除官员系堂除得替人，许到都堂见宰执陈乞差遣外，其余词状，如系军期边防急切机密公事，许诣尚书省陈乞，余更不收接，并赴洪州三省、枢密院披诉。"时隆祐皇

---

① 按：元丰时期三省改革，元丰三年神宗下诏"命官置局，以议制作"（徐松辑《宋会要辑稿》职官一之七五，第 2978 页），神宗"将定官制，独处闾中考求沿革，一年而成，人皆不知"（徐自明撰，王瑞来校补《宋宰辅编年录校补》卷八，元丰五年四月，第 495 页）。此处更加突出了神宗在官制改革中的作用，但言其独自考求，人皆不知，有言过其实之嫌。至元丰五年五月初一才开始施行新三省制。
② 《宋史》卷一六一《职官志一》，第 3770 页。
③ 朱瑞熙：《中国政治制度通史》第 6 卷《宋代》，第 253 页。
④ 贾玉英：《唐宋时期中央政治制度变迁史》，人民出版社，2011，第 128 页。
⑤ 曹家齐：《南宋"三省合一"问题补议》，《宋史研究杂陈》，第 166～181 页。

太后驻跸洪州，百司扈从故也。①

绍兴元年八月十七日，诏："尚书省依旧置催驱三省房，并复置催驱六曹房，仍令三省催驱房月具已未结绝文字闻奏。"②

绍兴三年正月十四日，诏："无故入三省诸门，许人告捕，每名赏钱三十贯。余依见行条法。"以尚书省言未有告捕给赏条法故也。③

通过检阅史籍可知，三省改革后有大量关于"三省""尚书省"的史料出现，涉及事务较多，有官员选任、官阶与贴职迁转、文案交接、法条修订、礼仪兴革等内容。④ 那么门下省与中书省的情况呢？史籍中有所提及，在改制的当月底：

（建炎三年四月）二十九日，中书门下省言："已降旨挥，中书、门下省并为一省。其中书省正额录事、主事、书令史、守当官共四十二人，门下省正额录事、主事、令史、书令史、守当官共四十六人，两省正额守阙各一百人。左、右司拟定正额，欲依祖额，以八十九人为额。守阙欲权存留一百五十人，中书省六分，门下省四分。"从之。⑤

以上奏请的提出者很明确是中书门下省，而且谈及高宗已降旨把中书省与门下省合并成一省，另外关于官吏配额（涉及正额与守阙两项）问题奏请批准，原中书省与门下省依据一定比例设置各级官吏。其中左、右司即尚书省（都省）的机构，最终采纳了其意见。此外，还涉及尚书省的吏额配置，"（四月）丁丑（三十日），初定尚书省吏额，自都事而下，凡二百二十四。其间守阙如两省之数"。⑥ 以后史籍中有关门下省与中书省处理政务的记载几乎绝迹，中书门下省正式成为一个中枢政务处理的独

---

① 徐松辑《宋会要辑稿》职官一之四七、四八，第2964页。
② 徐松辑《宋会要辑稿》职官一之四九，第2964页。
③ 徐松辑《宋会要辑稿》职官一之五〇，第2965页。
④ 另见徐松辑《宋会要辑稿》职官一之五〇，第2965页；职官一之四八，第2964页。
⑤ 徐松辑《宋会要辑稿》职官三之三〇，第3048页。
⑥ 李心传：《建炎以来系年要录》卷二二，建炎三年四月丁丑，第555页。

立机构。而反映在官员设置上就是中书门下检正官的创设，建炎三年五月
己亥（二十二日）尚书都省的一条奏请——"望用熙宁故事，复置中书
门下省检正官二员，分书六房事省"，得到高宗批准。① 之后关于此官职
的记载屡见不鲜。如建炎三年六月癸酉，中奉大夫黄叔敖、承议郎傅崧卿
并为中书门下省检正官；② 建炎三年八月，诏中书门下省检正官，岁举官
如左右司条例；③ 建炎三年十一月戊申，除太常少卿陈迈为中书门下省检
正诸房公事；④ 建炎四年（1130）九月，因右相范宗尹建请，该职曾短暂
裁撤，后在绍兴四年（1134）三月复置，直至宋末。⑤ 关于中书省与门下
省合并情况还有如下记载：绍兴元年四月二十七日，"诏中书、门下两省
已并为中书门下省。其两省合送给舍文字，今后更不分送，并送给事中、
中书舍人"。⑥ 谈及两省合并后内部文书的处理情况（对此下文详悉）。
绍兴三年八月二十二日，御史台主簿陈祖礼在谈及御史台派员督察三省文
簿时表示："今来门下省、中书省已并为一省，本台即未敢便依上条作两
省轮官前去。"后来诏依点检中书省簿书条例施行，⑦ 即按照此前监督中
书省的方式进行。

　　通过以上论述可知，原三省中的中书省与门下省在建炎三年四月确已
合并成中书门下省，作为一个独立机构运行，⑧ 与尚书省共同承担中枢
政务处理和决策职能。所谓的"三省合一"实际上只有中书省与门下
省合一，而史籍中记载的由三省推进或执行的政务也由合并后的中书门
下省与尚书省共同推动，但是按习惯史籍中仍常沿用"三省"之旧称。
那么中书门下省与尚书省的职能分工又是如何呢？我们先看中书门下省
处理事务，笔者查阅《宋会要辑稿》《建炎以来系年要录》等史籍中的

---

① 李心传：《建炎以来系年要录》卷二三，建炎三年五月己亥，第565页。
② 李心传：《建炎以来系年要录》卷二四，建炎三年六月癸酉，第581页。
③ 李心传：《建炎以来系年要录》卷二六，建炎三年八月，第611页。
④ 李心传：《建炎以来系年要录》卷二九，建炎三年十一月戊申，第669页。
⑤ 李心传：《建炎以来系年要录》卷三七，建炎四年九月乙卯，第834页。
⑥ 徐松辑《宋会要辑稿》职官一之七九，第2980页。
⑦ 徐松辑《宋会要辑稿》职官一七之一九，第3459页。
⑧ 赵昇《朝野类要》卷二《称谓·三省》（中华书局，2007，第44页）载："绍兴十五
　年，中书、门下并而为一，俱谓之制敕院。"当误，两省合并并非在绍兴十五年，也不
　是合并后称为制敕院。

帝系、仪制、职官、食货、刑法、方域等章目和条目，发现有大量关于中书门下省奏请各项事务的记载，涉及政令编修、官员管理、财政赋税等事项，大都以"中书门下省勘会""中书门下省言"的形式出现，似旨在提出建议或发现问题的重要性，奏请皇帝交付有关部门督办。① 关于尚书省的职权，南宋三省改革后以尚书省单独出现处理政务的事例非常多，涉及财税、官员选任、律条改革、外交、狱案审理等。② 其中有一项重要的职权需要特别指出，那就是尚书省拥有了取旨权，这在北宋时期是十分罕见的。③ 中书门下省与尚书省在取旨问题上，一般是由尚书省取旨，史载：

（绍兴五年秋七月）癸酉，诏："诸路提举常平官将常平事务，恪意奉行，无得苟简。致有失陷钱物，如敢少有灭裂，仰户部按劾，申尚书省取旨，重行典宪。"④

（绍兴二十六年三月）戊辰，诏："淮南漕臣楼璹，创立罪赏，令人告首侵耕冒占田，多收租课，致农民重困，可下转运司相度，条其利害，申尚书省取旨。"⑤

孝宗绍兴三十二年七月二十六日，已即位，未改元。诏："今后直言上书并付中书门下后省看详，有可采者申尚书省取旨。"⑥

以上是绍兴隆兴时期尚书省取旨事项的部分记录，可知尚书省确实拥有独立的取旨权，尤其是经过中书门下省的事项，在中书门下后省审核后仍由尚书省取旨，这就使尚书省有更多的政务处理主导权，可以有更多的

---

① 参见徐松辑《宋会要辑稿》职官六之三一，第3170页；徐松辑《宋会要辑稿》食货六四之六五，第7766~7767页；李心传《建炎以来系年要录》卷八二，绍兴四年十一月丙午，第1549页；李心传《建炎以来系年要录》卷四一，绍兴元年正月甲寅，第893页。

② 参见《建炎以来系年要录》《建炎以来朝野杂记》《皇宋中兴两朝圣政辑校》《宋史》《宋会要辑稿》等史籍。

③ 关于北宋元丰改制后三省取旨权问题，请参见本书第三章。

④ 李心传：《建炎以来系年要录》卷九一，绍兴五年七月癸酉，第1750页。

⑤ 李心传：《建炎以来系年要录》卷一七二，绍兴二十六年三月戊辰，第3286页。

⑥ 徐松辑《宋会要辑稿》职官一之八一，第2982页。

机会接触皇帝。那么哪位宰执负责尚书省政务呢？从宰相称谓中，尚书左、右仆射同中书门下平章事，都是宰相也是尚书省的长官。《宋宰辅编年录校补》卷一六载："秦桧秉国政，诸路承顺风旨，应奏闻者，止申尚书省取旨。"① 秦桧在绍兴年间两度任相，任期达 18 年 8 个月，尤其是其第二个任期自绍兴八年（1138）三月至绍兴二十五年（1155）十月，长期独相。② 此期间应该奏请皇帝实施的政务只有尚书省取旨，可见宰相秦桧主要是通过尚书省集权和理政的。那么副宰相参知政事职权行使方式呢？我们看如下一段记载：

> （绍兴五年三月）辛丑，都督行府言："知泰州邵彪具到营田利害，勘会所陈，委可施行。合关送尚书省指挥。"从之。参知政事孟庾、沈与求见其所关，曰："三省、枢密院乃奉行行府文书邪？"皆不乐。宰相赵鼎不较，人以为难。③

都督行府将有关营田事务的文书呈送到尚书省，两位参知政事发表了处理意见，而宰相赵鼎就此事并未做出回应，接下来如何处理大家都很为难。这也说明参知政事能够尽早接触和先期处理尚书省政务。又如"（绍兴）七年，魏公独相。三月，诏尚书省常程事，权令参知政事分治。于是张全真治吏、礼、兵房，陈去非治户、刑、工房"。④ 此处言及的魏公即张浚，当时张浚担任右仆射平章事，在政府中是独相，副宰相参知政事为张守（即张全真）和陈与义（即陈去非）。两位副宰相负责尚书省日常政务（常程事），每人分管三房事务。对此，《宋会要辑稿》记录更加细致：

> （绍兴七年）三月十日，诏："军旅方兴，事务日繁，若悉从相臣省决，即于军事相妨。可除中书门下省依旧外，其尚书省常程事，

---

① 徐自明撰，王瑞来校补《宋宰辅编年录校补》卷一六，第 1106 页。
② 按：在秦桧的第二个宰相任期中仅有最初的 7 个月与赵鼎共相，其余时期均为独相。
③ 佚名撰，孔学辑校《皇宋中兴两朝圣政辑校》卷一七，第 538 页。
④ 李心传：《建炎以来朝野杂记》甲集卷五《参政分治省事》，第 122 页。

权从参知政事……今张浚条具取旨。"浚乞吏、礼、兵房令张守分治，户、刑、工房令陈与义分治。如系已得圣旨文字，合出告命敕札，并合关内外官司及紧切批状堂札，臣依旧书押外，余并止参知政事通书。从之。①

当时张浚除了独任宰相外，还兼任枢密使，管理枢密院的军事事务。为了提高政务处理效率，减少宰相日常事务性理政时间，在尚书省职能范围内，除了颁布告命敕札等重要事项需要宰相签署外，"余并止参知政事通书"，"止"字表明尚书省一般例行事务只要参知政事签署即可实施，无须宰相再次批准，两员参知政事在分管的领域内有最终决定权。不久情况发生改变，史载，绍兴七年九月"癸酉，诏三省事权从参知政事轮日当笔，俟除相日如旧，更不分治常程事"。②又如"九月，魏公免，复诏三省事令参知政事权轮日当笔，更不分治常程事。俟除相如故。自是参知政事复通治省事矣"。③魏公张浚罢相是在绍兴七年九月壬申（十三日），罢后任观文殿大学士、提举江州太平观。④作为独相的张浚被罢免后，三省（实际是两省）暂时没有宰相，而癸酉即张浚被罢后第二日，诏三省事暂且由参知政事轮日当笔，也就是轮流签署政令，主持三省政务，而不再仅分管尚书省政务，此时的参知政事仍为张守与陈与义。同月丙子（十七日），前宰相、观文殿大学士、侍读赵鼎再次任相，之后参知政事职权"如旧""如故"，这里应理解为负责尚书省事务，只是不再分管而是通治，即两员参知政事共同负责尚书省，不可能是与新宰相轮流主持三省事务。另外，参知政事负责尚书省事务也不会像张浚任相后期那样，一般政务全权由其负责处理，因为绍兴八年三月后秦桧担任宰相，如前所述秦桧很看重尚书省的职权，一向擅权专断的他想必不会让参知政事全权负责尚书省。当然，参知政事作为副宰相，在宰相缺员时，可以暂行宰相职权。史载："惟丞相薨、罢，上未得人，则参知政事行相事，多

① 徐松辑《宋会要辑稿》职官一之五〇，第2965页。
② 李心传：《建炎以来系年要录》卷一一四，绍兴七年九月癸酉，第2132页。
③ 李心传：《建炎以来朝野杂记》甲集卷五《参政分治省事》，第122页。
④ 李心传：《建炎以来系年要录》卷一一四，绍兴七年九月壬申，第2131页。

不逾年，少者才旬月。独淳熙初，叶梦锡罢相，龚实之行丞相事近三年。"① 叶梦锡即叶衡，淳熙二年（1175）九月乙未，右丞相叶衡罢，② 宰相缺员，参知政事龚茂良代行宰相职，"叶衡罢，上（孝宗）命茂良以首参行相事"。③ 淳熙四年（1177）六月丁丑，龚茂良罢参知政事。④ 实际上龚茂良代行相权的时间为 642 天，不满两年，非近三年，但这已是"创见也"。⑤

综上所述，参知政事一般情况下负责尚书省事务，而宰相亦很重视尚书省的职能和地位，中书门下省职能相对弱化，很多政务都是中书门下省主动要求尚书省处理。如隆兴元年二月初三，"诏：'除在内职事官、在外元系堂除知通、将副以上外，其余堂阙，并令吏部差注。合行事件，条具申尚书省取旨。'先是，中书门下省言：'近来吏部员多阙少，理宜措置'"，⑥ 即一般官员的除授管理亦由尚书省取旨施行。再者，关于社会救济方面，如乾道元年正月十九日因中书门下省要求，临安府将接受赈济的乞讨人数申报尚书省。⑦ 同年二月二十九日又因中书门下省要求，医官局需将临安府境内诊治人员和用药数量申报尚书省。⑧ 再者，涉及赋税等问题亦如此，史载：

> 乾道元年二月二十一日诏："访闻两淮州县多于人户递年合纳常赋之外过数科敷，谓如夏税有残零折变钱，又有自陈折麦钱，又有续陈折麦钱。其秋税及坊场、河渡课利，有似此巧作名色之类，可令逐路提刑司体究。如有似此去处，开具申尚书省，取旨施行。"从中书门下省请也。⑨

---

① 李心传：《建炎以来朝野杂记》甲集卷一〇《参知政事》，第 200 页。
② 徐自明撰，王瑞来校补《宋宰辅编年录校补》卷一八，第 1229 页。
③ 《宋史》卷三八五《龚茂良传》，第 11844 页。
④ 《宋史》卷三四《孝宗本纪二》，第 663 页。
⑤ 《宋史》卷一六一《职官志一》，第 3775 页。
⑥ 徐松辑《宋会要辑稿》职官八之二八，第 3248 页。
⑦ 徐松辑《宋会要辑稿》食货六八之一四八，第 8043 页。
⑧ 徐松辑《宋会要辑稿》食货六八之一五〇，第 8044 页。
⑨ 徐松辑《宋会要辑稿》食货一〇之二〇，第 6203～6204 页。

由上述事项可知，尚书省确实拥有较多实权，负责政务的实际处理，尤其是在获得取旨权后，尚书省的决策职能加强，在宰辅大臣的高度重视下成为兼具决策与承担全部执行权的中枢机构。当然取旨权绝大部分在尚书省，极少数事务中书门下省也有取旨权。如乾道二年（1166）十一月，殿中侍御史单时言："伏睹制旨，监司于所部、郡守于所属保明知县、县令治状显著，令中书门下省籍记，取旨甄擢。"① 又光宗淳熙三年（1176），诏："今后法应得谥及特命谥者，并先经有司议定，申中书、门下省具奏取旨。"② 检索现存史籍可知，由中书门下省取旨事项极少。而中书门下省参与决策的职能主要反映在其内部的封驳与审核复核机制上，但因中书省和门下省已经合并为一，所以其封驳复核职能行使不够规范，常常流于形式。《建炎以来朝野杂记》甲集卷九之《检正读录黄》载："绍兴二年十二月，韩世忠赏功文字，给事中贾安宅除工部侍郎，门下后省阙官，乃诏检正李与权书读，此事亦前所未有。"③ 如按照三省合并前的法定程序，中书舍人撰写完制词，录黄程序则由门下省的侍中、侍郎、给事中省、审、读，在审读详校无差错后，即录送尚书省施行。④ 合并后的中书门下省长官有左、右仆射和极少管理该省事务的参知政事，他们的政治诉求反映在中枢机构上是一体化的，所以在敕令录黄等实际颁降程序中只有给事中一人发挥作用，当给事中缺员时，可由中书门下省的另一官员代替署名，这样的情况之前从未出现。

高宗绍兴三年（1133）九月二十一日，中书舍人孙近言"得旨之后，先以白札子径下有司奉行，然后赴给舍书押降敕。循习浸久，凡拟官、折狱之类，一切径下有司先次报行，而给舍但书押已行之事而已"，⑤ 指出给舍封驳职能的废弛，后来其奏请"望申严旧制，应非军期机速事务，并由两省书押，降敕行下"，得到高宗批准。⑥ 然而到了绍兴九年（1139）

---

① 徐松辑《宋会要辑稿》职官五九之二三，第4656页。
② 佚名撰，孔学辑校《皇宋中兴两朝圣政辑校》卷五四，第1243页。
③ 李心传：《建炎以来朝野杂记》甲集卷九《检正读录黄》，第186页。
④ 参见朱瑞熙《宋朝"敕命"的书行和书读》，《中华文史论丛》2008年第1期；田志光《北宋中后期三省决策与权力运作机制》，《史林》2013年第6期。
⑤ 徐松辑《宋会要辑稿》职官一之八〇，第2981页。
⑥ 徐松辑《宋会要辑稿》职官一之八〇，第2981页。

三月，左谏议大夫曾统又将给舍封驳现状上报高宗："自军兴以来，机务急遽，始有画黄未下，不待舍人承行、给事书读，即以成事付之尚书省，凡所除授，一切报行，其行在职事官便令日下供职。习以为常，恬不知怪。"① 可见当时因军事机务需要，很多政令不经中书舍人草辞和给事中审核即由尚书省执行，一些官员也是在任命后呈报高宗，具体操办官员就此程序也习以为常，给舍封驳几乎废弛。那么与金朝军事对峙缓和后的和平时期，给舍职能又是如何？绍兴二十七年（1157）七月十三日，中书舍人周麟之奏言：

> 国朝稽古建官，分三省以厘天下之务，凡有令命，则中书省取旨，门下省审驳，尚书省颁行……在中书则舍人得以封缴，在门下则给事中得以论驳，皆于命令未行之前而弥缝正救之，则朝廷不至有反汗之嫌，天下不见其过举之迹。爰自近岁，事与旧违。当军兴时，则有事干机速，不可少缓，及休兵之后，因仍不改。用事者又私意自任，废弃成法，故有所谓报者，有所谓中入报者，有所谓尚先行者，有所谓入己者，往往皆成定例。……若使诏旨一颁，敕札随降，所谓给舍者但书押已行之事而已。设或事当论奏，则成命已付于有司，除目已布于中外，使士大夫进退失据，在朝廷亦为难处，甚非祖宗所以分三省建官之意。②

中书舍人周麟之身处封驳体系之中，他的描述也最具代表性和真实性，此时宋金为和平相处时期，基本无战事行为，即无所谓"军兴时"，奏言中提及"爰自近岁"，当是绍兴二十七年之前的几年，这一时期虽无战事，但是战时给舍无法履职的状态依旧，表现在敕札颁行后给舍的签署形式，无法在事前进行论驳以修正违碍和失误之处。同样，在描述完以上情况后，周麟之亦奏请"欲望申明旧制，凡命令之出，并经两省，或无封缴，即皆画时行下"，③ 高宗批准其请。这里需要指出的是，以上所奏

---

① 徐松辑《宋会要辑稿》职官一之五〇、五一，第 2965~2966 页。
② 徐松辑《宋会要辑稿》职官一之五二，第 2966 页。
③ 徐松辑《宋会要辑稿》职官一之五二，第 2966 页。

之人其实没有看到该问题症结所在，北宋元丰改制后，封还论驳属于三省中的中书省和门下省，两个机构两套领导班子即右仆射兼中书侍郎、中书侍郎和左仆射兼门下侍郎、门下侍郎，他们在职权上各有分工，可以相互监督制约，中书省取旨形成政令初稿，由门下省审覆，有违失等问题可以驳奏，然后交付尚书省施行。而此时中书门下省已经不再承担主要的取旨权，转由尚书省取旨，且尚书省具有完整的执行权。此外，中书门下省与尚书省均在宰相直接领导下开展工作，尤其是在独相时期，秉承宰相之意取旨的尚书省再交宰相控制下的中书门下省审覆论驳，这样的程序显然徒具形式，不会起到实际作用。所以，在机构设置和宰相职权上分析，南宋三省改革后，给舍封驳政令已经没有了履职的平台基础。对此高宗也许有所体悟，绍兴三十一年正月，他对宰执大臣说："祖宗所以置给舍，正欲其拾遗补阙，倘事有非是，固当缴驳。若缄默不言，岂设官之意？"① 当然对于已经形成的两省体制，高宗似不想再行改革，只是将给舍可以正常履职寄托于宰执身上，隐晦表达出宰执要适度放权，发挥给舍的拾遗补阙职能。然而当一项机制运行成为惯性，在机构体制已经固化与方便宰执集权的背景下，给舍封驳职能的恢复实在太难。乾道五年（1169）二月，中书舍人汪涓言："近年以来，间有驳正，或中书舍人、给事中列衔同奏，是中书、门下混而为一，非神宗官制所以明职分、正纪纲、防阙失之意。"② 至此，通过多年的实践经验，在官员们多次奏请恢复给舍封驳职能，皇帝批准后仍不能奏效时，中书舍人汪涓找到了部分答案，即中书省与门下省合并之故，本来中书舍人和给事中分属于中书省和门下省两个系统，分别负责初拟制敕（政令）和论驳制敕，既相互协作又彼此辩驳，二省合一后给舍列衔同奏，实属一体，也就失去了封驳之本意。

　　这里还需要指出一点，南宋三省改革后，虽然给舍封驳诏令制敕的职能实施很不理想，但是增加了他们对官员的监察弹奏职权，这一职能与台谏职能趋同。如淳熙十二年（1185）九月，有臣僚奏请，"伏见诸路臧否

---

① 徐松辑《宋会要辑稿》职官一之八一，第 2981 页。
② 徐松辑《宋会要辑稿》职官一之八二，第 2982 页。

守臣姓名，外间多不闻知。乞令三省札下给、舍、台谏，其不公不实者许缴驳论奏"，得到孝宗批准。① 嘉定元年（1208）正月，有臣僚"乞明诏大臣，自今除授，凡曾经论列废放者，并照前项指挥。其有公议不容之人，辄敢抵冒求进，许给、舍、台论奏，重行镌责"，得到宁宗批准。② 同年八月，御史中丞章良能"乞两淮守臣并以三年为任……其未满三年别有移易，许给、舍、台谏论奏"，同样得到宁宗批准。③ 对于给舍来说，经皇帝批准的这项新法定职权一般是针对地方官员的，在实际执行中阻力较小，而给舍封驳职能很大程度上针对宰执的主张且在宰执的领导下推进，可想阻力之大。

第三节　左、右丞相设置与两省职能的分化

孝宗乾道八年（1172）二月，宰相名称再次进行了调整。关于这次宰相称谓变化，《建炎以来朝野杂记》乙集卷一四《乾道正丞相官名本末》有详细记载：

> 虞雍公独相久，上眷礼极厚。既又以梁叔子靖重，欲遂相之，而无其端。会易三省官名，乃议以仆射之名不正，欲采用汉旧制，改为左、右丞相，令学士、礼官、史官讨论，时乾道七年十二月辛酉也。先是，已有旨令百官依旧制服靴，祖宗时，百官服靴，徽宗将废释氏，乃易靴为履，以示禁胡服之渐。虞公不乐，曰："近已易履为靴，今又易相名，与北虏奚辨？"盖为金人详定官制，已改左、右仆射为尚书左、右丞相故也。有司知其意，不敢遽上。至八年正月戊寅，仅条具历代宰相官称申尚书省，禁中即闻之。翌日，遣中使至学士院细问其事，学士周子充以其事奏。后二十日，御笔付院云："尚书左、右仆射，可依汉制，改作左、右丞相。学士院降诏。"子充草诏以进。后二日，付

---

① 徐松辑《宋会要辑稿》职官二之九，第2989页。
② 徐松辑《宋会要辑稿》职官七九之二〇，第5235页。
③ 徐松辑《宋会要辑稿》职官四七之五四，第4294页。

外施行，二月乙巳也。①

通过以上记载可知，这次宰相称谓改革过程也较短，而且伴随着宰相人选的调整，孝宗亲自主导，而且力主推行。首先这次改革宰相称谓的起因多半是孝宗要任命梁叔子（时任参知政事）即梁克家为新宰相，苦于没有正当的理由来安慰时任独相的虞允文。因此，更改宰相名称与添任新宰相同时进行。乾道七年十二月，孝宗就计划升任梁克家为宰相，同时命令群官讨论宰相的新称谓。此时虞允文担任独相时间已近两年，以孝宗"英武果断"② 的作风来判断，他不想一直让虞允文独相中枢，而这些想法当时并不被虞允文等知晓。虞允文作为抗金的主要推动者，反对模拟金朝形式更改宰相称谓，负责讨论宰相称谓的官员知悉虞允文的立场后，不敢径直上奏孝宗，而是将历代宰相官称沿革情况上报尚书省。而作为尚书省最高长官的虞允文有意拖延积压，未及时呈报孝宗，后来孝宗亲自过问此事，并下御笔给学士院草诏颁行。乾道八年二月乙巳（初六），改尚书左、右仆射同中书门下平章事为左、右丞相。③ 同月辛亥（十二日），诏令右仆射虞允文任左丞相，参知政事梁克家任右丞相。④ 对于这个结果，虞允文很惊愕，史载："辛亥，百官集文德殿，初谓改易相名耳，虽虞公亦以为然。及双制出，在廷愕然。"⑤ 虞允文认为文德殿百官集聚，宣布自己由仆射改任丞相之事，后竟再新任命一名丞相。七个月后，虞允文被罢相，任四川宣抚使，"后数月，虞公罢相，乃除少保、节度使，则知圣意先已定矣"。⑥ 总之，孝宗在"责实""稽古""名正则言顺"⑦ 的名义下更改了宰相名号，调整了宰相成员。宰相名号调整后，左、右丞相较原来的左、右仆射更没有"省份"属性，通管尚书省和中书门下省的职权则更加名正言顺。

---

① 李心传：《建炎以来朝野杂记》乙集卷一四，第 741~742 页。
② 周密：《齐东野语》卷一《孝宗圣政》，中华书局，1983，第 1 页。
③ 佚名撰，孔学辑较《皇宋中兴两朝圣政辑校》卷五一，第 1142 页。
④ 徐自明撰，王瑞来校补《宋宰辅编年录校补》卷一七，第 1210 页。
⑤ 李心传：《建炎以来朝野杂记》乙集卷一四，第 742 页。
⑥ 李心传：《建炎以来朝野杂记》乙集卷一四，第 742 页。
⑦ 佚名撰，孔学辑较《皇宋中兴两朝圣政辑校》卷五一，第 1142 页。

　　关于此后的尚书省职能，如下事例可做说明。绍熙三年十二月，左丞相留正推荐朱熹拟任知静江府，朱熹不愿赴任，撰写《辞免知静江府状》，言："熹十二月十九日准尚书省札子，奉圣旨除知静江府……欲望朝廷，特赐敷奏，寝罢已降指挥，令熹依旧宫观，实为大幸。谨具状申尚书省，伏候钧旨。"① 朱熹在绍熙三年十二月十九日接到了尚书省取旨完成的知静江府的除授札子，朱熹在说明了一些辞任理由后，将辞职状呈送尚书省再次取旨，而后候旨待命。同时朱熹也撰写了一份《与宰执札子》，其言："熹伏准省札，恭奉圣旨，除知静江府事。……实不敢冒当重寄，以累君相知人之明。辄具公状，申省辞免。"② 当时两省宰执只有左丞相留正和参知政事胡晋臣，朱熹在向尚书省呈交辞职状的同时又给宰执呈札说明，可见宰执与尚书省在朱熹改任程序中的重要性。后来朱熹第二次呈交《辞免知静江府状》，言："熹正月二十三日准正月七日尚书省札子，以熹辞免知静江府恩命，正月六日奉圣旨，不许辞免，依已降指挥疾速之任。"这说明第一次辞任请求并未被批准，尚书省在正月初六取旨后于初七就形成省札，朱熹在二十三日收到省札，但是仍不接受除命，再次呈交辞职状，请求朝廷"收回误恩，俾还旧秩，熹不胜祈恳激切，俯伏俟命之至。谨具状申尚书省，伏候钧旨"。③ 同时第二次呈交《与宰执札子》，言："已再具状申尚书省，伏乞丞相少保国公、参政相公详赐省览，曲为开陈，收回误恩。"④ 这次更有针对性地请求宰相少保留正与参知政事与皇帝沟通批准辞呈。最后在朱熹的一再请求下，朝廷接受了他辞任知静江府的请求。这件事明确说明，宰执与尚书省关系密切，在宰执与皇帝沟通中尚书省作为桥梁作用突出，尚书省职能扩张显而易见。

　　综上所述，南宋建炎三年宰相称号和三省改革，其实并不是简单的宰相称谓之改变，而是涉及宰相管理机制的调整，中枢政务运行不再以中书

---

① 朱熹：《晦庵先生朱文公文集》卷二三《辞免知静江府状一》，《朱子全书》第 21 册，第 1036~1037 页。
② 朱熹：《晦庵先生朱文公文集》卷二三《与宰执札子》，《朱子全书》第 21 册，第 1037 页。
③ 朱熹：《晦庵先生朱文公文集》卷二三《辞免知静江府状二》，《朱子全书》第 21 册，第 1038 页。
④ 朱熹：《晦庵先生朱文公文集》卷二三《与宰执札子》，《朱子全书》第 21 册，第 1038 页。

省和门下省为中心，之前只负责执行的尚书省地位迅速提高，职能扩大，成为宰相施政和集权的中心。合并以后的中书门下省地位弱化，职能减少。关于中书门下省与尚书省的政务分工，中书门下省参政理政大多数是针对某些事务提出建议，发表意见，奏请皇帝诏令处理，其具体处理权肯定在尚书省及其六部或是下属机构。例如：

> （宁宗嘉定三年四月）十二日，中书门下省言："临安府城内外细民因病或致阙食，实为可悯，理宜给济。"诏令丰储仓取拨米三千石付临安府，给散病民。仰守臣措置，选差通练诚实官属分明支借，毋容吏奸，以亏实惠。仍开具支散过实数申尚书省。十四日，中书门下省言："临安府城内外近有病死之人，无力殡瘞，理宜赈恤。"诏令封桩库支降官会三万贯付临安府，专充支给细民病死棺椁，委守臣措置，选差通练诚实官属分明给散，毋容吏奸，以亏实惠。仍开具支散过实数申尚书省。①

由上可知，中书门下省针对某些现象提出解决的建议，具体处理则由相关机构完成，并将完成情况上报尚书省，或是中书门下省自请由尚书省处理政务，如绍兴六年八月"丙辰，中书门下省请：'尚书省应给降敕札，并依旧式，给降内敕，添用中守阶衔。六曹诸官司申省及承受词状，内有格法。合取旨事，并请毕送；不须取旨事，并随事批札行下'"。② 同时也说明了尚书省拥有取旨权以及政务处理自由裁量权。北宋元丰改制以后在中枢政务处理中常见有"三省合取旨""三省同取旨"，③ 而南宋三省合并成两省后，尚未见到两省合取旨的记载，归根到底，是因为两省在政治立场上代表宰相意志，都是在宰相领导下处理政务，两省不再有各自的政治诉求，在这种情况下，尚书省取旨已经可以完全反映宰相和中书门下省的政治意图，所以不必再两省合取旨。再者，在宰相共同负责尚书省

---

① 徐松辑《宋会要辑稿》食货五八之二八，第7372页。
② 李心传：《建炎以来系年要录》卷一〇四，绍兴六年八月丙辰，第1962页。
③ 参见《续资治通鉴长编》《皇宋九朝编年纲目备要》《宋会要辑稿》等史籍记载。

与中书门下省的权力分配框架下，宰相政争不再以三省机构为依托，① 尤其是在中枢只有一位宰相时，两省政务处理立场会高度一致。政争的机构平台不再具有承载力，这应是南宋相权膨胀的又一制度原因。

小　结

综上所述，南宋建炎三年宰相机构发生变革，由原来的三省改革为中书门下省与尚书省，伴随着机构改革，宰相名称和职权也发生相应变化，二者变化紧密联系，共同推动南宋时期中枢权力运行机制的调整，框限着宰辅权力实施的范围。建炎三年宰相机构改革后，虽然一些史籍仍称宰相机构为三省，但实际上只有两省了。改革后的中书门下省职能并未完全继承改革前中书省和门下省的职能，而是权力大为缩小，元丰改制后中书省拥有包括取旨权在内的广泛职权，门下省拥有封驳诏敕职权，而改革后的中书门下省在权力运行中常常表现为提出建议和意见，以供皇帝决策参考，而不是初拟实施方案，供皇帝选用。另外，其内部的封驳权实施很不理想，不能充分发挥应有的作用，已经没有了封驳实施的机构基础。南宋改革后的尚书省因为掌握了绝大多数的取旨权，成为深受宰相仰仗的实权部门，职能大为扩充，这与北宋元丰改制以后尚书省专为执行机构大为不同，成为兼具取旨权和执行权的中枢关键机构。此外，南宋时期宰相在相当长的时间里兼任枢密院长官，负有军事管理权。史载：

> 建炎初，置御营司，以宰相为之使。四年，罢，以其事归枢密院机速房，命宰相范宗尹兼知枢密院。绍兴七年诏："枢密，本兵之地，事权宜重。可依故事置枢密使，以宰相张浚兼之。"又诏立班序立依宰相例。其后或兼或否。至开禧，以宰臣兼使，遂为永制。②

---

① 按：北宋元丰三省改制后，宰相（副宰相）因分管不同省，常以中书省和门下省为依托进行政争和权力较量。参见田志光《北宋中后期三省决策与权力运作机制》，《史林》2013 年第 6 期；本书第三章。

② 《宋史》卷一六二《职官志二》，第 3800~3801 页。

即宰相除了负责民政事务外，兼任枢密院长官后还享有军事权。再者，南宋时期还一度设置"平章军国事"与"平章军国重事"职务，其权力相当于或大于宰相。开禧元年七月庚申至开禧三年十一月甲戌，韩侂胄担任平章军国事；理宗嘉熙三年正月癸酉至嘉熙四年九月癸亥，乔行简担任平章军国重事；度宗咸淳三年二月乙丑至恭宗德祐元年二月庚午，贾似道担任平章军国重事，其间曾短暂丁忧去位；德祐元年六月甲寅至七月壬辰，王爚担任平章军国重事。平章军国重事的地位和权威在宰相之上。毫无疑问，南宋三省制改革和宰相名号调整以及宰相兼枢密使、平章军国重事职务设置等是权相辈出的政治基础。有学者曾指出："研究政治制度，要将其置于时代背景中，既对制度本身进行研究，又对执行制度的人进行考察，然后把三者置于活生生的事件中，作四位一体的分析探讨，这样才能深入了解政治运作的过程。"① 南宋时期宰相职权演变是一个长线条且极具复杂性的研究工程，背景、制度、人物、事件等因素缺一不可，该问题深入研究仍要持续和努力。

① 参见本书余论部分。

第五章

宋代宰相理政场域之演变

　　两宋时期，随着国家政治、经济、军事的发展变化，宋廷中枢负责处理军民政务的宰辅机构屡经调整，以此来适应时局变迁。北宋前期，在中央机构中，中书门下与枢密院称为"二府"，由宰相、参知政事和枢密使、副使等构成宰辅集团。宋神宗元丰官制改革，中书门下分为中书省、门下省和尚书省，枢密院保留不变。中枢宰辅机构由"中书门下—枢密院"的二府模式转变为"三省—枢密院"的运作模式。南宋建炎时对宰辅制度进行了改革，即以尚书省左、右仆射兼同中书门下平章事为左、右宰相，仍以参知政事为副宰相，中书侍郎、门下侍郎及尚书左、右丞退出了副宰相行列，从宰相事权看，事实上是中书、门下两省事权合一，尚书省职能弱化，因此，名义上南宋三省机构尚在，实际上三省事权出现了合一趋势。孝宗乾道八年，宰相通治三省之事，三省制蜕变为一省制，形成三省合一之制。在军事领导机制方面，南宋高宗、孝宗两朝均曾令宰相兼任枢密使，宁宗开禧以后，宰相兼枢密使便成为常制。此外南宋朝廷还实行执政互兼制度，参知政事兼知枢密院事。这样在与金、元的战争中提高了决策效率，强化了军政一体的决策机制。关于宋代宰辅制度及其运作机制，前人多有研究。[①] 作为宰辅办

---

①　如钱穆、刘子健、王瑞来、张邦炜、张其凡以及周道济、林天蔚、杨树藩等先生的相关论著对宋代宰相权力实施以及相权强化或削弱提出了不同观点。朱瑞熙《中国政治制度通史·宋代》第三章"中央决策体制"涉及宰辅奏事及理政方式；诸葛忆兵《宋代宰辅制度研究》对三省与枢密院的关系有简要论述；衣川强《宋代官僚社会史研究》以仁宗朝之前的宰相群体为例，对宰相的谱系与升迁路径做了探讨；刘后滨《"正名"与"正实"——从元丰改制看宋人的三省制理念》（《北京大学学报》2011 年第 2 期）从政令文书运行的角度探讨了元丰改制后三省间的职权运转。

公、理政和议事之地的"政事堂"与"都堂"，这一对看似简单熟悉的概念，却包含丰富的研究内容。二者概念相近，极易混淆，有时可相互指代，有时又须严格区别，在不同时期有着本质的差别，功能不同，作用相异。北宋前期能否进入（升）政事堂或都堂，代表着能否行使宰辅权力。北宋中后期都堂成为中枢宰辅的聚议之所。至南宋，都堂成为军政一体化的权力枢纽。这些问题则为学界所忽视，目前专论探讨尚付阙如。① 对"两堂"的深入研究，有助于进一步认识宋代中枢权力格局的构建和宰辅权力运行机制的演变情况。

第一节　北宋元丰改制前的政事堂

宋太祖赵匡胤建立赵宋王朝后，在中央政治制度方面大多沿袭唐五代之制，设立中书省、门下省和尚书省，但它们的绝大部分职能已被各种使职差遣取代，各机构长贰官员"非别敕不治本司事"，② 几乎成为闲散机构。中书省与门下省位于皇城之外，由于两省承办事务很少，它们的办公场所较为狭窄，仅"官舍各数楹"。③ 尚书省设"判省事一人，以诸司三品以上充，总辖二十四司及集议定谥、文武官封赠、注甲发付选人、出雪投状之事"④ 等有例可循的一般政务，并不参与朝廷军国大政的决策与执行，所以北宋元丰改制前的三省并不是实际意义上的宰相机构。《玉海·宋朝政事堂》载：

> 中书在朝堂西，是为政事堂，其属有舍人，专职诰命，阙则以它

---

① 关于宋代的政事堂与都堂的专文研究目前尚无，仅部分论文有所涉及。如龚延明《宋代中央机构剖析》（《浙江学刊》1993 年第 3 期）认为元丰改制后中央政务机构尚书省令厅即为都堂，为三省议事之所，代替北宋前期政事堂职能；季平《宋王朝集议国事考论》（《北京师范大学学报》1990 年第 4 期）、张仁玺《宋代集议制度考略》（《山东师范大学学报》1998 年第 2 期）、吴以宁《宋代朝省集议制度述论》（《学术月刊》1996 年第 10 期）等论文对集议的场所——都堂做了简要论述，但未区分两宋不同时期都堂的性质与内涵，甚至还将政事堂与尚书省都堂混为一谈。诸上问题仍需进一步辨明。
② 《宋史》卷一六一《职官志一》，第 3768 页。
③ 徐松辑《宋会要辑稿》职官一之一七，第 2947 页。
④ 马端临：《文献通考》卷五二《职官考六》，第 1502 页。

官知制诰，或直舍人院。院在中书之西南。国朝中书、门下并列于外，又别置中书于禁中，是为政事堂。①

此处朝堂指的是皇宫即禁中的文德殿，宋廷在文德殿西邻设置"中书"作为宰相机构，此"中书"即为"中书门下"之简称，而非三省中"中书省"的简称，而"中书、门下并列于外"指的是在皇宫之外设置的中书省与门下省。以上记载指出"中书"即为"政事堂"，两者概念看似意近，然而实际内涵并不相同。

政事堂初设于唐太宗贞观初年，② 凡是国家大政方针均在政事堂商议。《通典》卷二一载：

> 旧制，宰相常于门下省议事，谓之政事堂。至永淳二年七月，中书令裴炎以中书执政事笔，其政事堂合在中书，遂移在中书省。开元十一年，张说奏改政事堂为"中书门下"，其政事印亦改为中书门下之印。③

以上这段史料是研究唐代政事堂所必引的，文中所谓"旧制"是指唐前期的情况，三省之中的门下省是决策政令的审驳机构，宰相们于门下省议事，可以在政令施行前做最后审议，意见一致送尚书省、六部施行，不一致者则再加修订完善，此时政事堂在门下省。但是，中书省拥有取旨出令权，在政令决策的制定中作用最大，这样作为中书省长官的中书令的地位越来越重要。高宗永淳二年（683）中书令裴炎将位于门下省的政事堂迁移到中书省，玄宗开元十一年（723），经中书令张说奏请又将政事堂改为"中书门下"，而且有了独立的印信——"中书门下之印"，成为独立于三省之外的中央政务运行枢纽。历经五代，中书门下一仍其旧。入

---

① 王应麟：《玉海》卷一六一《宋朝政事堂》，第 2999 页。

② 按：关于政事堂的创立时间，有武德年间和贞观年间之说，笔者认为贞观之说较有说服力。参见姚澄宇《唐朝政事堂制度初探》，《中国史研究》1982 年第 3 期；王超《政事堂制度辨证》，《中国史研究》1983 年第 4 期；陈振《〈政事堂制度辨证〉质疑》，《中国史研究》1985 年第 1 期。

③ 杜佑：《通典》卷二一《职官三》，中华书局，1988，第 542 页。

宋后至元丰改制，宋朝中央三省六部的职责大部分被各种使职差遣取代，① 而中书门下作为实体机构内设有五房——孔目房、吏房、户房、兵礼房、刑房，后又设置生事房、勾销房。官员设置众多，如中书制敕院五房公事、中书五房检正公事、堂后官、主事、录事、主书、守当官等，② 此外还有直属机构——制敕院、舍人院、铨选四曹（审官东院、审官西院、吏部流内铨、三班院）、起居院、礼仪院、群牧司、崇文院等，③ 这些机构和官员负责办理中书门下的日常事务。显然"中书门下"成为名副其实的中央政府，其题榜止曰"中书"，印文行敕曰"中书门下"，由同中书门下平章事（简称"同平章事"）为宰相，宰相员额如"二员以上即分日知印"。④ 所以从严格意义上来讲，政事堂只是作为中书门下的办公场所。中书门下除了政事堂外，还有诸多的内设和直属机构。

其实细加分析，在一些史籍中"政事堂"与"中书门下"指代并不同。如"至和元年十二月癸丑，孙抃初在翰林，尝至中书白事，系鞋登政事堂。（陈）执中见之不悦，且责吏不以告"，⑤ 当时担任翰林学士的孙抃要去中书汇报事务，穿着鞋走进政事堂，担任宰相的陈执中见状很不高兴，便责怪吏员未将进入政事堂的规定告知孙抃。又如"咸平中，王曾为进士第一，通判济州。代还，当试学士院。时寇准作相，素闻其名，特试于政事堂，除著作郎直史馆"，⑥ 作为济州通判的王曾在离任返朝后本应在学士院接受考察，但因宰相寇准对其十分赏识，则特例在政事堂进行。以上两处的"政事堂"只能是中书的办公场所，而不能指代整个中央政府"中书门下"。真宗天禧年间，张知白为参知政事，"尝言：'参政之名，实贰彼相，礼当隆之'。每乘马直入政事堂下"，⑦ 主张提高参知政事的礼遇标准，于是率先垂范，在赴中书门下办公时，直到政事堂前才下

① 《宋史》卷一六一《职官志一》，第 3768 页。
② 徐松辑《宋会要辑稿》职官三之二二、二六，第 3038~3043 页。
③ 参见龚延明编著《宋代官制辞典（增补本）》，前言，第 16~17 页。
④ 徐松辑《宋会要辑稿》职官一之六八，第 2974 页。
⑤ 李焘：《续资治通鉴长编》卷一七七，至和元年十二月癸丑，第 4297 页。
⑥ 程俱撰，张富祥校证《麟台故事校证》卷三《选任》，中华书局，2000，第 110 页。
⑦ 夷门君玉：《国老谈苑》卷二，《全宋笔记》第 9 册，第 20 页。

马。宋神宗熙宁时期，王安石变法在朝廷中引起激烈争论，监察御史程颢与张戬反对变法，结果被贬外任。史载：

> （程颢）除京西北路提点，伯淳（程颢）力辞，乞与同列俱贬，改澶州签判。天祺（张戬）尤不屈，一日至政事堂言新法不便，介甫不答，以扇障面而笑。天祺怒曰："参政笑某，不知天下人笑参政也。"①

在程颢因反对新法被贬之后，张戬径直来到政事堂，当面与参知政事王安石理论，王安石笑而不答，张戬更加激愤，并以朝野舆论表达对王安石的不满。《鹤林玉露》亦载："方荆公与诸君子争新法也，作色于政事堂，曰：'安石不能读书，贤辈乃能读书耶！'"②以上事例中所指的政事堂均为中书办公场所，而不能称其为中书门下。

此外，中书宰辅除了有处理政事、接待官员的公共办公空间——政事堂外，还有单独的办公空间，称作"本厅"或"视事阁"，它们均在中书门下之内。《吕氏杂记》卷下所记的一个事例生动地反映了中书宰辅们的办公场所：

> 天圣中，许公为东参，言者言交趾以七十艘载兵就朱崖迎丁谓。朝廷颇动，乃诏侍禁杨宏押内臣于彼，体谅其实，便欲除之。召宏至政事堂，左相问："交趾迎丁谓事，天使知之否？"宏对："外人亦传闻，不知其实。"左相云："朝廷之意，深忧其为变。天使当体朝廷之意，无使至于乱也。"宏罔知所措。右相无语，将退。许公曰："分厅后却请天使略到某本厅。"宏到，许公谕以朝廷遣使去者，只为有人上变，故专遣使按验，欲知真妄。天使到彼，但据实事驰报朝廷。丁公虽得罪，然是旧相，若无他事故，不得辄惊动之。宏意方释然。③

---

① 邵伯温：《邵氏闻见录》卷一五，第160页。
② 罗大经：《鹤林玉露》甲编卷五《读书》，中华书局，1983，第89页。
③ 吕希哲：《吕氏杂记》卷下，《全宋笔记》第17册，第320页。

　　以上所述之事发生在宋仁宗天圣年间。权倾朝野的宰相丁谓在真宗去世后遭到罢黜，被贬往崖州。当朝廷听说交趾有可能与丁谓联合反宋的传言后，即商议派遣使者前去查验虚实。内侍杨宏等在出发前被召至政事堂，据载当时在政事堂参与此事的有未指姓名的左相、右相和参知政事吕许公（即吕夷简）。① 他们在政事堂讨论派遣使者的用意及注意事项后，使者杨宏仍不知所措，此时吕夷简则请杨宏在宰辅分厅办公时到自己的本厅，给予具体指示和意见。

　　太祖时期，赵普担任宰相时，"尝于视事阁坐屏后设二大瓮，凡中外表奏，普意不欲行者，必投之瓮中，满则束缊焚之，以是人多怨者"。② 此处的"视事阁"就是中书宰辅在中书门下内的独立且私密的办公空间，赵普为掩人耳目将大瓮置于坐屏后，用于藏贮不愿实施的奏疏。又如大中祥符八年（1015）四月甲子，宰相王旦曾对真宗谈到中书分厅处理机密事宜时的小心谨慎，其言："臣等每奉德音，或有所施行，至视事阁中，尽屏左右，亲录进止，授本房吏，外无知者。"③ 此处的"视事阁"同样也是宰辅独立的办公室。直到南宋仍有"阁"的称呼，高宗绍兴初年，吕颐浩为相，"专权自私，会食外，往往各于阁子押文字"，④ 即在自己独立的办公室（阁子）内签署命令。又如仁宗皇祐元年（1049）六月，御史奏报"殿前副都指挥使郭承祐屡谒宰相陈执中于本厅，坐久不退"。于是仁宗在当月戊寅诏："中书、枢密非聚议，毋得通宾客。"⑤ 即严令中书与枢密院（二府）的宰辅大臣除聚议政事外，不得私自在本厅延接宾客。与作为中书门下内宰辅们的公共办公空间的政事堂相比，宰辅本厅更加突出独立和私密空间的性质。

　　通过以上分析可知，北宋元丰改制前中书门下作为中央政府，是一整套体系，含有直属和附属的诸多机构和部门，而政事堂只不过是中书门下的公共办公场所，与之相对的是称为"本厅"或"阁"的宰辅独

---

① 按：天圣年间吕夷简担任参知政事期间，冯拯、王钦若、王曾等三人先后担任左相，王曾、张知白、张士逊等三人先后担任右相。

② 王称：《东都事略》卷二六《赵普传》，齐鲁书社，2000，第207页。

③ 李焘：《续资治通鉴长编》卷八四，大中祥符八年四月甲子，第1925页。

④ 李心传：《建炎以来系年要录》卷七六，绍兴四年五月辛亥，第1440页。

⑤ 李焘：《续资治通鉴长编》卷一六六，皇祐元年六月戊寅，第4001页。

立办公空间。只是史籍中有时以政事堂指代中书门下，其实两者有本质的区别。

接下来再看"都堂"。北宋元丰改制以前的"都堂"有两个含义，一是对中书门下内"政事堂"的代称。建隆元年（960）正月，身为殿前都点检的赵匡胤在陈桥驿被拥戴称帝后，返回京师开封，时"石守信实守右掖，开关以迎王师。至中书，立都堂下，召范质、王溥、魏仁浦与语，移刻，将校持刃迫质，帝叱之。质与帝约，宾礼柴氏，保其天年"。① 此段史料中赵匡胤回京师后来到作为中央政府的"中书"，即"中书门下"，在都堂中与后周宰相范质、王溥、魏仁浦等达成了称帝的君臣共识。此处的"都堂"即指"政事堂"。又如《宋史》载："开宝六年，始诏（参知政事薛）居正、（吕）余庆于都堂与宰相同议政事。至道元年，诏宰相与参政轮班知印，同升政事堂。"② 此处的政事堂与都堂其实是同一场所，即赋予参知政事同宰相共议政事的权力，至道元年（995）的诏令规定参知政事与宰相同升政事堂也是同议政事之意，只不过又增加了参知政事"轮班知印"的权力。③ 又如《续资治通鉴长编》也具体记述了该事："（至道元年四月）戊子，诏自今参知政事宜与宰相分日知印、押正衙班，其位砖先异位，宜合而为一，遇宰相、使相视事及议军国大政，并得升都堂。"④ 这里的"并得升都堂"与上文《宋史》所载"同升政事堂"意思一致，都堂等同于政事堂。还有，在官员上任的程序中也体现出二者的等同。大中祥符四年五月甲戌，"诏自今宰相官至仆射者，并于中书都堂赴上，不带平章事者，亦于本省赴上"，⑤ 即本官阶达到尚书省仆射的宰相在中书门下的都堂赴任，本官阶升任仆射但非宰相的官员要在尚书省赴

① 王巩：《闻见近录》，《全宋笔记》第 20 册，第 57 页。
② 《宋史》卷一六一《职官志一》，第 3775 页。
③ 按：参知政事一职是太祖于乾德二年四月设立的，设立伊始，参知政事"不宣制，不押班，不知印，不升政事堂"，没有实质性的权力，随着太祖对宰相赵普的猜忌才加强了参知政事的权力，以分赵普宰相之权。参见张其凡《宋初政治探研》，暨南大学出版社，1995，第 33~41 页。另见田志光《北宋前期参知政事职权与人事演变》，《河南大学学报》2015 年第 2 期；《宋太祖朝参知政事的设立及职权考论》，《北方论丛》2013 年第 4 期。
④ 李焘：《续资治通鉴长编》卷三七，至道元年四月戊子，第 812 页。
⑤ 李焘：《续资治通鉴长编》卷七五，大中祥符四年五月甲戌，第 1721 页。

任。这进一步明确了都堂在中书之内，也就是政事堂。《独醒杂志》记载了这样一则趣事：

> 杨文公大年美须髯。一日，早朝罢，至都堂，丁晋公时在政府，戏谓之曰："内翰拜时须扫地。"公应声曰："相公坐处幕漫天。"晋公知其讥己，而喜其敏捷，大称赏之。①

杨文公即杨亿，为人正直，富有才华，时为翰林学士。丁晋公为丁谓，为人阴险奸诈，时担任宰相。此处的"政府"即指中书门下，而"都堂"即为中书门下的政事堂。二人在都堂中的对话充满诙谐与暗喻色彩，表现出杨亿的才思敏捷和丁谓执政的阴暗腐化。

综上所述，中书门下之内的"政事堂""都堂"其实是同一个场所。政事堂（都堂）作为中书门下重要政务的办公之所，已是中书不可分割的一部分，能否进入都堂（政事堂）办公议事意味着是否拥有宰辅的权力。尤其是在北宋元丰改制前，中书门下作为中央政府，都堂（政事堂）办公对推动政务决策与实施具有十分重要的作用。

此外，北宋王辟之《渑水燕谈录》卷五有如下一段记载：

> 王元之（禹偁）尝言宰相于政事堂，枢密于都堂同时见客，不许本厅私接。议者以为是疑大臣以私也，遂寝。②

王辟之所载之事发生于宋太宗淳化二年（991）四月，时王禹偁任左司谏知制诰，③ 他奏请宰相须于政事堂接见官员，而枢密院须于都堂接见官员，不得于宰辅本厅接见，以防止官僚间的请托。类似记载还见于北宋罗从彦《豫章文集》卷三："左司谏知制诰王禹偁尝上言：'请群官候见宰相，朝罢于政事堂同时接见。其枢密使候都堂请

---

① 曾敏行：《独醒杂志》卷一，上海古籍出版社，1986，第 2 页。
② 王辟之：《渑水燕谈录》卷五《官制》，吕友仁点校，中华书局，1981，第 61 页。
③ 李焘：《续资治通鉴长编》卷三二，淳化二年四月己丑，第 715 页。

见，并不得本厅接见宾客，以防请托。'"① 南宋罗愿《罗鄂州小集》卷六载："淳化中，王禹偁请群官谒宰相须朝罢于政事堂，枢密使于都堂，皆同时接见，以防请托。"② 二书成书时间均晚于王辟之的《渑水燕谈录》，从史源上应该来自前者。以上记载似乎给出一个信息，太宗淳化时期的政事堂与都堂是两个实体，不可相互指代。那与上面的论证相矛盾吗？朱熹、吕祖谦《近思录》卷一〇引用程颢弟子刘安礼的一段话：

> 王荆公（安石）执政，议法改令。言者攻之甚力，明道先生（程颢）尝被旨赴中堂议事，荆公方怒言者，厉色待之。③

王安石熙宁间曾任参知政事与宰相，在中书门下的政事堂办公理政是无异议的。时任监察御史里行的程颢奉神宗特旨前来"中堂"议事，那么此处中堂指的应是中书门下的政事堂。清代著名学者茅星来《近思录集注》卷一〇注云："中堂，中书堂也。中书堂为中堂者，犹尚书都省堂称都堂也。按宋制，宰相议事及见客于中堂，枢密议事及见客于都堂，中堂亦曰政事堂。"④ 所以，王禹偁奏请的宰相接见官员的政事堂是中书门下政事堂，也即中书都堂，而作为枢密使接见官员的都堂即为尚书都省的都堂。只是后来有臣僚上疏反对，所以王禹偁奏请"宰相于政事堂、枢密使于都堂会见官员"的建议并未被太宗采纳和实施。

那么，由此也引出了"都堂"的第二个含义，尚书省都堂，严格意义上说是尚书都省的都堂。宋朝建立之初，尚书省的机构设置与职能沿袭唐五代，内设都省，下设六部二十四司与诸寺监，但是如前文所述，尚书省并不是宰相机构，不参与军国大政的决策和处理。尚书都省设有

---

① 罗从彦：《豫章罗先生文集》卷三，《宋集珍本丛刊》第 32 册，线装书局，2004，第 395 页。
② 罗愿：《罗鄂州小集》卷六《谢谏议传》，《宋集珍本丛刊》第 61 册，第 738 页。
③ 朱熹、吕祖谦：《近思录》卷一〇，《景印文渊阁四库全书》第 699 册，第 104 页。
④ 茅星来：《近思录集注》卷一〇，《景印文渊阁四库全书》第 699 册，第 328 页。

尚书令，左、右仆射，左、右丞，左、右司郎中，员外郎等职位，这些官员均为寄禄官，作用是"以叙位禄，皆不职本司之事"，由于尚书都省"事务至少"，所以"尚书诸司悉他官主判"，① 只处理部分有例可循的一般事务。关于尚书都省的设置地点及办公场所，《文献通考》卷五一载：

> 五代时，尚书都省在兴国坊，今梁太祖旧第。宋太平兴国中，徙于利仁坊孟昶旧第，颇为宏丽，中设都堂、左右丞、左右司、郎中员外郎厅，东西廊分设尚书侍郎厅事二，郎中员外厅事六。②

宋立国后沿袭后周之制，将尚书都省设在兴国坊，即梁太祖的旧府第之中，宋太宗太平兴国七年九月，"新作尚书省于孟昶故第"，将尚书都省徙于利仁坊孟昶旧第。③ 通过上文记载，新搬迁的尚书都省宽敞宏丽，在都省中间设"都堂"，此外还有尚书、侍郎、丞、郎中、员外郎等办公用的本厅。由此可知，尚书省都堂与代指中书门下政事堂的都堂，名称一致而内涵有异。因元丰改制前尚书都省职能甚少，其都堂功能与意义势必不能与中书门下都堂相比，主要是一些仪礼活动的聚议之所，如"集议、定谥、祠祭、受誓戒"④ 等。宋初尚书省都堂聚议制度实际承袭唐五代，唐初有"八座议事"⑤ 制度，八座议事作为宰相机构尚书省的办公会议，负责中央政府日常重要政务的决策和执行，以及皇帝临时交办的其他事务，会议场所即设在尚书省都堂，"八座"由尚书左、右仆射（或尚书令、仆射）和六部尚书组成，此后随着尚书省退出宰相机构。"其国政枢密皆委中书，八座之官但受成其事而已"，⑥ 八座议事的职能逐渐被政事堂会议取代。但八座议事并未废除，其形式逐渐演变为扩大化的尚书省都堂聚议，历五代至宋，都堂聚议的形式与性质有

---

① 徐松辑《宋会要辑稿》职官四之一，第3095页。
② 马端临：《文献通考》卷五一《职官考五》，第1473页。
③ 李焘：《续资治通鉴长编》卷二三，太平兴国七年九月癸丑，第528页。
④ 徐松辑《宋会要辑稿》职官四之一，第3095页。
⑤ 杜佑：《通典》卷二二《职官四》，第603页。
⑥ 《唐六典》卷一《尚书都省》，中华书局，1992，第6页。

所改变。

关于尚书省都堂聚议，史载："国初，典礼之事当集议者，皆先下诏。都省吏以告当议之官，悉集都堂。"① 即应当聚议的仪礼事务，由尚书省组织实施，在尚书省都堂举行。中书都堂（政事堂）共议与尚书省都堂聚议除了所议事务本身重要性有重要区分外，还有参会人数以及形式方面的不同，中书都堂议事参加人员是宰辅，一般是现任宰相和副宰相（参知政事），形式灵活，人数较少，一般三至五人。而尚书省都堂聚议，史载：

> 大凡在内庭论职不论官，入都省论官不论职。如学士带两省官及都省官，议事之日，入都省并缀本班坐。每议事，有司于都堂陈帘幕，设左右丞坐于堂之东北，面南向；设中丞坐于堂之西北，面南向；设尚书、侍郎坐于堂之东厢，面西向；设两省常侍、舍人、谏议坐于堂之西厢，面东向。②

由上可知，在内廷（包括在中书门下、枢密院议事以及在殿廷向皇帝奏事时），一般是根据官员实际差遣的大小安排次序。而在尚书省都堂讨论事务时，参加官员包括六部尚书、侍郎、御史中丞、左右丞、诸学士、中书舍人、谏议、常侍、御史、知名表郎官等，人数众多，且按本官阶的大小安排座次方位，规定严格。除了座次外，官员下马地点也按官阶大小划定："仆射已上得乘马至都堂，他官虽同中书门下平章事，止屏外。"③ 即参加都堂聚议的官员只有本官阶在尚书仆射以上的才可以至都堂屏内下马，其他官员一律在屏外下马步行至都堂。另外，宋敏求《春明退朝录》亦载："尚书省旧制，尚书侍郎、郎官，不得着鞍鞋过都堂门。"④ 鞍鞋即拖鞋，这也是对尚书省官员进出都堂的一种约束，即要求穿着规范庄重。再者，除以上规定外，尚书省都堂聚议还有一套

---

① 王应麟：《玉海》卷一六一《宋朝都堂》，第 2966 页。
② 田况：《儒林公议》卷下，《全宋笔记》第 8 册，第 185 页。
③ 徐松辑《宋会要辑稿》仪制八之一，第 2449 页。
④ 宋敏求：《春明退朝录》卷下，第 39 页。

程序：

> 左、右丞升厅，省吏抗声揖群官就坐，知名表郎官以所议事授所司奉诣左、右丞，左、右丞执卷读讫授中丞，中丞授于尚书、侍郎，以次读讫，复授知名表郎官。将毕，左、右丞奉笔叩头揖群官，以一副纸书所议事节署字于下，授四坐。监议御史命吏告云："所见不同者请不署字。"以官高者为表首。①

聚议程序包括揖礼就坐、宣读事项、署字签名等，虽为"聚议"，但实际上并无商议讨论环节。所议之事在聚议前已将结果意见拟定，聚议时只是轮流宣读，然后众官依官阶大小依次署名，"故都堂会议，列状以品，就坐以官"，② 有异议者则不署名。这种聚议流于形式，基本是走过场。《宋会要辑稿》礼五八记载了英宗治平时期定谥的法律条文：

> 《治平编敕》："文武臣僚薨卒合定谥者，本家于葬前陈请定谥。在外州者，本州据本家所请奏闻；在京者具状申考功。仍并取索自出身至赠官已来行状三本，缴连申考功，即牒太常礼院即日集官议谥，下考功覆议，判都省官即于都堂集合省官议定闻奏，牒本家及史馆遵行。"③

以上记载进一步印证了尚书省都堂议谥的性质，在文武官员的定谥过程中起主要作用的是吏部考功司和太常礼院，考功司负责组织协调，太常礼院负责具体商议谥号，议定后再由考功司审覆，然后呈交尚书都省，由都省长官集合众官在都堂再次议定，实际在程序上"都堂议定"只是走流程而已，并无实际意义，最后由都省上奏皇帝核准，下发请谥的家人及史馆施行。由于都堂议谥等活动流于形式、内容空

---

① 《宋史》卷一二〇《礼志七三》，第 2821~2822 页。
② 李焘：《续资治通鉴长编》卷一二〇，景祐四年三月丙申，第 2824 页。
③ 徐松辑《宋会要辑稿》礼五八之四、五，第 2015 页。

泛，一些官员不愿参加，如带三省官衔的两制、具有实职差遣的三司等机构官员多"移牒不赴"。① 甚至在都堂议谥时，与会官员的餐饮需要请谥之家来提供。景祐四年（1037）六月，权判尚书都省宋绶言："本省集官覆谥，而请谥之家皆自具饮馔。夫考行易名，用申劝沮，而缘其私馈，颇非政体，请自今官给酒食。"这种情况实在有损朝廷颜面，所以仁宗批准了宋绶的奏请。② 至和二年（1055）十一月，宣徽南院使判延州吴育上奏言：

> （尚书省）自唐末五代，因循苟且，杂置他局，事无本末，不相维持，使天下之大有司废为闲居。……今惟定谥时，一会都堂。是行其小而废其大，论者深惜之。③

吴育的奏言指出尚书省职事荒废的情况，同时也反映出尚书都省及其都堂地位的衰微。尚书省都堂聚议虽然流于形式，但它所"议"结果却代表着"公议"，即获得了朝臣的一致或多数认可，具有象征意义。再者，尚书省都堂聚议的座次方位排序论官不论职，④ 体现出对有官阶无差遣官员的尊重和优待。如在真宗朝享有崇高威望、任相十余年的宰相王旦，在天禧元年（1017）七月因病重辞去相位，真宗册拜其为太尉，并"令礼官草具尚书省都堂署事之仪"。⑤ 王旦辞相任太尉，在当时按礼制属于异恩，之前并无都堂署事的仪礼安排，所谓"署事"即聚议活动，所以才专门命令礼官制定方位座次等相关仪节。都堂聚议直至宋神宗熙宁时期仍然举行。如熙宁八年，有两朝定策之功的前宰相韩琦病逝，神宗亲自

---

① 徐松辑《宋会要辑稿》仪制八之四，第 2450 页。

② 徐松辑《宋会要辑稿》礼五八之三，第 2014 页。

③ 李焘：《续资治通鉴长编》卷一八一，至和二年十一月乙丑，第 4383 页。

④ 按：此处的"职"指的是官员担任的实际差遣，并非所带的诸殿馆阁的学士、直阁等贴职、职名等。

⑤ 司马光：《涑水记闻》卷七，第 143 页。按：王旦曾制授太尉兼侍中任相，因自宋开国至真宗天禧元年之前，尚无一人以太尉本官任相者，后辞，并以太保兼门下侍郎任相，此次罢政，仍转官阶太尉，体现出真宗对其眷顾有加，以示优抚。参见田志光《北宋前期宰相官衔新探》，《北大史学》第 15 辑，北京大学出版社，2010。

撰写神道碑文，并篆碑首曰"两朝顾命定策元勋之碑"。① 史载"忠献韩公以永兴节度、司徒兼侍中薨下邽，上震悼罢朝，变服制，以尚书令告于第，又以配英宗庙，食告于朝，都堂集议，合'虑国'、'入贤'二法易公名"，② 即在都堂议定韩琦谥号等事项。

综上所述，在北宋元丰改制前，中书门下（中书）作为宋朝中央政府，主管全国民政事务，拥有一套完整的体系，而政事堂作为中书的公共办公场所，偶尔可以代指中书门下，即少数史籍中所谓的"别置中书于禁中，是为政事堂"。③ 但二者本质不同：中书都堂在内涵上等同于中书政事堂，功能与性质相同，是一个机构的两种称谓；而尚书省都堂主要作为仪礼事务的聚议之所，功能和地位与中书都堂差异巨大。

第二节　北宋元丰改制后的三省都堂

宋神宗元丰五年（1082）五月实施官制改革，中书门下分为门下省、中书省、尚书省。宋朝中枢民政事务运行由原来决策执行一体化的中书门下体制转变为三省体制，三省成为名副其实的宰相机构。改制后的中书省与门下省仍设在禁中，《续资治通鉴长编》卷三四一载其地理位置："以旧中书东西厅为门下、中书省，都堂为三省都堂。"④《宋宰辅编年录校补》记载更为具体："以旧中书东西厅为门下、中书省，都台（堂）为三省都堂。徙建枢密院于中书省之西。以故枢密、宣徽、学士院地为中书、门下后省，列左右常侍至正言厅事，直两省之后。"⑤ 宋人陈元靓《事林广记》后集卷六"宫室类"绘有北宋东京（开封）宫城图（见图5-1）。

---

① 王称：《东都事略》卷六九《韩琦传》，第575页。
② 元绛：《追荣集序》，《国朝二百家名贤文粹》卷一五八，《全宋文》卷九二九，第43册，第207页。
③ 王应麟：《玉海》卷一六一《宋朝政事堂》，第2999页。
④ 李焘：《续资治通鉴长编》卷三四一，元丰六年十二月甲申，第8211页。
⑤ 徐自明撰，王瑞来校补《宋宰辅编年录校补》卷八，元丰五年四月，第497页。

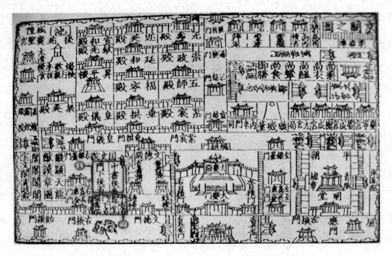

图 5-1　北宋东京（开封）宫城图

资料来源：陈元靓：《事林广记》后集卷六"宫室类"，中华书局，1963，第 147 页。

　　图 5-1 中①所指的方框区域为中书后省和门下后省所在地，即元丰改制前的枢密院、宣徽院、学士院所在区域。图中②所指方框区域从右起依次为中书省、三省都堂、门下省和枢密院，① 也就是改制前的中书门下所在地，中书都堂（即政事堂）改称为"三省都堂"，简称"都堂"。再看尚书省，在新设三省之中，尚书省机构众多，下辖六部二十八司。② 改制之前的三司、审官东西院、三班院、流内铨、审刑院等机构也并入尚书省。由于尚书省机构庞大，无法容纳于禁中，元丰改制伊始，"以新省营缮未毕，凡寓治四所：一、旧三司，二、旧司农寺，三、旧尚书省，四、三司使廨舍"，③ 即以原尚书省、三司、司农寺等机构作为新尚书省的暂用办公之所，元丰五年五月，在"殿前司廨舍地"开始修建新尚书省及六部诸司，元丰六年十月建成。④

---

① 关于此区域四个官署的顺序依《宋宰辅编年录校补》"徙建枢密院于中书省之西"以及其他文献记载，从左依次应为枢密院、中书省、都堂、门下省，对此下文也有探讨。
② 尚书省吏部由于职能较多，内设尚书左选、尚书右选、侍郎左选、侍郎右选、司封、司勋、考功七司。尚书省户部下设左曹、右曹、度支、金部、仓部五司。其余礼、兵、刑、工等四部均下设四司。因此，尚书省总共有二十八司。
③ 徐松辑《宋会要辑稿》职官四之六，第 3098 页。
④ 李焘：《续资治通鉴长编》卷三四○，元丰六年十月庚子，第 8192 页。

由于新省建在宫外，空间广阔，元丰时期任礼部主客郎中的庞元英《文昌杂录》载：

> 建尚书新省，在大内之西，废殿前等三班，以其地兴造，凡三千一百余间。都省在前，总五百四十二间，中曰令厅，一百五十九间。东曰左仆射厅，九十六间；次左丞厅，五十五间；次左司郎中厅，二十间；次员外郎厅，二十间。西曰右仆射厅，九十六间；次右丞厅，五十五间；次右司郎中厅，二十间；次员外郎厅，二十间。其后分列六曹，每曹四百二十间。①

尚书都省设官有尚书令（不除），左、右仆射，左、右丞，左、右司郎中，员外郎，各一人，都省设吏六十四员。② 关于新建尚书省的位置，陆游《老学庵笔记》卷五亦载"元丰间，建尚书省于皇城之西"，③ 所载方位与《文昌杂录》同。北宋地理学家朱彧《萍洲可谈》载："元丰间移尚书省于大内西，切近西角楼，人呼为'新省'。崇宁间，又移于大内西南。"④ 孟元老《东京梦华录》载："大内西去，右掖门祆庙。直南浚仪桥，街西尚书省东门，至省前横街，南即御史台，西即郊社。省南门正对开封府后墙，省西门谓之西车子曲。……次曰吴起庙，出巷乃大内西角楼。"⑤《东京梦华录》记载的是徽宗崇宁至宣和时期的尚书省四至方位，因崇宁间尚书省曾往大内西南方向偏移，所以结合诸上文献，可推知元丰六年新建尚书省大致位置（见图5-2）。

如前文所述，改制后的尚书省长官——左、右仆射分别兼任中书省、门下省的侍郎，以行中书令和侍中之职，作为左相（首相）和右相（次相），另外，还有副宰相——中书侍郎、门下侍郎、尚书左右丞，他们与左右宰相构成三省宰辅。如有需要协商共议的事务，三省宰辅可就近在

---

① 庞元英：《文昌杂录》卷三，《全宋笔记》第12册，第166~167页。
② 徐松辑《宋会要辑稿》职官四之五，第3097页。
③ 陆游：《老学庵笔记》卷五，第62页。
④ 朱彧：《萍洲可谈》卷一，《全宋笔记》第26册，第6页。
⑤ 孟元老撰，邓之诚注《东京梦华录注》卷三《大内西右掖门外街巷》，第82~83页。

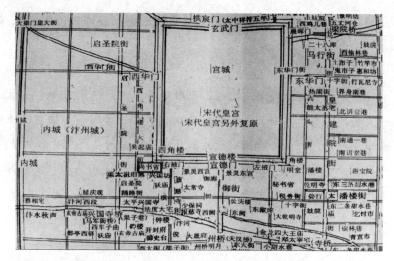

图 5-2　北宋东京城（内城）复原图（局部）

资料来源：张驭寰：《北宋东京城建筑复原研究》附《北宋东京城复原图》，浙江工商大学出版社，2011。按：张先生所标注的尚书省大致位置与史籍记载相符，但其标注的尚书省规模却远小于《文昌杂录》及《东京梦华录》所载规模，尚书省的四至应更广，应包含图中的梁太祖旧第、兴国坊，北至吴起庙。

"三省都堂"商议。如事涉军务，枢密院长贰官员也要赴都堂商议。由于三省、枢密院共议军政事务较多，元丰八年（1085）四月丁丑，"诏许枢密院依旧制开便门，与中书省相通，赴都堂议事"。① 又据《东京梦华录》载一官署在禁中位置，"右掖门里西去乃天章、宝文等阁。宫城至北廊约百余丈。入门东去街北廊乃枢密院，次中书省，次都堂，次门下省"，② 可知四官署在禁中右掖门内由西向东依次是枢密院、中书省、三省都堂、门下省。这样的布局使枢密院朝东开门便通向中书省，然后官员可再赴都堂与三省商议政务。此时的"都堂"仍为议事场所，但与改制前的中书都堂有许多不同，此时的都堂在中书省与门下省中间，独立于三省之外，之所以称为"三省都堂"，表示它并不附属于某一省，这更能体现出神宗所倡导的"三省体均"③ 的改制思路。这与改制前中书都堂设置在中书门下之内，作为其不可分割的一部分，形成鲜明对比。这种布局与

---

① 李焘：《续资治通鉴长编》卷三五四，元丰八年四月丁丑，第 8476 页。

② 孟元老撰，邓之诚注《东京梦华录注》卷一《大内》，第 31 页。

③ 李焘：《续资治通鉴长编》卷三二七，元丰五年六月乙卯，第 7871 页。

结构设计，致使"都堂"功能发生了重要变化。

北宋元丰改制前，中书门下与枢密院就军民事务的合作方式是，战时密切协作甚至是长官兼任，和平时期则各自相对独立地开展工作。① 战时，二府聚议地点并不在中书门下的都堂（政事堂），而是另辟新地——南厅。仁宗宝元元年（1038）十月，西夏元昊正式称帝，开始不断进攻宋朝边境地区。为了应对西夏侵扰和提高军政处理效率，康定元年（1040）三月癸未，"诏中书别置厅与枢密院议边事，遂置厅于枢密院之南"，② 即专门开设了供二府共议军政的场所。后来英宗治平三年（1066）五月又令"中书、枢密院自今朔望会于南厅"，③ 即规定了二府聚议的时间和频率，形成了二府分理军民政务及定时"南厅"聚议的协作机制。④中书都堂仅作为中书宰辅的议事场所，作为执政的枢密院长官一般不会在中书都堂与宰相、副宰相等共议军政。关于改制后三省、枢密院的职权运行机制，有如下诏令规定：

> 中书省、枢密院面奉宣旨，别以黄纸书，中书令、侍郎、舍人宣奉行讫，录送门下省，为画黄。受批降若覆请得旨及入状得画事，别以黄纸，亦书宣奉行讫，录送门下省，为录黄。枢密院准此，惟以白纸录送面得旨者为录白，批奏得画者为画旨。门下省被受录黄、画黄、录白、画旨皆留为底，详校无舛，缴奏得画，以黄纸书，侍中、侍郎、给事中省审读讫，录送尚书省施行。⑤

通过以上可知枢密院将取旨后"录白""画旨"送门下省审覆，门下省在接到枢密院进呈文字，详细校审无误后，或是枢密院文字有疏误经门下省缴驳得到批准后送尚书省施行。如元丰五年十一月丙申，门下省奏："枢密院差入内东头供奉官李宗立领万寿观，不当为提点。"诏改为管

---

① 田志光：《试论北宋前期宰辅军事决策机制的演变》，《史林》2011 年第 2 期。
② 李焘：《续资治通鉴长编》卷一二六，康定元年三月癸未，第 2992 页。
③ 徐松辑《宋会要辑稿》职官一之七七，第 2979 页。
④ 田志光：《北宋宰辅政务决策与运作研究》，第 110 页。
⑤ 徐松辑《宋会要辑稿》职官一之一九，第 2948 页。

勾。① 即枢密院的人事除授在经门下省审覆时，门下省认为不符合规制驳回，结果枢密院不得不调整任命。元丰八年（1085）七月丙午，三省、枢密院言："同差除及进呈文字，理须会议者，先于都堂聚议。"② 即官员除授及取旨事项，如需三省、枢密院共议的必须先在都堂聚议，此提议得到了哲宗与宣仁太后的批准。这样强调了都堂的正式聚议功能。如哲宗元祐元年（1086）二月，尚书左丞吕公著上札子言：

> 勘会司马光近建明役法文字，大意已善……今章惇所上文字，虽其言亦有可取，然大率出于不平之气，专欲求胜，不顾朝廷命令大体。早来都堂三省、枢密院会议，章惇、安焘大段不通商量。况役法元不属枢密院，若如此论议不一，必是难得平允。③

当时朝廷哲宗年幼，宣仁太后垂帘听政，实施元祐更化，酝酿废除熙丰时期的新法。此时反对新法尤甚的司马光担任门下侍郎，提出罢免役行差役的方案，尚书左丞吕公著亦支持，而在都堂商议时，却遭到知枢密院事章惇和同知枢密院事安焘的反对，致使差役方案短时期内无法商得一致。

元祐元年闰二月，宣仁太后为了加快废除新法的步伐，罢免了支持新法的左相蔡确，将之出知陈州。积极反对新法的门下侍郎司马光升任左相，于是再次奏请起用已经致仕的元老重臣、年逾八十的前宰相文彦博。④ 关于如何安排文彦博的职务，元祐元年四月末司马光提出意见：

> 若以正太师平章军国重事，令五日或六日一入朝，因至门下、中书、都堂，与诸执政商量，重事令执政就宅咨谋，其余常程文书，只

---

① 李焘：《续资治通鉴长编》卷三三一，元丰五年十一月丙申，第 7977 页。
② 李焘：《续资治通鉴长编》卷三五八，元丰八年七月庚戌，第 8567 页。
③ 李焘：《续资治通鉴长编》卷三六七，元祐元年二月丁亥，第 8837 页。
④ 按：司马光于元丰八年五月就任门下侍郎时曾提议起用文彦博，太后恐文彦博有震主之威，以朝中无职位安排为由婉拒了司马光的建议。参见李焘《续资治通鉴长编》卷三六八，元祐元年闰二月庚寅，第 8854 页。

委仆射以下签书发遣。如此亦足以尊大臣，优老臣矣。①

元祐元年五月丁巳，宣仁太后高氏降制：

> 授（文彦博）太师、平章军国重事。可一月两赴经筵，六日一
> 入朝，因至都堂与执政商量事，如遇军国机要事，即不限时日，并令
> 入预参决。其余公事，只委仆射以下签书发遣，俸赐依宰臣例。②

从高氏所降制书看，基本上同意了司马光关于文彦博职权的建议，然
而通过仔细对比制书内容与司马光提议还是有些许实质上的差别：一是制
书中同意文彦博六日一赴都堂共议政事，但未准其入中书省、门下省与宰
辅议政；二是如有军国机要事务才可以参与共议，而不能像司马光提议的
那样重要事务即令执政大臣赴其住宅咨询。从高氏对文彦博职权的界定来
看，其不想让文彦博参与太多的政务，而且议政的地点只有都堂，不能赴
中书和门下二省，更不能在私邸商议政事。这样，强调了都堂作为三省共
议政事唯一正式场所的地位。高氏如此安排既可以保证司马光的首相权威，
让其继续主持废除新法事宜，其权力亦不会因文彦博的职权而被削弱，又可
以实现"借其威名宿望，以为朝廷之重"③的目的，增加反变法派的力量。
在任命文彦博的同时，宣仁太后又任命门下侍郎吕公著为右仆射兼中书侍郎
（右相）。吕公著上任后立即推动宰辅官"日聚"都堂议事，史载：

> 自蔡确、章惇罢，司马光已卧疾，及韩缜去位，公著常摄宰相
> 事。先是，执政官每三五日一聚都堂，堂吏日抱文书历诸厅白之，故
> 为长者得以专决，同列难尽争也。光尝恳确欲数会议，庶各尽所见，

---

① 李焘：《续资治通鉴长编》卷三七六，元祐元年夏四月末，第 9141 页。按：该段
中"因至门下、中书、都堂"一句，中华书局点校本《续资治通鉴长编》原为
"因至门下、中书都堂"。据分析司马光奏请令文彦博赴门下省、中书省、都堂与
诸执政商议政务，因为此时已不存在中书都堂，更无中书省都堂，所以"中书"
一词后应加标点。
② 李焘：《续资治通鉴长编》卷三七七，元祐元年五月丁巳，第 9148 页。
③ 李焘：《续资治通鉴长编》卷四三七，元祐五年正月甲午，第 10549 页。

而确终不许。公著既秉政，乃日聚都堂，遂为故事。①

由上可知，元祐元年五月之前曾实施执政官每三至五日一聚都堂议事。元丰改制后，由于左、右仆射分别兼任中书省、门下省的侍郎，分别代行中书令和侍中的职权，他们办公理政的顺序是："门下、中书省执政官兼领尚书省者，先赴本省视事，退赴尚书省。"② 也就是说，左、右仆射要先在中书省和门下省处理政务，然后再回作为执行机构的尚书省办理政事，最后交尚书六部具体实施。通过前文分析，尚书省由于设在皇宫外西面（西角楼附近），与设在皇宫内的中书省、门下省还有一段距离，由于都堂议事每三至五日一次，频率相对较低，于是都堂吏员常常持文书往来奔波于各个宰辅本厅之间，造成行政效率的低下。这样当左、右仆射在尚书省办公期间，如遇需共议的一般政务，限于尚书省与中书、门下二省的距离及都堂议事频率，在政务处理中会出现个别宰辅专断的情况。这种局面应该发生在哲宗即位至元祐元年闰二月蔡确与章惇当政时，当时蔡确担任左仆射兼门下侍郎为首相，司马光任门下侍郎为副宰相，正是蔡确的直接下属，而章惇任知枢密院事，为枢密院的长官。蔡、章二人为新法派代表，在政治立场上与以司马光、吕公著为首的反变法派互异，所以政见时常相左。"每议一事，一人曰可，一人曰否，一与之合，一与之离，有终日不能决一者。"③ 面对这种"异论相搅"的情况，司马光才恳请蔡确多参加都堂聚议，而蔡确却不加理睬，以便行专断之实。

以上局面持续到蔡确、章惇被罢免，吕公著任右相后才改变。然而此时已升任左仆射兼门下侍郎（左相）的司马光病重，不能每日赴都堂议事。于是宣仁太后诏许司马光"乘轿子三日一至都堂聚议，或门下（省）、尚书省治事"。④ 作为尚书省与门下省长官的司马光，在处理二省事务外，可以三日一赴都堂参加聚议。元祐四年（1089）八月，司马康上奏其父司马光遗稿，其中有司马光请求"以都堂为政事堂"的内容，

---

① 李焘：《续资治通鉴长编》卷三七七，元祐元年五月丁巳，第9147页。
② 李焘：《续资治通鉴长编》卷三二三，元丰五年二月癸丑，第7775页。
③ 李焘：《续资治通鉴长编》卷三六二，元丰八年十二月甲戌，第8672页。
④ 李焘：《续资治通鉴长编》卷三七七，元祐元年五月戊午，第9149页。

《续资治通鉴长编》卷四三一载：

> 欲乞依旧令中书、门下通同职业，以都堂为政事堂，每有政事差除及台谏官章奏，已有圣旨三省同进呈外，其余并令中书、门下官同商议签书施行。事大则进呈取旨降敕札，事小则直批状指挥，一如旧日中书门下故事。①

司马光《传家集》也记载了这段话，并在后附有"元祐元年与三省同上"② 一语。那么该奏疏具体作于何时呢？据笔者考证应作于元祐元年八月中下旬。③ 而当时日聚都堂正全面实施，司马光此疏即建议令中书取旨、门下审驳的职能合而为一，中书省与门下省长官共同签署政令督促实施，重要政事二省奏请圣裁，一般事务则直接下批状指挥实施。其奏请三省都堂改为政事堂，即将三省、枢密院的聚议场所——都堂实体化，进一步推动日聚都堂议事的制度化，即回到元丰改制前的中书门下政务运行机制。很显然，在司马光心里，此时的都堂与元丰改制前的中书门下政事堂（都堂）是不同的，无论是之前实施的三至五日一聚都堂，还是自己三日一至都堂，抑或目前实施的日聚都堂，表明都堂只是议事场所，它不属于任何一省，也不能代表某一省，能否参加都堂聚议并不代表是否享有宰辅权力，宰辅们于都堂聚议之外的绝大部分时间是在本省办公理政，并不影响宰辅个人权力的行使。而元丰改制前的中书都堂（政事堂）作为中书门下的内设机构和办公场所，与改制后作为议事场所的三省都堂有本质区别，所以司马光在奏请中书省与门下省职能合一的同时，要将三省都堂改为政事堂。当然，在司马康上呈此奏疏时已是元祐四年八月，宣仁太后并未采纳司马光的建议改革三省机构。

元祐三年（1088）四月，倡议日聚都堂的右相吕公著以老辞位，宣

---

① 李焘：《续资治通鉴长编》卷四三一，元祐四年八月癸卯，第10410页。
② 司马光：《传家集》卷五七《乞合两省为一札子》，《景印文渊阁四库全书》第1094册，第506页。
③ 田志光：《北宋中后期三省决策与权力运作机制》，《史林》2013年第6期。

仁太后改任其为司空、同平章军国事，"二日一入朝，因至都堂议军国事"，① 并规定"勿限时出省，常行文字免签书，及附近东西府置公廨，执政有所议，听就议"。② 此后吕公著二日一赴都堂议事，但其参与政事的机会并未减少。东西府为三省、枢密院等宰辅官居住的府第，史载："熙宁三年九月二十六日（癸丑）作东西府，于掖城之南，凡八位，总千二百楹。东府第一位一百五十六阅，余各一百五十三间。明年秋八月，东西府成。"③ 东西府自熙宁三年（1070）九月兴建至熙宁四年八月完成，规模较为可观。建设东西府"以居宰执，与右掖门相对"。④ 通过前文所附"北宋东京（开封）宫城图"（图 5-1）与"北宋东京城（内城）复原图"（图 5-2）可知，因东西府在掖城南，与右掖门相对，所以距离三省、枢密院较近，在东西府为吕公著置公廨，即设置办公室，执政官如有需共议和咨询的政务，则直接赴其府第的办公室。史载：

> 诏建第于东府之南，启北扉以便执政会议，三省、枢密院条例所当阙者，目曰军马（国）事焉。一月三至经筵，间日一入朝，非朝日不至都堂。⑤

引文中在东府之南建第，即指为吕公著所置公廨。自宋立国以来在宰相府第设置办公室处理国政的，吕公著还是第一人，这被后来一些权相所袭用，致使正常的议事机制被破坏。"间日一入朝"即指每两日一赴禁中面圣，并入都堂议事，而其他时间则不入都堂，因此由其倡导实施宰辅官"日聚"都堂议事机制也就无法正常维系了。吕公著就任平章军国事后，虽不必每日赴都堂聚议，但是其"事无大小，皆得平章，名虽亚于（文）

---

① 李焘：《续资治通鉴长编》卷四〇九，元祐三年四月辛巳，第 9964 页。
② 李焘：《续资治通鉴长编》卷四〇九，元祐三年四月辛巳，第 9965 页。
③ 王应麟：《玉海》卷一六六《熙宁东西府》，第 3090 页。
④ 王安石撰，李壁注《王荆公诗注》卷二八《张侍郎示东府新居诗因而和酬二首》，《景印文渊阁四库全书》第 1106 册，第 193 页。
⑤ 杜大珪编，顾宏义、苏贤校证《名臣碑传琬琰集校证》下卷一〇《吕正献公公著传》，上海古籍出版社，2021，第 1933 页。

彦博，权则过之，实兼三省侍中、中书令、尚书令之职"，① 成为三省实际上的长官，职权甚广。元祐四年（1089）二月甲辰，司空同平章军国事吕公著去世。之后，三省都堂作为聚议之所仍然发挥应有的功能。如元祐四年五月癸酉，诏："三省遇内降及生事文字，如合系三省、枢密院同聚，或三省聚议文字，令逐省呈覆，本省官下笔，赴都堂商议。"② 即明令三省、枢密院在办理皇帝内旨或处理无明文规定的事项时，需要各部门先形成初步意见，仍赴都堂聚议。如元祐六年（1091）六月，知延安府赵卨卒，作为西北军事重镇延安府的行政长官人选，需要枢密院与三省在都堂聚议商定，史载：

> 枢密院闻赵卨死，韩忠彦与王岩叟议所以代卨者，惟（范）纯粹可，及都堂聚议，吕大防亦以为莫如纯粹。忠彦曰："向以纯粹轻，尝议韩缜。"大防曰："老矣，亦难往。"刘挚曰："前执政中宜有人。"众不应。苏辙曰："旧闻曾欲用范尧夫。"大防曰："尝有言者，遂已。"苏颂、傅尧俞无所可否，岩叟谓："无以易纯粹。"于是进呈纯粹除目。③

以上记载是三省、枢密院都堂共议差除的典型事例，三省与枢密院长官全部与会。时韩忠彦任同知枢密院事，王岩叟任签书枢密院事，当时知枢密院事未授人，所以枢密院只有此二人为正、副长官。三省中，吕大防任左仆射兼门下侍郎（左相），刘挚任右仆射兼中书侍郎（右相），傅尧俞任中书侍郎，苏颂任尚书左丞，苏辙任尚书右丞，门下侍郎时未授人。当时三省中有以上五位长官。在讨论中各位宰辅发表了意见或表明了立场，最后议定由范纯粹为延安知府人选，呈哲宗与宣仁太后裁定。

元祐八年（1093）九月宣仁太后高氏去世，哲宗开始亲政，大力起用变法派官员。新法派代表人物章惇此时任左仆射兼门下侍郎为首相，在

---

① 徐自明撰，王瑞来校补《宋宰辅编年录校补》卷一〇，绍圣四年二月，第635页。
② 李焘：《续资治通鉴长编》卷四二六，元祐四年五月癸酉，第10299页。
③ 李焘：《续资治通鉴长编》卷四五九，元祐六年六月丙申，第10982~10983页。

朝中十分跋扈，"章惇，排斥元祐者也，在帘前奏事，悖傲不逊，都堂会议，以市井语诮侮同列"，① 即使在都堂聚议时亦用市井之言讥讽同僚，招致台谏官的劾奏。这一事例表明都堂聚议此时仍在实施。徽宗时期，权臣蔡京四次秉政，② 当政时间共计 14 年 5 个月，约占徽宗在位时间的二分之一。政和二年（1112）五月蔡京落致仕后，并未立即复相，而是以太师身份，"三日一至都堂议事"。③ 此外还"每日赴朝参，退至都堂，聚议于中书省前厅直舍，治事毕，直即以尚书令厅为治所，仍押敕札"。④ 蔡京每日赴朝参使其获得面圣的机会，之后在都堂（三日一至）聚议，然后在中书省处理政事，最后以尚书省令厅作为常设办公地点，签押敕札，处理尚书省政务。然而随着蔡京权势的增强，其行事多专断独裁，甚至假借御笔处置政事，史载："（蔡）京益专政，患言者议己，故作御笔密进拟，而丐徽宗亲书以降出也，违御笔，则以违制坐之。以坏封驳之制，事无巨细，皆托而行焉，至有不类上札者，而群下皆莫敢言。"⑤ 蔡京借御笔手诏处理大小政务，破坏了中书出令、门下审驳的三省运行机制。政和六年（1116）四月，徽宗又令蔡京"轮往逐省通治三省事，以正公相之任"。⑥ 这样一来，三省决策与政务处理权高度集中于蔡京一人之手，政事再经都堂聚议已经没有多大意义，因此三省都堂聚议的频率越来越少，为此徽宗还下过一道诏令：

　　　自我烈考，肇分三省，都堂为聚议之所，参决国论，延见百辟。元丰以来，成宪具在，遵制扬功，曷可失坠。自今宰执可依旧常聚都

① 邵博：《邵氏闻见后录》卷二，第 17 页。
② 按：崇宁元年五月蔡京由翰林学士承旨任尚书左丞，成为副宰相，进入执政序列。在当年七月任右仆射兼中书侍郎，第一次为相，崇宁五年二月罢（当政 3 年 7 个月）；大观元年正月任左仆射兼门下侍郎，第二次为相，大观三年六月罢（当政 2 年 5 个月 2 天）；政和二年五月任太师，后加总三省事，权力在宰相上，宣和二年六月致仕（当政 8 年零 27 天）；宣和六年十二月落致仕，仍为太师总三省事，宣和七年四月罢（当政 3 个月 27 天）。
③ 徐自明撰，王瑞来校补《宋宰辅编年录校补》卷一二，政和二年五月己巳，第 764 页。
④ 杨仲良：《皇宋通鉴长编纪事本末》卷一三一《蔡京事迹》，政和三年五月己巳，第 2225 页。
⑤ 王称：《东都事略》卷一〇一《蔡京传》，第 867 页。
⑥ 徐松辑《宋会要辑稿》职官一之三一、三二，第 2955 页。

堂，夙夜匪懈，以弼予政治。①

该诏令是在政和七年（1117）正月二十日颁布，说明当时都堂聚议制度已经不能像之前那样正常实施了。该诏令颁发后都堂聚议是否走向正轨呢？政和七年八月二十五日，有臣僚奏言：

> 恭帷神考，肇正六官，振饬百度，辟三省以总天下之事，建都堂以为聚议之所。体统既立，国论以定，规模垂后，所当谨守。……臣窃见比来大臣退朝，随即分省治事，都堂闭阁，动辄经月。政事当合议者，或群至于省廷，则非所以养廉耻。②

从以上奏言可知，在政和七年正月颁布纠正与规范都堂聚议的诏令后，三省都堂聚议制度仍未恢复正常。宰辅官退朝后的分省治事，自元丰末由吕公著奏请实施，③ 至此时仍然实行。在这一时期，都堂聚议的频率一般是几日一聚，最频繁时是日聚，从未像此时整月都不聚议的。关键是合议的地点改到"省廷"，据前文分析在政和二年五月后蔡京以尚书令厅为治所，在此签署敕札命令等。因此，该"省廷"很可能就是指的尚书省中间的令厅，以此为聚议地点更有利于贯彻蔡京的旨意。迫于蔡京的权势，该臣僚没有直接明言，但从其部分语词中也可以窥探出对蔡京的不满和鄙夷。当年十一月，徽宗开始削弱蔡京的权力，下诏："五日一朝，次赴都堂治事，诸细务特免签书。"④ 此道诏令明确要求蔡京须在都堂处理政务，频率是五日一赴，从而取消了他在尚书省的治所，其次就是一般政务无须再经蔡京签署批准即可施行。徽宗宣和六年十二月，蔡京落致仕第四次秉政，仍"领三省，五日一赴都堂治事"。⑤ 由于蔡京统领三省事务，但他又不是任何一省的长官，在三省中没有本厅，其在三省都堂中处理政

---

① 徐松辑《宋会要辑稿》职官一之三二，第2956页。
② 徐松辑《宋会要辑稿》职官一之三二，第2956页。
③ 吕中：《类编皇朝大事记讲义》卷一四《正官名》，上海人民出版社，2014，第266页。
④ 《宋大诏令集》卷七〇《宰相》，第341~342页。
⑤ 徐自明撰，王瑞来校补《宋宰辅编年录校补》卷一二，宣和六年十二月癸丑，第807页。

务也是合理之举。此时蔡京已年过八旬，"目盲不能书字，足蹇不能拜跪。其子（蔡）绦用事，凡判笔，皆绦为之，仍代京禁中奏事"。① 所以此时规定蔡京五日一赴都堂治事的实际意义不大。

那么都堂"聚议"何时恢复？现存史籍无确载，至钦宗靖康时期，时任知枢密院事的李纲后来撰写一篇《辩余睹事札子》，记载了宋廷商议已降金的辽国贵族余睹与宋盟约之事：

> 宰相徐处仁、吴敏，知枢密院事臣纲，门下侍郎耿南仲，中书侍郎唐恪，尚书右丞何㮚，同知枢密院事许翰，皆聚于都堂。召使人萧伦等，并馆伴官邢倞、张扬，河东转运司张灏，皆使与议。②

由此可见，当时三省与枢密院的全体宰辅官，连同余睹所派使者萧伦以及宋朝馆伴官等皆在都堂聚议，引文中的"知枢密院事臣纲"即指李纲本人。又靖康元年（1126）九月，金太宗命左副元帅完颜宗翰和右副元帅完颜宗望分率两路金兵再次南下，时尚书左丞王寓言："金人犯边，朝廷忧恐，宰相大臣聚议都堂已半月余日矣，所谓守备攻取之策，尚未闻有定说。"③ 以上两个事例说明钦宗靖康时期都堂聚议又复实施，李纲作为枢密院长官，王寓作为副宰相，都是都堂聚议的参与者和见证者。

此外，元丰改制后尚书省是否还像改制前那样建有尚书都省的都堂，以承担一些礼仪活动聚议？答案是肯定的。如哲宗绍圣四年（1097）二月六日，提点河东路刑狱徐君平提及尚书省都堂聚议臣僚谥号的状况，程序仍是"赐群臣谥，定于太常，覆于考功，集议于尚书省"，然聚议仍流于形式，即"集议官聚于庑下，考功吏方约所覆状示之，读未终篇，趣书名而去，至或漠然不知谁何，虽欲建明，而仓卒不暇"。④ 针对这种情况，徐君平于是奏请：

---

① 杨仲良：《皇宋通鉴长编纪事本末》卷一三一引《实录·朱胜非之言》，宣和六年十二月甲辰，第 2230 页。
② 李纲：《梁溪集》卷八二《辩余睹事札子》，《李纲全集》，岳麓书社，2004，第 832 页。
③ 徐梦莘：《三朝北盟会编》卷五二，上海古籍出版社，2008，第 393 页。
④ 徐松辑《宋会要辑稿》礼五八之六，第 2015~2016 页。

愿诏有司，凡集议前期三日，以考功状遍示当议之（官），先绅绎，而后集于都堂询之。庶有所见者，得以自申。从之。①

此奏得到哲宗批准。由此观之，尚书省都堂聚议仍与元丰改制前的性质相同，属于礼仪性质的聚议，一般不涉及军国政务的商讨。但也有特殊情况，需要大规模集合百官共议之事，限于禁中都堂的空间，而在尚书省都堂聚议。如靖康元年十一月，金军已兵临开封城下，钦宗于七日下诏曰："朕曲意议和，而金人必欲得三镇，与之及不与之，反不与，其利害各如何？"钦宗表示自己"从众而行，不敢自任"，并令"百官以明日于尚书省集议以闻……择众议是者行之"。② 此事需要更大范围的商讨，因此将集议地点定在尚书省，具体空间虽未明言，但肯定是尚书省都堂。

一般情况下，史籍记载元丰改制后的都堂大多指的是三省都堂，而元丰改制前，史籍中提及都堂时，还要根据文意来判断指的是尚书省都堂还是中书都堂。再者，元丰改制后是否有"政事堂"代指三省都堂的说法？"都堂"作为宰辅聚议场所的法定名称，在正史、国史等多数史籍中一般都用都堂称呼。然而在部分个人文集、笔记中偶有将"政事堂"代指三省机构或三省都堂的情况，如蔡绦《铁围山丛谈》卷四载"鲁公（蔡京）崇宁末不入政事堂，以使相就第"，③ 指的是蔡京于崇宁五年二月罢左仆射兼门下侍郎（左相），以开府仪同三司、安远军节度使（使相）的身份赋闲在家。此处不入政事堂喻指罢相，即不再进入三省理政。邵伯温《邵氏闻见录》载，元祐初期，司马光秉政废除新法，为迎合司马光，时任知开封府的蔡京"用五日限尽改畿县雇役之法为差役，至政事堂白温公（司马光），公喜曰：'使人人如待制，何患法之不行？'"④ 程俱《北

---

① 徐松辑《宋会要辑稿》礼五八之六，第 2016 页。按：据《宋史》卷一六三《职官志三》，引文"当议之"后加"官"字。

② 徐松辑《宋会要辑稿》仪制八之一七，第 2457~2458 页。

③ 蔡绦：《铁围山丛谈》卷四，中华书局，1983，第 71 页。

④ 邵伯温：《邵氏闻见录》卷一一，第 119 页。按：蔡京知开封府时带职"龙图阁待制"。见徐松辑《宋会要辑稿》礼三七之一三，第 1563 页；彭百川《太平治迹统类》卷二〇《哲宗委任台谏》，江苏广陵古籍刻印社，1981，第 13 册，第 51 页。

山小集》载："绍圣间，公（王涣之）免丧还朝，见宰执政事堂，即请外，既得通判卫州。"[1] 胡寅《斐然集》载，胡安国"未几迁博士，足不蹑权门，期年用法改京秩。至政事堂，请外任。蔡京色变，密使张康国欲荐以馆职，不愿就。……遂除湖北路"。[2] 以上记载均出自个人文集或笔记，将政事堂代指三省中的某一省或三省都堂，指代并不明晰，但概指宰辅办公理政之机构当无异议。

综上所述，元丰改制后，设在禁中皇宫的三省都堂，成为三省聚议或三省与枢密院聚议军民政务的场所。虽然都堂聚议频率在不同时期有所差异，但聚议使宰辅们集思广益，各抒己见，对正确制定决策起到积极的推动作用。元丰改制后的三省都堂并不附属于任何一省，宰辅们都堂聚议结束后各赴本省办公，能否参与都堂聚议对宰辅行使权力并没有大的影响。而改制前的中书都堂（政事堂）作为中书门下的内设机构和公共办公场所，与中书不可分割，能否入中书都堂办公意味着是否拥有宰辅权力。因此，二者称谓虽同，但性质有异。改制后尚书省都堂依然存在，其仍为礼仪活动的聚议之所。而在部分个人文集或笔记中偶有以"政事堂"代指三省或三省都堂的情况。

第三节　南宋时期的都堂

钦宗靖康二年（1127）三月末，金军俘虏徽宗、钦宗及皇后、嫔妃、诸王等自开封北撤，北宋王朝宣告灭亡。当时领兵在外的徽宗第九子、钦宗异母弟赵构，成为宋廷唯一的皇位继承人，同年五月初一，赵构在南京应天府即位，改元建炎，重建赵宋王朝，史称南宋。在建炎初期，由于金国军队的侵逼和追讨，高宗君臣颠沛流离，朝廷飘忽不定。因此，在尚未定都临安前，宋朝宰辅的办公理政之所，仍沿袭北宋称为"都堂"。都堂随行在而定，大小规模并无一定规制，作为宰辅议事和军国政务的处理之所。

---

① 程俱：《北山小集》卷三〇《王公墓志铭》，《宋集珍本丛刊》第 33 册，第 566 页。
② 胡寅：《斐然集》卷二五《先公行状》，《景印文渊阁四库全书》第 1137 册，第 644 页。

高宗建炎元年（1127）六月，积极抗金的资政殿大学士领开封府事李纲被高宗任命为尚书右仆射，兼中书侍郎。当时行在在南京应天府，李纲以"材能浅薄"为由，乞高宗改授他人，高宗不许，"遣御药邵成章宣押（李纲）赴都堂治事，且命执政聚于都堂"。① 此时的都堂即为朝廷临时的理政与聚议之所。又如建炎元年七月癸卯，延康殿学士、提举南京鸿庆宫许翰被委任守尚书右丞，② 成为副宰相，高宗"差内侍押赴都堂治事"。③ 再如建炎元年八月十五日，已升任左仆射兼门下侍郎的李纲称疾上表乞罢相，高宗仍不允，八月十六日，"差内侍宣押（李纲）赴都堂治事"。④ 此时设在南京的都堂成为宰相与其他诸执政的办公议事之地。建炎元年十月，行在从南京迁往扬州，都堂依旧是一个临时的理政场所。建炎二年（1128）八月庚申，承议郎赵子砥自燕山遁归，至行在。高宗"命辅臣召问于都堂，且取子砥所得上皇御书以进"。⑤ 建炎三年（1129）二月初，金兵前锋即将进攻扬州，高宗闻讯立即逃往镇江，后接受御营司都统制王渊"请幸杭州"的建议，于当年二月壬戌奔至杭州，"以州治为行宫，显宁寺为尚书省"。⑥ "百司官吏到者曾无十之一，如三省六房公吏本千余人，得至者其数不满五十，所以行在职务久而不备。"⑦ 此时南宋中枢机构官吏极少，机构建制尚不完备，先设置尚书省作为宋廷政务处理的枢纽，而都堂此时也与尚书省并置，作为宰相的办公之所。此时都堂是否设置在尚书省内，史无明文，但同样也设在显宁寺内定无异议。

建炎三年三月初，御营军将领苗傅、刘正彦逼迫高宗退位，改元"明受"，此后一段时间二人"窃威福之柄，肆行杀戮，日至都堂侵紊机政。……（苗）傅、（刘）正彦日至都堂议事"。⑧ 此时的都堂成为二人

① 李纲：《建炎时政记》卷上，《李纲全集》，第 1649 页。
② 李心传：《建炎以来系年要录》卷七，建炎元年七月癸卯，第 207 页。
③ 李纲：《建炎时政记》卷下，《李纲全集》，第 1676 页。
④ 李纲：《建炎时政记》卷下，《李纲全集》，第 1677 页。
⑤ 李心传：《建炎以来系年要录》卷一七，建炎二年八月庚申，第 406 页。
⑥ 李心传：《建炎以来系年要录》卷二〇，建炎三年二月壬戌，第 464 页。
⑦ 徐梦莘：《三朝北盟会编》卷一二一，第 885 页。
⑧ 《宋史》卷三九九《郑毅传》，第 12122 页。

弄权乱政的政治舞台。时御史中丞郑毂言："朝廷差除行遣多出于统制苗傅、刘正彦之意，二人更迭出入都堂，殆无虚日，外议喧然。"① 同月二十九日，宰相朱胜非召苗傅、刘正彦等到都堂，商议高宗复辟事宜，苗、傅等同意了朱胜非提出的复辟条件。② 高宗得以再次即位，光复建炎年号，说明此时显宁寺内的都堂已是中枢权力与政务运行的中心。

然而建炎三年六月，高宗君臣移跸建康府，以示抗金之意。当时因久雨不止，宰相吕颐浩、张浚求罢，高宗曰："宰执岂可容易去位？来日可召郎官以上赴都堂言阙政。"③ 当年闰八月，高宗仍驻跸建康府，就有关驻跸事项举行都堂集议，《宋会要辑稿》帝系九载：

> 建炎三年闰八月一日，三省可召应行在职事官兵，条具以闻。是日，辅臣吕颐浩召百官就都堂，应诏条具驻跸事，共二十五封，至晚进入。④

这次都堂集议，主要是确定行在下一步的走向。赵鼎《建炎笔录》卷上言："闰八月，车驾在建康。初一日有旨，召百官赴都堂议巡幸岳、鄂、吴、越利害。"⑤ 经过这次都堂聚议，群臣多以吴越为便，于是改变了先前拟赴湖北的计划。由此可知，此时的"都堂"并非杭州显宁寺中的都堂，而是随高宗君臣驻跸地点的临时理政议事之所。之后，随着金军的进逼和临安府的沦陷，高宗君臣离开建康，经临安，逃至明州，于建炎四年（1130）四月驻跸越州，改名绍兴府。在此，高宗君臣得到停歇机会。建炎四年五月辛酉，"诏侍从、台谏，并赴都堂集议分镇利害"。⑥ 六月辛未朔，"诏侍从、台谏、三衙诸军统制，并赴都堂集议驻跸事宜"。⑦ 此时的都堂亦在绍兴府，发挥着临时政务枢纽的作用，并不是传统意义上的

---

① 刘时举：《续宋中兴编年资治通鉴》卷二，中华书局，2014，第33页。
② 李心传：《建炎以来系年要录》卷二二，建炎三年四月戊申，第539页。
③ 李心传：《建炎以来系年要录》卷二四，建炎三年六月己酉，第572页。
④ 徐松辑《宋会要辑稿》帝系九之二六，第225页。
⑤ 赵鼎：《建炎笔录》卷上，《全宋笔记》第31册，第35页。
⑥ 李心传：《建炎以来系年要录》卷三三，建炎四年五月辛酉，第765页。
⑦ 李心传：《建炎以来系年要录》卷三四，建炎四年六月辛未，第777页。

京师三省都堂。绍兴二年（1132）正月，随着金国军队的北返，行在迁回临安府，此后南宋朝廷定都于临安，开始陆续建造中央机构衙署、馆阁和庙宇。因此，有必要对南宋临安三省、枢密院、六部等机构的区位做一探讨（见图5-3）。

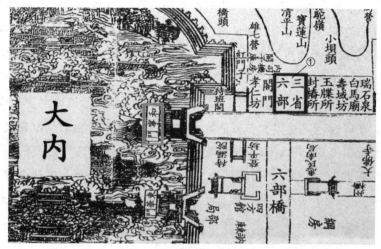

图 5-3　《皇城图》局部

资料来源：姜青青：《〈咸淳临安志〉宋版〈京城四图〉复原研究》附《皇城图》，上海古籍出版社，2015，第 107 页。

图5-3中①所指即是三省六部整体区位。通过此图可清晰看出三省六部在朝天门路北，与六部桥隔街相对。而现存史籍亦可提供相关佐证，《建炎以来朝野杂记》甲集卷二载："今三省、枢密院，旧显宁寺。"① 说明除显宁寺内的尚书省外，还设有中书省、门下省以及枢密院。《（乾道）临安志》卷一载："尚书省、中书省、门下省、枢密院，已（以）上在和宁门外之北。"② 出现了皇宫和宁门，从图中可看出，三省六部即在和宁门外路北。《（咸淳）临安志》卷四载："尚书省、中书省、门下省、枢密院，在和宁门北，旧显宁寺，绍兴二十七年建。"③ "绍兴二十七年建"，

---

① 李心传：《建炎以来朝野杂记》甲集卷二《今大内》，第 78 页。
② 周淙：《（乾道）临安志》卷一之《三省》，《宋元方志丛刊》第 4 册，中华书局，1990，第 3215 页。
③ 潜说友：《（咸淳）临安志》卷四之《朝省》，《宋元方志丛刊》第 4 册，第 3379 页。

指在原址上的扩建，而不是此时才兴建。而"六部在三省、枢密院南"，① 又据吴泳《鹤林集》卷一九载"自南渡以来，惟给舍（指给事中、中书舍人——引者注）属之二省（门下省、中书省），而列曹尚书以下别为一所，强分之曰'六部'"② 可知，三省、枢密院在六部之北，六部虽名曰吏、兵、户、礼、刑、工，其实在一处办公。而绍兴二年（1132）二月丙戌，"诏六部于东北角开便门，遇有职事赴都堂禀白，听于便门出入"，③ 也就是六部在东北角开一便门即可到达都堂，说明三省、枢密院、六部、都堂距离十分近。

《皇城图》中"三省六部"位置很醒目，但并未标识枢密院的位置，此外，在宋版《（咸淳）临安志》所附《京城图》中也未见枢密院。但据如上记载可知，三省与枢密院均在显宁寺内。魏了翁《重校鹤山先生大全文集》卷一八载："南渡草创，三省、密院合为一所，宰执会议，日至三四。"④ 此处三省、枢密院合为一所指的是它们的衙署设在同一地点，并非机构合一，由于地理位置邻近，宰辅们聚议也很频繁。而吴自牧《梦粱录》卷九亦载：

> 三省，即尚书省、中书省、门下省。枢密院，国初循唐旧制，置院于中（书）省之北，今在都堂东，止为枢属列曹之所。盖枢密使率以宰臣兼领，自知院以下皆聚于都堂治事。省、院在和宁门北首，旧福宁寺也。⑤

这段史料记载了两宋枢密院位置的变动情况，与其他史籍可相互印证。明言国初沿袭唐制在中书之北置院，即指元丰改制前枢密院设在中书门下北面，与中书紧邻，即在图5-1的中书、门下后省区域。神宗元丰改制后的位置即图5-1中枢密院所在位置。南宋时期枢密院同样在和宁

---

① 潜说友：《（咸淳）临安志》卷五之《六部》，第3400页。
② 吴泳：《鹤林集》卷一九《论今日未及于孝宗者六事札子》，《宋集珍本丛刊》第74册，第455页。
③ 李心传：《建炎以来系年要录》卷五一，绍兴二年二月丙戌，第1063页。
④ 魏了翁：《重校鹤山先生大全文集》卷一八，《宋集珍本丛刊》第76册，第753页。
⑤ 吴自牧：《梦粱录》卷九《三省枢使谏官》，古典文学出版社，1957，第201页。

门北的旧显宁寺内，与三省所在地点完全相同。此外更明确了枢密院位置在都堂东，又因南宋时枢密副使常由三省宰辅兼任，所以枢密副使（知、同知院事）皆在都堂理政，而一般的属员则在本院办公。绍兴三年十二月壬寅，签书枢密院事韩肖胄上奏：

> 昨蒙误恩，擢参右府（指枢密院），俾使强敌，仗国威灵，既已复命。窃惟宥密之地，当任贤杰，岂宜因事，辄以假人，伏望除臣一在外宫观差遣。

此奏呈上后，高宗"诏不许，令干办内东门司王柔宣押赴都堂治事"。[1] 签书枢密院事韩肖胄作为枢密院的副长官，辞职未获批准，高宗仍令宦官监押他赴都堂理政。这说明枢密院长官在都堂办公理政已有成规。

而在绍兴二年，担任左相的吕颐浩对高宗言："臣在政府日，已定计北伐，尝请韩世忠到都堂，谕以焚毁刘豫粮料事。"[2] 作为宰相的吕颐浩与军事将领韩世忠在都堂商议事关军国机密、如何焚毁伪齐粮料之事。绍兴三年九月癸丑，左相吕颐浩以疾求罢，高宗不许，"诏干办御药院赵彻宣押赴都堂视事"，[3] 说明宰相也在都堂办公理政。又如绍兴初，监察御史韩叔夏宣谕湖南归朝复命，"有旨令诣都堂白宰相"，[4] 即在都堂向宰相汇报宣谕巡察事宜。绍兴四年（1134）九月癸酉，诏知枢密院事、都督川陕荆襄诸军事赵鼎守尚书右仆射、同中书门下平章事、兼知枢密院事。"鼎入谢，命坐赐茶，即赴都堂治事。"[5] 赵鼎任宰相兼枢密院长官，同样赴都堂办公。又如绍兴八年（1138）七月，枢密副使王庶与左相赵鼎在都堂共同约见金国使节。[6] 绍兴三十一年（1161）五月甲午，宰执召三衙

① 李心传：《建炎以来系年要录》卷七一，绍兴三年十二月壬寅，第1377页。
② 吕颐浩：《忠穆集》卷二之《论运粮供军事》，《宋集珍本丛刊》第31册，第746页。
③ 李心传：《建炎以来系年要录》卷六八，绍兴三年九月癸丑，第1323页。
④ 洪迈：《夷坚志》丙志卷一八《徐大夫》，中华书局，1981，第516页。
⑤ 李心传：《建炎以来系年要录》卷八〇，绍兴四年九月癸酉，第1519页。
⑥ 李心传：《建炎以来系年要录》卷一二一，绍兴八年七月戊子，第2254页。

帅赵密等至都堂商议举兵。① 通过以上事例可知，绍兴时期都堂已正式成为三省和枢密院长官共用的办公理政之所。

综上所述，在距离皇宫和宁门不远的路北原显宁寺内有一个紧凑的空间，在这个空间中分布着南宋中枢最核心的机构——三省、枢密院、都堂与六部。南宋时期，三省宰相制度经历了两次改革：第一次是南宋建炎三年（1129）四月，即以尚书省左、右仆射兼同中书门下平章事代替原来的左、右仆射兼中书侍郎、门下侍郎为左、右宰相，以参知政事为副宰相，原来的中书侍郎、门下侍郎与尚书左、右丞退出副宰相行列。第二次是孝宗乾道八年（1172）二月，三省设置左、右丞相与参知政事，宰相通治三省之事。首先，从宰相、副宰相的职权看，即三省领导权的合一，名义上三省机构仍存在，三省的中下层官吏仍在本省履职，这也在三省长官和属员签署官告的程序上体现出来。② 三省领导权的合一为三省宰辅合署办公提供了第一个条件。其次，南宋时期实行宰辅互兼体制，宰相常兼枢密使，参知政事兼任枢密副使。高宗、孝宗时期都曾令宰相兼任枢密使，宁宗开禧以后宰相兼枢密使更成为定制。宰辅互兼制度在南宋共施行149年，③ 几乎贯穿整个南宋时期。宰辅互兼为三省、枢密院长官合署办公提供了第二个条件，而"都堂"则是三省、枢密院长官合署办公的不二之选。最后，又因都堂与六部紧邻，方便宰辅与六部长官商议有关政事，一般非奏裁的政务经三省或三省、枢密院长官共议后，可立即下发六部实施办理。这样的机构布局有利于提高行政效率。

南宋定都临安后的都堂，与北宋元丰改制前后的都堂相比有四个特征。一是北宋元丰改制前的中书都堂（政事堂），只作为宰相（有时含参知政事）的必备办公场所，置于中书门下之内，与中书门下浑然一体。枢密院长官不会在中书都堂办公理政，如军政需共议时，中书与枢密院宰辅于"南厅"聚议。

---

① 《宋史》卷三二《高宗本纪九》，第600页。
② 参见龚延明《宋代真迹官告文书的解读与研究——以首次面世的司马伋吕祖谦真迹官告为中心》，《中华文史论丛》2016年第1期。
③ 梁天锡：《宋宰辅制度研究论集》第一章"宋宰辅互兼制度"，中国佛教文化出版有限公司，1996，第8页。

　　二是北宋元丰改制后的"三省都堂"仅作为三省（或三省、枢密院）的聚议场所，① 聚议后宰辅们各回本省（院）办公理政。而南宋时期，由于受到三省、枢密院长官事权集中的影响，都堂不仅是一个聚议场所，还是三省、枢密院长官合署办公之地，即由元丰改制后赴都堂"聚议""商议""议军国事"转变为南宋时赴都堂"治事"，强调了南宋都堂的理政功能，使之朝着实体化、职能化的方向发展。如绍兴四年（1134）四月丁酉，左谏议大夫唐辉针对当时宰辅都堂理政的情况，发出"都堂穷日之力，颇困于簿牒之烦"② 的感慨，说明当时都堂需要处理大量琐细事务，部分承担了三省、枢密院甚至六部的工作职能。绍兴三十年（1160）四月乙丑，诏："自今臣僚陈乞上殿，令径投状通进司，不许于都堂纳札子，永为例。"③ 这一诏令说明都堂侵占了通进司的通进职能，臣僚奏札要经都堂审核后才能抵达御前，在此过程中都堂可以对奏札进行筛选和处理，这样会影响君臣之间的直接沟通，所以高宗改令通进司直接收纳臣僚奏札文书。

　　三是北宋时期的都堂有两个含义，一指设在禁中的都堂（无论是中书都堂，还是三省都堂），二指在禁中之外的尚书省都堂。而南宋时期由于三省、枢密院均在禁中之外又同处一地，所以都堂只有一个，即与三省、枢密院同在显宁寺之中。因此，南宋都堂在一定程度上也承担了礼仪活动的聚议功能，即北宋时期尚书省都堂的功能。如绍兴三十二年（1162）六月丁亥，集侍从、台谏、礼官议（高宗）尊号于都堂，最后议定尊号"光尧寿圣"太上皇帝，孝宗下旨依允。④ 淳熙二年（1175）七月乙酉，为贺太上皇帝高宗七十寿辰，侍从礼官等在都堂议加高宗尊号，议定加"性仁立德至神无为"八字。⑤ 由此可知，这些仪礼性质的聚议也在都堂举行。

　　四是相比北宋时期，南宋权相政治比较突出，某些权相专断独裁的作

---

① 按：如前文所述，北宋末蔡京执政后期曾短暂治事于三省都堂，因当时情况特殊，且是权宜之举，并不影响三省都堂作为聚议之所的性质。

② 李心传：《建炎以来系年要录》卷七五，绍兴四年四月丁酉，第1432页。

③ 李心传：《建炎以来系年要录》卷一八五，绍兴三十年四月乙丑，第3572页。

④ 周必大撰，王瑞来校证《周必大集校证》卷一五三，上海古籍出版社，2020，第2343页。

⑤ 周必大撰，王瑞来校证《周必大集校证》卷一七四，第2705页。

风是否会限制甚至破坏都堂办公议事功能的发挥呢？一般认为南宋时期有四位权相（或平章军国事），分别是秦桧、韩侂胄、史弥远与贾似道。秦桧当政期间，擅权专断、结党营私，做出不少令人憎恶之事。① 但在他秉政时期，较好地保持了都堂功能的正常发挥。如《独醒杂志》卷一〇载："秦丞相与翟参政汝文同在政府。一日，于都堂议事不合，秦据案叱翟曰：'狂生！'翟亦应声骂曰：'浊气！'二公大不相能。"② 宰相秦桧与参知政事翟汝文同时在任的时间是绍兴二年四月至六月，二人因在都堂议事不合而发生争吵。这也从侧面说明了秦桧是在都堂办公议事的。绍兴八年（1138），金国使节入宋境，宋廷拟令吏部侍郎魏矼充馆伴使，"秦桧召矼至都堂，问其所以不主和之意，矼具陈敌情难保"。③ 于是秦桧改命吴表臣充馆伴使，即秦桧在都堂面试选任馆伴使。再看《东南纪闻》记载的一段趣闻：

> 秦桧为相，都堂左揆阁前有榴着实，时桧每默数焉，忽亡其二，不之问。一日，将排马，忽顾谓左右取斧伐树。有亲吏在旁，仓卒对云："实甚佳，去之可惜。"桧反顾曰："汝盗吾榴。"吏叩头服。盖其机穽根于心，虽细琐，弗自觉。④

此事反映出秦桧老谋深算、工于心计的本性，也从侧面反映出秦桧经常性地出入都堂，对都堂周围的事物注意体察。像以上秦桧在都堂办公议事、召见同僚的事例，《建炎以来系年要录》《三朝北盟会编》等史籍也多有记载，此不赘举。然而至绍兴二十年，秦桧因染病，告假在高宗所赐府邸休养，宰辅都堂办公议事很难实施。史载，绍兴二十年（1150）"九月，秦桧以病在告，独签书枢密院巫伋一人，每日上殿及至都堂，不敢开一言可否事，六部百官皆停笔以待桧疾愈，不敢裁决，唯行常程文书而

---

① 参见王曾瑜《荒淫无道宋高宗》，河北人民出版社，2007；何忠礼《南宋政治史》，人民出版社，2008。

② 曾敏行：《独醒杂志》卷一〇，第96页。

③ 《宋史》卷三七六《魏矼传》，第11632页。

④ 佚名：《东南纪闻》卷一，《全宋笔记》第101册，第10页。

已"。① 面对此种情况，十月庚午，参知政事余尧弼、签书枢密院事巫伋，"奏乞今后朝退，依典故，权赴秦桧第聚议三省、枢密院事"，得到高宗的批准。② 当时秦桧独相且兼任唯一的枢密使，三省中除秦桧外只有参知政事余尧弼一人，而枢密院中除秦桧外也仅有签书枢密院事巫伋一人，所以二人只好奏请赴秦桧府第商议三省与枢密院事务。所谓"依典故"是依据何时何人之典故，史无明言，据前文探讨，很可能是依照哲宗元祐时期吕公著平章军国事时在所居府第共议政务的"故事"，因为除吕公著外，至此时尚无宰辅在府第办公。因特殊情况，秦桧府第成了暂时的政务中心，"权"字表明临时之意，所以到了"十二月，桧疾愈，出治事"，③即秦桧病愈后又回到了都堂办公理政，直至其再次病重罢相。之后是韩侂胄，早在绍熙时期，时任知阁门事的韩侂胄就已谋求预政，当然预政的地点就是都堂，史载：

> 韩侂胄寖谋干政，时诣都堂。及公（留正）召还，一日，复至赵汝愚阁中。公闻之，令省吏谕使去，曰："此非知阁往来之地"。侂胄大怒而出。由是巫谋去公。④

以上情况发生在绍熙五年（1194）六月至八月，时正值光宗内禅宁宗之际，韩侂胄利用知阁门事传达诏旨政令的便利与时任知枢密院事的赵汝愚合作，商议如何奏请光宗禅位之事，为自己谋求"定策功"，所以经常往来于都堂。此处"赵汝愚阁"即指赵汝愚在都堂的办公室，相当于北宋宰辅的"本厅""视事阁"，因三省、枢密院长官同在都堂合署办公，所以时任枢密院长官的赵汝愚在都堂中会有"阁"。而此时担任左丞相的留正因疾在告结束，返回都堂办公，其听闻韩侂胄在都堂后，即命令吏员将韩侂胄赶出了都堂。这说明在韩侂胄秉政前，都堂仍是政务运行的中

---

① 徐自明撰，王瑞来校补《宋宰辅编年录校补》卷一六，绍兴二十年九月，第1103页。
② 李心传：《建炎以来系年要录》卷一六一，绍兴二十年十月庚午；第3059页；李埴撰，燕永成校正《皇宋十朝纲要校正》卷二四，绍兴二十年十月庚午，第697页。
③ 徐自明撰，王瑞来校补《宋宰辅编年录校补》卷一六，绍兴二十年十二月，第1103页。
④ 徐自明撰，王瑞来校补《宋宰辅编年录校补》卷二〇，绍熙五年八月丙辰，第1294页。

心。后来经过政治斗争，韩侂胄步步高升，宁宗庆元五年（1199）九月加少师、封平原郡王，宁宗嘉泰二年（1202）十二月加太师，直到宁宗开禧元年（1205）七月庚申，诏"韩侂胄平章军国事，立班丞相上，三日一朝，赴都堂治事"，① 规定了韩侂胄的杂压位、面圣频率以及理政的地点——都堂。但在开禧北伐中，出于军事部署、将帅调动的效率考虑，韩侂胄"自置机速房于私第，甚者假作御笔，升黜将帅，事关机要，未尝奏禀，人莫敢言"。②《续编两朝纲目备要》卷一〇亦载："军事既兴，又置机速房于私第，应御前金字牌，悉留其家，凡所遣发，未尝关白。"③此外，"（三）省印亦归其第，宰相不复知印"。④ 韩侂胄在私第行使权力和签署命令，跳过其他宰执甚至皇帝，专断独裁，这无疑破坏了宰辅都堂办公机制的正常运行。然而，都堂毕竟是宰辅法定的办公之地，就在韩侂胄被诛杀的前一刻，他仍在都堂理政。开禧三年（1207）十一月，宁宗杨皇后及其兄杨次山与礼部侍郎史弥远、参知政事钱象祖和李壁等密谋罢黜韩侂胄，不料事泄，"外间籍籍有言其事者。一日，侂胄在都堂，忽谓李参曰：'闻有人欲变局面，相公知否？'李疑事泄，面发赤，徐答曰：'恐无此事'"。⑤ 此处的"李参"指的是参知政事李壁，说明韩侂胄仍赴都堂与其他执政交流沟通。不久，韩侂胄被杖杀于玉津园。再后是史弥远，其在秉政前中期，都堂还能正常发挥作用，即使史弥远在嘉定间屡次称疾在告，"犹不过数月"，⑥ 之后仍赴都堂理政。绍定三年十二月，诏史弥远"可十日一赴都堂治事"。⑦ 到史弥远执政后期，由于其病情恶化，不得不长期卧床，但他仍然掌控中枢权力，"决事于房闼，操权于床第，人莫知其存亡"，⑧ 说明史弥远在病重期间将中枢权力转移至私第之中。

---

① 《宋史》卷三八《宁宗本纪二》，第 738 页。
② 《宋史》卷四七四《韩侂胄传》，第 13775 页。
③ 佚名：《续编两朝纲目备要》卷一〇，开禧三年十一月甲戌，中华书局，1995，第 186 页。
④ 《宋史》卷一六一《职官志一》，第 3774 页。
⑤ 周密：《齐东野语》卷三《诛韩本末》，第 56 页。
⑥ 魏了翁：《重校鹤山先生大全文集》卷一八《应诏封事》，《宋集珍本丛刊》第 76 册，第 754 页。
⑦ 《宋史》卷四一《理宗本纪一》，第 793 页。
⑧ 魏了翁：《重校鹤山先生大全文集》卷一八《应诏封事》，《宋集珍本丛刊》第 76 册，第 754 页。

绍定五年十二月，史弥远病殁。最后是贾似道，理宗开庆元年（1259）九月丙寅，诏："上流事急，令侍从、台谏、卿监郎官赴都堂集议以闻。以贾似道兼节制江西、二广人马，通融调度应援上流。"① 当时贾似道担任枢密使，说明当时的都堂仍发挥着议政功能，同年十月贾似道升任右丞相兼枢密使。到了度宗咸淳三年（1267）二月乙丑，贾似道升任平章军国重事，"三日一朝，治事都堂"。② 然实际上贾似道以"养疾"为由自行一套，史载：

> 居西湖葛岭赐第。五日一乘湖船入朝。不赴都堂治事，吏抱文书就第呈署，宰执书纸尾而已。朝夕谋议，内则馆客廖莹中，外则堂吏翁应龙，凡台谏弹劾、诸司荐辟举削及京尹、浙漕处断公事，非关白不敢自擅。③

贾似道并未执行三日一赴朝、在都堂理政的规定，而是居于西湖边皇帝所赐的私第中，五日一赴朝，也不在都堂理政。堂吏携文书赴其私第，再由贾似道审阅签署，其他宰辅只能奉行其成命，不负论辩商议之责。当时人们讽刺这种状况说："朝中无宰相，湖上有平章。"④ 这说明贾似道在担任平章军国重事时，中枢政务处理已经完全脱离正常轨道，权相的私第再次成为政务裁决的中心。通过对以上四个权相行使权力的探讨，可知都堂在权相秉政的部分特殊时期，未能正常发挥作用。

综上所述，南宋时期都堂作为中央宰辅合署办公议事之所，呈现出一体化与职能化的趋向，这是宰辅互兼体制与三省领导权合一的结果。如遇权相病重、战争爆发，政务枢纽转移至权相的私第，此时的都堂虽仍为其他宰执的办公理政之地，但实质上不再具有权力中心的地位。当然，在一般宰相执政时期或权相执政的普通时期，都堂还是能够正常发挥作用，是

① 《宋史全文》卷三六《宋理宗六》，汪圣铎点校，中华书局，2016，第 2885 页。
② 《宋史》卷四六《度宗本纪》，第 897 页。
③ 佚名撰，王瑞来笺证《宋季三朝政要笺证》卷四《度宗》，丁卯咸淳三年，中华书局，2010，第 327 页。
④ 刘一清撰，王瑞来校笺考原《钱塘遗事校笺考原》卷五《似道专政》，中华书局，2016，第 164 页。

政务决策与处理的中心，南宋的大部分时期即是如此。

南宋时期有时仍以政事堂代指都堂，如《晦庵先生朱文公文集》卷七九载："临漳有东溪先生高公者，名登，字彦先。靖康间游太学，与陈公少阳伏阙拜疏，以诛六贼，留种、李为请。……绍兴初，召至政事堂，又与宰相秦桧论不合，去为静江府古县令，有异政。"① 又如建炎四年十一月丙午，"秦桧入见。……宰相范宗尹、同知枢密院李回与桧善，力荐其忠，乃命先见宰执于政事堂"。② 如前文所述，政事堂在北宋元丰改制后即不再设置，南宋部分史籍中如此指代，纯属沿袭北宋时的习称，绝大部分史籍还是使用"都堂"一词，以"政事堂"代指"都堂"的情况极少。

小　结

两宋时期的"都堂"与"政事堂"随着宋代官制改革和宰相制度的调整，内涵不断演变，又因史籍记载的模糊不清，所以其概念极易混淆。北宋元丰改制前的政事堂，附于中书门下之内，是中书宰辅的公共办公空间。此外在中书门下之内还有宰辅的独立办公空间，称为"本厅"或"视事阁"。此时的政事堂也可称为都堂，中书执政可否升（登）政事堂（都堂），成为他们是否拥有中书权力的标志。而此时作为中央政府的中书门下又有诸多附属机构，这些机构大多并不设在中书之内，当然也就不在中书内办公。此时期除了中书都堂外，还有尚书省都堂，该称呼沿袭南北朝隋唐时期的尚书省都堂，用来举办一些仪礼聚议活动，参加的官员级别相对较低，所议之事不涉及国家重要及机密事务。元丰改制后中书门下的都堂改为三省都堂，独立于中书省、门下省与尚书省之外，成为专门的三省、枢密院的聚议之所。三省、枢密院宰辅聚议结束后，各回本省（院）办公理政。此时期建在利仁坊孟昶旧第的尚书省被废弃，在殿前司廨舍地新建尚书省，而尚书省都堂亦改在新建的尚书省内，其功能与元丰改制前相同。南宋建炎初期，都堂随行在而定，并无固定场所，作为临时

---

① 朱熹：《晦庵先生朱文公文集》卷七九《漳州州学东溪先生高公祠记》，《朱子全书》第24册，第3784页。
② 李心传：《建炎以来系年要录》卷三九，建炎四年十一月丙午，第867~868页。

政务处理和军事指挥的中心。建炎三年二月，高宗以杭州显宁寺为尚书省，后来又在此扩建中书省、门下省与枢密院，都堂亦设于此。南宋都堂成为三省、枢密院长官合署办公之所，成为中枢政务运行的中心和枢纽，呈现出职能化、一体化的发展趋向，而且南宋时期都堂仅此一个，因此亦承担了北宋时礼仪聚议的功能。政事堂在北宋元丰改制后至南宋时期偶有指代都堂的情况，而一般正史中极少有如此指代。

两宋时期，有作为的宰相或是权相试图通过操控作为中枢权力运行中心和政务处理枢纽的都堂来加强集权，左右其他宰执。平田茂树曾提出"物理性政治空间"概念，包括宫城结构、宫殿、官府的布局等要素。①笔者认为具体到官署的空间布局上可细分为三个含义：一是地域空间，即官署在城市（皇城、宫城）区划中的布局、位置；二是建筑空间，即官署的建筑结构、规制、形式；三是政治空间，即官署在政务决策处理、政令颁行中的功能以及在官僚交往中发挥的作用。从三个空间的含义上去解读"都堂""政事堂"，可以更好地认识它们在政治运作中的作用。外朝宰辅所处的都堂（政事堂）与内廷皇帝所居的殿阁构成决策的两个支点，而都堂（政事堂）又与中书门下（三省）、枢密院甚至六部紧密相关，成为政务具体实施的起点。因此，在政务决策中都堂（政事堂）连接内外，在政务实施中都堂（政事堂）沟通上下，这对宋代中枢决策与政务施行具有重要作用。

---

① 〔日〕平田茂树：《宋代政治结构研究》，林松涛、朱刚译，上海古籍出版社，2010，第291页。

第六章

宋代宰相丁忧起复

宋代丁忧制度经过不断发展，将礼制伦理与现实政治联系在一起，形成一套完整制度。宰相作为统治集团中的领导核心，理应比其他官员更加遵守和维护丁忧制度，但在实际活动中，他们往往出于各种原因，没有能够切实遵守这项制度。宋代一共有 10 位宰相服丧除免，都受到皇帝起复。宰相服丧后起复已经成为一种政治常态，但是丁忧后起复间隔时间有长有短，起复原因也不尽相同，起复后任命也有差别，起复后政治命运也各不相同。这些差异性一般与当时政治环境紧密相关，其中涉及皇帝态度、宰相执政能力、个人政治意愿、群臣意见等因素。

宋建国后于开宝六年（973），参照《大唐开元礼》内容、形式，在此基础上完成和颁布《开宝通礼》。《宋史》卷九八《礼制一》载："本唐《开元礼》而损益之。"① 朱熹甚至说："《开宝礼》只是全录《开元礼》，易去帝号耳。"② 因《开宝通礼》现已失传，无法征引，然现存《大唐开元礼》则有官员丁忧起复的论述，其载："凡斩衰三年、齐衰三年者，并解官。齐衰杖周及为人后者为其父母，若庶子为后为其母，亦解官，申其心丧（皆为生己者）。若嫡继慈养改嫁或归宗三年以上断绝者，及父为长子、夫为妻并不解官，假同齐衰周。"③ 这段记载基本上确定宋朝丁忧服丧制度基调，宋朝官员丁忧服丧制度也在此基础上发展完善。高级官员在丁忧服丧后一般要起复，"已解官持服，而朝廷特再擢用者，名

---

① 《宋史》卷九八《礼制一》，第 2421 页。
② 黎靖德编《朱子语类》卷九〇《礼七》，中华书局，1986，第 2294 页。
③ 中敕：《大唐开元礼》卷三《序例下》，民族出版社，2000，第 34 页。

曰起复"。① 关于宋代官员丁忧起复，目前学界有一些探讨。② 但对两宋时期宰相丁忧起复探讨还很不充分，一些问题有待深入探究。两宋时期共有 139 名宰相，其中只有赵普、吕蒙正、富弼、陈升之、郑居中、朱胜非、蒋芾、史弥远、史嵩之、贾似道等 10 名在位宰相丁忧持服，比重仅为 7.19%。《宋史》记载宰相富弼起复时言："故事，执政遭丧皆起复。"③ 宰相作为宰执集团的一员，也应适用于该惯例，然宋代没有专门针对宰相丁忧起复的具体时间规定，在一般情况下应按官员规定执行。但在实际情况中，宰相丁忧起复时间往往并不固定，因时因地制宜，呈现出多样性的特征。《续资治通鉴长编》卷二二载："（太平兴国六年二月）丁酉，令群臣居丧被诏起复者，须卒哭朝谒，其俸料自诏下日给之。"④ "遭母丧，故事，卒哭当起复，惟吉恳求终制，优诏不许，时论异之。"⑤ 《续资治通鉴长编》卷五〇一载："初，三省言：'驸马都尉郭献卿卒哭，当起复。'"⑥ 宰相被起复往往在"卒哭"之后，"卒哭谓百日"。⑦ "三年之丧既除而从政，古今之通制也。"⑧ 如果宰相坚持服终丧，"三年之丧"后从政。"三年"并不是确指，实为 27 个月。《宋刑统》卷一〇载："但

---

① 赵昇：《朝野类要》卷三《起复》，第 70 页。
② 关于宋朝官员丁忧问题研究主要有：祝建平《北宋官僚丁忧持服制度初探》（《学术月刊》1997 年第 3 期）、邓杰《北宋官员丁忧持服制度研究》（硕士学位论文，辽宁大学，2013）对北宋官员丁忧持服制度有较为全面的介绍；贾亚方《宋朝官员丁忧制度研究》（硕士学位论文，河北大学，2014）对宋朝官员丁忧制度进行专门细致梳理，但是文章把宰相作为官僚群体一部分，没有单独对宰相丁忧状况进行梳理研究。此外，还有一部分个案研究，如史美珩《史嵩之起复问题探》（《宁波大学学报》2003 年第 4 期）和丁建军、贾亚方《宋朝丁忧制度与政治斗争——以"李定匿丧"与"史嵩之起复事件"为例》（《保定学院学报》2013 年第 6 期）对史嵩之起复问题进行研究，前者专门叙述史嵩之起复问题真相，但有主观色彩加入，后者则把史嵩之丁忧起复与政治斗争联系在一起，给我们提供了一个看问题的新角度，两者都只对单一宰相分析，没能从整体把握。
③ 《宋史》卷三一三《富弼传》，第 10254 页；《续资治通鉴长编》卷一九三，嘉祐六年六月甲戌，"故事，执政遭丧皆起复"，第 4673 页。
④ 李焘：《续资治通鉴长编》卷二二，太平兴国六年二月丁酉，第 489 页。
⑤ 李焘：《续资治通鉴长编》卷二二，太平兴国六年六月甲戌，第 493 页。
⑥ 李焘：《续资治通鉴长编》卷五〇一，元符元年八月丙申，第 11938 页。
⑦ 谢深甫：《庆元条法事类》卷一一《职制门八·给假》，戴建国点校，黑龙江人民出版社，2002，第 214 页。
⑧ 韩维：《南阳集》卷一六《前国子博士曹振可旧官服阕》，《景印文渊阁四库全书》第 1101 册，第 656 页。

父母之丧，法合二十七月。"①《续资治通鉴长编》卷二〇四礼院奏："祖宗时据《通典》为正，而未讲求故事，天圣中更定《五服年月敕》，断以二十七月，今士庶所同遵用。"② 由此可知，"三年之丧"时间上仅仅是27 个月，坚持服终丧，期满后即可再次从政。

宰相丁忧后必被起复，起复官职多为原职，"旧制，文臣丁忧，起复必先授武官，盖用墨縗从戎之义，示不得已也。故富郑公以宰相丁忧，起复初授冠军大将军，余官多授云麾将军。近岁起复者直授故官"。③ 但有些宰相会固辞愿服终丧，有些会任职一段时间后再去服终丧，有些则是一直任职到服除后。现根据他们丁忧持服、起复的实际情况具体探讨。

第一节　宰相丁忧服终丧起复

宰相服终丧指丁忧期间不接受皇帝起复，坚持服完 27 个月，然后再起复为官，这种情况宋代有富弼、陈升之、蒋芾、史嵩之四人。嘉祐六年（1061）"三月己亥，富弼以母丧去位"。④ 此时富弼为昭文史馆相，韩琦为集贤相，同年六月"甲戌，富弼起复礼部尚书、平章事、昭文馆大学士、监修国史，弼辞不拜"。⑤ 富弼坚持服终丧。富弼丁母忧期间，仁宗罢春宴以表忧恤，《宋史》卷一二四载：

> 嘉祐六年三月五日，宰臣富弼母秦国太夫人薨，十七日春宴，礼院上言："君臣父子，家国均同。元首股肱，相济成体。贵贱虽异，哀乐则同。一人向隅，满堂嗟戚。今宰臣新在苫块，欲乞罢春宴声乐，以表圣人忧恤大臣之意。"诏下，并春宴寝罢。⑥

宋仁宗罢春宴是对宰相富弼的一种忧恤，但这并不是定制，只是皇帝

---

① 窦仪：《宋刑统》卷一〇《职制律》，薛梅卿点校，法律出版社，1999，第 186 页。
② 李焘：《续资治通鉴长编》卷二〇四，英宗治平二年三月壬午，第 4953 页。
③ 徐度：《却扫编》卷上，《全宋笔记》第 39 册，第 237 页。
④《宋史》卷一二《仁宗本纪四》，第 247 页。
⑤ 李焘：《续资治通鉴长编》卷一九三，嘉祐六年六月甲戌，第 4673 页。
⑥《宋史》卷一二四《礼志二七》，第 2907 页。

对大臣的一种恩宠。这件事在当时有争论，"庚子，以富弼母丧，罢大燕。时同知礼院晏成裕言，君臣之义，哀乐所同，请罢春燕，以表优恤大臣之意。上亟从其言。成裕，殊子，弼妻之弟也。议者或以为过云"。李焘认为："为大臣母丧辍燕，仁宗盛德也，而《实录》及《会要》乃云议者皆以为非，是不然矣。谓成裕与弼亲嫌，不当建请，则犹可。"① "仁宗皇帝以宰相富弼母在殡，为罢春宴。传之天下，至今以为宜。"② 如果是一种定制，应按章操作，不会有争议，后人也就不会有如此评价，可见此为仁宗对富弼的一种优待隆恩。

仁宗嘉祐六年六月"甲戌，富弼起复礼部尚书、平章事、昭文馆大学士、监修国史，弼辞不拜"。富弼以原职起复，但其并未立即就任。"帝虚位五起之"，坚持让富弼起复，但是"弼谓此金革变礼，不可施于平世，卒不从命"。③

《宋大诏令集》卷五六《富弼起复制》亦载："嘉祐六年七月弼不拜。"④ "国朝袭唐制不改，论者以时无金革，士大夫解官终制可也。"⑤ 在无战乱时，士大夫解官持服是被认可的。富弼坚持服终丧。宋人王铚《默记》卷中载："祖宗时，不惟宰相，虽百执事皆起复，至富郑公乃以太平而辞耳。"⑥ 《华阳集》卷二一《赐起复宰臣富弼赴阙诏》中，仁宗认为"观汉唐之际最为盛平，然秉政之臣，未有致位终丧之事"，⑦ 依然进行挽留。富弼为何力辞不愿起复？《古今合璧事类备要》前集卷六四引用《龙川志》载：

> 富郑公韩魏公同在中书，郑公母老矣。一日语及故事宰相有起复视事者，魏公曰："此非朝廷盛事已。"而郑公居母丧朝廷屡诏起之，

---

① 李焘：《续资治通鉴长编》卷一九三，嘉祐六年三月庚子，第4663页。
② 李焘：《续资治通鉴长编》卷四一三，元祐三年八月乙未，第10040页。
③ 《宋史》卷三一三《富弼传》，第10254页。
④ 《宋大诏令集》卷五六《宰相六·富弼起复制》，第281页。
⑤ 王辟之：《渑水燕谈录》卷四《忠孝》，第35页。
⑥ 王铚：《默记》卷中，王杰人点校，中华书局，1981，第27页。
⑦ 王珪：《华阳集》卷二一《赐起复宰臣富弼赴阙诏》，《景印文渊阁四库全书》第1093册，第158页。

上章三辞，贴黄言："臣在中书，日当与韩琦言之，决不当起。"魏公叹曰："吾但以实言之。"不料以为怨，自此二人稍稍有隙。

《石林过庭录》又云：

> 至和间富郑公为相，以母丧去位，时久无以宰相持丧者。昭陵意[大]向公必欲起复，诏再下，再力辞。末以卢朱崖、薛文惠故事切责有云："以相国之尊而守匹夫之节，任天下之重而为门内之私，朕所不取也。"且命中人督公起，非同就道不得先还；公复抗章言："天下无事，宰臣奉行常务，岂可与太宗时比。中书枢密院臣僚韩琦等，平居皆尝与臣论起复不是好事，今在嫌疑之地，必不肯为臣尽直言，断自圣意。"上知其不可夺乃已。①

从《石林过庭录》可知仁宗坚持让富弼起复，仁宗也认为富弼会答应起复。然而富弼却一再推辞，说出曾与韩琦探讨起复问题。《龙川志》载，富弼母老时，二人曾探讨起复问题，韩琦认为大臣居丧期间起复不是朝廷典范，不应提倡。《石林过庭录》载除韩琦外，还有中书与枢密院的其他臣僚，可见在当时有一些不支持富弼起复的言论。这种情况更加坚定了富弼丁母忧不起复的决心，仁宗知不可强夺其意，也不再坚持起复富弼。《续资治通鉴长编》卷一九三中也有一段相关记载：

> 或言弼初与韩琦同在二府，左提右挈，图致太平，天下谓之韩、富。既又同为宰相，琦性果断，弼性审谨。琦质直，语或涉俗。俗谓语多者为絮，尝议政事，弼疑难者数四，琦意不快，曰："又絮耶！"弼变色曰："絮是何言欤？"又尝言及宰相起复故事，琦曰："此非朝廷盛典也。"于是弼力辞起复，且言："臣在中书，盖尝与韩琦论此。今琦处嫌疑之地，必不肯为臣尽诚敷奏，愿陛下勿复询问，断自宸

---

① 谢维新：《古今合璧事类备要》前集卷六四《丧纪门》，《景印文渊阁四库全书》第939册，第513页。

虑，许臣终丧。"琦见之不乐。自是二人稍有间云。此据司马氏《记闻》及苏氏《别志》，又参取弼所上札子。然谓弼与琦自此稍有隙，恐未必尔，更须详考。①

富弼与韩琦同为宰相，两人探讨过宰相起复先例，认为这不是一件好事。韩琦认为这不是朝廷盛世典范，富弼认为此时处于敏感时期，韩琦也不会为他直言上奏，两人至此有了矛盾。但李焘认为这个矛盾还需要详细考证，不认同此观点。这篇记载中还透漏出一个关键因素，两人性格确有很大不同，很难说在工作中没有摩擦。

此外"弼性至孝"，②"仁宗末年，富公自相位丁太夫人忧归洛，上遣使下诏起复者六七，公竟不起。至其疏曰：'陛下得一不孝子，且将何用？'仁宗乃从其请"。③由此可知，富弼十分看中孝道。

综上可知，富弼已经清晰表达过自己的态度，而今自己丁忧服丧又怎能改变，另外富弼性至孝。富弼坚持服终丧不仅仅是因为金革变礼，不可施于平世，富弼最终辞任宰相以服终丧，在当时引起强烈反响，这打破了原有"执政遭丧皆起复"的惯例。宋人评价道："弼以金革变礼，不可用于平世，卒不从命。天下至今称焉。"④清人徐乾学评价道："自此宰相多终丧者，由弼始也"；⑤"观富郑公力辞不起，后之为宰执者遂不敢效尤起复"。⑥富弼坚持服终丧起到很好的示范作用，但从实际结果来看，宰相服终丧如富弼者，却远没有清人徐乾学所说的那样，很多人都打破这种规则。

仁宗批准富弼终丧，乃迁韩琦为首相。嘉祐六年（1061）闰八月"庚子，工部尚书、平章事、集贤殿大学士韩琦加昭文馆大学士、监修国

---

① 李焘：《续资治通鉴长编》卷一九三，嘉祐六年六月甲戌，第4673~4674页。
② 《宋史》卷三一三《富弼传》，第10257页。
③ 邵伯温：《邵氏闻见录》卷九，第91页。
④ 《宋史全文》卷三三《宋理宗三》，第2761页。
⑤ 徐乾学：《读礼通考》卷一一二《丧志五》，《景印文渊阁四库全书》第114册，第576页。
⑥ 徐乾学：《读礼通考》卷一一二《丧志五》，《景印文渊阁四库全书》第114册，第578~579页。

史"，① 韩琦升任首相。嘉祐八年（1063）五月，"富弼既除丧，戊午，授枢密使、礼部尚书、同平章事"。② 《华阳集》卷二一《赐枢密使富弼赴阙诏》载："除卿枢密使，特进检校太师、行礼部尚书、同中书门下平章事。"③ 《宋宰辅编年录校补》卷六载："五月戊午，富弼拜枢相。弼既除丧，授枢密使、检校太师、行礼部尚书、同平章事。"④ 富弼被授地位仅次相位的枢密使加同中书门下平章事（即枢相），俸禄是百官中最高的。⑤ 关于富弼起复后的任职问题，史载：

> 或谓琦曰："富公服除，当还旧物，公独不可辞昭文以待富公耶？"琦曰："此位安可长保！比富公服除，琦在何所矣。若辞昭文以待富公，是琦欲长保此位也，使琦何辞以白上？"闻者亦是琦言。⑥

从上可知，宰相丁忧服阕应恢复原职，但是从实际情况来看，宋朝宰相丁忧服阕后没有一位是"官复原职"的，韩琦似乎并不想占据首相之位。但是在富弼服除后，韩琦也没有主动让出首相之位。当时情况为韩琦为昭文史馆相，曾公亮为集贤相，宰相位置已没有空缺。

考虑当时与英宗的亲疏关系，韩琦更具优势，"初仁宗弗豫，皇嗣未立，人情忧恐。弼与文彦博等议请蚤定储嗣。会仁宗康复，故缓其事。后韩琦以定策立英宗。至是，慈圣后还政并弼迁官制诏，录其前议。弼奏曰：'至和中臣虽泛议建储，其于陛下则如在茫昧杳冥之中，未见形象，安得与韩琦等等哉？'"⑦此话出自富弼之口，可见在立储上，韩琦功劳更大。况且其后富弼解官服丧，远离朝政，而韩琦位居宰相，和英宗交集更多，关系较之当然要密切得多。其后英宗即位，"帝欲亮阴三年，命韩琦

---

① 李焘：《续资治通鉴长编》卷一九五，嘉祐六年闰八月庚子，第 4718 页。
② 李焘：《续资治通鉴长编》卷一九八，嘉祐八年五月戊午，第 4808 页。
③ 王珪：《华阳集》卷二一《赐枢密使富弼赴阙诏》，第 158 页。
④ 徐自明撰，王瑞来校补《宋宰辅编年录校补》卷六，嘉祐八年五月戊午，第 345 页。
⑤ 李焘：《续资治通鉴长编》卷二○五，治平二年七月壬戌，第 4977 页。枢密使、户部尚书、同平章事富弼认为："使相者文武中并是第一等俸禄。"按，枢相是使相的一种。
⑥ 李焘：《续资治通鉴长编》卷一九五，嘉祐六年闰八月庚子，第 4718 页。
⑦ 王称：《东都事略》卷六八《富弼传》，第 564~565 页。

摄冢宰，辅臣皆言不可，乃止”。① 英宗想要为仁宗守丧三年，命令韩琦代理朝廷军国大政，宰辅大臣等不答应，这才收回成命。虽然这可能只是英宗做出的一种政治姿态，但也能体现出英宗对韩琦的信赖。《续资治通鉴长编》卷一九八载：

> 帝自感疾，即厌服药饵。韩琦常亲执药杯以进，帝不尽饮而却之，药污琦衣。太后亟出服赐琦，琦不敢当。太后曰："相公殊不易。"皇子仲铖侍侧，太后曰："汝盍自劝之。"帝亦弗顾也。②

英宗染疾，韩琦经常执杯进药，这也体现出二人之亲密。药把韩琦衣物弄脏，曹太后赶紧拿衣服赐给韩琦，这表现出太后对韩琦的重视，他们的关系也比较融洽。嘉祐八年（1063）五月，富弼除丧，从这个时期来看，韩琦显然更被最高统治者器重和信赖。富弼被授枢相，这种安排应是英宗为了安慰前宰相富弼，当时枢密使为张昇，嘉祐八年四月甲申，枢密使张昇加户部侍郎。③ 富弼起复后为枢相，而张昇在枢密使任上一直没加平章事，直到治平二年（1065）七月庚辰，张昇罢枢密使，以检校太尉、同平章事、充彰信军节度使、判许州。④ 富弼地位比张昇要高。此时韩琦也是不欢迎富弼的，《续资治通鉴长编》卷二〇一载：

> 嘉祐初，琦与富弼同相，或中书有疑事，往往私与枢密院谋之。自弼使枢密，非得旨令两府合议者，琦未尝询于弼也，弼颇不怿。及太后还政，遽撤东殿帘帷，弼大惊，谓人曰："弼备位辅佐，他事固不敢预闻，此事韩公独不能与弼共之耶？"或以咎琦，琦曰："此事当时出太后意，安可显言于众！"弼自是怨琦益深。⑤

---

① 李焘：《续资治通鉴长编》卷一九八，嘉祐八年四月壬申，第 4793 页。
② 李焘：《续资治通鉴长编》卷一九八，嘉祐八年六月戊寅，第 4812 页。
③ 李焘：《续资治通鉴长编》卷一九八，嘉祐八年四月甲申，第 4799 页。
④ 徐自明撰，王瑞来校补《宋宰辅编年录校补》卷六，治平二年七月庚辰，第 351 页。
⑤ 李焘：《续资治通鉴长编》卷二〇一，治平元年五月戊申，第 4866 页。

可见韩琦和富弼的关系已经不那么融洽，甚至出现分歧。这种间隙显然不是短时间形成的，二人分歧或不和，由来已久。

宋朝第二位服终丧的宰相是陈升之。熙宁三年（1070）"十月戊寅，陈升之以母丧去位"。① "戊寅，以宰臣陈升之母卒，辍视朝。诏升之母归葬润州，差内臣一员缘路管勾，归葬所须，并从官给。"② 神宗对陈升之母丧给予重要关照。熙宁四年（1071）正月"壬子，诏陈升之起复。升之固请终丧，许之"。③《宋大诏令集》卷五六《陈升之起复集贤相制》载：

> 前推忠协谋佐理功臣、光禄大夫、行礼部尚书、同中书门下平章事、集贤殿大学士、上柱国、颍川郡开国公、食邑四千八百户、食实封一千四百户陈升之。……可特起复推忠协谋佐理功臣、光禄大夫、行礼部尚书、同中书门下平章事、集贤殿大学士、上柱国、颍川郡开国公、食邑四千八百户、食实封一千四百户。④

由上可知，陈升之起复官职如故，没有变化。神宗下诏陈升之起复，陈升之最终坚持服终丧。在陈升之母丧前，陈升之就数次以母老请便郡或请郡，对仕途进取没有那么强烈。治平元年（1064）六月，"知太原府陈升之言母老，请扬、湖、越一州，庶便奉养。上（英宗）以边臣当久任，难于屡易，不许"。⑤《宋史》卷三一二载："神宗立，以母老请郡，为观文殿学士、知越州。"⑥《宋史》记载具体时间不详，《宋宰辅编年录校补》对此事也有记载："同日，陈升之罢枢密副使。自礼部侍郎为观文殿学士、尚书右丞、知越州。"⑦ 在任宰相前，陈升之就数次以母老为请。

---

① 李埴撰，燕永成校正《皇宋十朝纲要校正》卷九，熙宁三年十月戊寅，第 283 页。
② 李焘：《续资治通鉴长编》卷二一六，熙宁三年十月戊寅，第 5261 页。
③ 李焘：《续资治通鉴长编》卷二一九，熙宁四年正月壬子，第 5330 页。
④《宋大诏令集》卷五六《宰相六·陈升之起复集贤相制》，第 283～284 页。
⑤ 李焘：《续资治通鉴长编》卷二〇二，治平元年六月辛亥，第 4892 页。徐松辑《宋会要辑稿》职官六〇之二一，第 4675 页。"英宗治平元年六月十九日，资政殿学士、知太原府陈升之言母老，请扬、湖、越一州以便奉养。上以边臣当久任，难于屡易，不许。"
⑥《宋史》卷三一二《陈升之传》，第 10238 页。
⑦ 徐自明撰，王瑞来校补《宋宰辅编年录校补》卷七，治平四年十月己酉，第 372 页。

任职宰相后，陈升之甚至以母请退，《续资治通鉴长编》卷二一〇载："陈升之以母老乞退，上不许。"① 依此，我们可以看到陈升之想要远离朝政，那也就好理解，其借母丧之际，坚持服终丧。另一方面也和当时朝廷环境有关。熙宁三年九月庚子，原昭文监修相曾公亮"老疾求去"被罢，同年十月戊寅，陈升之解官丁忧，此时陈升之为独相"集贤相"，韩绛与王安石二人只是参知政事（副宰相）。陈升之起复时，宰相集团却发生翻天覆地的变化，熙宁三年十二月丁卯，韩绛授"行尚书吏部侍郎、同中书门下平章事、昭文馆大学士"，② 王安石授"行尚书礼部侍郎、同中书门下平章事、监修国史"，③ 首相昭文相是韩绛，次相史馆相是王安石。而陈升之起复后依旧是集贤相，为末相，二人原先在陈升之之下，今却在其之上。此时，陈升之接受起复，就会处于一种尴尬境地，陈升之体会到皇帝意图，坚持服终丧，这是一种无奈罢了。另外一个十分重要的因素是王安石，熙宁元年（1068）"夏四月乙巳，诏翰林学士王安石越次入对"。④ 王安石被神宗召见，逐渐受到重用，走向政治舞台中央，影响了北宋政治走向。陈升之和王安石的关系，在前期较为密切，《宋宰辅编年录校补》卷七载：

> （陈升之）为小官时，与安石相遇淮南，安石深器之。及安石用事，务变更旧制，患同执政者间不从，奏设制置条例司，升之共事。凡所欲为，自条例司直奏行之，无复龃龉。……
>
> 三年（熙宁）三月壬辰朔，曾公亮与陈升之皆称疾在告，与安石争青苗钱不合故也。甲午，升之与安石议论不合，以母老乞罢。上固望之。升之既与安石忤，安石数侵辱之。升之不能堪，称疾卧家逾百日，求解政事，不许。九月辛卯，复求入见，有旨再拜而已，令扶至殿门。⑤

① 李焘：《续资治通鉴长编》卷二一〇，熙宁三年四月丁亥，第5115页。
② 《宋大诏令集》卷五六《宰相六·韩绛昭文相制》，第283页。
③ 《宋大诏令集》卷五六《宰相六·王安石宰相制》，第283页。
④ 《宋史》卷一一四《神宗本纪一》，第268页。
⑤ 徐自明撰，王瑞来校补《宋宰辅编年录校补》卷七，熙宁二年十月丙申，第410页。

由此可知，前期王安石与陈升之关系较为融洽，双方合作也比较紧密。"（陈升之）竭力赞助，安石德之，故升之先安石为相。"① "故安石推升之，使先为相。"② 在陈升之为相上，王安石起了推动作用。其后，陈升之与王安石关系开始恶化，先是与王安石争论青苗钱不合，称疾，后又与王安石争论不合，以母老请求罢免。陈升之与王安石交恶，王安石数次侵辱，使之无法忍受，便托病归卧百余日。神宗几次敦促劝谕，才回到朝廷。"（陈升之）既相，即求解三司条例司。又时为小异，阳若不与安石皆同者也，以此尤疾恶之。"③ 《皇宋通鉴长编纪事本末》卷六六载："升之既登相位，于条例司事，遂不复悬关预。安石固以请，升之曰：'兹事合归之三司，何必揽取为己任也？'安石大怒。二人于是乎始判。"④ 这一系列原因最终导致陈升之选择服终丧，其中重要因素就是和王安石关系恶化，而神宗一心依靠王安石实行变法，变法成为政治主线，陈升之在朝廷与王安石立场不同，政见不合，很难有所作为。《默记》卷中载："祖宗时，不惟宰相，虽百执事皆起复，至富郑公乃以太平而辞耳。……富公之后，如陈升之亦百日则起复耳。此盖朝廷体貌，况在兵革之际乎？其来否，则在人耳。"⑤ 宋人王铚认为陈升之接受了起复，是失实的，朝廷的礼遇在兵革之际乎，但是否接受在于人自身，这是比较客观的。

关于陈升之除服后任命，"壬午，前礼部尚书、平章事、集贤殿大学士陈升之除检校太傅、同平章事、枢密使，大敕系衔文彦博下，遣内侍赍诏往赐，仍趣令赴阙"。⑥ 陈升之被任命为枢相。关于神宗为何如此安排，《续资治通鉴长编》卷二三九有此记载：

是日，安石留身，上问安石何以处陈升之，安石曰："升之故相

---

① 杜大珪编，顾宏义、苏贤校证《名臣碑传琬琰集校证》下卷一五《陈成肃公升之传》，第 2067 页。
② 徐自明撰，王瑞来校补《宋宰辅编年录校补》卷七，熙宁二年十月丙申，第 410 页。
③ 杜大珪编，顾宏义、苏贤校证《名臣碑传琬琰集校证》下卷一五《陈成肃公升之传》，第 2067 页。
④ 杨仲良：《皇宋通鉴长编纪事本末》卷六六《神宗》，第 1163~1164 页。
⑤ 王铚：《默记》卷中，第 27 页。
⑥ 李焘：《续资治通鉴长编》卷二四一，熙宁五年十二月壬午，第 5877 页。

位，本在臣上，陛下当自决，非臣所敢预。"上固问之，安石固辞。上曰："朕与卿计此，卿勿固辞。"安石曰："陛下欲如何？"上曰："中书必不可容，与郡可乎？"安石曰："升之以人望亦可驱使，愿陛下御之如何尔，恐不当与郡。"①

由此可见，神宗认为陈升之"中书必不可容"，想要"与郡"，派往地方。此时王安石独相，任"监修相"。很显然，"中书必不可容"不是人员已满，没法安排，而是为了变法的顺利进行，不想安排其在中央，即使中书不容，也不致要派往地方，陈升之"失势"。反而此时王安石认为"升之以人望亦可驱使"。陈升之再也没有入相，丧免除服后没能恢复原职，成为"枢相"。

第三位是蒋芾。孝宗乾道四年（1168）七月，② 蒋芾以母丧去位。此时蒋芾是独相，同年"是月（十月）蒋芾起复左仆射，陈俊卿右仆射。芾辞，乞终丧。诏从之"。③ 起复时蒋芾不再是独相，由尚书右仆射升为尚书左仆射，陈俊卿由参知政事升迁为尚书右仆射。那么蒋芾到底有没有接受任职二次入相？梁天锡认为蒋芾有二次入相。④ 《宋史》卷三八四《蒋芾传》载："会母疾卒，诏起复，拜左仆射，芾力辞。"⑤ 记载简单，并未写清具体时间。然而《宋史》卷三四《孝宗本纪二》又载："（乾道四年十月）庚子，蒋芾起复尚书左仆射，陈俊卿右仆射，并同中书门下平章事兼枢密使兼制国用使。"⑥ 同年十二月甲辰，"蒋芾辞起复，许之"。⑦ 据此可知，蒋芾十月庚子起复，十二月甲辰辞起复。那么蒋芾是否接受了起复呢？《宋宰辅编年录校补》卷一七载："十月庚子，起复拜

① 李焘：《续资治通鉴长编》卷二三九，熙宁五年十月壬辰，第5814页。
② 乾道四年七月，"右仆射蒋芾以母丧去位，陈俊卿兼知枢密院"。佚名撰，孔学辑校《皇宋中兴两朝圣政辑校》卷四七，第1047页。徐松辑《宋会要辑稿》职官七八之五一载："七月十二日，诏左正议大夫、守尚书右仆射、同中书门下平章事、兼枢密使蒋芾解官持母服，从所请也。"（第5219页）二者皆记载为"七月"，《宋史》卷三四《孝宗本纪二》记为"六月"（第643页）。
③ 佚名撰，孔学辑校《皇宋中兴两朝圣政辑校》卷四七，乾道四年十月，第1053页。
④ 梁天锡：《宋宰相表新编》，"国立"编译馆，1996，第330页。
⑤ 《宋史》卷三八四《蒋芾传》，第11819页。
⑥ 《宋史》卷三四《孝宗本纪二》，第644页。
⑦ 《宋史》卷三四《孝宗本纪二》，第645页。

左仆射、同平章事兼枢密使。辞免，依旧持服。"① "时，起复蒋芾为左仆射，以俊卿为右仆射。芾辞乞终丧，从之。"② 可见，在孝宗下诏起复时，蒋芾辞乞终丧，孝宗予以批准，依旧持服。又如上引《皇宋中兴两朝圣政辑校》记"芾辞，乞终丧，诏从之"。《宋会要辑稿》职官七七之二一载："四年十月十二日，诏前尚书右仆射蒋芾起复，授左仆射。后以芾恳辞，有旨依所乞。"③ 蒋芾也是"恳辞"，最终"有旨依所乞"。除《宋史》记载蒋芾十月庚子起复，十二月甲辰辞起复外，《宋宰辅编年录校补》《皇宋中兴两朝圣政辑校》《宋会要辑稿》皆记载为十月。另据《宋史》卷四〇六《刘汉弼传》，侍御史刘汉弼为阻止史嵩之起复呈理宗密奏："臣闻富弼之起复，止于五请，蒋芾之起复，止于三请，今嵩之既六请矣，愿听其终丧，亟选贤臣，早定相位。"④ 此为刘汉弼密奏，史料价值极高，从中可得为阻止史嵩之起复说服理宗早定相位，举出富弼、蒋芾事例，富弼是没接受起复的，如果蒋芾是接受起复后又乞终丧，这对不让史嵩之起复就不具有说服力，这个例子也就不恰当，而且最终史嵩之也没能起复（见下文）。此外，《宋史》卷二一三《宰辅表四》中只记载七月蒋芾以母丧去位，没有记载其起复。⑤ 宋朝 10 位宰相丁忧，在《宰辅表》中只有吕蒙正和蒋芾没有记载起复，吕蒙正连服丧去位都没有记载，只在《宋史》卷二六五《吕蒙正传》中载有一句："俄丁内艰，起复。"⑥ 而蒋芾在《宋史》中记载却很丰富。因此，笔者认为蒋芾应没有二次入相，至少没有实际履行宰相职权。蒋芾服除时间，现存史籍未有明确记载，按照礼制推算应在乾道六年（1170）十月左右，"服阕，除观文殿大学士、知绍兴府、提举洞霄宫"。⑦ 蒋芾没能再次入相，也没能在中央任职，这与蒋芾失去孝宗宠信有关。《宋史》卷三八四载："有密旨欲今岁大举，手诏廷臣议，或主和，或主恢复，使芾决之。" 蒋芾服丧期间，孝宗征求

① 徐自明撰，王瑞来校补《宋宰辅编年录校补》卷一七，乾道四年十月庚子，第 1198 页。
② 徐自明撰，王瑞来校补《宋宰辅编年录校补》卷一七，乾道四年十月庚子，第 1201 页。
③ 徐松辑《宋会要辑稿》职官七七之二一，第 5151 页。
④ 《宋史》卷四〇六《刘汉弼传》，第 12276 页。
⑤ 《宋史》卷二一三《宰辅表四》，第 5575~5576 页。
⑥ 《宋史》卷二六五《吕蒙正传》，第 9146 页。
⑦ 《宋史》卷三八四《蒋芾传》，第 11819 页。

其对金的态度，蒋芾奏："'天时人事未至。'拂上意。"① 孝宗欲大举攻金恢复国土，力主再次北伐，但是蒋芾却认为"天时人事未至"，蒋芾政治主张与孝宗相左。《宋史》卷三八四载："芾始以言边事结上知，不十年间致相位，终以不能任兵事受责，岂优于论议而劣于事功欤？"② 这也许就是最好答案，蒋芾最终失去皇帝宠信。

第四位是史嵩之。理宗淳祐四年（1244）"九月癸卯，右丞相史嵩之以父弥忠病告假。有旨范锺、刘伯正时暂当笔。乙巳，史弥忠薨。丙午，制起复史嵩之"。③ 史嵩之先是以父病告假，理宗知道其父卒后，下诏对其起复，"当月起复右丞相兼枢密使、永国公、提举实录院"，④ 起复如故。可以看到史嵩之从丁忧到起复仅仅两天，时间是宋朝最短的，史嵩之是"起复之后而后奔丧"⑤。太学生黄凯伯等人认为史嵩之是提前谋划好的，"自入相以来，固知二亲耄矣，为有不测，旦夕以思，无一事不为起复张本"。司光祖起复未卒哭，许堪起复未终丧。当时里巷作"光祖做总领，许堪为节制，丞相要起复援例"的十七字歌谣。⑥ 此时的政治社会舆论向对史嵩之不利的方向发展，"上（理宗）意不复向嵩之，台官弹击无虚日"。⑦ 同年十二月庚午，"许右丞相史嵩之终丧"。⑧ 史嵩之在起复后至许终丧，是两个多月时间，容易使人产生误解，认为其是先起复后又乞终丧，实则非也，在这段时间里，史嵩之是没有接受起复的，"冬十月甲戌，诏庆元府守臣敦谕史嵩之赴阙，嵩之控辞，不允"。⑨ 虽然皇帝敦促，但史嵩之一直没答应。《宋史》卷四〇六《刘汉弼传》载，侍御史刘汉弼密奏，朝廷现在已经空缺宰相三个月了，史嵩之已经六请起复，希望理宗

① 《宋史》卷三八四《蒋芾传》，第11819页。
② 《宋史》卷三八四《蒋芾传》，第11819页。
③ 《宋史全文》卷三三《宋理宗三》，第2760页。
④ 陈骙、佚名：《南宋馆阁录·续录》卷七《官联一》，张富祥点校，中华书局，1998，第239页。
⑤ 佚名撰，王瑞来笺证《宋季三朝政要笺证》卷二《理宗》，第154页；王应麟：《困学纪闻》卷一五《考史》，上海古籍出版社，2008，第1745页。
⑥ 佚名撰，王瑞来笺证《宋季三朝政要笺证》卷二《理宗》，第154页。
⑦ 刘一清：《钱塘遗事》卷三《嵩之起复》，上海古籍出版社，1985，第65页。
⑧ 《宋史》卷四三《理宗本纪三》，第831页。
⑨ 《宋史》卷四三《理宗本纪三》，第831页。

许其终丧，早定相位。① 在许史嵩之终丧当日，"十二月庚午，以范锺为左丞相兼枢密使，杜范为右丞相兼枢密使"。② 史嵩之谋起复不果，有学者已做探讨，认为史嵩之起复失败，并非单纯为守礼制与否，也是借礼制之争而行政治斗争之实，各方势力借助"三学"生的反对，阻止史嵩之起复。③ 这次事件对史嵩之的打击是巨大的。淳祐六年十二月，"及丙午冬，终丧，御笔史嵩之候服阕日，除职，与宫观，于是台臣章琰、李昂英及学校皆有书疏交攻之。御笔始有史嵩之特除观文殿大学士，许令休致"。④ 淳祐六年"十二月乙未，诏史嵩之依所乞守金紫光禄大夫、观文殿大学士、永国公致仕"。⑤ 本该史嵩之除服再次任官，史嵩之却被致仕，其后再也没有受到重用，在家赋闲十三年。

第二节　宰相丁忧起复再服终丧

宋代宰相丁忧起复一段时间后，再服终丧，有郑居中、朱胜非、贾似道三位。起复后因各种原因，他们不得不以"服终丧"名义请辞，其中贾似道比较特殊，被太皇太后责令"归终丧"。

徽宗政和七年（1117）八月庚午，⑥ 郑居中以母丧去位，同年"十一月七日，持服前少保、太宰、兼门下侍郎郑居中可特起复如故。八年九月乞终制，诏从之"。⑦ 郑居中以原职起复不到一年就"乞终制"，回家服终丧。《宋史》卷四七一《蔡确传》载："（蔡）京与太宰郑居中不相能，居中以忧去，京惧其复用。"⑧ 由此可见蔡京不希望郑居中起复，当时蔡

---

① 《宋史》卷四〇六《刘汉弼传》，第 12276 页。
② 《宋史》卷四三《理宗本纪三》，第 831 页。
③ 丁建军、贾亚方：《宋朝丁忧制度与政治斗争——以"李定匿丧"与"史嵩之起复事件"为例》，《保定学院学报》2013 年第 6 期。
④ 周密：《癸辛杂识》别集卷下《史嵩之始末》，吴企明点校，中华书局，1988，第 289 页。
⑤ 《宋史》卷四三《理宗本纪三》，第 836 页。
⑥ 《皇宋十朝纲要校正》卷一七载："八月庚午，太宰郑居中以母丧去位。"（李埴撰，燕永成校正《皇宋十朝纲要校正》，第 494 页）另外《宋史》卷二一二《宰辅表》，也记为"八月庚午"，第 5524 页。
⑦ 徐松辑《宋会要辑稿》职官七七之八，第 5143 页。
⑧ 《宋史》卷四七一《蔡确传》，第 13701 页。

京权势日涨，郑居中能够得到起复和徽宗有直接的关系。《宋史》卷三五一《郑居中传》载："时京总治三省，益变乱法度。居中每为帝言，帝亦恶京专，寻拜居中少保、太宰，使伺察之。居中存纪纲，守格令，抑侥幸，振淹滞，士论翕然望治。"①徽宗厌恶蔡京专权，让郑居中进行侦视，利用郑居中对蔡京进行制衡，虽然有蔡京从中阻挠，但是郑居中依然被"起复"。李焘《续资治通鉴长编》卷三五二载：

> 臣又闻蔡京所以助（蔡）懋成此诬罔之说，非特为纳懋之赂，扬己之功，其意盖在于郑居中也。居中，王珪之婿。方蔡京为太师，居中为宰相，论议多不协和，京欲排去居中，未有夤缘，故诬王珪为不忠，将并其婿而逐之。②

李焘认为蔡懋"诬撰哲宗帝纪与宣仁、雍王二传"，③蔡京帮助蔡懋成全这个诬罔说法，不是为了名利，而是要诋毁王珪不忠，进而排挤其女婿郑居中。《皇朝编年纲目备要》卷二八载："（政和六年）五月，郑居中、刘正夫为太、少宰兼门下、中书侍郎。初，《哲宗实录》蔡京专一编修，政和三年成。及上用郑居中而京惧，乃收用蔡确子懋为两制，讨论其父确元丰间策立功，遂以王珪为不忠，以沮居中。居中者，珪婿也。懋诬诋宣仁尤甚，乞改修《哲宗实录》尚未为快，又乞修《哲宗正史》，作哲宗纪及列传，皆加以御制之目，使人不得拟议。"④蔡京与郑居中一直矛盾冲突尖锐，郑居中在起复后与蔡京斗争中逐渐处于下风。政和八年（1118），王寀、刘昺谋逆案，蔡京牵涉其中。《挥麈后录》卷三载：

> 王、刘既诛窜，适郑达夫与蔡元长交恶，郑知蔡之尝荐二人也，忽降旨应刘炳所荐并令吏部具姓名以闻，当议降黜。宰执既对，左丞薛昂进曰："刘炳，臣尝荐之矣。今炳所荐尚当坐，而臣荐炳何以逃

---

① 《宋史》卷三五一《郑居中传》，第11104页。
② 李焘：《续资治通鉴长编》卷三五二，元丰八年三月甲午，第8446页。
③ 李焘：《续资治通鉴长编》卷三五二，元丰八年三月甲午，第8444页。
④ 陈均：《皇朝编年纲目备要》卷二八，政和六年五月，第715页。

罪?"京即进曰:"刘昺、王宷,臣俱曾荐之。今大臣造为此谋,实欲倾臣。臣当时所荐者材也,固不保其往。今在庭之臣如郑居中等,皆臣所引,以至于此。今悉叛臣矣,臣亦不保其往。愿陛下深察。"上笑而止,由是不直达夫,即再降旨:刘昺所荐并不问。亦文老云。①

此时郑居中借题发挥向徽宗进言,但是蔡京却说有人想借此倾轧攻击他,并影射郑居中,蔡京此举化被动为主动,将自己伪装成受害者。最终蔡京并没有受到处罚,双方较量蔡京逐渐占上风。在对辽的政策上,重和元年(1118)二月"庚午,遣武义大夫马政由海道使女真,约夹攻辽",②《皇朝编年纲目备要》卷二八载:"初,上访大臣以取辽之策,太宰郑居中及知枢密院邓洵武皆以为不可。"③ 宋徽宗好大喜功,有意大举攻辽,而郑居中没能领会徽宗意图,对此持反对意见,郑居中的态度很坚决,即使服除后依然如此,"王黼、童贯、蔡攸共兴北师,天下皆知其不可。上皇决之,群臣惟郑居中力争以为不可轻举"。④ 徽宗内心天平最终倾向蔡京。另外,这和郑居中身份也有关,郑居中"自言为贵妃从兄弟",⑤ 宋朝皇亲国戚为官是受严格限制的,按理郑居中不能进入宰执行列,出于牵制蔡京需要,方入相,但宋徽宗对他也有很强的防范意识。重和元年九月"辛丑,郑居中罢,乞持余服,诏从之"。⑥ 郑居中除服时间不详,应在徽宗宣和元年(1119)十一月。等到郑居中服阕后,没能再次入相,"居中服除,拜威武军节度使、佑神观使,封崇国公"。⑦

高宗绍兴三年(1133)"夏四月丁亥,尚书左仆射朱胜非以母鲁国太夫人杨氏忧,去位",⑧ 此时朱胜非任尚书右仆射同中书门下平章事,兼

---

① 王明清:《挥麈后录》卷三,《全宋笔记》第57册,第131页。
② 《宋史》卷二一《徽宗本纪三》,第399页。
③ 陈均:《皇朝编年纲目备要》卷二八,宣和元年正月,第726页。
④ 陈东:《少阳集》卷二之《伏阙上钦宗皇帝书》,《景印文渊阁四库全书》第1136册,第295页。
⑤ 《宋史》卷三五一《郑居中传》,第11103页。
⑥ 《宋史》卷二一《徽宗本纪三》,第401页。
⑦ 徐自明撰,王瑞来校补《宋宰辅编年录校补》卷一二,宣和三年五月戊戌,第795页。
⑧ 佚名撰,孔学辑校《皇宋中兴两朝圣政辑校》卷一三,绍兴三年四月丁亥,第407页。

知枢密院事。"绍兴三年七月，朱胜非以右仆射丁母忧，未卒哭，降起复制词。"① 同年七月"乙亥，朱胜非起复旧官，守尚书右仆射、同中书门下平章事，兼知枢密院事"，② 任职没有变化。九月戊午，吕颐浩以疾求去，罢"尚书左仆射同中书门下平章事"，朱胜非此时为独相。"十二月六日，诏右仆射朱胜非差监修国史"，③ 次年九月庚午，朱胜非罢，听持余服。④ 朱胜非以"持余服"罢，原因是多方面的。《皇宋中兴两朝圣政辑校》卷一六载："先是，右仆射朱胜非因久雨，乞行策免故事，又以余服为请。章十二上，至是祀明堂毕，胜非复求去，且论当罢者十二事，侍御史魏矼亦疏胜非五罪，由是得请。"⑤《建炎以来系年要录》卷八〇亦载："先是右仆射朱胜非因久雨乞行策免故事，以消天变。又以余服为请，章十二上，上许以俟总章礼毕，如所请，且有保全旧臣之论。至是祀明堂已毕，胜非复求去，且论当罢者十一事，矼亦疏胜非五罪，由是得请。"⑥

"久雨""持余服""自论当罢者十二事""魏矼劾其过"，那么是什么最终导致其被免？《皇宋中兴两朝圣政辑校》认为先是因为久雨，朱胜非请求策免消灾，又请求持余服，但高宗不许，后来自论应当罢免十二件事，魏矼弹劾其过错，最终才得到允许，显然后面的因素起到了更重要的作用。《建炎以来系年要录》记载和《皇宋中兴两朝圣政辑校》相似，但在朱胜非因久雨请持余服时，高宗表达出保全朱胜非之意。综上可知，"久雨"只是一个起因，不是真实原因，在此之前绍兴三年十二月"乙酉，临安府火。戊子，又火。朱胜非以屡火求罢，不允"。⑦ 朱胜非也有过以屡次发生火灾为由，请求罢免，高宗并未同意；持余服也只是一个很好的理由，以这两个原因请求罢免，高宗都没有同意。《宋史》卷三六二载："会久雨，胜非累章乞免，且自论当罢者十一事。魏矼亦劾其罪，遂罢。"⑧《宋史》中没有记载朱

① 庄绰：《鸡肋编》卷中，萧鲁阳点校，中华书局，1983，第56页。
② 李心传：《建炎以来系年要录》卷六七，绍兴三年七月乙亥，第1311页。
③ 徐松辑《宋会要辑稿》运历一之二〇，第2696页。
④ 徐自明撰，王瑞来补校《宋宰辅编年录校补》卷一五，绍兴四年九月庚午，第997页。
⑤ 佚名撰，孔学辑校《皇宋中兴两朝圣政辑校》卷一六，绍兴四年九月乙丑，第483页。
⑥ 李心传：《建炎以来系年要录》卷八〇，绍兴四年九月乙丑，第1514页。
⑦ 《宋史》卷二七《高宗本纪四》，第508页。
⑧ 《宋史》卷三六二《朱胜非传》，第11318~11319页。

胜非持余服之请，久雨，朱胜非数上书请求免职，而且自论当罢免十一事，魏矼也弹劾其罪过，于是被罢免，一个"遂"字表明魏矼弹劾起到重要作用。《宋史》卷三七六《魏矼传》载："时朱胜非独相，矼论：'胜非无所建明，惟知今日进呈一二细故，明日启拟一二故人，而机务不决，军政不修，除授挟私，贤士解体。'又疏其五罪，诏令胜非持余服。"① 综上可得，朱胜非被罢的真实原因是魏矼的弹劾。此外，还有一个重要原因就是其与赵鼎关系不和，"朱胜非兼知枢密院，言者谓当国者不知兵，乞令参政通知。由是为胜非所忌。……鼎所条奏，胜非多沮抑之"。② 高宗绍兴四年（1134）三月戊午，赵鼎任参知政事，同年八月庚辰，迁知枢密院事，在朱胜非罢相后第三天就接替了其职，任"尚书右仆射同中书门下平章事"，可见此时高宗是非常宠信赵鼎的。同年"冬十月丙子朔，与赵鼎定策亲征，命张俊以军援淮东，刘光世移军建康，车驾择日进发"。③ 朱胜非具体除服时间不详，应在绍兴五年（1135）五月，"胜非免丧，除观文殿大学士、提举临安府洞霄宫中书舍人"。④ "五年，应诏言战守四事，起知湖州，引疾归。胜非与秦桧有隙，桧得政，胜非废居八年，卒，谥忠靖。"⑤ 最终朱胜非再也没有走上权力中心，受到皇帝重用。

宋度宗咸淳十年正月，"贾似道丁母忧，归越州治丧"，⑥ 度宗对贾似道相当恩厚，对贾母胡氏之死也相当重视。"其母胡氏薨，诏以天子卤簿葬之，起坟拟山陵，百官奉襄事，立大雨中，终日无敢易位。"⑦ "以天子卤簿葬之"，在当时引起了不少人的反对，《晞发集》卷九载："陈亮用荫补官摄嘉兴丞，数以书干宋臣，用事者言贾似道母丧不宜赐卤簿，责文及翁顾忌争不力，犹不争耳。"⑧《癸辛杂识》中《贾母饰终》载：

---

① 《宋史》卷三七六《魏矼传》，第 11631 页。
② 《宋史》卷三六〇《赵鼎传》，第 11288 页。
③ 《宋史》卷二七《高宗本纪四》，第 512 页。
④ 徐梦莘：《三朝北盟会编》卷一六七，绍兴五年五月，第 1206 页。
⑤ 《宋史》卷三六二《朱胜非传》，第 11319 页。
⑥ 佚名撰，王瑞来笺证《宋季三朝政要笺证》卷四《度宗》，第 357 页。
⑦ 《宋史》卷四七四《贾似道传》，第 13785 页。
⑧ 谢翱：《晞发集》卷九《谢翱传》，《宋集珍本丛刊》第 91 册，第 140 页。

甲戌咸淳十年三月二十日丁酉，贾似道母秦、齐两国贤寿夫人胡氏薨。特辍视朝五日，赐水银、龙脑各两百两，声钟五百杵，特赠秦、齐国贤寿休淑庄穆夫人。择日车驾幸临莫，差内侍邓惟善主管敕葬，特赐谥柔正。遂特起复，仍旧职，任仰执政侍从诣府劝勉，就图葬于湖山。且令帅、漕、州、司相视，展拓集芳园、仁寿寺基，营建治葬。于内藏库支赐赙赠银绢四千匹两，又令户部特赐赙赠银绢二千匹两，皇太后殿又支赐赙赠银绢四千匹两，又令帅、漕两司应办葬事，仍存胡夫人在日请给人从，又赐功德寺额为"贤寿慈庆"，以雍熙寺改赐，永免科役。似道皆辞之，执政侍从两省台谏，皆乞勉留元臣。遂降诏贾似道起复太傅，平章军国重事。似道八疏控辞，皆不允。又令两司建造赐第于城中。初择六月初九日安厝，以急于入观，遂令攒前于五月九日安厝。又令有司于出殡日，特依一品例给卤簿、鼓吹，仍屡差都司刘黻、李珏、梅应发致祭，并趣赴阙。于出殡日，特辍视朝一日，又差枢密章鉴、察官陈过前往勉谕回朝。又命浙漕及绍兴府守臣办集船只，只备师相回阙。又命有司照礼例候师相回朝日，百官合郊迎。又依所奏将绍兴府公使库径行拨赐。又令内臣梁大原赐银合香药。又令两司踏逐建造赐第，凡九处……①

这是宋朝宰相母丧最为详细的记载，记载了规制、皇帝赏赐、优待，以及贾似道起复相关情况，从中我们可以看出贾母葬礼规格是相当高的。贾似道起复没有像史嵩之一样遭到强烈反对，这和贾似道权术分不开，也许他吸取史嵩之结局的教训，"似道既专恣日甚，畏人议己，务以权术驾驭，不爱官爵，牢笼一时名士，又加太学餐钱，宽科场恩例，以小利啖之。由是言路断绝，威福肆行"。②他善用权术，利用一些小恩小惠，一定程度上给自己营造出一个好的社会舆论。贾似道起复之路比较顺畅，最主要还是受到度宗的宠信，获得度宗大力支持，但不久度宗去世，此时贾似道依旧很有权势，还参与到立新君问题上。关于立新君，《宋史》卷四七《瀛

①　周密：《癸辛杂识》前集《贾母饰终》，第48~49页。
②　《宋史》卷四七四《贾似道传》，第13784页。

国公本纪》载："（咸淳）十年七月癸未，度宗崩，（㬎）奉遗诏即皇帝位于柩前，年四岁，谢太后临朝称诏"，"度宗崩，谢太后召贾似道等入宫议所立，众以为昰长当立，似道主立嫡，乃立㬎而封昰为吉王，昺信王"。① 两种记载前后说法不一，一种是奉遗诏立㬎，一种是谢太后召众人入宫议所立。度宗生前并没有确定继承人，如果已确定，也就不会有后来的争执。多数人赞同立长，而贾似道主张立嫡，最终嫡子㬎继位，贾似道在立新君问题上起到重要作用。随着宋元战争不断发展，宋朝节节败退，朝廷内部矛盾冲突加剧，反对贾似道的呼声越来越高。德祐元年（1275）二月庚午，"平章贾似道兵溃，陈宜中上疏请正其罪。太后曰：'似道勤劳三朝，岂宜以一旦罪而失遇大臣礼？'先削其官，后乃置法贬死"。②"诏罢似道平章、都督，予祠。"③"三月，除似道诸不恤民之政，放还诸窜谪人，复吴潜、向士璧等官，诛其幕官翁应龙，廖莹中、王庭皆自杀。潘文卿、季可、陈坚、徐卿孙皆似道鹰犬，至是交章劾之。四月，高斯得乞诛似道，不从。而似道亦自上表乞保全，乃命削三官，然尚居扬不归。五月，王爚论似道既不死忠，又不死孝，太皇太后乃诏似道归终丧。"④ 关于贾似道归终丧，《四明文献集》卷二《责谕贾似道归里终丧诏》载：

> 卿受国家之殊遇，居将相之重任。迩者督师弗绩，蹙国债军，人言沸腾，欲正其罚。吾与嗣君念卿服劳王朝，务存体貌倬，归里终丧，用彰孝治，吾于待元臣之礼至矣。……兹命李庭芝宣吾与嗣君忠厚之至，卿其亟归丧次，以尽臣子之道，以弭公议之责，固当曲示保全。⑤

七月，在黄镛、王应麟请求下徙似道婺州，当地人知道贾似道要来，

① 《宋史》卷四七《瀛国公本纪》，第 921、939 页。
② 《宋史》卷二四三《理宗谢皇后传》，第 8659 页。
③ 《宋史》卷四七《瀛国公本纪》，第 927 页。
④ 《宋史》卷四七四《贾似道传》，第 13786 页。
⑤ 王应麟：《四明文献集》卷二《责谕贾似道归里终丧诏》，中华书局，2010，第 68 页。

"率众为露布逐之"。在监察御史孙嵘叟等人建议下，又徙建宁府。在众多官员请求下，又谪似道为高州团练使、循州安置，籍其家。① 其间方回"上书乞诛似道，数其罪有十可斩"。② "福王与芮素恨似道，募有能杀似道者使送之贬所，有县尉郑虎臣欣然请行。……八月，似道至漳州木绵庵，虎臣屡讽之自杀，不听，曰：'太皇许我不死，有诏即死。'虎臣曰：'吾为天下杀似道，虽死何憾？'拉杀之。"③ 贾似道被杀，没能活到服除。我们可以看到，反对贾似道的不再是某个人，而是一个大的群体，从民众到一般官员到亲王甚至到太后，上升到政治斗争，大家对贾似道的不满随着战局不利集中爆发，最终导致贾似道被杀。

第三节　宰相丁忧起复未服终丧

宰相丁忧起复未服终丧，指宰相丁忧后，接受皇帝起复再次为相，且其间一直为相，直至服除，宋朝一共有赵普、吕蒙正、史弥远三位。

赵普是宋朝第一位宰相丁忧持服者，乾德五年十二月，"宰相赵普丁母忧，丙子起复"。④ 赵普丁忧是十二月，具体日期史籍记载不清，丙子为二十二日，由此可知，赵普从丁忧到起复最多21日，时间很短，以至于人们误以为其第一次任相时间是连续的，"赵普相，开宝六年罢，独相者十年"。⑤ 赵普短期内得以起复源于太祖对赵普非常宠信，从几件事上可以看出。如乾德五年二月殿前都指挥使韩重赟私取亲兵事件，《续资治通鉴长编》卷八载：

> 是日，殿前都指挥使、义成节度使韩重赟罢军职，出为彰德节度使。先是，有谮重赟私取亲兵为腹心者。上怒，欲诛之，谋于赵普。普曰："陛下必不自将亲兵，须择人付之。若重赟以谮诛，即人人惧

① 《宋史》卷四七四《贾似道传》，第13786~13787页。
② 方回：《桐江集》卷六《己亥前上书本末》，《续修四库全书》第1322册，上海古籍出版社，2002，第451页。
③ 《宋史》卷四七四《贾似道传》，第13787页。
④ 李焘：《续资治通鉴长编》卷八，乾德五年十二月己巳，第197页。
⑤ 叶梦得：《石林燕语》卷八，第122页。

罪，谁敢为陛下将者。"上怒犹未解，普开陈愈切，上纳其言。止命重赏出镇。①

在这件事上太祖动了杀心，培养心腹严重威胁到了皇权，"陈桥兵变"才"黄袍加身"的太祖是绝不允许这种行为的，但在赵普极力劝阻下只罢韩重赟军职，外派彰德节度使。同年三月"丙午，门下侍郎、平章事赵普加左仆射，充昭文馆大学士"，② 赵普由兼修相升为昭文相，本官由门下侍郎升为左仆射兼门下侍郎，地位得到提升。在赵普丁忧前的二月和三月，赵普先是劝阻太祖不杀韩重赟，后是升官，这都可见太祖对赵普的宠信。另外，还有赵普起复后次年（969）七月的"雪夜决策"事件。雪夜中太祖约后来的太宗光临赵普家，赵普在堂中铺上厚垫，几人在炉火上烧肉吃，赵普妻子敬酒，太祖称呼普妻为嫂，征询赵普平定四方军国大计。君臣之间，融洽亲密，如同一家，这个画面是很"温馨"的。③ 种种迹象表明这段时间太祖对赵普是绝对信赖的，④ 这种信赖建立在赵普"能力"的基础上，宋朝统治前期百废待兴，需要强有力的人物来统领群臣，而"刚毅果断，未有其比"⑤ 的赵普无疑是最合适的人选，赵普也就顺理成章"起复"，和太祖相互配合，稳定政局。开宝三年（970）三月"戊辰，赵普落起复"。⑥

端拱元年（988）二月庚子，"（吕）蒙正自给事中、参知政事除中书侍郎兼户部尚书、监修国史、并同中书门下平章事"。⑦ "俄丁内艰，起复。"⑧ 到淳化二年（991）九月"己亥，中书侍郎兼户部尚书、平章事

---

① 李焘：《续资治通鉴长编》卷八，乾德五年二月癸酉，第 190 页。

② 李焘：《续资治通鉴长编》卷八，乾德五年三月丙午，第 191 页。

③ 李焘：《续资治通鉴长编》卷九，开宝元年七月丙午，第 204~205 页。

④ 田志光：《宋太祖朝参知政事的设立及职权考论》，《北方论丛》2013 年第 4 期；参见本书第一章。

⑤ 《宋史》卷二五六《赵普传》，第 8940 页。

⑥ 李焘：《续资治通鉴长编》卷一一，开宝三年三月戊辰，第 245 页。

⑦ 徐自明撰，王瑞来校补《宋宰辅编年录校补》卷二，端拱元年二月庚子，第 49 页。李焘《续资治通鉴长编》卷二九"端拱元年二月庚子"载："参知政事吕蒙正为中书侍郎、兼户部尚书，并同平章事。"（第 647 页）

⑧ 《宋史》卷二六五《吕蒙正传》，第 9146 页。

吕蒙正罢为吏部尚书"。① 吕蒙正首次任相三年半多。

关于吕蒙正丁忧记载极少，《宋史》关于此记载也仅仅六个字，没有丁忧时间，也没有起复时间。"俄"字表明，吕蒙正丁忧应在其任宰相不久后，然后得到起复。《宋史》卷二一〇《宰辅表一》中载吕蒙正第一次任宰相也是连续的。②《宋宰辅编年录》《续资治通鉴长编》对此事也没有记载，可以推断间隔时间应该很短。关于吕蒙正第一次任相期间活动，《续资治通鉴长编》记载如下：

> 近制，宰相子起家即授水部员外郎，加朝散阶，吕蒙正固让，止授六品京官，自是为例。③
>
> 丙子，上谓宰相曰："为君为臣，作一恶事，简册所载，万祀不泯，可不戒耶。自古未尝不欲进君子，退小人。然君子常少，小人常多。"吕蒙正曰："此系时运盛衰。国家兴隆，则君子道长，其晦迹丘园，盖畏小人用事尔。有国家者，尤宜早辨。"上深然之。④
>
> 上以岁旱减膳，遍走群望，皆弗应。是夕，手诏赐宰相赵普等……时普被疾请告，即以授吕蒙正等。壬申，蒙正等诣长春殿谢……⑤

又如端拱二年十二月庚申，太宗下诏省尊号，只称皇帝。辛酉，吕蒙正等奏劝。同月，太宗也有和吕蒙正关于国家取士的讨论。⑥ 淳化元年（990）夏四月甲寅，自赵普罢，吕蒙正以宽简居相位。⑦ 同月乙巳，太宗问陈尧叟为谁子，吕蒙正等以省华对。⑧ 淳化二年春正月，太宗与吕蒙正等近臣论将帅。⑨

---

① 《宋史》卷五《太宗本纪二》，第88页。
② 《宋史》卷二一〇《宰辅表一》，第5428~5430页。
③ 李焘：《续资治通鉴长编》卷二九，端拱元年闰五月己丑，第653页。
④ 李焘：《续资治通鉴长编》卷三〇，端拱二年八月丙子，第687页。
⑤ 李焘：《续资治通鉴长编》卷三〇，端拱二年十月，第688页。
⑥ 李焘：《续资治通鉴长编》卷三〇，端拱二年十二月庚申，第692页。
⑦ 李焘：《续资治通鉴长编》卷三一，淳化元年夏四月甲寅，第700页。
⑧ 李焘：《续资治通鉴长编》卷三一，淳化元年夏四月乙巳，第701页。
⑨ 李焘：《续资治通鉴长编》卷三二，淳化二年正月，第710页。

三月己巳，上以岁旱蝗手诏吕蒙正等。① 从这些活动可以看出，吕蒙正活跃在政治舞台上，其间官职没有变化。由此可推，吕蒙正应是原职起复，落起复后，官职如故。吕蒙正丁忧后得到起复，而且一直任职到落起复，与其自身能力、性格相关，其深得仁宗赏识，太宗认为"蒙正气量，我不如"，② 而且和首相赵普关系很是融洽。"蒙正质厚宽简，有重望，以正道自持。遇事敢言，每论时政，有未允者，必固称不可，上嘉其无隐。赵普开国元老，蒙正后进，历官一纪，遂同相位，普甚推许之。"③

嘉定元年（1208）十一月戊午，史弥远去位，丁母忧，此时史弥远为次相右丞相兼枢密使，首相为钱象祖。但此时史弥远自知枢密使事兼参知政事拜右丞相才不到一个半月，政治生涯被"母丧"打断。"十二月一日，特进左丞相兼枢密使兼太子少师钱象祖，除观文殿大学士，判福州。以象祖累章求退，而台臣亦有论列也。"④ 首相钱象祖被罢，是在史弥远丁忧后第八天，一直到史弥远二入相，其间宰相位空近5个月。宁宗朝一共有四次相位空缺：一是庆元元年（1195）二月戊寅至四月己未，共1个月11天；二是嘉泰三年（1203）正月辛巳至五月戊寅，共3个月27天；三是开禧三年（1207）十一月乙亥至十二月辛酉，共1个月15天；四是嘉定元年十二月丙寅至嘉定二年正月丁巳，共5个月。第四次空相时间最长，而且前三次结束朝中无相局面时都是从参知政事中选一人迁升，第四次却是直接起复史弥远，可见这5个月空相，是宁宗虚位待之。另外宰相丁忧起复一般是卒哭百日后，为何史弥远却是5个月？宁宗嘉定二年"五月丙申，史弥远起复，拜右丞相兼枢密使"。⑤ 而史弥远在丁忧时，"太子请赐第行在，令就第持服，以便咨访"，⑥ 最终宁宗"许之，史弥远辞赐第，亦许之。明年二月壬辰，遣内侍趣弥远还行在赐第"。⑦ 由上

① 李焘：《续资治通鉴长编》卷三二，淳化二年三月，第713页。
② 王称：《东都事略》卷三二《吕蒙正传》，第261页。
③ 《宋史》卷二六五《吕蒙正传》，第9146页。
④ 徐松辑《宋会要辑稿》职官七八之六七，第5224页。
⑤ 徐自明撰，王瑞来校补《宋宰辅编年录校补》卷二〇，嘉定二年五月丙申，第1361页。
⑥ 《宋史》卷四一四《史弥远传》，第12417页。
⑦ 佚名：《续编两朝纲目备要》卷一一，汝企和点校，嘉定元年十一月戊午，中华书局，1995，第201页。

我们可以看出，宁宗此时是很信任史弥远的，同时史弥远一直处在政治中心，虽然丁忧，但并没有完全离开，这也许就是他没有依旧例起复的原因。另外史弥远有较强的权力欲，"右丞相史弥远起复，（安）丙移书曰：'昔仁宗起复富郑公、文潞公，孝宗起复蒋丞相，皆力辞，名教所系，人言可畏，望阁下速辞成命，以息议者之口。'论者韪之"。① 虽然有皇帝夺情起复，大臣们一般要力辞，这是名教所系，但史弥远似乎把这都忘了，需要安丙提醒，可见史弥远是非常想要起复的。史弥远得诏起复，也遭到部分人反对。国子监祭酒王介因旱灾进言："汉法天地降灾，策免丞相，乞令弥远终丧，择公正无私者置左右，王、吕、蔡、秦之覆辙，可以为戒。"② 但这些阻力微乎其微，没能阻挡史弥远起复，"（嘉定）四年，落起复"。③ 其后史弥远开始了二十余年的独相生涯。

小　结

此外，宋朝还有一位宰相王安石虽然没有因为丁忧解服，但也是因为亲人离世，自请离职，"安石之再相也，屡谢病求去，及子雱死，尤悲伤不堪，力请解几务。上益厌之，罢为镇南军节度使、同平章事、判江宁府"。④ 我们可以看到，在爱子王雱去世前，王安石已经"屡谢病求去"，爱子离世虽不一定是最重要因素，却是最直接因素，政治上失意、统治者不解等因素叠加在一起，最终导致一代名相黯淡收场。

儒家孝道伦理观念深入人心，并逐渐与政治制度相融合，形成具有强制性的制度法律。宋朝以孝治理天下，从建国初就重视孝道伦理，官员丁忧制度也是不断发展。官员群体作为国家统治集团，也是以身作则，恪守孝道，遵守相关法律。但是作为最高级别的官员——宰相，从本章分析中可以看到，孝道、法律对他们的约束力微乎其微，他们并不是规则遵守者，这与一般的官员形成强烈反差。丁忧本身是一种偶然性事件，具有不

① 《宋史》卷四〇二《安丙传》，第 12191 页。
② 《宋史》卷四〇〇《王介传》，第 12154 页。
③ 《宋史》卷四一四《史弥远传》，第 12417 页。
④ 《宋史》卷三二七《王雱传》，第 10550 页。

确定性，但它不仅影响到宰相个人，甚至影响到政治局势。宰相丁忧不再是一个简单的礼制问题，而成为政治斗争爆发点，成为多方斗争契机。

至亲离世，居丧丁忧，本是一件正常事，但当丁忧者是宰相时，就会对朝政产生重要影响，最直接的就是岗位空缺。宰相从丁忧到起复一般需百日，这段时间岗位是空缺的，一般情况下，皇帝都会"虚位以待"，但是有两次特例。一次是陈升之，熙宁三年十二月丁卯，韩绛自参知政事拜昭文相，王安石自参知政事拜监修相，而陈升之起复后依旧是集贤相，最终陈升之固辞，服终丧；一次是史弥远，史弥远丁忧后，左丞相兼枢密使钱象祖为独相，嘉定元年十二月丙寅罢，空相，其间参知政事增加一人，嘉定二年正月丁巳，楼钥自同知枢密院事改参知政事，参知政事变成三人。可见宰相丁忧至起复，其间对朝廷宰辅人员变动影响较小。但是坚持服终丧的影响较大，富弼坚持终丧后，嘉祐六年（1061）闰八月庚子，韩琦由集贤相迁昭文兼修相，曾公亮自枢密使拜集贤相，张昇由参知政事迁枢密使，第二天欧阳修由枢密副使改参知政事，陈升之乞终丧后，短期人员没有变化，主要是这一时期神宗任用王安石进行变法。蒋芾辞起复后，陈俊卿成为独相，而且此时无参知政事，乾道五年（1169）二月甲辰，王炎自签书枢密院事除参知政事。当宰相决定终丧后，皇帝往往在短时间内会增加宰执来处理政务。而起复后不服终丧时，宰执短期内没有变化，除了贾似道时，咸淳十年（1274）十月乙丑，陈宜中拜签书枢密院事兼权参知政事，陈宜中是依附于贾似道的。同年十一月丙戌，王爚自知枢密院事拜左丞相兼枢密使，章鉴同知枢密院事拜右丞相兼枢密使。宰辅由贾似道起复时一相一参知政事变成三相一参知政事，这主要也是为了应对南宋末期的复杂局面。

此外，宰相为百官之首，他本身就是一股强大的政治势力，其任、离本身就是一个重大的政治事件，会打破原有的政治平衡。宰相也有自己的政治态度。陈升之与王安石对设置三司条例司看法不一，且新法受朝臣反对，便托病归卧百余日，但可见他还是主张新法的，他的离开对新法的实行会产生不利影响。郑居中是反对对辽战争的，但此时他也选择服终丧，最终徽宗做出联金灭辽的决定。我们不能说他们的存在一定会对结果产生决定性的影响，但至少可以起到一定的制约作用。

第七章

宋代宰相致仕考论

官员致仕制度即官员退休制度，是中国古代官员管理制度的重要内容。在宋代，致仕制度不断发展，打破任职终身制，加快官员新老交替，这是政治文明进步的重要体现。然而作为官员最高代表的宰相，致仕制度对其任职时间约束却很小，宰相致仕受多种因素影响，主要由其身体健康状况、与皇帝亲疏程度、为政作风以及朝政形势等决定，致仕原因不尽相同，凸显出制度运行与适用的特殊性。宰相罢相为官与罢相致仕具有本质的不同，反映出宋代中枢政治的复杂性。

中国古代官员退休称为致仕，"退而致仕。退，退身也；致仕，还禄位于君"。① 致仕最初之意是将俸禄归还给君王，后逐渐演变为退休。宋朝沿袭隋唐致仕制度，并不断发展完善，决定官员致仕的直接因素是年龄，"义，故七十而致政。老而不致政，贪冒者耳，非义也"。② 七十岁而致仕经历了一个由礼入法的过程，最初致仕为礼制规范，法律上并没有强制要求，随着时间推移，逐渐上升到法律制度层面，"予年过七十，法当致仕"，③ "大夫七十而致仕，其礼见于经，而于今为成法尔"。④ "古之大夫七十而致仕之例也。古则皆还其官爵于君，今则不然。故谓之'守本

---

① 何休解诂，徐彦疏《春秋公羊传注疏》卷一五，宣公元年，北京大学出版社，1999，第 373 页。
② 管仲：《管子》卷一〇《戒第二十六》，房玄龄注，《景印文渊阁四库全书》第 729 册，第 110 页。
③ 洪迈：《容斋随笔·三笔》卷一二《人当知足》，第 568 页。
④ 王安石：《临川先生文集》卷五三《孙庚太子中允致仕制》，中华书局，1959，第 568 页。

官致仕'，惟不任职也。"① 魏晋之前官员致仕，需要罢官，不带官职爵位，历隋唐至宋，官员可以带官阶"致仕"，这里的"官阶"不是实际职务，不需要承担行政事务，但关系到致仕后的待遇问题，官阶越高，致仕后的待遇就越高。实际上官员致仕不一定非要七十岁，"若虽未及七十，但昏老不胜其任，亦奏请之，故曰：'引年'"。② 当官员年老体衰不能履行职务时也可以奏请致仕，称为"引年致仕"。从理论上讲，宋代官员致仕制度也适用于宰相，宰相作为最高级别行政首长，其致仕理应遵循法制规范，但是在具体实践中，由于各种原因，宰相致仕并没能按制度执行。从结果来看，宋代宰相没有一位是因为年到七十岁而被要求致仕的，一方面由于宰相位高权重，制度对其约束较小，另一方面宰相作为百官之长，专业、能力、经验、威望等要求较高，非一般人能够胜任，同时其任免对朝政影响巨大。宰相致仕除自身健康状况外，最重要的还与皇帝态度、当时政治环境等因素密切相关。

　　关于宋代官员致仕，学界已有较多研究成果，如朱瑞熙《宋代官员致仕制度概述》③、穆朝庆《论宋代的官员致仕制度》④ 以及苗书梅《宋代官员选任和管理制度》⑤ 之"致仕制度"一节、张吉寅《北宋致仕制度研究》⑥ 等从制度层面对整个宋代官员群体的致仕情况进行了初步探讨。金中枢《宋代公教人员的退休制度》⑦ 系列论文，对大量相关史料进行汇集、整理、编排、考证，方便学界研究，但对宰相群体未系统梳理。游彪《宋代荫补制度研究》⑧ 之"宋代官员致仕荫补制度"一节对宋代官员致仕荫补制度进行了论述。以上成果为本书提供了参考，但具体到宰

---

① 赵昇：《朝野类要》卷五《引年致仕》，第 101~102 页。
② 赵昇：《朝野类要》卷五《引年致仕》，第 102 页。
③ 朱瑞熙：《宋代官员致仕制度概述》，《南开学报》1983 年第 3 期。
④ 穆朝庆：《论宋代的官员致仕制度》，《许昌师专学报》1989 年第 2 期。
⑤ 苗书梅：《宋代官员选任和管理制度》，河南大学出版社，2008。
⑥ 张吉寅：《北宋致仕制度研究》，硕士学位论文，辽宁大学，2013。
⑦ 金中枢《宋代公教人员的退休制度（一）》《宋代公教人员的退休制度（二）》《宋代公教人员的退休制度（三上）》《宋代公教人员的退休制度（三下）》，分别发表在《宋史研究集》第 28 辑（"国立"编译馆，1997，第 65~180 页）、第 29 辑（"国立"编译馆，1998，第 15~150 页）、第 30 辑（"国立"编译馆，1999，第 27~104 页）、第 31 辑（兰台出版社，2002，第 1~122 页）。
⑧ 游彪：《宋代荫补制度研究》，中国社会科学出版社，2001。

相这一特殊且重要群体的致仕研究专论尚付阙如，亟须弥补。宰相作为官员群体的最高代表，其致仕情况有别于普通官员群体，具有特殊性、多样性、复杂性，涉及多方利益，因此该问题需深入分析。

第一节　宰相因疾病体弱而致仕

当宰相病情严重无法履行职责时，一般情况下会上章皇帝请求致仕，而皇帝则会数次挽留，以示对股肱之臣的重视与恩宠，最后同意宰相致仕。如吕蒙正、何执中、刘正夫、郑清之、杜范五人皆因疾病致仕。但也并不是所有人的请求都会得到皇帝准许，如向敏中、吕公著等人不被许可而薨于位。史载："咸平六年九月甲辰，吕蒙正罢相为太子太师。"① 吕蒙正罢相，是否为致仕？黄履翁《古今源流至论·别集》卷六《堂除》中载："吕蒙正为相致仕。"② 而李焘《续资治通鉴长编》卷五五载："司空、平章事吕蒙正七上表求退，甲辰，罢为太子太师，封莱国公。"③ 吕蒙正七次上表求退，原因是他"暴中风眩，上即临问，赐白金五十两。既逾浃旬，疾未愈，蒙正表求罢相，诏不许"。④ "蒙正以苦风眩，凡七上表求退，至是许之。"⑤ 吕蒙正中风后，真宗去探望，当时他并没有立即表达辞相之意，而是过了十余天，病情仍未好转，才请罢。《名臣碑传琬琰集校证》上卷一五《吕文穆公蒙正神道碑》载："咸平六年夏，以疾罢归第。"⑥ 记述较为简洁。《皇朝编年纲目备要》卷六载："蒙正暴中风眩，上即命驾临问。蒙正力求罢，不许。至是表凡七上，乃得请。"⑦《类编皇朝中兴大事记讲义》卷六《真宗皇帝》载："蒙正风眩疾，上命驾临问，力求罢，不许，

---

① 徐自明撰，王瑞来校补《宋宰辅编年录校补》卷三，咸平六年九月甲辰，第95页。
② 黄履翁：《古今源流至论·别集》卷六《堂除》，《景印文渊阁四库全书》第942册，第592页。
③ 李焘：《续资治通鉴长编》卷五五，咸平六年九月庚子，第1213页。
④ 李焘：《续资治通鉴长编》卷五四，咸平六年五月丙申，第1193页。
⑤ 徐自明撰，王瑞来校补《宋宰辅编年录校补》卷三，咸平六年九月甲辰，第95页。
⑥ 杜大珪编，顾宏义、苏贤校证《名臣碑传琬琰集校证》上卷一五《吕文穆公蒙正神道碑》，第333页。
⑦ 陈均：《皇朝编年纲目备要》卷六，咸平六年九月，第113页。

表七上，乃得请。"① 后两部史籍记载当真宗探望时其就表达出辞相意愿，七次上表，方才得到允许。虽然史籍记载不一，但可以明确原因是中"风眩"。《续资治通鉴长编》《宋宰辅编年录校补》记为"退"，《宋大诏令集》卷六五《吕蒙正罢相除太子太师莱国公加恩制》载："退亦全其养素。"② "退"为引退或自请辞职之意。《皇朝编年纲目备要》《类编皇朝中兴大事记讲义》记为"罢"，罢免之意。"退""罢"二字差别，虽然都有不再担任宰相之意，但"退"更倾向离职退隐。"文穆（吕蒙正）两入相，以司徒致仕。"③ 此处记吕蒙正以司徒致仕，但是《续资治通鉴长编》《宋宰辅编年录校补》皆未记载其何时任司徒，只记其曾任司空，吕蒙正在最后宰相任上，咸平五年（1002）十一月，因南郊毕后加恩，"除守司空兼门下侍郎"。④ "庚戌，左仆射、平章事吕蒙正加司空、门下侍郎、平章事。"⑤ 《容斋随笔》卷九《三公改他官》载："国初以来，宰相带三公官居位，及罢去，多有改他官者。……吕蒙正自司空改太子太师是也。"⑥《容斋随笔·续笔》卷一四《宰相爵邑》载："吕文穆自司徒谢事为太子太师。"⑦ 二者似乎也前后矛盾，宋代史籍"司空、司徒"常误记，吕蒙正应是以司空辞相为太子太师。"吕文穆自司徒谢事为太子太师，经东封西祀恩，不复再得三公，但封徐国、许国公而已。"⑧ 可见吕蒙正以太子太师辞相后再也没任三公，部分史籍记载其以司徒致仕应是误记，吕蒙正以司空改太子太师致仕，史籍忽略了其转官环节。另外龚延明认为太子太师为宰相官致仕所带官衔，或文臣迁转官阶，以待宰相官未至尚书左、右仆射阶者。⑨ 很显然，此时太子太师解释应适用于前者。从结果看，真宗景德二

① 吕中：《类编皇朝中兴大事记讲义》卷六《真宗皇帝》，上海人民出版社，2014，第133页。
② 《宋大诏令集》卷六五《宰相一五·吕蒙正罢相除太子太师莱国公加恩制》，第320页。
③ 邵伯温：《邵氏闻见录》卷八，第76页。
④ 徐自明撰，王瑞来校补《宋宰辅编年录校补》卷三，咸平四年三月庚寅，第92页。
⑤ 李焘：《续资治通鉴长编》卷五三，咸平五年十一月庚戌，第1163页。
⑥ 洪迈：《容斋随笔》卷九《三公改他官》，第119页。
⑦ 洪迈：《容斋随笔·续笔》卷一四《宰相爵邑》，第396页。
⑧ 洪迈：《容斋随笔·续笔》卷一四《宰相爵邑》，第396页
⑨ 龚延明编著《宋代官制辞典（增补本）》第一编"皇帝制度类·皇太子与东宫官门"，第29页。

年（1005）二月乙巳，"太子太师吕蒙正请归西京养疾，诏许之"。① "蒙正至洛，有园亭花木，日与亲旧宴会，子孙环列，迭奉寿觞，怡然自得。"② 罢相后第三年，吕蒙正来到了洛阳，远离朝政，颐养天年，这俨然就是致仕后的生活。邵伯温《邵氏闻见录》卷八载："吕文穆公既致政，居于洛。"③ 这里"致政"即是"致仕"之意。《宋元方志丛刊》之《河南志》卷一载："次北集贤坊，太子太师致仕吕蒙正园。"④ "次北永泰坊，太子太师致仕吕蒙正宅，真宗两临幸之。"⑤ 亦可作为佐证。综上所述，吕蒙正因疾病罢相以太子太师致仕，时年六十岁。

宋徽宗政和六年（1116）"四月辛未，何执中以太傅致仕。自少师兼门下侍郎授太傅、荣国公致仕罢相"，⑥ 时年七十三岁。徽宗大观三年（1109）六月"辛巳，何执中尚书左仆射兼门下侍郎"，⑦ 任相近七年。史载："可特授太傅致仕，依前荣国公、加食邑七百户、食实封三百户。"⑧ 最后何执中辞掉了对他的册礼。⑨ 关于何执中致仕原因，《宋宰辅编年录校补》卷一二载："至是累上章乞致仕，上以潜藩旧恩，故优礼之。"⑩ 何执中数次上章请求致仕，因他是潜府旧臣，所以备受优待。其数次上章请求致仕的原因，据《宋史·何执中传》载："执中辅政一纪，年益高。五年，卧疾甚，赐宽告。他日造朝，命止赴六参起居，退治省事。明年，乃以太傅就第。"⑪ 可见年事渐高、身染疾病是重要原因。徽宗允其致仕，但对其格外优待，"许朝朔望"，⑫ "恩数如旧"，⑬ "仪物禀

---

① 李焘：《续资治通鉴长编》卷五九，景德二年二月乙巳，第1320页。
② 《宋史》卷二六五《吕蒙正传》，第9148页。
③ 邵伯温：《邵氏闻见录》卷八，第76页。
④ 《河南志》卷一，《宋元方志丛刊》第8册，中华书局，1990，第8343页。
⑤ 《河南志》卷一，《宋元方志丛刊》第8册，第8344页。
⑥ 徐自明撰，王瑞来校补《宋宰辅编年录校补》卷一二，政和六年四月辛未，第776页。
⑦ 王称：《东都事略》卷一〇《徽宗本纪》，第79页。
⑧ 《宋大诏令集》卷七〇《宰相二〇·何执中罢相太傅致仕加恩制》，第339页。
⑨ 慕容彦逢：《摛文堂集》卷三《赐新除太傅致仕何执中辞免册礼允诏》，《景印文渊阁四库全书》第1123册，第320页。
⑩ 徐自明撰，王瑞来校补《宋宰辅编年录校补》卷一二，政和六年四月辛未，第777页。
⑪ 《宋史》卷三五一《何执中传》，第11102页。
⑫ 李埴撰，燕永成校正《皇宋十朝纲要校正》卷一七，政和六年四月辛未，第488页。
⑬ 陈均：《皇朝编年纲目备要》卷二八，政和六年四月，第715页。

稍，一切如居位时。入见，帝曰：'自相位致为臣，数十年无此矣。'对曰：'昔张士逊亦以旧学际遇，用太傅致仕，与臣适同。'帝曰：'当时恩礼，恐未必尔'"。① 徽宗给予何执中的礼遇甚至超过曾经的张士逊（下文详析）。何执中致仕后次年，"卒，年七十四。帝即幸其家，以不及视其病为恨"，② 由此也可看出何执中确实身患疾病。

政和六年"十二月乙酉，少宰刘正夫致仕"，③ "除安化军节度使、开府仪同三司，致仕"，④ 时年五十六岁。同年五月庚子，"（刘正夫）自银青光禄大夫、中书侍郎授特进、少宰兼中书侍郎"。⑤ 仅半年有余，为何刘正夫选择致仕？"未几，得疾"，⑥ "属疾，三上章告老"，⑦ "疾病乞骸骨"，⑧ 患病是刘正夫致仕最重要的原因。但是第二天刘正夫就落致仕，其是宋代宰相致仕后落致仕时间最短者。"明日，落致仕，移镇安静军节度使，充中太一宫使，封康国公。行有日，徽宗赐诗宠之。疾作，卒于道。"⑨ 刘正夫第二天就落致仕，可能与徽宗对其宠信有关，徽宗赐诗以示宠信，同时给予大量赏赐。"赐之诗及砚笔、图画、药饵、香茶之属甚厚。正夫献诗谢，帝又属和以荣其归。"⑩ 《浮溪集》卷六《代刘正夫相公谢落致仕移镇表》中载："新封皆锡于嘉名，误宠更沾于愚息。考古遭逢之无此，举感涕泗以潸然。臣敢不上体眷怀，精加调护？虽俯从微恳，暂令申伯之归；然豫戒还期，敢废萧生之意？"⑪ 此时刘正夫五十六岁，

① 《宋史》卷三五一《何执中传》，第 11102 页；王称：《东都事略》卷一○二《何执中传》，第 878 页。
② 《宋史》卷三五一《何执中传》，第 11103 页。
③ 徐自明撰，王瑞来校补《宋宰辅编年录校补》卷一二，政和六年十二月乙酉，第 780 页。
④ 王称：《东都事略》卷一○二《刘正夫传》，第 881 页。
⑤ 徐自明撰，王瑞来校补《宋宰辅编年录校补》卷一二，政和六年五月庚子，第 777 页。
⑥ 王称：《东都事略》卷一○二《刘正夫传》，第 881 页。
⑦ 《宋史》卷三五一《刘正夫传》，第 11100 页。
⑧ 徐自明撰，王瑞来校补《宋宰辅编年录校补》卷一二，政和六年十二月乙酉，第 780 页。
⑨ 徐自明撰，王瑞来校补《宋宰辅编年录校补》卷一二，政和六年十二月乙酉，第 780 页。
⑩ 《宋史》卷三五一《刘正夫传》，第 11100 页。
⑪ 汪藻：《浮溪集》卷六《代刘正夫相公谢落致仕移镇表》，《景印文渊阁四库全书》第 1128 册，第 57 页。

年龄不是很大，只是身染重疾，徽宗宠爱不愿其致仕，第二天落致仕，刘正夫也希望自己病愈后能有所作为，但是他疾病突发，去世于就职的路上。

理宗淳祐十一年十一月"甲辰，郑清之乞解机政，诏依前太傅、保宁军节度使充醴泉观使，封齐国公，仍奉朝请"。① 郑清之是否致仕，史籍记载不一。《宋史》卷二一四《宰辅表五》载："十一月庚戌，太傅、左丞相、齐国公郑清之薨。"② 其认为郑清之在相位上去世，并未致仕。而同书卷四一四《郑清之传》载："拜太傅、保宁军节度使、充醴泉观使，进封齐国公致仕。"③《癸辛杂识》之别集卷下认为"清之薨于位"。④《瀛奎律髓》卷一六《节序类·丙辰元日》亦载"淳祐十一年辛亥冬，郑清之卒于相位"。⑤《江湖后集》卷五《郑清之上》载："（郑清之）以定策功累拜太傅，四登相位，封魏国公致仕。"⑥《后村先生大全集》卷一七〇《丞相忠定郑公》载："拜太师保宁军昭庆军节度使，依前齐国公致仕。"⑦《两宋名贤小集》卷二三〇《安晚堂诗集》载："拜太傅、保宁军节度使充醴泉观使，进封齐国公致仕。"⑧ 虽然三者记载官爵有些许出入，但都记载其致仕。由于当时处于南宋晚期，战乱不断，史籍破坏严重，但我们依然可见，成书较早的《后村先生大全集》《两宋名贤小集》都认为郑清之致仕，成书较晚的《癸辛杂识》《瀛奎律髓》却认为其薨于相位，其间没有致仕。明人吕邦耀《续宋宰辅编年录》卷一六《理宗》载："十一月甲辰，郑清之太傅、保宁军节度、充醴泉观使，进封齐国公致仕。"⑨ 其也认为郑清之致仕后去世。综上，笔者认为郑清之是先致仕，六天后"薨于丞相府"，⑩ 因

---

① 《宋史》卷四三《理宗本纪三》，第 844 页。

② 《宋史》卷二一四《宰辅表五》，第 5630 页。

③ 《宋史》卷四一四《郑清之传》，第 12422 页。

④ 周密：《癸辛杂识》别集卷下《郑清之》，第 294 页。

⑤ 方回选评《瀛奎律髓汇评》卷一六《节序类·丙辰元日》，《景印文渊阁四库全书》第 1366 册，第 180 页。

⑥ 陈起：《江湖后集》卷五《郑清之上》，《景印文渊阁四库全书》第 1357 册，第 771 页。

⑦ 刘克庄：《后村先生大全集》卷一七〇《丞相忠定郑公》，《宋集珍本丛刊》第 82 册，第 718 页。

⑧ 陈思：《两宋名贤小集》卷二三〇《安晚堂诗集》，《宋集珍本丛刊》第 102 册，第 558 页。

⑨ 吕邦耀撰，王瑞来校补《续宋宰辅编年录校补》卷一六《理宗》，中华书局，1986，第 1626 页。

⑩ 刘克庄：《后村先生大全集》卷一七〇《丞相忠定郑公》，《宋集珍本丛刊》第 82 册，第 718 页。

时间距离较近，可能尚未搬离宰相府就过世了，所以易误记为其薨于相位。郑清之致仕，时年七十六岁，而且此时郑清之为独相，为何选择致仕？《宋史》卷四一四《郑清之传》载：

> （淳祐）十一年，十疏乞罢政，皆不许。拜太师，力辞。有事于明堂，有旨阁门给扶掖二人，再赐玉带，令服以朝。十一月丁酉，退朝感寒疾，危甚，犹以未得雪为忧。俄大雪，起曰："百官贺雪，上必甚喜。"命掬雪床前观之。累奏乞罢政，不允，奏不已，拜太傅、保宁军节度使充醴泉观使，进封齐国公致仕。①

如上只是记载之前郑清之曾不断乞求免除宰相职务，具体原因未说明，但从中也可看出十一月时其感染寒疾，病情危重，这可能是促使皇帝同意其致仕的直接因素。"疾累乞罢政"，② 郑清之在最后一任左丞相时年七十四岁，其间不断请求辞相致仕，《后村先生大全集》卷二三〇《赐太傅左丞相兼枢密使魏国公郑清之再上奏乞归田里不允诏》就有记载，卷五五又载"以耄耋为辞"，③ 年老是一个很重要的因素。《宋史》卷四三载："（淳祐十年）十二月壬辰朔，郑清之乞归田里，诏不允。"④ 此外，宋人文集中也有较多郑清之请求致仕不允的诏令记载，但具体时间不详，而《宋史全文》则载有郑清之最后担任宰相（包括左丞相和右丞相）期间请求致仕的时间节点：

> （淳祐八年）十一月丙午，太傅、右丞相兼枢密使郑清之乞归田里。诏不许。⑤
> （淳祐九年二月）庚子，郑清之再乞归田里。诏不许。⑥

---

① 《宋史》卷四一四《郑清之传》，第12422页。
② 陈思：《两宋名贤小集》卷二三〇《安晚堂诗集》，《宋集珍本丛刊》第102册，第558页。
③ 刘克庄：《后村先生大全集》卷五五《拟进左丞相郑清之丐归田里不允褒诏》，《宋集珍本丛刊》第81册，第398页。
④ 《宋史》卷四三《理宗本纪三》，第843页。
⑤ 《宋史全文》卷三四《宋理宗四》，第2795页。
⑥ 《宋史全文》卷三四《宋理宗四》，第2796页。

（淳祐九年四月）己巳，郑清之屡疏乞骸……诏奖留之。①

（淳祐十年十一月）甲戌，太傅、左丞相郑清之再乞归闲。诏："……所祈闲退，毋复重陈。"②

（淳祐十年）十二月壬辰朔，太傅、左丞相郑清之乞去。诏不许。③

其实早在淳祐前期郑清之担任少保、观文殿大学士、醴泉观史兼侍读时，就曾上书请求致仕，"五年正月，上寿毕，亦疏丐归，不允……居无何，丧其子士昌，决意东还，又不许"。④ 淳祐五年（1245）"十一月乙未，郑清之乞归田，诏不许"。⑤ 郑清之不断请求致仕，但理宗一直没有准许，年老体弱是其请求致仕的一个重要因素。淳祐七年"四月，拜太傅、右丞相兼枢密使、越国公，提举《国史》、《实录》、《会要》、《玉牒》、《敕令》、《经武要略》"，⑥ 郑清之并不愿接受任命，"端平初，陛下亲政，臣齿未衰，尚堪劫于力，仰赞圣谟然，犹有智虑所不及者，仰赞保全。今迫桑榆久在田里，于人物、国事皆不谙悉，若冒昧承命必误"。⑦ 可见此次拜相，郑清之是推辞的，在理宗端平初年，其任宰相时尚未年老，言外之意是现在年老体弱。那么郑清之致仕是否还有其他原因？《癸辛杂识》别集卷下《郑清之》载：

及淳祐再相，已耄及之，政事多出其侄孙太原之手，公论不与。……未几，察官潘凯遂劾之，吴燧亦劾其党，朝廷遂夺二察言职。⑧

---

① 《宋史全文》卷三四《宋理宗四》，第 2797 页。
② 《宋史全文》卷三四《宋理宗四》，第 2804 页。
③ 《宋史全文》卷三四《宋理宗四》，第 2804 页。
④ 《宋史》卷四一四《郑清之传》，第 12420～12421 页。
⑤ 《宋史全文》卷三四《宋理宗四》，第 2780 页。
⑥ 刘克庄：《后村先生大全集》卷一七〇《丞相忠定郑公》，《宋集珍本丛刊》第 82 册，第 716 页。
⑦ 刘克庄：《后村先生大全集》卷一七〇《丞相忠定郑公》，《宋集珍本丛刊》第 82 册，第 716 页。
⑧ 周密：《癸辛杂识》别集卷下《郑清之》，第 293～294 页。

　　可见郑清之受到了台谏等官员的不断弹劾，"丞相郑清之久专国柄，老不任事，台官潘凯、吴燧合章论列，清之不悦，改迁之，二人不拜命去。元凤上疏斥清之罪，其言明白正大，凯、燧得召还"。① 从中可看出一些官员对郑清之的不满，潘凯、吴燧因弹劾郑清之被夺职，但是不久因程元凤上奏又被召回，可见理宗对郑清之亦非完全满意。"（郑清之）至再相，则年齿衰暮，政归妻子，而闲废之人或因缘以贿进，为世人所少云。"②"郑清之堕名于再相之日。"③ 郑清之再相时，年老体弱，已经无法正常履行宰相职任，职权被他人窃用，遭官员弹劾，晚节不保，这应是其致仕的另一个原因。当然郑清之最终致仕的重要原因应还是其年老体弱无法胜任，台谏等官员的弹劾虽起到一定作用，但不是决定因素。理宗对他还是非常信赖的，甚至因立郑清之为相要更改年号，④ 不愿其罢政。

　　理宗淳祐四年（1244）十二月庚午，"杜范为右丞相兼枢密使"，次年四月丙戌，"诏以杜范为观文殿学士、光禄大夫致仕。丁亥，以杜范薨，辍视朝二日。寻赠少傅"。⑤ 文献清晰记载了杜范致仕。《宋史》卷四三《理宗本纪三》载淳祐五年正月，杜范曾请求辞相，"丙午，杜范辞免右丞相，不允"。⑥《宋季三朝政要笺证》卷二《理宗》载："杜范再入相，薨于位。"⑦《两宋名贤小集》卷二五五《清献集》亦载"薨于位"。⑧ 笔者认为杜范有致仕，只是致仕与死亡时间相近，仅一天之隔，给人以错觉。杜范曾请求罢免相位，虽然此时他才六十四岁，年齿并不高，但其"尪弱多病"，⑨ 身体状况非常不好，最终选择致仕。

<hr />

① 《宋史》卷四一八《程元凤传》，第 12521 页。
② 《宋史》卷四一四《郑清之传》，第 12423 页。
③ 《宋史》卷四一四《论曰》，第 12439 页。
④ 《宋史》卷四一四《郑清之传》，第 12421 页。
⑤ 《宋史全文》卷三四《宋理宗四》，第 2778 页。
⑥ 《宋史》卷四三《理宗本纪三》，第 832 页。
⑦ 佚名撰，王瑞来笺证《宋季三朝政要笺证》卷二《理宗》，淳祐五年，第 164 页。
⑧ 陈思：《两宋名贤小集》卷二五五《清献集》，第 726 页。
⑨ 《宋史》卷四一五《程公许传》，第 12457 页。

第二节　宰相与皇权冲突而致仕

随着政治形势的变化，部分宰相与皇权发生矛盾，阻碍皇权的有效实施，此时宰相迫不得已请求致仕，避免皇帝猜疑或是打压，以求能够保誉身后。

宋初有宰相范质、王溥、魏仁浦三人，他们为后周旧臣，身份特殊，处境尴尬。太祖乾德二年（964）"正月戊子，宰相范质、王溥、魏仁浦并罢政事"。① 范质、王溥、魏仁浦三人皆被罢相，原因是"以质等再表求退故也"。② 《续资治通鉴长编》卷五载："宰相范质、王溥、魏仁浦等再表求退……皆罢政事。"③ 三人皆是再表求退，不愿再任官职，"再"字说明不止一次。三人罢相制书是一同书写，④ 故他们情况应是一致的。《宋宰辅编年录校补》卷一引李攸《通今集编》载："南郊毕，并再表求退。仁浦以疾请告，太祖幸其第，赐黄金器二百两，钱二百万。表乞骸骨，至是同制罢相。或告病未宁，或勤劳可悯，并从优礼云。"⑤ "乞骸骨"表意为使骸骨得归葬故乡，引申为自请退职，意思与致仕相近。那么三人到底是致仕还是罢相另任他职，且看三人罢相后的任命，"（范）质自司徒兼侍中除太子太傅；（王）溥自司空兼门下侍郎、同平章事除太子太保；（魏）仁浦自枢密使兼中书侍郎、同平章事依前守尚书右仆射"，⑥ 范质为太子太傅，王溥为太子太保，魏仁浦为尚书右仆射。《宋宰辅编年录校补》卷一引用《官制旧典》载："东宫师傅以下官属，旧制不常设，乃以三太三少师傅除。前宰执为致仕官，若太子太师、太傅、太保以待宰相。官未至仆射者及枢密使致仕，亦随本官高下除授。太子太师太傅太保皆位一品。"⑦ 龚延明编著《宋代官制辞典》认为"太子太傅"

---

① 徐自明撰，王瑞来校补《宋宰辅编年录校补》卷一，乾德二年正月戊子，第9页。

② 陈均：《皇朝编年纲目备要》卷一，乾德二年，第18页。

③ 李焘：《续资治通鉴长编》卷五，乾德二年正月丁亥，第118页。

④ 《宋大诏令集》卷六五《宰相一五·罢免一·范质等罢相制》，第317页。

⑤ 徐自明撰，王瑞来校补《宋宰辅编年录校补》卷一，乾德二年正月戊子，第10页。

⑥ 徐自明撰，王瑞来校补《宋宰辅编年录校补》卷一，乾德二年正月戊子，第9~10页。

⑦ 徐自明撰，王瑞来校补《宋宰辅编年录校补》卷一，乾德二年正月戊子，第10页。

"太子太保"是宋初用作文臣迁转官阶、宰执官致仕时所带官衔。① 太宗
称范质循规矩、慎名器、持廉节，无出其右。② 范质应是明白这种制度
的。由此可见三人应是罢相致仕，而不是另授他职。再来看一下三人罢相
时的年龄，范质五十三岁，王溥四十二岁，魏仁浦五十三岁，可见三人年
龄都不大，范质确实身体不好，同年"九月，卒"。③ 其间，"质不为奏，
乃还洛，放旷山水，与布衣辈携妓载酒以自适云"。④ 范质返回洛阳，悠
闲自得，不问朝政，俨然过上了退休生活。宋初，太祖建国伊始需要稳定
朝政，应对严峻内外形势，对其委以重任，使其参与到众多军国大计制定
中，但毕竟新异于前代，其必须处处谨小慎微。⑤ 由于三相皆为后周旧
臣，立足新朝不可能不"稍存形迹"。⑥ 关于太祖与三相的关系，史载：

> 国初，范鲁公质、王宫师溥、魏相仁浦在相位，上虽倾心眷倚，
> 而质等自以前朝相，且惮太祖英睿，（每事辄）具札子面取进止，朝
> 退各疏其事，所得圣旨，臣等同署字以志之。如此则尽禀承之，方免
> 妄误之失，帝从之。⑦

由上可知，三位宰相内心明白自身处境，他们多次请退，此前太祖未
允，随着政权稳定，内部统治危机解除，太祖开始重用自己的亲信，如赵
普、吕余庆等，⑧ 以强化皇权。但三人位居宰相显然已成为一种障碍，三
人如何破解这种困境，既能恬然身退，皇帝也有台阶下，致仕显然是最好
的选择。三人罢相制载："俾令就第，用解持衡。升一品于春官，总六卿
于会府。"⑨ "就第"为罢任回家之意，这也是其致仕一佐证。

---

① 龚延明编著《宋代官制辞典（增补本）》第一编"皇帝制度类·皇太子与东宫官门"，
　　第 29~30 页。
② 黄震：《古今纪要》卷一七《宋朝》，《景印文渊阁四库全书》第 384 册，第 323 页。
③ 《宋史》卷二四九《范质传》，第 8795 页。
④ 李焘：《续资治通鉴长编》卷一〇，开宝二年十月甲申，第 232 页。
⑤ 田志光：《试论北宋前期宰辅军事决策机制的演变》，《史林》2011 年第 2 期。
⑥ 李焘：《续资治通鉴长编》卷五，乾德二年正月戊子，第 118 页。
⑦ 王曾：《王文正公笔录》，《全宋笔记》第 7 册，第 176 页。
⑧ 田志光：《宋代枢密直学士考论》，《文史》2013 年第 2 期；参见本书第二章。
⑨ 徐自明撰，王瑞来校补《宋宰辅编年录校补》卷一，乾德二年正月戊子，第 10 页。

另有蔡京、王黼在相位，不断专权，引起皇帝的猜忌，失去皇帝信任，最终以致仕名义，退出政治舞台。徽宗宣和二年（1120）"六月戊寅，蔡京以太师、鲁国公致仕"，① 时年七十三岁。这是蔡京第二次致仕，早在大观三年（1109）五月"丁丑，蔡京罢左仆射。为太师守太一宫使"。② 蔡京"引疾请罢"③ 被罢相，在遭到石公弼、毛注、太学生陈朝老等人弹劾后，十一月"己巳，蔡京守太师致仕，仍提举编修《哲宗实录》"。④ 蔡京第一次致仕并不是在宰相任上。⑤ 蔡京所作所为引起民众愤慨，在其第一次致仕期间又被降为少保，⑥ "四海欢呼"，⑦ "四方时人以为盛事"。⑧ 徽宗政和二年（1112）五月"己巳，太师蔡京落致仕，三日一至都堂治事"。⑨ 蔡京第二次为何致仕？《宋宰辅编年录校补》引用《拜罢录》载：

先是，政和六年上章告老，诏特许三日一造朝，仍赴都堂及轮往逐省通治三省事，谓之公相。事毕从便居第。宣和元年复自陈乞免三省文书系衔，从之。至是再乞骸骨，以联姻国戚，子尚王姬，赐予宠赍略无虚日。……眷礼若此，安敢言去，缘疾病浸深，不能自已。诏依所乞，守本官致仕，依旧神霄玉清万寿宫使，在京赐第居住，恩礼俸给之属并依旧，仍朝朔望，从优礼云。⑩

由上可知，蔡京第三次入相后年老体弱多病，不断上章告老、乞骸

---

① 徐自明撰，王瑞来校补《宋宰辅编年录校补》卷一二，宣和二年六月戊寅，第791页。
② 徐自明撰，王瑞来校补《宋宰辅编年录校补》卷一二，大观三年五月丁丑，第747页。
③ 徐自明撰，王瑞来校补《宋宰辅编年录校补》卷一二，大观三年五月丁丑，第747页。
④ 李埴撰，燕永成校正《皇宋十朝纲要校正》卷一七，政和二年十一月己巳，第471页。
⑤ 按：梁天锡认为蔡京此次致仕是在宰相任上，并不符合历史事实。参见氏著《宋宰相表新编》分表2《仆射侍丞表（一）》，第196页。
⑥ 《宋大诏令集》卷二一二《政事六五·蔡京降为太子少保制》，第805页。
⑦ 曾敏行：《独醒杂志》卷二，上海古籍出版社，1986，第15页。
⑧ 曾敏行：《独醒杂志》卷八，第74页。
⑨ 李埴撰，燕永成校正《皇宋十朝纲要校正》卷一七，政和二年五月己巳，第479页。
　按：此时蔡京已复为太师。见《宋宰辅编年录校补》卷一二引用《丁未录》载："是年（政和二年）二月戊午朔，诏降授太子少保致仕蔡京复太师，在京居住。"（政和二年五月己巳，第765页）
⑩ 徐自明撰，王瑞来校补《宋宰辅编年录校补》卷一二，宣和二年六月戊寅，第792页。

骨、致仕，最终徽宗同意，但原因并非如此简单。《皇朝编年纲目备要》卷二九载：

（宣和二年）六月，蔡京致仕，仍朝朔望。时，京子攸、儵、鞗，孙行，皆至大学士，视执政，而鞗尚帝女，他至侍从者二十余人，尚方赉予无虚日，厮役皆至大官，媵妾至封夫人。然公论益不与，而上厌之。至是请老，诏京致仕。①

蔡京家族权势不断扩大，引发徽宗不满，这才是蔡京致仕的根本原因，即使如此，徽宗还是比较优待蔡京的，宣和六年“十二月甲辰朔，手诏近命近弼，置司请议，太师致仕蔡京可兼领请议司，听就私第裁处，以称贵老贵贤之意”。② 不久蔡京落致仕，同年十二月“癸亥，太师、鲁国公致仕蔡京落致仕，领三省事，五日一赴朝请，至都堂治事”，③ 时年七十九岁。其年高体弱，视力出现问题，已经不能处理行政事务，其子蔡絛专权。“蔡京再领三省，未几，目昏不能视事，事皆决于子絛，絛威福自任，同列皆不能堪。”④ 由此再次引起徽宗不满。史载：

一日，京以竹纸批出十余人，令改入官……右丞宇文粹中上殿进呈事毕，出京所书竹纸……上曰：“此非蔡京批字，乃京子第十三名絛者笔踪。京今次与事，老耄无一能为，专听此狂生之言。”遂先罢絛侍读，盖将以是撼京，而京略无引去意。上乃召童贯，使诣京讽之致仕。贯既宣旨，京泣曰：“上何不容京数年？必有谗谮者。”贯曰：“不知也。”京不得已引退。⑤

蔡京已无法胜任工作，其子蔡絛代其行使相权，这引起徽宗强烈不

① 陈均：《皇朝编年纲目备要》卷二九，宣和二年六月，第 736 页。
② 李埴撰，燕永成校正《皇宋十朝纲要校正》卷一八，宣和六年十二月甲辰，第 535 页
③ 李埴撰，燕永成校正《皇宋十朝纲要校正》卷一八，宣和六年十二月癸亥，第 535 页。
④ 李埴撰，燕永成校正《皇宋十朝纲要校正》卷一八，宣和七年四月壬子，第 537 页。
⑤ 陈均：《皇朝编年纲目备要》卷二九，宣和七年四月，第 757~758 页。

满，先罢去蔡絛侍读之职，又"追毁赐出身敕"，① 接着让童贯传达徽宗之意，最后蔡京不得已才选择致仕。宣和七年（1125）"夏四月庚申，蔡京致仕"。② 致仕不是蔡京主动做出的选择，而是迫于当时形势不得已而为之。《宋宰辅编年录校补》卷一二载："及此既耄矣，先是以老疾目失明，文书案牍不能省阅，悉使其子絛代之。絛因窃弄朝权，进退人才，皆出其手。议者喧然不平，京不自安，遂复求罢，故有是命。""絛既罢，京复致仕。"③ 虽然《宋宰辅编年录校补》中没有指出徽宗让蔡京自动请退，但正是蔡絛弄权，导致蔡京致仕，这是毋庸置疑的。蔡京两次在相位上致仕，在宋朝绝无仅有，其原因均是引起皇帝不满失去信任。

宋徽宗宣和六年"十一月丙子，太宰王黼致仕。自太宰兼门下侍郎、楚国公授太傅致仕"，④ 时年四十五岁。王黼深受徽宗宠信，官运亨通。徽宗重和二年（1119）正月，"王黼自通议大夫、中书侍郎拜特进、少宰，凡迁八官，黼受之"，⑤ "自国朝以来命相未有也"。⑥ 王黼拜相转官跨越层次之多，整个北宋都没出现过类似情况，徽宗对其十分宠信，而此时王黼正值中年，没有重大疾病，为何会致仕？这与宣和五年十一月发生的一起政治事件直接相关，史载：

（宣和五年十一月）丙寅，幸王黼第观芝草，又由便门过梁师成家，复来黼第驻跸。因大醉，黼自出传旨支赐，放散侍从百官。于是禁卫争愿见上，始谢恩不肯散，因大汹汹，师成与谭稹扶上出抚谕之。复入，夜漏已五刻，乃凿龙德宫复道小墙以过，内侍十数人执兵接拥而还。是夜，几生变。望日，上深悔之。⑦

---

① 李埴撰，燕永成校正《皇宋十朝纲要校正》卷一八，宣和七年四月壬子，第537页。
② 王称：《东都事略》卷一一《徽宗本纪》，第88页。
③ 徐自明撰，王瑞来校补《宋宰辅编年录校补》卷一二，宣和七年四月庚申，第809页。
④ 徐自明撰，王瑞来校补《宋宰辅编年录校补》卷一二，宣和六年十一月丙子，第806页。
⑤ 洪迈：《容斋随笔·三笔》卷七《赵丞相除拜》，第512页。
⑥ 王称：《东都事略》卷一〇六《王黼传》，第905页。
⑦ 李埴撰，燕永成校正《皇宋十朝纲要校正》卷一八，宣和五年十一月丙寅，第531～532页。

　　宣和五年十一月丙寅（十七日），徽宗赴王黼宅邸观看灵芝，王黼设宴侍奉徽宗。其间王黼醉酒，擅自传旨支赐并解散一些禁卫侍从官员，结果此旨意受到抵制，相关人员蠢蠢欲动，造成政治动荡，徽宗不得已，亲自出门安抚人心，并借道小心翼翼地返回宫内，史称"祖宗以来，临幸未之有也"。① 这件事对徽宗触动很大，王黼虽因醉酒在意识模糊之际假传旨意，但这种行为实在让徽宗无法接受。此外在该事件中徽宗还发现"黼专结梁师成"，② "黼以父事之（师成），每折简必称为'恩府先生'"，③ 而徽宗最忌讳臣僚交结，早在大观四年（1110）闰八月"辛酉，诏书申戒士大夫分朋植党"。④ 二十六日，徽宗颁布《申饬百僚御笔手诏》："交结权近，饬巧驰辩，沽誉躁进，阴构异端，附下罔上，腾播是非，分朋植党……宜令台谏觉察弹劾以闻。"⑤ 政和元年（1111）十月初二，徽宗又颁布《训饬士大御笔手诏》："夫植党分朋，不耻附丽之非义……必罚毋赦。"⑥ 这件事发生在宦官梁师成与王黼之间，宰辅大臣交结宫内宦官是宋朝政治大忌，这引起徽宗的猜忌和不安，徽宗对此很震怒，"帝幸黼第，见其交通状，已怒"。⑦ 加之王黼其他一系列的不当行为，如"燕山告功，黼益得意"，⑧ "恃奥自若，至贿赂公行于朝野"，⑨ "黼之室闾张设，宝玩山石侔拟宫禁"，⑩ 如果说观芝事件是徽宗不再信任王黼的导火线，那么以上不当行为则加深了徽宗对王黼的失望程度，于是"黼眷稍

① 陈均：《皇朝编年纲目备要》卷二九，宣和五年十一月，第751页。
② 徐自明撰，王瑞来校补《宋宰辅编年录校补》卷一二，宣和元年正月丁巳，第788页。
③ 王称：《东都事略》卷一〇六《王黼传》，第906页；徐自明撰，王瑞来校补《宋宰辅编年录校补》卷一二，宣和元年正月丁巳，第789页。陈均《皇朝编年纲目备要》卷二九（宣和六年九月，第755页）与《宋史》卷四七〇《王黼传》（第13683页）也有相似记载，内容基本一致。
④ 李埴撰，燕永成校正《皇宋十朝纲要校正》卷一七，大观四年闰八月辛酉，第474页。
⑤ 《宋大诏令集》卷一九六《政事四九·申饬百僚御笔手诏》，第724页。
⑥ 《宋大诏令集》卷一九七《政事五〇·训饬士大御笔手诏》，第726页。
⑦ 《宋史》卷四六八《梁师成传》，第13663页。
⑧ 陈均：《皇朝编年纲目备要》卷二九，宣和五年十一月，第751页。
⑨ 徐梦莘：《三朝北盟会编》卷三一《靖康中帙》，第233页。
⑩ 徐自明撰，王瑞来校补《宋宰辅编年录校补》卷一二，宣和元年正月丁巳，第788页。

息",同时徽宗命"白时中、李邦彦共政,以分其权"。① 面对新局面,王黼不得已乞求罢政,"上章乞骸骨",② 于宣和六年十一月正式致仕。

高宗绍兴二十五年(1155)"十月丙申,太师、左仆射秦桧进封建康郡王致仕,子熺加少师致仕"。③ 绍兴八年(1138)三月"壬辰,秦桧右仆射。自枢密使除左宣奉大夫、守右仆射、同平章事兼枢密使"。④ 至此,秦桧独相十八年。为何秦桧和其子秦熺同时致仕?史载:

> (绍兴二十五年十月)二十一日,诏太师、尚书左仆射、同中书门下平章事、兼枢密使秦桧可特授依前太师、进封建康郡王致仕,少傅、观文殿大学士、充万寿观使、兼侍读秦熺可特授少师、依前观文殿大学士、嘉国公致仕,仍令所司择日备礼册命。熺,桧之子也,以桧疾笃,故有是命。⑤

由此可知,诏令秦桧致仕的官方原因是秦桧病重,即"疾笃"。早在当年九月,"秦桧病不出,唯日与曹泳议事。秦桧以病危笃,奏札子乞同男熺致仕,二孙埙、堪在外宫观。降诏不允",⑥ 秦桧就因为疾病请求与子熺致仕,让两个孙子担任在外宫观官,但是高宗没有同意,并以丙吉为例,认为秦桧会痊愈。⑦ 同年十月"辛卯,太师、尚书左仆射秦桧言:'衰老交侵,日就危惙,伏望许臣同男熺致仕,二孙埙、堪改差在外宫观。'上赐诏曰:'卿比失调护,日冀勿药之喜,遽览封奏,深骇听闻,

---

① 王称:《东都事略》卷一〇六《王黼传》,第906页;徐自明撰,王瑞来校补《宋宰辅编年录校补》卷一二,宣和元年正月丁巳,第789页。陈均《皇朝编年纲目备要》卷二九(宣和六年九月,第755页)与《宋史》卷四七〇《王黼传》(第13683页)也有相似记载,内容基本一致。

② 李攸:《宋朝事实》卷一〇《宰执拜罢》,中华书局,1955,第179页。

③ 徐自明撰,王瑞来校补《宋宰辅编年录校补》卷一六,绍兴二十五年十月丙申,第1100页。

④ 徐自明撰,王瑞来校补《宋宰辅编年录校补》卷一五,绍兴八年三月壬辰,第1029页。

⑤ 徐松辑《宋会要辑稿》职官七七之六九至七〇,第5178页。

⑥ 徐自明撰,王瑞来校补《宋宰辅编年录校补》卷一五,绍兴二十五年十月丙申,第1103页。

⑦ 徐自明撰,王瑞来校补《宋宰辅编年录校补》卷一五,绍兴二十五年十月丙申,第1103页。

其专意保摄，以遂平复，副朕所望'"。① 从史籍记载来看，因为秦桧病重，数请之下，高宗才允许秦桧和其子致仕。但为何秦熺也一起致仕？其时年三十九岁，如果说因为要照顾其父而致仕，于理不合。另外秦熺是否愿意致仕？据《宋史》卷四七三《秦桧传》载：

> 是月乙未，帝幸桧第问疾，桧无一语，惟流涕而已。熺奏请代居相位者，帝曰："此事卿不当与。"帝遂命权直学士院沈虚中草桧父子致仕制。熺犹遣其子埙与林一飞、郑栐夜见台谏徐喜、张扶谋奏请己为相。②

从中可知，在此之前秦熺是不想致仕的，甚至在高宗看望秦桧时，询问代父为相的人选，其后派其子秦埙等人夜里与台谏官徐喜、张扶谋划奏请让自己为相。周密《齐东野语》卷一一《曹泳》中也有类似记载："车驾幸桧第视疾，时已不能言，怀中出一札，乞以熺代辅政，上视之无语。"③《齐东野语》记载与《宋史》有差异，秦桧虽然不能言语，但是拿出一份让秦熺辅政的奏请，而高宗选择漠视。这一切都显示出秦熺对权位的贪婪。现需要厘清两个问题，一是秦桧父子是否真心请求致仕，二是高宗为何同意二人致仕。先看第一个问题，《宋宰辅编年录校补》卷一五载："（绍兴）二十五年九月，秦桧病不出，唯日与曹泳议事"，④ "及秦桧病笃，董德元、曹泳等谋，欲使秦熺继相位"。⑤ "桧病笃，招董德元、汤思退至卧内，各赠黄金千两。"⑥ 那么秦桧到底在病重时与曹泳等议论什么？很可能是为了延续秦家权势，谋立秦熺为相，宰相给下属赠重金，也应是为其子秦熺拜相做准备。《建炎以来系年要录》卷一七〇载：

---

① 李心传：《建炎以来系年要录》卷一六九，绍兴二十五年十月辛卯，第3215页。
② 《宋史》卷四七三《秦桧传》，第13764页。
③ 周密：《齐东野语》卷一一《曹泳》，第197页。
④ 徐自明撰，王瑞来校补《宋宰辅编年录校补》卷一五，绍兴二十五年十月丙申，第1103页。
⑤ 徐自明撰，王瑞来校补《宋宰辅编年录校补》卷一五，绍兴二十五年十月丙申，第1104页。
⑥ 徐自明撰，王瑞来校补《宋宰辅编年录校补》卷一五，绍兴二十五年十月丙申，第1104页。

殿中侍御史汤鹏举言："……然近者士论皆言，朝廷未除宰相，于十月二十一日秦桧未薨之前，曾遣林一飞、郑柟、秦埙计会，台谏奏请秦熺为相。以此传播中外，臣僚犹且指望熺必复用，以苟进取，以坚党锢，恐天下士庶，不能无疑惑。"①

可见秦桧请求和秦熺一同致仕，是以退为进，以此要挟高宗立子秦熺为相，秦桧在病中仍与一些官员交结往来，是以此营造其子将任相的政治氛围和舆论环境，这才是其根本目的。第二个问题，高宗应该也明白秦桧父子意图，在此之前也有人上奏请求立秦熺为相，为何此时同意二人致仕？高宗曾讲："朕方赖卿父子同心合谋，共安天下，岂可遽欲舍朕而效从二疏哉！"② 可见高宗是很依赖秦桧父子的，这句话中"共安天下"的"共"字，即共同、一起之意。虽说宋代治国理念是"与士大夫治天下"，但这是对一个政治群体而言，具体到个人，此话虽体现皇帝信赖，但这份荣誉似乎太重，重到会引起猜忌。物极必反，秦桧权势上升，势必会引起高宗不安，其不但没有选择急流勇退，反而表现出对权力的极大眷恋，这是最高统治者无法容忍的。高宗后期对秦桧的信赖更多的是一种战略安排，而非真心。《朱子语类》卷一三一载：

秦太师死，高宗告杨郡王云："朕今日始免得这膝裤中带匕首！"乃知高宗平日常防秦之为逆。但到这田地，匕首也如何使得！……高宗初见秦能担当得和议，遂悉以国柄付之，被他入手了，高宗更收不上。高宗所恶之人，秦引而用之，高宗亦无如之何。高宗所欲用之人，秦皆摈去之。举朝无非秦之人，高宗更动不得。③

可见高宗对秦桧十分猜忌，以至于在膝裤中藏匕首，防止被害。有学者将

---

① 李心传：《建炎以来系年要录》卷一七〇，绍兴二十五年十一月辛未，第3230页。
② 徐自明撰，王瑞来校补《宋宰辅编年录校补》卷一五，绍兴二十五年十月丙申，第1103页。
③ 黎靖德编《朱子语类》卷一三一，第3162页。

此作为徽宗防范秦桧的证据，[①] 其实此记载应有些夸张，事实恐不会至此，但这也从侧面说明了秦桧当时的权势与影响。朝中大臣多依附秦桧家族，高宗连人事任免权都受到极大限制，即使秦桧死后，要清理秦党，也只能逐步推进，可见阻力之大，秦党势力之强。《宋史》卷四七三《秦桧传》载：

> 桧两据相位，凡十九年，劫制君父，包藏祸心，倡和误国，忘仇斁伦。一时忠臣良将，诛锄略尽。其顽钝无耻者，率为桧用……察事之卒，布满京城，小涉讥议，即捕治，中以深文。[②]

可见高宗对秦桧有极强的戒备之心，长期隐忍，虽然没有确凿证据显示秦桧有谋反之心，但秦家势力极具膨胀，已然对皇权产生威胁，高宗无法漠视。但是，高宗又没有很好的办法去解决这种矛盾，史载："（宋金）盟书所载，不许以无罪去首相。"[③] 秦桧相位稳固有了约定保障，直至其年老病情加重，高宗才以致仕名义削弱秦家势力。在秦桧死后，高宗不断打击秦家党羽，"绍兴间，秦桧既死，高宗皇帝欲收揽政柄"。[④] 高宗励精图治，黜退秦桧党徒，"削籍除名，示不复用"，[⑤] "（绍兴二十六年）冬十月己巳朔，诏许秦桧在位之日，无辜被罪者自陈厘正"。[⑥] "然桧死熺废，

---

① 参见沈松勤《论南宋相党》，《中国文化研究》2002 年第 2 期；董喜宁《论秦桧久相与高宗朝的政局制衡》，《史学月刊》2010 年第 6 期。
② 《宋史》卷四七三《秦桧传》，第 13764～13765 页。
③ 叶绍翁：《四朝闻见录》乙集《吴云壑》，中华书局，1989，第 50 页。车若水《脚气集》卷下载："誓书之中，必令不妄易首相。"（《全宋笔记》第 88 册，第 277 页）罗大经《鹤林玉露》甲编卷五《格天阁》载："方虏之以七事邀我也，有毋易首相之说，正为桧设。"（中华书局，1983，第 79 页）宇文懋昭《大金国志校证》卷一三《海陵炀王上》贞元二年冬，载："粘罕初来誓书，必令宋不得妄易首相，盖为桧地也。再专国政者十有八年，南北之不复合，岂非天哉。"（中华书局，1986，第 189 页）
④ 吴泳：《鹤林集》卷二一《缴黄奏议·缴王梦龙落待制李日迈知宁国府词头》，《宋集珍本丛刊》第 74 册，第 473 页。
⑤ 岳珂撰，王曾瑜校注《鄂国金佗稡编续编校注》卷第九《经进鄂王行实编年》卷之六《昭雪庙谥》，中华书局，2018，第 894 页。
⑥ 《宋史》卷三一《高宗本纪八》，第 586 页。

其党祖述余说，力持和议，以窃据相位者尚数人，至孝宗始荡涤无余。"①
秦桧党羽在朝廷中根深蒂固，直到孝宗时才彻底铲除，可以看出高宗虽感
受到秦桧威胁，却不能轻易处置他，秦桧年老病重请求致仕成为高宗铲除
秦桧势力的契机，但是高宗并没有对秦氏家族痛下杀手，而是予以保全，
"甲子，上幸秦桧第临奠，面谕桧夫人王氏以保全其家之意"。② 御史中丞
汤鹏举认为秦埙、秦堪、吴益无功无德，请求剥夺其职名，高宗却说：
"朕以秦桧辅佐之久，又临奠之日，面谕桧妻，许以保全其家。"③ 高宗和
秦桧都主张对金议和，高宗统治需要秦桧，二人政治上有契合点，同时高
宗受到秦家势力的牵制，秦桧当政期间大量培植亲信，操控朝政，高宗想
要铲除秦桧也不是一朝一夕可以实现，从情感上来说高宗对秦桧是"又
爱又恨"。由于秦桧年老多病，想以致仕谋求己子拜相，延续家族权势，
然而高宗却以此为契机削弱其势力，令秦桧与其子致仕。至于为何秦桧起
初请求致仕时高宗不同意，其后再请求高宗就同意了，原因可能有二：一
是出于礼制显示恩宠，股肱之臣请求致仕皇帝一般会挽留；二是探听虚
实，高宗应不是很清楚秦桧病患的真实程度，当其亲自看望秦桧时，知其
病重，高宗认为时机成熟，秦桧党附人员也会审时度势不会再坚定支持
他，这才许其致仕。

第三节　宰相因其他因素而致仕

一　完成政治使命而致仕

哲宗元祐五年（1090）二月"庚戌，太师、平章军国重事、潞国公
文彦博为守太师、开府仪同三司、护国军、山南西道节度使致仕"，④ 时
年八十五岁。这并非文彦博第一次致仕。早在神宗元丰六年（1083）十
一月"甲寅，河东节度使、守太尉、开府仪同三司、判河南府、潞国公

---

① 《宋史》卷四七三《秦桧传》，第 13765 页。
② 李心传：《建炎以来系年要录》卷一七〇，绍兴二十五年十一月甲子，第 3227 页。
③ 李心传：《建炎以来系年要录》卷一七四，绍兴二十六年九月甲子，第 3337 页。
④ 李焘：《续资治通鉴长编》卷四三八，元祐五年二月庚戌，第 10564 页。

文彦博为河东永兴节度使、守太师、开府仪同三司致仕"，① 但这次致仕并不是在宰相任上。其后因为司马光推荐，文彦博落致仕，再次为相。② 元祐元年（1086）四月壬寅，"文彦博特授太师、平章军国重事"。③ 文彦博第三次入相时，年八十岁，已经致仕且高龄的文彦博会被起用，肯定不是只为让其处理繁杂政务。司马光屡请起用文彦博，是为了扩大朝中反变法派力量，推动新法废除，关于文彦博的起用、任职等也经过众多议论，最后出任象征意义重大的平章军国重事。④ 文彦博的起用原因为文彦博再次致仕埋下伏笔。以太皇太后高氏与哲宗为首的朝廷考虑到其身体状况，给予其特殊照顾，并未要求其处理太多政事，其后文彦博又数请致仕，"诏太师、平章军国重事文彦博可自今后每十日一赴朝参，因至都堂议事，仍一月一赴经筵。以彦博累章乞致仕，故有是命"。⑤ 但是文彦博依旧请求致仕，以致哲宗数次下诏不受理文彦博告老奏章（当时太皇太后高氏执政，但诏书以哲宗名义发布）。《续资治通鉴长编》中记载了大量不接受文彦博致仕的诏书。元祐二年九月丁巳，"诏文彦博告老章奏，有司勿受"。⑥ 元祐二年九月壬戌，"诏诸处无得受文彦博乞致仕文字"。⑦ 元祐二年十二月丙午，"诏诸官司无得受文彦博乞致仕章奏"。⑧ 元祐三年、四年仍有类似诏令。⑨ 因文彦博不断请求，终于在元祐四年十二月戊午"诏文彦博累乞致仕，候中春施行"。⑩ 但此时朝中大臣依然有不同声音，不愿让文彦博致仕，史载：

---

① 李焘：《续资治通鉴长编》卷三四一，元丰六年十一月甲寅，第8197页。
② 李焘：《续资治通鉴长编》卷三七六，元祐元年四月，第9140~9141页。
③ 李焘：《续资治通鉴长编》卷三七六，元祐元年五月丁巳，第9147页。
④ 田志光：《北宋中后期三省决策与权力运作机制》，《史林》2013年第6期。
⑤ 李焘：《续资治通鉴长编》卷三九八，元祐二年四月己丑，第9702页。
⑥ 李焘：《续资治通鉴长编》卷四〇五，元祐二年九月丁巳，第9862页。
⑦ 李焘：《续资治通鉴长编》卷四〇五，元祐二年九月壬戌，第9869页。
⑧ 李焘：《续资治通鉴长编》卷四〇七，元祐二年十二月丙午，第9915页。
⑨ 李焘：《续资治通鉴长编》卷四〇八，元祐三年正月庚午，卷四一四，元祐三年九月庚戌，卷四一四，元祐三年九月辛未，卷四三三，元祐四年十月丁酉，卷四三五，元祐四年十一月戊辰，第9923、10059、10065、10455、10473页。
⑩ 李焘：《续资治通鉴长编》卷四三六，元祐四年十二月戊午，第10506页。此据《政目》增入，元祐五年正月末，范祖禹云云。

（元祐五年正月甲午）给事中兼侍读范祖禹言："……彦博年八十五，爵位已极，惟是得解重任，归休私第，乃其幸也。陛下悯其过老，以其累请而从之，为彦博身计、私计，则可谓美矣，若为朝廷计，则臣请试言之。……若陛下不复召之，则亦已矣，今既起之，则不可使轻去朝廷。彦博虽老，精力尚强，卧置京师，足以为重，外则西北二方必怀畏惮。"①

虽然朝中对让文彦博致仕反应不一，但文彦博的政治使命已然完成，政权得以平稳过渡，政治局面稳定，文彦博的个人影响渐弱，其发挥作用空间有限，朝廷对其不再迫切需要，最终在其不断请求之下，准其致仕。

二 谏官弹劾而致仕

宋仁宗康定元年（1040）"五月壬戌，宰相张士逊拜太傅、邓国公致仕"，② 时年七十六岁。《宋大诏令集》卷六七《张士逊致仕制》载："可特授太傅致仕、进封邓国公。"③ 张士逊致仕后，仁宗给予张士逊以极大优待和众多赏赐，"听朔望、大朝会缀中书门下班，月给宰臣俸三之一，出入施伞，又与一子五品服。士逊乞免朝朔望，从之"。④ "辛巳，赐张士逊以宣化门安重诲旧园，上尝御书飞白'千岁'字赐士逊，士逊因即第中建千岁堂。"⑤ "（张士逊）尝请买城南官园，帝以赐士逊。"⑥ 张士逊三次入相：第一次，天圣六年（1028）壬子，时年六十四岁，张士逊因曹利用荐，自枢密副使迁集贤相，次年二月丙申罢，知江宁；第二次，天圣十年（1032）二月庚戌，时年六十八岁，张士逊自知许州拜集贤相，明道二年（1033）四月己末，迁昭文监修相，十月戊午罢，判河南兼西京留守；第三次，景祐五年（1038）三月戊戌，时年七十四岁，张士逊自判河南拜昭文史馆相，直到致仕。张士逊三度为相，可见仁宗对其信赖、

① 李焘：《续资治通鉴长编》卷四三七，元祐五年正月甲午，第10549~10550页。
② 徐自明撰，王瑞来校补《宋宰辅编年录校补》卷四，康定元年五月壬戌，第227页。
③ 《宋大诏令集》卷六七《宰相一七·罢免三·张士逊致仕制》，第327页。
④ 李焘：《续资治通鉴长编》卷一二七，康定元年五月壬戌，第3010页。
⑤ 李焘：《续资治通鉴长编》卷一二七，康定元年五月辛巳，第3015页。
⑥ 《宋史》卷三一一《张士逊传》，第10218页。

器重。年龄绝不是最大因素，第三次拜相时就已经七十四岁，仁宗皇祐元年（1049）正月"庚戌，太傅致仕邓国公张士逊卒"，① 年八十六岁。罢相后，张士逊又活了十年，可见身体状况不错。"时军兴，机务填委，士逊位首相，无所补，谏官以为言。士逊不自安，七上章请老，又数面陈。"② 张士逊最后一次任相期间，宋夏战争爆发，边境动乱，军务繁忙，为了应对战争，需要宰相频繁处理军务。③ 而张士逊无法胜任，谏官颇有微词。"时朝廷多事，士逊亡所建明，谏官韩琦论曰：'政事府岂养病之地邪。'"④ "时朝廷多事，士逊无所补，谏官韩琦上疏曰：'政事府岂养病坊耶！'"⑤ 谏官言论起到强大的推动作用，即使仁宗也不能无动于衷。还有一个影响因素即张士逊遭遇意外损伤。《宋宰辅编年录校补》引用《拜罢录》载："士逊上马将朝，喧噪益甚，遮道不进，马惊坠地。士逊乃七上章请老，故优礼之。"⑥ 张士逊当时七十多岁，依然能够骑马上朝，可见身体不差，但坐骑受惊后，张士逊从马上坠地，这对其身体造成损伤，进而促使其辞相致仕，但谏官弹劾起到主要作用。张士逊虽致仕，仁宗依旧十分优待他，庆历六年（1046）"二月壬子朔，赐太傅致仕张士逊月俸百千"。⑦ 皇祐元年正月"庚戌，太傅致仕邓国公张士逊卒，车驾临奠。翌日，谓宰臣曰：'昨有言庚戌是朕本命，不宜临丧，朕以师臣之旧，故不避'"。⑧ 张士逊去世后，仁宗不顾忌讳之说依然亲临祭奠。

三　薨于相位的致仕情况

宰相去世后而致仕者，皆出现在南宋。洪迈《容斋随笔》卷一〇《致

---

① 李焘：《续资治通鉴长编》卷一六六，皇祐元年正月庚戌，第3982页。
② 李焘：《续资治通鉴长编》卷一二七，康定元年五月丁巳，第3010页；徐自明撰，王瑞来校补《宋宰辅编年录校补》引用《拜罢录》卷四，康定元年五月壬戌，第228页；杨仲良：《皇宋通鉴长编纪事本末》卷三六《张士逊得谢》，第628页。
③ 田志光：《试论宋仁宗朝宰相兼枢密使之职权》，《史学集刊》2011年第5期。
④ 《宋史》卷三一一《张士逊传》，第10218页。
⑤ 陈均：《皇朝编年纲目备要》卷一一，康定元年五月，第235页。
⑥ 徐自明撰，王瑞来校补《宋宰辅编年录校补》卷四，康定元年五月壬戌，第228～229页。
⑦ 李焘：《续资治通鉴长编》卷一五八，庆历六年二月壬子，第3820页。
⑧ 李焘：《续资治通鉴长编》卷一六六，皇祐元年正月庚戌，第3982页。

仕之失》载：

> 宣和以前，盖未有既死而方乞致仕者，南渡之后，故实散亡，于是朝奉、武翼郎以上，不以内外高卑，率为此举。其最甚而无理者，虽宰相辅臣，考终于位，其家发哀即服，降旨声钟给赙，既已阅日，方且为之告廷出命，纶书之中，不免有亲医药、介寿康之语。如秦太师、万俟丞相、陈鲁公、沈必先、王时亨、郑仲益是已。①

以上记载认为秦桧、万俟卨等人去世后乞求致仕，其实这种说法并不准确，上文就宰相秦桧致仕问题已做分析，其是致仕后去世。那么宰相万俟卨的致仕情况如何？高宗绍兴二十七年（1157）三月"是日（辛卯），左宣奉大夫守尚书右仆射、同中书门下平章事万俟卨薨。壬辰，拜特进观文殿大学士致仕。赠少师。命入内内侍省都知卫茂实护丧，拜其子右承奉郎夷中、右迪功郎致中并直秘阁，他子侄九人各进一官，后谥忠靖"。② 辛卯是二十六日，壬辰是二十七日，万俟卨是去世后致仕。为何其会致仕，"时卨以疾笃乞致仕，故有是命"。③ 万俟卨当时已经七十五岁高龄，年老病重，已然难以处理好政务，请求致仕得到同意，应是诏书还没有下达就去世了。周麟之《海陵集》卷二〇《万俟卨赠少师》载："不图疾疢之余，谓微爽于节宣，乃奄闻于沦，谢罢朝兴怆深，嗟一鉴之亡。"④ 这是周麟之记载的高宗的诏书，可信度较高，这里也记载万俟卨确实是致仕后死亡。万俟卨致仕特殊之处在于其先乞求致仕，也得到高宗同意，但是在诏书下达前其就突然死亡，这也从侧面反映出其确实是身染重病而乞求致仕。

乾道元年（1165）"二月戊申，陈康伯罢左仆射。授少师、观文殿大学士、鲁国公致仕"。⑤ 陈康伯是死后致仕。《中兴御侮录》卷下载："乾

---

① 洪迈：《容斋随笔》卷一〇《致仕之失》，第133页。
② 李心传：《建炎以来系年要录》卷一七六，绍兴二十七年三月辛卯，第2913页。
③ 徐松辑《宋会要辑稿》职官七七之七〇，第5178页。
④ 周麟之：《海陵集》卷二〇《万俟卨赠少师》，《景印文渊阁四库全书》第1142册，第159页。
⑤ 徐自明撰，王瑞来校补《宋宰辅编年录校补》卷一七，乾道元年二月戊申，第1181页。

道元年（二月）二十八日，左仆射陈康伯薨，辍朝，赠太师。"① 《宋会要辑稿》礼四一之二一载："孝宗皇帝乾道元年二月二十八日，诏少保、尚书左仆射陈康伯薨，令太常寺择日驾幸临奠。"② 《宋宰辅编年录校补》卷一七载："是月（二月）二十八日入对，退□殿门，喘剧，舆至第，薨。"③ 《宋会要辑稿》《宋宰辅编年录校补》皆记载为乾道元年二月二十八日，戊申是二十九日，可见其致仕是在其去世后一天。为何如此安排？"诏陈康伯薨于位，理宜优异。"④ "制书以康伯'膺两朝眷注之恩，积四载经纶之业，勋在王室，泽润生民。朕兹垂拱以仰成，公乃逡巡而被宠'，故有是命。"⑤ 孝宗知道其已去世，依然安排其致仕，宰相致仕能够享受很多优待，这体现出孝宗对陈康伯的优遇。其实在此之前陈康伯就曾请求致仕，"乾道元年正月上辛，有事南郊，康伯起陪祠，已即丐归，章屡上，不许"。⑥ 况且陈康伯身体状况确实不好，第一次罢相就是因为疾病，"康伯自建康扈从回，即以病祈去位，不允。明年，改元隆兴，请益坚，遂以太保、观文殿大学士、福国公判信州"。⑦ 再次入相时，"亲故谓康伯实病，宜辞"，⑧ 临危受命后，"间日一会朝，许肩舆至殿门，仍给扶，非大事不署。敌师退，寻以目疾免朝谒，卧家，旬余一奏事"。⑨ 以上种种显示，陈康伯确实身体不好。

《宋史》卷四〇五《李宗勉传》载："（李宗勉）以光禄大夫、观文殿大学士致仕。卒，赠少师，谥文清。"⑩ 理宗嘉熙四年（1240）"闰十二月

---

① 佚名：《中兴御侮录》卷下，《全宋笔记》第61册，第37页。
② 徐松辑《宋会要辑稿》礼四一之二一，第1647～1648页。
③ 徐自明撰，王瑞来校补《宋宰辅编年录校补》卷一七，乾道元年二月戊申，第1182页。
④ 徐自明撰，王瑞来校补《宋宰辅编年录校补》卷一七，乾道元年二月戊申，第1182页。
⑤ 徐松辑《宋会要辑稿》职官七八之四九，第5218页。
⑥ 《宋史》卷三八四《陈康伯传》，第11811页。按：此处"上辛"指每月上旬的辛日，本月有辛亥（一日）、辛酉（十一日），结合《宋史》卷三三《孝宗本纪一》"乾道元年春正月辛亥朔，合祀天地于圜丘，大赦，改元"与《续宋编年资治通鉴》卷八"乾道元年春正月辛亥朔，郊祀"可知，"上辛"具体指本月辛亥日。
⑦ 《宋史》卷三八四《陈康伯传》，第11810页。
⑧ 《宋史》卷三八四《陈康伯传》，第11810页。
⑨ 《宋史》卷三八四《陈康伯传》，第11811页。
⑩ 《宋史》卷四〇五《李宗勉传》，第12237页。

丙寅（初七），李宗勉薨"。① 另载："丙寅，以李宗勉薨，辍视朝三日。"② 那么李宗勉致仕是在去世前还是去世后是关键，宋潜说友《（咸淳）临安志》中根据《国史》本传修《李宗勉传》载："（闰）十二月甲子（初五），薨于位，诏以光禄大夫致仕，赠少师，谥文清。"③ 罗大经撰《鹤林玉露·六和塔诗》载："（李宗勉）薨于位，谥文清。"④ 综上可知，李宗勉应为去世后致仕。至于为何会出现如此情况，史未明载，笔者认为情况可能和陈康伯比较类似，去世后为表示对其优待，让其致仕，使子孙能够得到一些封赏。李宗勉是否曾请求致仕，是否年老体弱多病，同样现存史籍未明载，只知其是"开禧元年进士"，⑤ 到其死亡时间为三十六年，现存史籍未载其考中进士的具体年龄，故无法推算其寿命。

小 结

综上所述，宋代宰相作为官僚群体中最高代表，由于其身份特殊、位高权重，致仕并未严格遵守致仕制度，宰相是否致仕由多种因素决定，除了宰相自身客观的健康状况以外，与皇帝的亲疏关系、受恩宠信任程度、理政作风以及朝政形势亦密切相关。皇权与相权在中国古代帝制时期是一个既对立又统一的矛盾共同体，宋代皇帝与宰相职权划分反映出中国古代帝制时期中央集权（centralisation）、分权制衡（decentralisation）、君主专权（autocracy）原则的融合与冲突。作为统治阶级的君主和宰执都希望将国家权力集中于中央，在这一层面上君主与宰相立场一致。但中央集权实现后，则面临君权与相权之间的分配，而勤政的君主总想尽量控制宰臣，使中央权力得到较为合理的配置，在君主专权与相权之间保持一个恰当的度，既要保证中枢政务决策与执行的效率，又要限制相权的过分膨胀，在

① 《宋史》卷四二《理宗本纪二》，第 821 页。
② 《宋史全文》卷三三《宋理宗三》，第 2742 页。
③ 潜说友：《（咸淳）临安志》卷六七《人物八·李宗勉》，《宋元方志丛刊》第 4 册，第 3974 页。按，嘉熙四年十二月无甲子日，原文应遗缺"闰"字。
④ 罗大经：《鹤林玉露》乙编卷一《六和塔诗》，第 130 页。刘一清撰，王瑞来校笺考原《钱塘遗事校笺考原》卷一《六和塔诗》，第 26 页。
⑤ 《宋史》卷四〇五《李宗勉传》，第 12233 页。

这一层面上君主与宰相则处于对立面。如果相权过分膨胀，皇帝总要设法进行限制，其中以宰相年老体弱多病令其致仕，则是一个冠冕堂皇的理由。当然个别宰相是否能够顺利致仕，还由当时政治形势评估决定，如文彦博需要完成凝聚反变法派力量的使命。罢相与宰相致仕对于宰相职权解除来说并无本质区别，然而对宰相个人来说，致仕在一定程度上更加凸显宰相的个人风范，留下不贪恋权势的美誉。致仕制度保障官僚队伍新老交替，它的作用在某些方面并不比科举取士弱，二者互为表里，一进一出，有利于官僚队伍年轻化，有利于提高政务处理效率。宰相作为官僚队伍的一员，本应该遵守致仕的制度规定，但在实际政治运行中，宰相又是官僚群体的最高代表，致仕制度实际上并未适用于宰相群体，他们的致仕情况多种多样，致仕原因不尽相同，凸显出制度运行和适用的特殊性，抛开宰相身体健康状况这一不可控因素，政治情势成为他们致仕的关键因素，宰相致仕往往并非出于自愿，而是迫于当时政治情势不得不做出的抉择。这在中国古代帝制时期在所难免，人事安排与布局一向都遵从于现实发展，是权衡利弊与综合考量的结果。

第八章

宋代宰相贴职制度

宋代宰相（含部分执政）贴职作为文官贴职的重要组成部分，在政治生活中发挥了重要作用。作为文官主要代表的宰执，其贴职情况十分复杂，形式具体多样。北宋元丰改制前，宰相一般要带三馆贴职（昭文馆大学士、监修国史、集贤殿大学士），但具体贴职形式有多种类型，如中书独相、二员宰相、三员宰相所带贴职皆不同。监修国史作为宰相所带史馆之贴职，与其他贴职不同的是该贴职具有实际职事，负责史馆修史等事务。副宰相（参知政事）和枢密院长贰官员等执政均不带贴职。元丰改制后至南宋时期，三省宰相与执政均不再贴职。而枢密院的副长官签书（同签书）枢密院事则可以带贴职且后来发展成为定制。

宋代宰执，也称"宰辅"，由宰相和执政构成，即宋廷中央政府的宰相、副宰相和主管军事的枢密院之正副长官，副宰相与枢密院正副长官称为执政，宋代宰执具体名号在不同时期有所调整，其中以北宋神宗元丰官制改革前后与南宋建炎三年以及乾道八年的变化较大。北宋神宗元丰改制前作为主管民政事务的中书门下设置同中书门下平章事作为宰相，参知政事作为副宰相，主管军事的枢密院长贰官员有枢密使、枢密副使，部分时间曾设置知枢密院事（正长官）、同知枢密院事、签书枢密院事（副长官）。元丰改制后，中书门下一分为三：中书省、门下省和尚书省。以左仆射兼门下侍郎和右仆射兼中书侍郎为宰相（徽宗政和二年十一月至钦宗靖康元年闰十一月，以太宰兼门下侍郎和少宰兼中书侍郎为宰相），以门下侍郎、中书侍郎、尚书左丞、尚书右丞为副宰相。哲宗元祐时曾设平章军国（重）事，徽宗政和时曾设太师（太傅）总三省事，其地位和权力在宰相之上。南宋高宗建炎三年四月以左仆射平章政事、右仆射平章政事为宰相，参知政事为副宰相。孝宗乾道八年二月，以左、右丞相为宰相，参知政事为副宰相。宁宗开禧元年七月至开禧三年十一月，曾设置平章军国事。度宗咸淳三年二月至恭宗德祐元年七月，曾设置平章军国重事。南宋时期枢密院设有枢密使、知枢密院事、枢密副使、同知枢密院事、签书枢密院事、同签书枢密院事，有时以上职务同时设置，有时部分设置，设置时间长短不一。所以只有厘清宋代宰执各类名号的演变，才能理解各个时期宰执以具体名号贴职的问题。

宋代宰执名号虽多，但他们均是中书门下（三省）和枢密院的实际长官，负责国家重要军民政务的决策和处理。① 宋代众多的宰执名号中，有差遣，有官阶，有贴职，情况复杂。《文献通考》卷四七载：

> 宰相不专用三省长官。中书、门下并列于外。又别置中书于禁中，是谓政事堂，与枢密院对掌大政。……至于官人授受之别，则有官、有职、有差遣。官以寓禄秩、叙位著，职以待文学之选，而差遣以治内外之事。②

其实，以上记述的设官分职主要是北宋元丰官制改革前的情况，宰相并不是由三省长官担任，而是以六部侍郎以上本官阶带同中书门下平章事为之，六部侍郎即所谓的"官"，决定官员的基本待遇和朝会班位，而同中书门下平章事则为差遣，是北宋元丰改制前宰相所带之衔，③ 标志着官员的宰相身份，负责处理国家政务。类似的差遣还有参知政事、枢密使、枢密副使等。再有就是"职"，此职并非广义上的官职，而是特指宋代馆殿诸阁的大学士、学士、直学士、直阁、待制等职名。宋初沿袭唐代文馆之制，建昭文馆、史馆、集贤院（殿），称为三

---

① 目前关于宋代宰执名号、宰执制度建设、宰执机制运行以及相权强弱的研究成果较为丰富，主要有钱穆、刘子健、朱瑞熙、衣川强、平田茂树、王瑞来、张邦炜、张其凡、诸葛忆兵、王化雨、张祎、田志光以及周道济、林天蔚、杨树藩、梁天锡等先生的相关论著。

② 马端临：《文献通考》卷四七《职官考一》，第1361~1362页。

③ 田志光：《北宋前期宰相官衔再探》，《史林》2010年第1期。

馆，太平兴国三年（978）赐名崇文院，遂以崇文院作为三馆总名。太宗端拱元年（988）又于崇文院中堂设秘阁，选三馆善本图书及书画等入藏，后来又建龙图阁、天章阁、宝文阁等帝阁，用来收藏诸帝王的御集及典籍、图画、宝物等，以上通称为馆殿诸阁。《石林燕语》卷六载："国朝以史馆、昭文馆、集贤院为三馆，皆寓崇文院，其实别无舍，但各以库藏书，列于廊庑间尔。直馆、直院谓之'馆职'，以他官兼者谓之'贴职'。"① 可知职名分为馆职和贴职两个系统。其实除了上引"直馆""直院"为馆职外，还有一些职名也是馆职，如《容斋随笔》卷一六《馆职名存》载："国朝馆阁之选，皆天下英俊，然必试而后命。一经此职，遂为名流。其高者，曰集贤殿修撰、史馆修撰、直龙图阁、直昭文馆、（直）史馆、（直）集贤院、（直）秘阁。次曰集贤、秘阁校理。官卑者，曰馆阁校勘、史馆检讨，均谓之'馆职'。"② 可知馆职按级别高低大致可分为三等，名称较多。

关于宋代文官贴职制度研究主要有：李昌宪《宋代文官贴职制度》③对贴职制度形成的社会条件，贴职与差遣的关系，贴职发展阶段、特点以及作用等进行了深入探讨，并对北宋前期宰执贴职三馆做了简要介绍；祖慧《南宋文官贴职制度研究》④ 对南宋文官贴职制度的特点、除授情况、升迁规律进行了细致分析，并对宰执资格所带之诸殿学士有简要介绍。关于馆职与贴职研究主要有：陈元锋《宋代馆职的名实与职任》⑤ 对宋代馆职员数、职名设置、专职兼职等问题做了探讨，认为馆职与贴职的最大区别在于有无职守，前者确有实职，后者但有虚名；龚延明《宋代崇文院双重职能探析——以三馆秘阁官实职、贴职为中心》⑥对三馆秘阁的设官分职、实职与虚职功能及其盛衰等问题进行了细致分析，认为馆阁官具有两种功能，一是有职事的馆职，如编校图籍、抄写副

---

① 叶梦得：《石林燕语》卷六，第 93 页。
② 洪迈：《容斋随笔》卷一六《馆职名存》，第 208 页。
③ 李昌宪：《宋代文官贴职制度》，《文史》总第 30 辑，中华书局，1988。
④ 祖慧：《南宋文官贴职制度研究》，《文史》总第 44 辑，中华书局，1998。
⑤ 陈元锋：《宋代馆职的名实与职任》，《史学月刊》2004 年第 12 期。
⑥ 龚延明：《宋代崇文院双重职能探析——以三馆秘阁官实职、贴职为中心》，《北京大学学报》2016 年第 4 期。

本、轮直备顾问等，二是无职事的职名，为他官兼之称为"贴职"。关于贴职功能的论述对一般官员贴职来说基本正确，然而具体到宋代最高级官员群体——宰执贴职则要具体问题具体分析。综上所述，目前学界对宋代宰执制度运作研究成果较为丰富，对宰执贴职问题虽偶有涉及，但宰执贴职专论研究尚付阙如。宋代宰执贴职形式多样、种类繁多，各种特殊情况混杂其中，有必要进行系统全面的分析论证以厘清之。

第一节　北宋元丰改制前的宰相贴职

宋代宰执贴职情况较为复杂，尤以北宋元丰改制前为繁复，一些宋代史籍记载也很模糊，有的只记大概沿革而缺少细微考辨，有的甚至出现许多错讹，因此有必要专题探讨。首先我们看宋代史籍的相关记载。《玉海》卷一六五引述著名史学家李焘所言："本朝因唐故事，命宰执兼领三馆。首相曰昭文馆大学士，次曰监修国史，又次曰集贤院大学士。"① 又《建炎以来朝野杂记》甲集卷一〇载："国初循唐制，以三公至列曹侍郎、同平章事为宰相。首相带昭文馆大学士，亚相带监修国史，末相带集贤殿大学士。"② 以上均明言北宋建立之初，三位宰相带三馆贴职。《文献通考》卷五四载：

> 宋朝儒馆仍唐制，有四：曰昭文馆，曰史馆，曰集贤院，曰秘阁。率以上相领昭文大学士，其次监修国史，其次领集贤。若只两相，则首厅兼国史。③

《宋史》卷一六一《职官志一》亦载：

> 宋承唐制，以同平章事为真相之任，无常员，有二人，则分日知印。以丞、郎以上至三师为之。其上相为昭文馆大学士、监修国史，

---

① 王应麟：《玉海》卷一六五《建隆昭文馆太平兴国三馆四馆》，第3075页。
② 李心传：《建炎以来朝野杂记》甲集卷一〇《官职一·丞相》，第196页。
③ 马端临：《文献通考》卷五四《职官考八·直秘阁》，第1602页。

其次为集贤殿大学士。或置三相，则昭文、集贤二学士并监修国史，各除。①

以上所引史籍有几个问题需要解释：第一，所言"国初""宋承唐制"似指北宋初期，"本朝""国朝"似指整个宋朝，实则不然，其所记宰相贴职的时间范围指北宋建立至神宗元丰改制前的这一时间段。第二，《玉海》载"宰执兼领三馆"，确切地说应是宰相兼领三馆，执政则不兼领三馆贴职。第三，当中央政府（中书门下）同时设置三位宰相且皆带贴职时，首相贴职昭文馆大学士，次相贴职监修国史，末相贴职集贤殿大学士；如果设置两员宰相时，多以首相贴职昭文馆大学士兼监修国史，次相贴职集贤殿大学士；此外，还有其他搭配形式。实际上，北宋元丰改制前宰相贴职的情况，比上引《文献通考》《宋史》《玉海》所述要复杂得多，并非那样整齐划一。

首先，探讨三相并立且皆带贴职的情况，即首相带昭文馆大学士，亚相带监修国史，末相带集贤殿大学士。宋朝建立伊始，太祖赵匡胤仍以后周旧臣继续为相，其中宰相范质兼昭文馆大学士（昭文相），王溥兼监修国史（史馆相），魏仁浦兼集贤殿大学士（集贤相），三位宰相皆带贴职。乾德二年（964）正月戊子，范质、王溥、魏仁浦三相并罢。② 第一次三相并立贴职时长 3 年 11 个月 20 天。第二次三相并立是开宝九年（976）十月庚申，卢多逊自参知政事担任集贤相，③ 此时薛居正为昭文相，沈伦为史馆相。太宗太平兴国六年（981）六月甲戌，薛居正薨于相位，④ 中书三位宰相并立贴职局面结束。此次三相并立贴职时间为 4 年 7 个月 21 天。昭文相空缺 3 个月后由赵普担任，至太平兴国七年（982）四月，卢多逊、沈伦罢相。⑤ 第三次三相并立贴职的时间是 5 个月 15 天。真宗咸平四年（1001）三月，吕蒙正任昭文相，

---

① 《宋史》卷一六一《职官志一》，第 3773 页。
② 李焘：《续资治通鉴长编》卷五，乾德二年正月戊子，第 118 页。
③ 徐自明撰，王瑞来校补《宋宰辅编年录校补》卷一，开宝九年十月庚申，第 27 页。
④ 徐自明撰，王瑞来校补《宋宰辅编年录校补》卷一，太平兴国六年六月甲戌，第 28 页。
⑤ 徐自明撰，王瑞来校补《宋宰辅编年录校补》卷二，太平兴国七年四月戊辰、庚辰，第 32、34 页。

李沆任史馆相，向敏中任集贤相，三位宰相并立且均带三馆贴职。这距离上次太平兴国七年四月三位宰相并立贴职已有 19 年时间。咸平五年（1002）十月丁亥，集贤相向敏中罢。① 第四次三相并立时间为 1 年 7 个月 18 天。咸平六年（1003）九月昭文相吕蒙正罢，景德元年（1004）七月丙戌史馆相李沆薨于位。② 此后三位宰相再次俱员则是 50 余年后的仁宗至和时期。至和二年（1055）六月戊戌，文彦博任昭文相，刘沆任史馆相，富弼任集贤相。③ 嘉祐元年十二月壬子，史馆相刘沆罢。④ 第五次三相俱员时间是 2 年 3 个月 24 天。之后直至元丰五年改制，中书三位宰相再未俱员。在宋朝建立至神宗元丰宰相机构改革的 122 年里，中书三位宰相俱员的时间共计约 13 年，约占 10.66%。也就是说，在元丰改制以前宰相可带三馆贴职的时间里，昭文相、史馆相、集贤相三相俱员的时间其实很短。

其次，前文引"若只两相，则首厅兼国史"，在此分析宰相贴职昭文馆大学士兼监修国史的情况。宋朝中书宰相中第一位贴职昭文馆大学士兼监修国史者，是真宗天禧四年（1020）七月任相的丁谓。同时宰相李迪贴职集贤殿大学士。同年十一月，李迪罢相后，枢密使冯拯就任集贤相。直至乾兴元年（1022）六月，丁谓罢相，冯拯继任昭文相兼监修国史，参知政事王曾升任集贤相。在此将神宗元丰改制前，担任宰相带昭文馆大学士兼监修国史者做一统计，见表 8-1。

表 8-1　元丰改制前担任宰相带昭文馆大学士兼监修国史者一览

姓名	由何职务继任	起讫时间	任职时长	备注
丁谓	枢密使	天禧四年七月庚午 乾兴元年六月癸亥	714 天	由枢密院长官升任
冯拯	宰相 集贤殿大学士	乾兴元年七月辛未 天圣元年九月丙寅	416 天	

① 李焘：《续资治通鉴长编》卷五三，咸平五年十月丁亥，第 1157 页。
② 李焘：《续资治通鉴长编》卷五六，景德元年七月丙戌，第 1243 页。
③ 徐自明撰，王瑞来校补《宋宰辅编年录校补》卷五，至和二年六月戊戌，第 312 页。
④ 徐自明撰，王瑞来校补《宋宰辅编年录校补》卷五，嘉祐元年十二月壬子，第 323 页。

续表

姓名	由何职务继任	起讫时间	任职时长	备注
王钦若	知江宁府	天圣元年九月丙寅 天圣三年十一月戊申	823 天	第一次任昭文史馆相， 第二次任相
王曾	宰相 集贤殿大学士	天圣三年十二月癸丑 天圣七年六月甲寅	1322 天	
吕夷简	宰相 集贤殿大学士	天圣七年八月己丑 明道二年四月己未	1351 天	第一次任昭文史馆相
	判陈州	明道二年十月戊午 景祐四年四月甲子	1267 天	第二次任昭文史馆相
	判天雄军	康定元年五月壬戌 庆历三年三月戊子	1047 天	第三次任昭文史馆相
张士逊	宰相 集贤殿大学士	明道二年四月己未 明道二年十月戊午	180 天	第一次任昭文史馆相， 第二次任相
	判河南府	景祐五年三月戊戌 康定元年五月壬戌	805 天	第二次任昭文史馆相， 第三次任相
王随	知枢密院事	景祐四年四月甲子 景祐五年三月戊戌	335 天	由枢密院长官升任
章得象	宰相 昭文馆大学士	庆历三年九月戊辰 庆历五年四月戊申	581 天	先任昭文相，再兼监修国史
贾昌朝	宰相 集贤殿大学士	庆历五年四月戊申 庆历七年三月乙未	708 天	
陈执中	宰相 集贤殿大学士	庆历七年三月乙未 皇祐元年八月壬戌	868 天	第一次任昭文史馆相
	判大名府	皇祐五年闰七月壬申 至和二年六月戊戌	687 天	第二次任昭文史馆相
文彦博	宰相 集贤殿大学士	皇祐元年八月壬戌 皇祐三年十月庚子	819 天	第一次任昭文史馆相
	宰相 昭文馆大学士	嘉祐元年十二月壬戌 嘉祐三年六月丙午	525 天	第二次任昭文史馆相， 先任昭文相，再兼监修国史
庞籍	枢密使	皇祐三年十月庚子 皇祐五年闰七月壬申	633 天	由枢密院长官升任
富弼	宰相 集贤殿大学士	嘉祐三年六月丙午 嘉祐六年六月甲戌	1109 天	第一次任昭文史馆相
	左仆射	熙宁二年二月己亥 熙宁二年十月丙申	238 天	第二次任昭文史馆相， 由本官迁转

续表

姓名	由何职务继任	起讫时间	任职时长	备注
韩琦	宰相 集贤殿大学士	嘉祐六年闰八月庚子 治平四年九月辛丑	2222 天	
曾公亮	宰相 集贤殿大学士	熙宁二年十月丙申 熙宁三年九月庚子	365 天	
王安石	宰相 昭文馆大学士	熙宁八年九月庚申 熙宁九年十月丙午	407 天	先任昭文相，再兼监修国史

资料来源：此表主要依据《宋史·宰辅表》《宋大诏令集》《宋宰辅编年录校补》《续资治通鉴长编》《宋会要辑稿》《东都事略》《隆平集校证》《名臣碑传琬琰集校证》《两宋名贤小集》等文献制作。

如表 8-1 所示，北宋元丰改制之前，担任昭文相兼监修国史的共计 16 人，该职务始置于天禧四年七月庚午，由丁谓担任，最后一位担任该职务的是王安石。熙宁九年十月丙午，随着王安石罢相，该职务不再设置。此期间集贤相一直是单设，也曾有短暂时期昭文相与史馆相分设，如至和二年（1055）六月戊戌，昭文相兼监修国史陈执中被罢免，同日，文彦博由"永兴军路马步军都总管、安抚使、兼知永兴军府事……特授行吏部尚书、同中书门下平章事、昭文馆大学士"，① 可知文彦博并未兼监修国史一职。监修国史则由原是集贤相的刘沆担任，判并州富弼则填补刘沆之缺担任集贤相。史载：

> 知永兴军文彦博为吏部尚书、平章事、昭文馆大学士，宣徽南院使、判并州富弼为户部侍郎、平章事、集贤殿大学士，工部侍郎、平章事、集贤殿大学士刘沆加兵部侍郎、监修国史。初，除弼监修国史，沆止迁兵部侍郎，乃处弼下。论者以为咸平四年故事，吕蒙正领昭文馆大学士，李沆监修国史，向敏中集贤殿大学士，今所除非故事，由学士承旨杨察之误。寻贴麻改沆监修国史，而弼为集贤殿大学士。彦博与弼并命。②

---

① 《宋大诏令集》卷五五《宰相五·文彦博拜昭文相制》，第 279 页。
② 李焘：《续资治通鉴长编》卷一八〇，至和二年六月戊戌，第 4353 页。

这次文彦博任昭文相没有兼监修国史职，因为同时有三员宰相在任。其中刘沆原为在任的集贤相，本官为工部侍郎，拟升转其本官为兵部侍郎、集贤相。而判并州富弼拟任户部侍郎、史馆相。如此，刘沆本官阶（兵部侍郎）虽然高于富弼本官阶（户部侍郎），[①] 但是贴职却低于富弼，在相应层级的本官与贴职相比，宋人更看重贴职的高低，更何况是宰相之贴职，这关乎宰相的排名和地位高下。此时有官员以真宗咸平四年三月宰相就任之例来申述，当时中书也有三员宰相，左仆射吕蒙正以故相（之前曾两次任相）为昭文相，原史馆相李沆仍担任史馆相，参知政事向敏中升任集贤相（第一次任相）。此前，文彦博曾任集贤相，后升任昭文史馆相，此时再次担任昭文相，按资历理所当然。刘沆为在任集贤相，资历比富弼高，一般情况下应该由刘沆升任史馆相，由于富弼是第一次担任宰相，当任集贤相。所以翰林学士承旨杨察修改制书，改任富弼为集贤相。仁宗嘉祐元年十二月，史馆相刘沆罢相，昭文相文彦博兼监修国史。[②] 此外是熙宁三年九月，昭文史馆相曾公亮罢免，此后韩绛和王安石分别担任昭文相和史馆相。神宗熙宁七年（1074）四月，史馆相王安石罢，熙宁八年二月，王安石由知江宁府就任昭文相，同年九月庚申，神宗命王安石兼监修国史。[③] 熙宁九年十月，王安石罢相，王安石担任昭文史馆相1年1个月9天。

据表8-1统计，北宋元丰改制之前，中书门下设置宰相贴职昭文相大学士兼监修国史的时间共计约48年5个月，约占北宋元丰改制前宰相贴职三馆时间122年的39.69%。宋敏求《春明退朝录》卷上言："近时王章惠、庞庄敏初拜及独相，悉兼昭文、修史二职，非旧制也。"[④] 王章惠即王随，庞庄敏即庞籍，王随第一次拜相即担任昭文史馆相，当时并非独相，还有陈尧佐任集贤相。庞籍是第一次拜相即担任昭文史馆相，且一直是独相。他们首次任宰相即带昭文馆大学士兼监修国史，当属异恩，但

---

① 按，宋代六部本官迁转顺序是：工、礼、刑、户、兵、吏。参见《宋史》卷一六九《职官志九》，第4027~4028页。

② 李焘：《续资治通鉴长编》卷一八四，嘉祐元年十二月乙亥，第4463页。

③ 李焘：《续资治通鉴长编》卷二六八，熙宁八年九月庚申朔，第6559页。

④ 宋敏求：《春明退朝录》卷上，第13页。

并非首例，所谓"非旧制"并不准确，因为入宋后，第一位首次担任宰相即带昭文馆大学士兼监修国史的是天禧四年七月任相的丁谓，史载"枢密使、金紫光禄大夫、吏部尚书、检校太尉、上柱国、济阳郡开国公丁谓"，"可依前吏部尚书、同中书门下平章事、充玉清昭应宫使、昭文馆大学士、监修国史"，① 任职714天。《续资治通鉴长编》卷一七一亦载："枢密使、户部侍郎庞籍，以本官为平章事、昭文馆大学士、监修国史。籍初入相，且独员，而遽为昭文馆大学士、监修国史，殊非故事也。"② 此处"殊非故事"正确的解释应包括三个要素：一是初次任相，二是带昭文馆大学士兼监修国史，三是独相中书。而庞籍则完全符合如上三要素。丁谓虽然是初次任相即带昭文馆大学士兼监修国史，但并非独相，当时李迪任集贤相。其实，初次拜相的丁谓、王随、庞籍都是由枢密院长官（枢密使或知枢密院事）升任昭文史馆相，北宋元丰改制前，"枢密院与中书对持文武二柄，号为'二府'"，③ 分管军事和民政，由枢密院首长迁任中书首相，虽然跨越了集贤相这一层级，但从资历上说尚可行。除去丁谓、王随、庞籍3人是由枢密院正长官升任昭文史馆相外，其余13人中，由集贤相升任昭文史馆相的有冯拯、王曾、吕夷简（第一次）、张士逊（第一次）、贾昌朝、陈执中（第一次）、文彦博（第一次）、富弼（第一次）、韩琦、曾公亮等10人。由地方知（判）州（府、军）升迁昭文史馆相的有王钦若、吕夷简（第二、三次）、张士逊（第二次）、陈执中（第二次）等4人，他们虽为州府级长官，但之前均有任相经历，王钦若此前任相未带贴职，这次拜相即带昭文馆大学士兼监修国史，属于恩隆超迁，其他3人此前均曾任昭文史馆相，在地方任官一段时期后重返朝廷担任宰相。再有担任昭文相一段时间后兼任监修国史，例如章得象、文彦博（第二次）、王安石等3人，原因见下文分析。还有富弼第二次任昭文史馆相是由本官左仆射迁转而来，并未带差遣，属较特殊的一例。通过以上分析可知，昭文史馆相绝大多数由集贤相迁转，少数由前任宰相或是枢密院正长官升任。

---

① 《宋大诏令集》卷五二《宰相二·丁谓拜昭文相制》，第265页。
② 李焘：《续资治通鉴长编》卷一七一，皇祐三年十月庚子，第4116页。
③ 《宋史》卷一六二《职官志二》，第3798页。

上引"若只两相，则首厅兼国史"，如反推之，首相兼监修国史时一定有两员宰相在任吗？答案是否定的，上文提到的庞籍在担任昭文史馆相期间一直是独相，时长 633 天。此外还有吕夷简，昭文史馆相王曾罢免后不久，吕夷简于天圣七年八月己丑由集贤相迁转昭文史馆相，至天圣十年（1032）二月庚戌张士逊就任集贤相前，吕夷简以昭文史馆相身份独相922 天。① 庆历七年三月乙未，昭文史馆相贾昌朝罢免，同日陈执中由集贤相迁转昭文史馆相，至庆历八年闰正月戊申，文彦博由参知政事升任集贤相，此期间陈执中独相 314 天。② 王安石自熙宁八年九月庚申以昭文相兼监修国史至熙宁九年十月丙午罢相，独相 407 天。③

再次，"若只两相，则首厅兼国史"，"上相为昭文馆大学士、监修国史，其次为集贤殿大学士"。中书如果设有两员宰相，则一定是首相贴职昭文馆大学士兼监修国史，次相贴职集贤殿大学士吗？答案同样是否定的。例如开宝六年（973）八月甲辰（二十三日），赵普罢昭文相，同年九月己巳（十九日），在宰相空缺近一个月后，太祖以参知政事薛居正为宰相兼监修国史，枢密副使沈义伦为宰相、集贤殿大学士。④ 此时两位宰相，一史馆相一集贤相。真宗景德元年七月丙戌，史馆相李沆病逝。⑤ 此后中书宰相空缺一个月，同年八月己未，毕士安自参知政事任史馆相，寇准自三司使任集贤相，⑥ 至景德二年十月，史馆相毕士安薨于位。此时期中书有两员宰相，仍是一史馆相一集贤相。熙宁九年十月丙午，昭文史馆相王安石罢为判江宁府，同日枢密使吴充就任史馆相，参知政事王珪就任集贤相，⑦ 至元丰三年（1080）三月己丑，史馆相吴充罢，⑧ 此期间一直是一史馆相一集贤相。《宋太宗皇帝实录校注》卷三一载："以刑部尚书、平章事宋琪为门下侍郎、昭文馆大学士；工部尚书、平章事李昉为中书侍

① 《宋史》卷二一〇《宰辅表一》，第 5451～5452 页。
② 《宋史》卷二一一《宰辅表二》，第 5470～5471 页。
③ 李焘：《续资治通鉴长编》卷二六八，熙宁八年九月庚申，第 6559 页；《宋史》卷二一一《宰辅表二》，第 5489 页。
④ 李焘：《续资治通鉴长编》卷一四，开宝六年九月己巳，第 307～308 页。
⑤ 李焘：《续资治通鉴长编》卷五六，景德元年七月丙戌，第 1243 页。
⑥ 《宋史》卷二一〇《宰辅表一》，第 5437 页。
⑦ 《宋史》卷二一一《宰辅表二》，第 5489～5490 页。
⑧ 《宋史》卷二一一《宰辅表二》，第 5491 页。

郎、监修国史……以丁卯诏书加恩故也。"① 此时有两位宰相,一昭文相一史馆相。后来宋琪、李昉相继罢相,端拱元年二月,赵普第三次拜相,贴职昭文馆大学士,参知政事吕蒙正升任宰相兼监修国史,仍是一昭文相一史馆相。大中祥符五年(1012)二月庚戌,集贤相王旦迁转昭文相,四月戊申,资政殿大学士、刑部尚书向敏中就任集贤相。② 至天禧元年(1017)七月丁巳,昭文相王旦罢,③ 两人并相时间长达 5 年 5 个月之久,此期间一直是一昭文相一集贤相。

此外还有一些情况,一是在任命两位宰相时,一位带贴职,另一位则不带。太宗淳化二年(991)九月,李昉再次拜相,仍与第一次任相的贴职一样是监修国史,而参知政事张齐贤升任宰相,并未有贴职。史载:"(李)昉可守本官兼中书侍郎、同中书门下平章事、监修国史。(张)齐贤可金紫光禄大夫、尚书吏部侍郎、同中书门下平章事。"④ 直至淳化四年(993)六月张齐贤罢相,一直未加贴职。又如真宗咸平元年(998)十月,真宗的潜邸旧臣李沆自参知政事拜同平章事兼监修国史,而张齐贤则以兵部尚书拜同平章事,仍未带贴职。⑤ 咸平三年(1000)十一月,张齐贤以朝会醉酒失仪,罢相守本官,也就是说,张齐贤在第二次任相的两年时间内并未带贴职。⑥ 同样的例子,还有天禧元年八月,时向敏中为集贤相,王钦若自枢密使以尚书左仆射兼中书侍郎同平章事,也未带贴职。⑦ 至天禧三年(1019)六月,王钦若因被人检举私受钱财和遗赠道士诗书而罢相,从其罢相制词中可知,其在第一次为相期间也未带贴职。⑧ 也有个别时间现任两员宰相均不带三馆贴职的情况,如太平兴国八年(983)十月赵普第二次

---

① 钱若水修,范学辉校注《宋太宗皇帝实录校注》卷三一,雍熙元年十二月庚辰,第253~254 页。按:"丁卯诏书"是指雍熙元年十一月丁卯,太宗"亲祀南郊,回御乾元门,下制"(《宋太宗皇帝实录校注》卷三一,雍熙元年十一月丁卯,第 240 页)。

② 《宋史》卷二一〇《宰辅表一》,第 5440 页。

③ 《宋史》卷二一〇《宰辅表一》,第 5443 页。

④ 《宋大诏令集》卷五一《宰相一·李昉张齐贤并相制》,第 261 页。

⑤ 《宋史》卷二一〇《宰辅表一》,第 5434 页。

⑥ 李焘:《续资治通鉴长编》卷四七,咸平三年十一月庚寅,第 1033 页;《宋大诏令集》卷六五《宰相一五·张齐贤罢相归班制》,第 320 页。

⑦ 《宋大诏令集》卷五二《宰相二·枢相王钦若拜相制》,第 264 页。

⑧ 李焘:《续资治通鉴长编》卷九三,天禧三年六月甲午,第 2149 页;《宋大诏令集》卷六六《宰相一六·王钦若罢相除太子太保归班制》,第 321 页。

罢昭文相以后，十一月，太宗任命参知政事宋琪和李昉担任宰相。《宋大诏令集》卷五一《宋琪李昉并相制》载：

> 刑部尚书、参知政事宋琪，宇量深冲，规模宏远。工部尚书、参知政事李昉，郁有公望，久服大僚，而皆罄竭谋明。……并守本官，同中书门下平章事、加金紫光禄大夫。①

此时两位宰相宋琪与李昉都是以本官同平章事为相，并未带三馆贴职，在一年之后的雍熙元年十二月，宋琪、李昉才因郊祀推恩而加带贴职。

二是同一人拜相有时带贴职，有时则不带贴职。如吕蒙正第一次任相兼监修国史，第二次任相是淳化四年十月，"光禄大夫、吏部尚书、上柱国、东平郡开国公吕蒙正……可守本官同中书门下平章事"，② 可知吕蒙正第二次任相未带贴职，直至至道元年（995）四月癸未罢平章事为右仆射。③ 这一时期吕蒙正以"同平章事"衔独相中书，昭文、史馆和集贤三馆贴职皆不除。在吕蒙正罢相的同日，太宗又任命参知政事吕端为相，同样亦不带三馆贴职，至道三年（997）四月癸卯吕端始贴职监修国史。④自淳化四年（993）十月李昉罢史馆相，至至道三年四月吕端就任史馆相，宰相未带贴职的时间近 3 年 6 个月。再有一例，景德元年八月己未，寇准任集贤相，⑤ 景德三年二月罢相。至天禧三年六月戊戌，寇准再次拜相，史载"山南东道节度使、开府仪同三司、检校太尉、同中书门下平章事、上柱国、上谷郡开国公寇准"，"可中书侍郎兼吏部尚书、同中书门下平章事、充景灵宫使"。⑥ 可见寇准第二次任相反而没有带三馆贴职。

---

① 《宋大诏令集》卷五一《宰相一·宋琪李昉并相制》，第 260 页。
② 《宋大诏令集》卷五一《宰相一·吕蒙正拜相制》，第 261 页。
③ 《宋大诏令集》卷六五《宰相一五·吕蒙正罢相除右仆射制》，第 319 页。
④ 李焘：《续资治通鉴长编》卷四一，至道三年四月癸卯，第 863 页；徐自明撰，王瑞来校补《宋宰辅编年录校补》卷二，至道元年四月癸未，第 72 页。
⑤ 《宋大诏令集》卷五一《宰相一·寇准拜同中书门下平章事集贤殿大学士加恩制》，第 262 页。
⑥ 《宋大诏令集》卷五二《宰相二·寇准拜相制》，第 264 页。

同年十二月，因南郊祭祀推恩，寇准才加带集贤殿大学士。① 真宗咸平四年（1001）三月，吕蒙正第三次拜相，"特进、行尚书左仆射、上柱国、东平郡国开国公吕蒙正"，"可同中书门下平章事、充昭文馆大学士"。② 此次吕蒙正贴职昭文馆大学士。其三次任相是否贴职与之前曾三次拜相的赵普不同，"国朝以来，三居相位，唯赵普及蒙正"。③ 赵普第一次罢相前历任集贤相、史馆相，罢相时为昭文相，第二次与第三次就任宰相时均贴职昭文馆大学士为首相。吕蒙正第一次拜相即为史馆相，未历集贤相，第二次任相且独相不带任何贴职，独相表明太宗的器重和信任，而不带贴职又显示不出优遇尊崇之意。这显示出北宋前中期宰相贴职的复杂性。

三是同一人任相，第一次贴职昭文馆大学士，第二次则贴职监修国史。这种情况仅有一例。熙宁三年十二月丁卯，在陕西河东路宣抚的参知政事韩绛升任昭文相，④ 史载尚书吏部侍郎、参知政事韩绛"依前行尚书吏部侍郎、同中书门下平章事、昭文馆大学士"。⑤ 熙宁四年三月罢相。至熙宁七年（1074）四月，韩绛再次拜相时则为史馆相。史载"行尚书吏部侍郎、知大名府兼北京留守司公事、上柱国、南阳郡开国公、食邑四千八百户、食实封一千二百户韩绛"，"可特授依前行尚书吏部侍郎、同中书门下平章事、监修国史"。⑥ 这种第一次任首相，第二次反而任次相的情况极为罕见。

最后，再探讨一下中书独相时如何贴职。上文论述时涉及部分宰相独相中书的情况，如吕蒙正第二次任相且独相时不带贴职，吕端独相时先是不带贴职后又贴职监修国史，庞籍独相中书时，一直为昭文史馆相。以上情况其实属于特例，并不多见。一般情况下，如果中书只有一位宰相且任期较长时，其迁转还是按贴职高低依次递进，即先带集贤殿大学士，次兼

① 徐自明撰，王瑞来校补《宋宰辅编年录校补》卷三，天禧三年十二月，第 137 页；《宋史》卷二八一《寇准传》，第 9532 页。
② 《宋大诏令集》卷五一《宰相一·向敏中拜集贤相制》，第 262 页。
③ 曾巩撰，王瑞来校证《隆平集校证》卷四，第 153 页。
④ 《宋大诏令集》卷一八八《政事四一·韩绛宣抚陕西赐本路敕书》，第 689 页；《宋史》卷三一五《韩绛传》，第 10303 页。
⑤ 《宋大诏令集》卷五六《宰相六·韩绛昭文相制》，第 283 页。
⑥ 《宋大诏令集》卷五六《宰相六·韩绛拜相制》，第 284 页。

监修国史，最后迁昭文馆大学士。如乾德二年正月庚寅，范质、王溥、魏仁浦三相并罢后，太祖以亲信、枢密使赵普为相，贴职集贤殿大学士，十二天后也就是乾德二年正月壬寅，赵普又由集贤相迁转史馆相，乾德五年（967）三月，又升任昭文相，直到开宝六年（973）八月罢相。在九年半的时间里赵普一直是独相，历任集贤相、史馆相、昭文相，虽然权力上并无大小之别，但在地位和名誉上还是上升的，即所谓"赵令初拜，止独相，领集贤殿大学士，续兼监修国史，久之，迁昭文馆"。① 类似的例子还有王旦，他于景德三年（1006）二月由参知政事升任集贤相，景德四年（1007）八月迁转史馆相，大中祥符五年（1012）二月迁转昭文相，② 直至天禧元年（1017）七月因病罢相。在此期间王旦任相 11 年 4 个月 18天，其中独相 6 年 1 个月 7 天。一般情况下，无论是中书独相，还是中书设置 2～3 员宰相，他们迁转绝大多数是依序进行的。《却扫编》卷上载：

> 唐开元中，始聚书集贤院，置学士、直学士、直院总之。又置大学士以宠宰相，自是不废。其后，又置弘文馆，亦以宰相为大学士。本朝避宣祖讳，易为昭文，然必次相迁首相始得之。其后，惟王章惠随、庞庄敏籍、韩献肃绛，皆初拜直除昭文。故王岐公行献肃制词，有曰"度越往制，何爱隆名之私"者，盖谓是也。③

上文即指出宋代昭文馆大学士为首相之贴职，一般只有次相升迁首相才能加带此职，后来王随、庞籍和韩绛三人初次拜相就贴职昭文馆大学士，其中前两人还兼监修国史，时任翰林学士承旨的王珪在撰写韩绛拜相制词中认为在礼节上是超越旧制，显示出皇帝对他们的尊崇优待。反言之，正是他们三人超越旧制，才说明之前绝大多数宰相贴职是循序渐进的。

---

① 江少虞：《宋朝事实类苑》卷二八《宰相带馆职》，上海古籍出版社，1981，第 354 页。

② 《宋史》卷二一〇《宰辅表一》，第 5438 页；《宋大诏令集》卷五一《宰相一·王旦拜集贤相制》，第 262～263 页。

③ 徐度：《却扫编》卷上，《全宋笔记》第 39 册，第 22 页。按：《宋大诏令集》卷五六《宰相六·韩绛昭文相制》原为"度轶往制"（第 283 页），与"度越往制"意同。

综上所述，在北宋神宗元丰官制改革前，作为中央政府的中书门下，其正长官——宰相贴职情况十分复杂，一些史籍或记载模糊，或只记大致，或以偏概全，据此还远远不能清晰全面地了解宰相贴职的具体情况，仍需挖掘其他相关史籍，细致探究。在此时期，中书门下三位宰相俱员的时间其实很短，也就是说首相（昭文馆大学士）、次相（监修国史）、末相（集贤殿大学士）同时在任的时间比较短，并不是北宋元丰改制前只要有三位宰相就均带如上三贴职，这与之前的认识存在很大的偏差。宰相身兼两职，首相带昭文馆大学士兼监修国史，次相贴职集贤殿大学士，这种组合形式实施时间较长。此外，在中书设置两员宰相时还有其他组合形式，如昭文相—史馆相、昭文相—集贤相、史馆相—集贤相、史馆相—同平章事、集贤相—同平章事、同平章事—同平章事等，所以史言"若只两相，则首厅兼国史"并不确切，它只是众多组合形式中的一种。一般情况下宰相贴职迁转是依规依序进行，在特殊情况下也有超迁的情况发生。神宗元丰改制，中书门下一分为三个机构，宰相名称也发生变化，以左仆射兼门下侍郎和右仆射兼中书侍郎为宰相，此后宰相不再加带三馆贴职。史载：

> 国初，宰相凡三员，皆带职，首相为昭文馆大学士，次监修国史，次集贤大学士，皆平章事。其后，除拜不常，至嘉祐时，始只两相。元丰改官制，宰相始不带职。①

上引关于宰相贴职情况，前文已做详细论述，所谓"嘉祐时，始只两相"，嘉祐时期虽然曾设置两员宰相，但并不只限于此时期置两相，且也不是从这一时期才开始设置两相。其后言元丰改制宰相开始不带贴职则是历史事实。改制前最后一位带监修国史贴职的宰相王珪，改制后换为守尚书左仆射兼门下侍郎，成为左相（首相）。② 总之，北宋元丰改制前中书宰相贴职呈现出多样性、复杂化的特征。

---

① 费衮：《梁溪漫志》卷一《宰执沿革》，上海古籍出版社，2012，第 74 页。
② 《宋大诏令集》卷五七《宰相七·王珪左相制》，第 286 页。

第二节　宰执史馆贴职的实际职事

如上节所述学术界认为馆阁官可分为两种类型，一是有职事的馆职，二是无职事的贴职。宰相所带昭文馆大学士、兼监修国史、集贤殿大学士是为贴职，但是其中的监修国史是有实际职事的贴职，这点极易被忽视。宰相兼监修国史为次相，负责三馆中的史馆，所以次相也称为"史馆相"，其所带监修国史的贴职，不但有具体职事，且事务还比较繁忙。《春明退朝录》卷上载："本朝置二相，昭文、修史，首相领焉；集贤，次相领焉。三馆职，惟修史有职事。"① 这里说明的是中书设置两员宰相的一种组合形式，即首相贴职昭文馆大学士兼监修国史，次相贴职集贤殿大学士的情况，此时因首相兼监修国史，所以负责修史的就是首相。《梁溪漫志》卷一亦言："祖宗时，凡三相：首相昭文，次监修国史，次集贤。昭文虽首相始得之，然但虚名，独监修国史有职事为重也。"② 即如果三位宰相俱员，次相史馆相则负责修史工作。《文献通考》卷五一载："宋制，监修国史一人，以宰相为之。修撰、直馆、检讨无常员，修撰以朝官充，直馆、检讨以京官以上充，掌修日历及典司图籍之事。"③ 也就是说，除了史馆相作为总负责人编修国史外，还有其他一些具体执笔编撰的官员，均由京朝官担任。总之，修撰、直馆、检讨等为有实际职事的馆职，而"监修国史"则为有职事的贴职。

入宋后，第一个担任史馆相的是后周旧相王溥，第二个是赵普，太祖乾德二年（964）正月壬寅，"敕赵普监修国史"。④ 因为宋朝建立之初忙于平定叛乱、统一战争以及政权机构与制度建设，尚未顾及修史事务，实际上史馆相王溥、赵普并未开展组织修史工作。实际上，宋朝第一个真正负责修史工作的是参知政事薛居正。开宝六年（973）四月戊申（二十四日）下诏：

---

① 宋敏求：《春明退朝录》卷上，第 12 页。
② 费衮：《梁溪漫志》卷一《监修提举国史》，第 74 页。
③ 马端临：《文献通考》卷五一《职官考五·史官》，第 1467 页。
④ 李焘：《续资治通鉴长编》卷五，乾德二年正月壬寅，第 120 页。

唐季以来，兴亡相继，非青编之所纪，使后世以何观？近属乱
离，未遑纂集，将使垂楷模于百代，必须正褒贬于一时，宜委近臣，
俾专厥职，其梁氏及后唐、晋、汉、周五代史，宜令参知政事薛居正
监修。①

这是入宋后宋廷正式开展的第一次修史活动，目的正如诏书中所言，
以古为镜，以史为鉴，正褒贬别善恶，以垂范后世。而当时赵普已从史馆
相迁转为昭文相，且中书仅有赵普一位宰相，史馆相未除人。薛居正实际
上承担了宰相监修国史的职责。为何太祖选中薛居正监修国史？可能有三
方面的原因，一是薛居正富有学识和才华，史载其"好读书，为文落笔
不能自休"，②"好读书，为文敏赡"，又曾"登进士第"，③ 时人称其
"文章器业必至台辅"。④ 因此，薛居正是能够胜任这项工作的。二是当时
在二府宰执中，除了昭文相赵普、参知政事薛居正外，还有参知政事吕余
庆、刘熙古，以及枢密使李崇矩、副使沈义伦。在这几人中，李崇矩为武
将，显然不适合监修国史，而赵普、吕余庆、刘熙古、沈义伦四人有一个
共同特征，都是宋太祖的霸府元从和亲信，史载："初，上（太祖）领宋
镇，普为书记，与节度判官刘熙古、观察判官吕余庆、摄推官沈义伦皆在
幕府。"⑤ 作为宋朝第一次修史工作，其目的又是撰成一部垂范后世的
"信史"，想必太祖不愿令自己的亲信监修，以免落人话柄。再者，除薛
居正为进士出身外，其他几人为幕职官出身，文化水平不高，恐难以胜
任。同年九月己巳，薛居正升任宰相兼监修国史，成为史馆相，拜相
制曰：

吏部侍郎、参知政事薛居正，文作国华，才为人杰，凤推重望，
久服大僚。……擢正台司，仍兼史职……可门下侍郎、同中书门下平

---

① 《宋大诏令集》卷一五〇《政事三·修五代史诏》，第 555 页。
② 《宋史》卷二六四《薛居正传》，第 9111 页。
③ 杜大珪编，顾宏义、苏贤校证《名臣碑传琬琰集校证》下卷三《薛文惠公居正》，第
　　1752 页。
④ 《宋史》卷二六二《刘涛传》，第 9078 页。
⑤ 陈均：《皇朝编年纲目备要》卷一，第 3 页。

章事，依前监修国史。①

该诏令明言薛居正是"依前监修国史"，此后成为史馆相的薛居正可以名正言顺地主持修史事务。经过 1 年 7 个月的编修，开宝七年（974）闰十月甲子，"监修国史薛居正等上新修《五代史》百五十卷"。② 此处将薛居正直接称为"监修国史"，而不称宰相，突出了其负责修史的职责。《麟台故事》卷四载："开宝中，薛居正以参知政事监修，自后参知政事亦有管勾修国史者，不常置。"③ 就此后参知政事参与修史的情况来看，薛居正以参知政事身份作为史馆负责人监修国史是宋代首例，后其他参知政事参与修史不再称为"监修"，而是用其他名号如管勾、并修、权领史馆事等。真宗景德二年（1005）十月乙酉，史馆相毕士安去世，参知政事王旦权领史馆事。《续资治通鉴长编》卷六六载：

> 景德二年，毕士安卒时，寇准止领集贤殿大学士，（王）旦以参知政事权领史馆事。及旦为相，虽未兼监修，其领史职如故。④

当时毕士安在史馆相任上去世，而作为集贤相的寇准并未迁转史馆相，修史工作再次由参知政事负责，但是这次参知政事王旦并未像先前薛居正那样监修国史，而是权领史馆事，即临时负责史馆工作。景德三年（1006）二月戊戌，王旦自参知政事升任集贤相。《宋大诏令集》卷五一载："金紫光禄大夫、尚书左丞、参知政事、上柱国、太原郡开国公王旦……可工部尚书、同中书门下平章事、集贤殿大学士。"⑤ 可见，王旦的拜相制书中未有"监修国史"的表述，但据上述"领史职如故"的记载与《宋史》卷二八二载"（景德）三年，（王旦）拜工部尚书、同中书

---

① 《宋大诏令集》卷五一《宰相一·薛居正拜相制》，第 259 页。

② 李焘：《续资治通鉴长编》卷一五，开宝七年闰十月甲子，第 326 页。按：此处《新修五代史》即我们俗称的《旧五代史》，后来欧阳修编修的五代史则称为《新五代史》。

③ 程俱撰，张富祥校证《麟台故事校证》卷四《官联》，第 163 页。

④ 李焘：《续资治通鉴长编》卷六六，景德四年八月丁巳，第 1485 页。

⑤ 《宋大诏令集》卷五一《宰相一·王旦拜集贤相制》，第 262~263 页。

门下平章事、集贤殿大学士、监修两朝国史"，① 这也是宋代集贤相负责监修国史的第一例，具体工作是监修两朝国史，即宋太祖、太宗两朝国史。一年六个月后的景德四年（1007）八月丁巳，真宗正式下诏"修太祖、太宗正史，宰臣王旦监修国史，知枢密院事王钦若、陈尧叟，参知政事赵安仁，翰林学士晁迥、杨亿并修国史"，② 王旦才正式兼监修国史，成为史馆相。此时中书宰执三员——史馆相王旦、参知政事冯拯与赵安仁，枢密院执政三员——知枢密院事王钦若、陈尧叟与签书枢密院事马知节，即在二府六位宰执中，除冯拯、马知节外有四位成员参与修史。史馆相"监修"，其他三位执政和两位翰林学士等高级官员"并修"。笔者认为这种"并修国史"类似于准贴职，可以由史馆相之外的执政、侍从官等高级官员兼带，是史馆的兼职工作者，具有实际的职事。《续资治通鉴长编》卷七六记载了修史过程中发生的一件事：

> （大中祥符四年七月辛卯）国史院进所修《太祖纪》。上（真宗）录纪中义例未当者二十余条，谓王旦、王钦若等曰："如以钟鼓楼为漏室，窑务为甄官，岂若直指其名也。悉宜改正之。"钦若曰："此盖晁迥、杨亿所修。"上曰："卿尝参之邪？"旦曰："朝廷撰集大典，并当悉心，务令广备，初无彼此之别也。"因诏："每卷自今先奏草本，编修官及同修史官，其初修或再看详，皆具载其名。如有改正、增益事件字数，亦各于名下题出，以考其勤惰焉。"③

上引中的"国史院"即史馆，在将完成初稿的《太祖纪》部分呈送真宗审阅时，真宗发现有二十余条事例记载不当，并提出修改意见，令王旦、王钦若改正。当时王旦为监修国史，王钦若并修国史。王钦若将不当责任推给翰林学士晁迥、杨亿，而王旦则认为大家一起修史，不宜区分彼此，应共同承担责任。于是真宗下诏对修史的具体细节和规范做出规定。这一事例说明虽然每人承担的部分不同，但均参与整个修史过程。大中祥

---

① 《宋史》卷二八二《王旦传》，第9544页。

② 李焘：《续资治通鉴长编》卷六六，景德四年八月丁巳，第1485页。

③ 李焘：《续资治通鉴长编》卷七六，大中祥符四年七月辛卯，第1730页。

符九年（1016）二月丁亥（十二日），监修国史王旦等上《两朝国史》120卷，修史工作完成，真宗下诏褒奖。第二天（戊子）"加旦守司徒，修史官赵安仁、晁迥、陈彭年、夏竦、崔度并进秩，赐物有差。王钦若、陈尧叟、杨亿尝预修史，亦赐之"。① 即因修史有功，王旦加官为司徒，凡参与修史的官员各有不同的封赏。仁宗乾兴元年（未改元）十二月，"命司徒兼侍中、监修国史冯拯专切提举监修《真宗实录》"。② 当时冯拯担任昭文相兼监修国史，真宗刚刚去世，仁宗及垂帘听政的刘太后即命冯拯提举监修《真宗实录》，这是宋朝第一次昭文史馆相提举监修国史。之后冯拯因病罢相后，继任的王钦若依旧提举监修国史。③

关于提举监修国史与监修国史有何区别，下面的事例给出了答案。仁宗天圣五年（1027）二月癸酉，"命参知政事吕夷简、枢密副使夏竦修真宗国史，翰林学士宋绶，枢密直学士刘筠、陈尧佐同修，宰臣王曾提举"。④ 此时王曾为昭文相兼监修国史，以其提举理所当然。《续资治通鉴长编》卷一〇五引《会要》云："修两朝史时，王旦未领监修，故特授敕，曾以监修而再授敕为提举，盖一时之制也。"⑤ 如前文所述，在开始修太祖、太宗《两朝国史》时，王旦是以集贤相的身份监修，所以皇帝要特别颁发制敕赋予王旦此项权力，同时也表明王旦要承担修史的责任义务。这次修《真宗国史》，王曾已经是史馆相，再次颁敕明确为提举，显示出朝廷的重视程度。正如《文献通考》卷五一所载："天圣修真宗史，欲重其任，降敕宰相为提举。"⑥ 这表明朝廷高度重视此次修史工作，其实作为宰相提举监修国史与监修国史的岗位职责并没有实质区别，均是修史工作的领导者和史馆的负责人。此外，这次修史除了王曾提举监修外，"参知政事、枢密副使为修史，其同修史则以殿阁学士以上为之，编修官以三馆、秘阁校理以上及京官（为之）"。⑦ 所以这次修史所设岗位可分

---

① 李焘：《续资治通鉴长编》卷八六，大中祥符九年二月丁亥，第1972~1973页。
② 徐松辑《宋会要辑稿》职官一八之七五，第3525页。
③ 徐松辑《宋会要辑稿》职官一八之七五，第3525页。
④ 李焘：《续资治通鉴长编》卷一〇五，天圣五年二月癸酉，第2436页。
⑤ 李焘：《续资治通鉴长编》卷一〇五，天圣五年二月癸酉，第2436页。
⑥ 马端临：《文献通考》卷五一《职官考五·史官》，第1467页。
⑦ 马端临：《文献通考》卷五一《职官考五·史官》，第1467页。

为四类：一是史馆相王曾为"提举"监修国史；二是参知政事吕夷简、枢密副使夏竦为"修"国史；三是"殿阁学士以上"官员担任的"同修"国史，如翰林学士宋绶，枢密直学士刘筠、陈尧佐；四是以三馆秘阁校理以上及京官担任的"编修"国史。其中三馆秘阁校理为馆职，修史为其本职工作，"修""同修""编修"等岗位具有贴职性质，至少可以说是有修史职事的准贴职。王曾在提举监修真宗史外，也负责其他修史事项，史载：

> （天圣五年十月）乙酉，监修国史王曾言："唐史官吴兢于实录、正史外，录太宗与群臣对问之语为《贞观政要》。今欲采太祖、太宗、真宗实录、日历、时政记、起居注，其间事迹不入正史者，别为一书，与正史并行。"从之。①

史馆相王曾提出效仿唐朝修《贞观政要》的"故事"，建议将不入正史的记载另行编修，得到仁宗批准。监修国史并不局限于专修一部国史，一些好的切实可行的修史建议、意见可向皇帝提出。此外皇帝与史馆相王曾还就修史问题进行讨论：

> （天圣七年三月）壬午，上谓监修国史王曾曰："先朝美政甚多，可谕史官详载之。"因言两《汉书》文辞温雅，《唐书》殆不能及也。王曾退，相谓曰："上日省四方封奏，间阅经史，见前代述作之体，且善评之，自昔好文之主，亦未尝留意及此。"②

如上两事例再次说明，作为监修国史的宰相王曾承担着很多修史的相关工作，与皇帝议论探讨前代史籍的优劣、特点，组织当朝国史的编修，宣谕皇帝修史的指示等。以上事例中明言王曾为监修国史，而不是通常讲的"宰臣""宰相"，再次印证了史馆相的特殊身份和职责。天圣七年

---

① 李焘：《续资治通鉴长编》卷一〇五，天圣五年十月乙酉，第 2453 页。
② 李焘：《续资治通鉴长编》卷一〇七，天圣七年三月壬午，第 2504 页。

（1029）六月，昭文史馆相王曾罢，两个月后，已升任集贤相的吕夷简迁转为昭文史馆相。作为拥有修史职责的宰相吕夷简，史籍中不乏对其修史活动的记载，如天圣八年（1030）六月癸巳，"监修国史吕夷简等上新修国史于崇政殿"。① 此前已完成的《太祖太宗正史》有帝纪六、志五十五、传五十九，共120卷，现在《真宗史》修成，增纪为十，志为六十，传为八十，总共150卷。因修史之功，六月甲午，"修国史夏竦、同修国史宋绶、冯元，编修官王举正、谢绛、李淑、黄鉴，管勾内臣韩守英，承受蓝元用、罗崇勋，供书皇甫继明并迁官职"。② 修、同修、编修等官员均获加官。又如明道元年（1032）二月癸卯，"监修国史吕夷简上《三朝宝训》三十卷"。③ 庆历三年（1043）三月乙酉，吕夷简辞相位，同月戊子吕夷简罢相，史载：

> 行尚书右仆射兼门下侍郎、同中书门下平章事兼枢密使、昭文馆大学士、监修国史、上柱国、许国公、食邑一万七千六百户、食实封六千九百户吕夷简……可特授守司空、监修国史。④

由此可知，吕夷简罢相后仍带监修国史贴职，这也是宋朝第一例非在任宰执带监修国史职。同年五月己巳，"吕夷简请罢监修国史，不许"。⑤ 卸任宰相后的吕夷简请求免去监修国史职，但未得到批准。同年九月戊辰（初四），吕夷简授太尉致仕。⑥ 吕夷简退休自然不再兼带监修国史职，至此，仁宗才任命昭文相章得象兼监修国史。史载："（庆历三年）九月，以宰相章得象监修国史，初得象止除昭文馆大学士，至夷简致仕，得象始领之。"⑦ 章得象就任史馆相后，仍然履行监修国史的职责。如庆历四年

① 李焘：《续资治通鉴长编》卷一〇九，天圣八年六月癸巳，第2540页。
② 李焘：《续资治通鉴长编》卷一〇九，天圣八年六月癸巳，第2540页。
③ 李焘：《续资治通鉴长编》卷一一一，明道元年二月癸卯，第2576页。
④ 《宋大诏令集》卷五四《宰相四·吕夷简守司空加恩军国大事与中书门下密院同议制》，第274页。
⑤ 李焘：《续资治通鉴长编》卷一四一，庆历三年五月己巳，第3372页。
⑥ 徐自明撰，王瑞来校补《宋宰辅编年录校补》卷五，庆历三年九月乙亥，第253页。
⑦ 孙逢吉：《职官分纪》卷一五，《景印文渊阁四库全书》第923册，第373页。

（1044）四月己酉，"监修国史章得象上新修《国朝会要》一百五十卷"。① 此后历任史馆相也都积极履职，如仁宗嘉祐八年（1063）七月二十三日，监修国史韩琦奏："史院日历未修者积十余年，今将修先朝实录，而日历未备，检讨阙官，请以祠部员外郎、直秘阁吕夏卿，太子中允、秘阁校理韩维兼职。"即史馆相韩琦针对史馆缺少检讨官而向仁宗皇帝提出增员的建议，仁宗"诏以夏卿、维并兼史馆检讨"。② 英宗治平元年（1064），"以宰臣韩琦提举修《仁宗实录》"。③ 当时宰相韩琦仍带监修国史职。熙宁十年（1077）五月戊午（初九），神宗"诏修仁宗、英宗两朝正史，命宰臣吴充提举；以龙图阁直学士、右谏议大夫宋敏求为修史；秘书监、集贤院学士苏颂同修史；秘书丞、集贤校理王存，太子中允、集贤校理、崇政殿说书黄履，著作佐郎、集贤校理林希并为编修官"。④ 当时宰相吴充兼监修国史，修仁宗、英宗两朝正史，由其提举监修理所当然。而其他人员均以带"职"身份加入史馆，成为史馆的准贴职。其中担任"修史"的龙图阁直学士、右谏议大夫宋敏求，其所带龙图阁直学士当时已成为荣誉性贴职，无职事。⑤ 右谏议大夫为其本官阶，在元丰改制前也无职能。"同修史"苏颂所带集贤院学士也为闲职，"集贤院学士初无班品，与诸直馆颇同。……皆以职闲无事故也"。⑥ 秘书监为本官阶，无职掌。作为"编修官"的王存、黄履、林希，所带集贤校理为集贤院次等贴职，无职事；他们所任秘书丞、太子中允、著作佐郎皆为寄禄官阶，无职掌。这些官员一旦进入史馆，就有了具体职事，分别承担不同的修史任务。几日后，熙宁十年五月甲子（十五日）监修国史吴充又针对修史问题提出建议："史院旧用中书、枢密院《时政记》及《起居注》诸司文字纂类《日历》。《时政记》才送至熙宁六年，《起居注》至熙宁二年，恐由此事实遗废，乞责近限修进。"此得到神宗批准。⑦ 即

---

① 李焘：《续资治通鉴长编》卷一四八，庆历四年四月己酉，第3587页。
② 徐松辑《宋会要辑稿》运历一之一五，第2693页。
③ 章如愚：《山堂考索》前集卷一七《正史门·国朝实录》，第124页。
④ 李焘：《续资治通鉴长编》卷二八二，熙宁十年五月戊午，第6903页。
⑤ 田志光：《宋代枢密直学士考论》，《文史》2013年第2期。
⑥ 徐度：《却扫编》卷上，《全宋笔记》第39册，第235~236页。
⑦ 李焘：《续资治通鉴长编》卷二八二，熙宁十年五月甲子，第6907页。

编修国史为了获得更多的史源，要求各有关机构及时报送本部门的工作运行记录。熙宁十年七月辛未（二十三日），吴充又将完成的仁宗、英宗正史之《纪》初稿呈神宗审阅，史载：

> 上（神宗）御资政殿，监修国史吴充率修国史宋敏求，编修官王存、黄履、林希，以仁宗、英宗纪草进呈。上服靴袍，内侍进案，敏求进读，上立听顾问，终篇始坐。①

通过以上记述可知，在神宗下诏决定编修仁宗、英宗国史，组建编修班子，至此时监修国史吴充率领主要修史官员进呈仁宗、英宗纪初稿才两个半月的时间，这说明史馆的编修效率还是比较高的。神宗元丰三年（1080）三月，史馆相吴充因病辞去相位，同年九月集贤相王珪迁转史馆相，继续监修仁宗、英宗正史。王珪也是元丰官制改革前最后一位带监修国史贴职的宰相。元丰五年（1082）六月甲寅，两朝正史编修完成，共120卷，监修国史王珪，修史官蒲宗孟、李清臣、王存、赵彦若、曾肇，以及之前参与修史的苏颂、黄履、林希、蔡卞、刘奉世、故相吴充、故史馆修撰宋敏求等都获得加官或赏赐。② 关于宋代宰相带三馆贴职和监修国史的设置情况，《玉海》卷一六五引南宋著名史学家李焘言：

> 本朝因唐故事，命宰辅兼领三馆。首相曰昭文馆大学士，次曰监修国史，又次曰集贤院大学士。或虚相位则命参政权领监修，自景德二年王旦始。昭文大学士，熙宁九年王安石罢，遂不复除。集贤大学士，元丰三年王珪迁亦不复除。惟监修国史相传至今，自王珪后宰相皆不入衔，监修之名废于元丰而复于绍兴。③

关于宋元丰改制前中书门下宰相加带三馆贴职具体情况，前文已有详

---

① 李焘：《续资治通鉴长编》卷二八三，熙宁十年七月辛未，第6938页。

② 李焘：《续资治通鉴长编》卷三二七，元丰五年六月甲寅，第7866页。

③ 王应麟：《玉海》卷一六五《建隆昭文馆太平兴国三馆四馆》，第3075页。

细论述。如上李焘所言基本属实，但有一点需要指出，王旦是权领史馆事，① 而非权领监修，"虚相位"所指是史馆相缺，而非无在任宰相，王旦权领史馆事时，寇准担任集贤相。如上文所述，宋代参知政事监修国史第一例是薛居正，而当时也有宰相在任，即昭文相赵普。熙宁九年十月昭文相王安石罢免后，宰相不再带昭文馆大学士之职。元丰三年九月集贤相王珪迁转为史馆相，宰相自此也不带集贤殿大学士之职。元丰五年官制改革，昭文馆、史馆、集贤殿等三馆并入秘书省，史馆成为秘书省国史案，作为单独设置的史馆不复存在。宰相由改制前的"同中书门下平章事"改为左仆射兼门下侍郎和右仆射兼中书侍郎，法定员数由 3 员改为 2 员，宰相也不再兼带三馆贴职。作为史馆负责人的监修国史自王珪卸任后则不再授人，监修国史作为宰相之贴职在元丰改制时退出了历史舞台。所谓"监修之名废于元丰，而复于绍兴"，笔者认为只是名称相同，而作为贴职的性质则发生了根本变化。《文献通考》卷五一载："元丰改官制，日历隶国史案，每修前朝国史、实录，则别置国史、实录院，国史院以首相提举。……绍兴初，实录、国史皆寓史馆。后罢史馆，遇修实录，即置实录院；遇修国史，即置修国史院。"② 可知元丰官制改革后至南宋时期，负责修史工作的实录院与国史院并非一直设置，只有修史时才分别置院。虽然由宰相（首相）提举，南宋时期虽然有吕颐浩、朱胜非、赵鼎、张浚、秦桧等人带监修国史之名，但不复贴职之意。

综上所述，北宋元丰改制之前，昭文馆大学士、史馆监修国史、集贤殿大学士作为宰相兼带之贴职，其中昭文馆大学士与集贤殿大学士是为无职事之贴职，监修国史则是具有实际职事的贴职，修史工作比较繁忙。史馆相不但是中书门下的长官，承担着中央政府重要政务的处理，还是史馆的最高负责人，在正常的编修正史、国史、实录等外，对于史馆的其他工作，史馆相也可以提出实施建议。此时期监修国史任职出现了两个特例，

---

① 按：除上文《续资治通鉴长编》所载"权领史馆事"外，其他史籍亦是如此记载。《宋会要辑稿》"参知政事王旦权领史馆事"（职官一八之七五，第 3525 页）；《麟台故事》"参知政事王旦权领史馆事"（《麟台故事校证》卷三下《国史》，第 324 页）；《周必大集校证》"景德间，参知政事王旦权领史馆"（周必大撰，王瑞来校证《周必大集校证》卷一〇八，第 1615 页）

② 马端临：《文献通考》卷五一《职官考五·史官》，第 1467~1468 页。

即开宝六年薛居正以参知政事身份监修国史；景德三年王旦以集贤相监修国史。除了"监修国史"外，史馆的其他岗位，如"修""并修""同修""编修"等，这些类似于准贴职的岗位均由其他官员以他官（或差遣）加带，具体参与修史工作，承担不同类型的修史任务，所以"修""并修""同修""编修"称为具有职事的准贴职更具合理性。元丰改制后，监修国史作为宰相贴职，随着史馆的裁并退出了历史舞台。

第三节　宰执就任前后与特殊执政的贴职

关于在任宰相贴职情况，上文已做探讨，接下来对宰相和执政就任前后的贴职情况做一探讨，并对带贴职的特殊执政——签书（同签书）枢密院事带职情况进行分析。赵昇《朝野类要》卷二《贴职》载："宰执资格者带观文、资政、端明学士。"① 其实此句表述并不规范和准确，其所谓宰执资格者带以上三殿贴职，是宰相还是副宰相，是在任还是卸任宰执，是带三殿的哪一种贴职，是大学士还是学士，除了以上三殿贴职外，是否还有其他馆阁的贴职，这些问题都需要具体分析。

一　官员就任宰执前后的带职情况

北宋元丰官制改革前，如前文所述在任宰相一般带三馆（昭文馆大学士、监修国史、集贤殿大学士）贴职，任相前如已带其他贴职，就任宰相时则要免去，如真宗大中祥符五年（1012）四月戊申，刑部尚书向敏中拜相带集贤殿大学士，则免资政殿大学士。② 仁宗明道二年（1033）四月己未，判尚书都省李迪拜相带集贤殿大学士，免资政殿大学士。③ 同样，参知政事（副宰相）就任时也要免去先前所带贴职。如太宗太平兴国八年（983）七月庚辰，工部尚书李昉为参知政事，免文明殿学士。④

① 赵昇：《朝野类要》卷二《贴职》，第45页。
② 徐自明撰，王瑞来校补《宋宰辅编年录校补》卷三，大中祥符五年四月戊申，第108页。
③ 李焘：《续资治通鉴长编》卷一一二，明道二年四月己未，第2613页。
④ 徐自明撰，王瑞来校补《宋宰辅编年录校补》卷二，太平兴国八年七月庚辰，第39页。

仁宗乾兴元年（1022）七月辛未，知开封府吕夷简，判流内铨鲁宗道为参知政事，二人免龙图阁直学士。① 枢密院系统执政也是如此，如真宗景德三年（1006）二月己亥，兵部侍郎、资政殿大学士王钦若任尚书左丞、知枢密院事，免资政殿大学士之职。② 仁宗天圣六年（1028）三月己未，右谏议大夫、龙图阁直学士、权三司事范雍为枢密副使，免龙图阁直学士。③ 关于卸任宰执是否带贴职，要视具体情况而定。《续资治通鉴长编》卷一二〇载：

> 右仆射、兼门下侍郎、平章事王曾罢为左仆射、资政殿大学士、判郓州，吏部侍郎、参知政事宋绶罢为尚书左丞、资政殿学士，礼部侍郎、参知政事蔡齐罢为吏部侍郎，归班。④

仁宗景祐四年（1037）四月甲子，宰相王曾罢免为左仆射判郓州，而此前王曾在宰相任上所带为集贤殿大学士，罢相后改为带贴职资政殿大学士。与王曾同时罢免的参知政事宋绶则带资政殿学士，同为参知政事的蔡齐被罢免后则不带贴职，仅以本官吏部侍郎归班。关于王曾罢相原因，史载："是时，吕夷简为昭文相，专决事，曾与夷简议论多不协，力求去。以右仆射出知青州，既入谢，改判郓州，加资政殿大学士。由宰相罢政而带职，自曾始。"⑤ 王曾与另一位宰相吕夷简在政务处理方面很多时候并不能达成一致，而且吕夷简常独擅朝政，因此王曾请求辞去相位。从王曾开始，宰相罢免加带贴职。仁宗皇祐三年（1051）三月庚申，宰相、集贤殿大学士宋庠罢知河南府，带观文殿大学士。⑥ 仁宗嘉祐元年十二月壬子，宰相、监修国史刘沆罢知应天府，加观文殿大学士。⑦ 神宗熙宁八

① 徐自明撰，王瑞来校补《宋宰辅编年录校补》卷四，乾兴元年七月辛未，第 165 页。
② 徐自明撰，王瑞来校补《宋宰辅编年录校补》卷三，景德三年二月己亥，第 105 页。
③ 李焘：《续资治通鉴长编》卷一〇六，天圣六年三月己未，第 2469 页。
④ 李焘：《续资治通鉴长编》卷一二〇，景祐四年四月甲子，第 2826 页。
⑤ 王称：《东都事略》卷五一《王曾传》，第 403~404 页。
⑥ 徐自明撰，王瑞来校补《宋宰辅编年录校补》卷五，皇祐三年三月庚申，第 286 页。
⑦ 徐自明撰，王瑞来校补《宋宰辅编年录校补》卷五，嘉祐元年十二月壬子，第 323 页。

年（1075）八月庚戌，宰相、监修国史韩绛罢知许州，带观文殿大学士。① 神宗元丰三年（1080）三月乙丑，宰相、监修国史吴充罢为吏部尚书，带观文殿大学士。②

执政罢任带贴职，又始于何时呢？据笔者检寻《宋史·宰辅表》，至道三年（997）六月乙巳（十二日），同知枢密院事钱若水罢为集贤院学士。③ 而《续资治通鉴长编》卷四一将此事系于六月甲辰（十一日）："工部侍郎、同知枢密院事钱若水罢为集贤院学士、判院事。"④ 这是现存史籍记载最早的枢密院系统执政罢免带贴职的事例。中书执政（参知政事）罢免带贴职的最早是真宗景德二年（1005）四月癸卯，参知政事王钦若罢为刑部侍郎，带贴职资政殿学士。⑤ 资政殿学士也是为王钦若而特置，"景德二年四月癸卯，以参政王钦若为资政殿学士，特置是职以宠之"。⑥ 又"置资政殿学士。王钦若与寇准不协，归自天雄，再表求罢，于是，置是职以命之"。⑦ 此后还有仁宗明道二年（1033）十一月癸亥，参知政事薛奎因病辞任副宰相，以资政殿学士、判都省。⑧ 仁宗宝元元年（1038）三月戊戌，参知政事石中立罢为户部侍郎、资政殿学士。⑨ 以上是二府宰执罢免带职的事例。

同一官员在担任执政前后可以带贴职，但在执政任上则不带贴职。如仁宗明道二年十月戊午，翰林侍读学士宋绶任参知政事，免端明殿学士。到了仁宗景祐四年（1037）四月甲子，宋绶罢参知政事为尚书左丞，带资政殿学士。⑩ 神宗熙宁五年（1072）二月丙寅，右谏议大夫、龙图阁直学士蔡挺就任枢密副使，免龙图阁直学士。至熙宁八年（1075）正月庚

---

① 李焘：《续资治通鉴长编》卷二六七，熙宁八年八月庚戌，第6551页。
② 李焘：《续资治通鉴长编》卷三○三，元丰三年三月乙丑，第7364页。
③ 《宋史》卷二一○《宰辅表一》，第5433页。《宋史》卷六《真宗本纪一》亦作"乙巳"，第105页。
④ 李焘：《续资治通鉴长编》卷四一，至道三年六月甲辰，第868页。
⑤ 《宋史》卷二一○《宰辅表一》，第5438页。
⑥ 王应麟：《玉海》卷一六○《景德资政殿》，第2973页。
⑦ 陈均：《皇朝编年纲目备要》卷七，第142页。
⑧ 《宋史》卷二一一《宰辅表二》，第5459页。
⑨ 《宋史》卷二一一《宰辅表二》，第5461页。
⑩ 徐自明撰，王瑞来校补《宋宰辅编年录校补》卷四，明道二年十月戊午，第201页；景祐四年四月甲子，第212页。

子，蔡挺罢任枢密副使，带资政殿学士、判南京留司御史台。① 当然，也有两位官员同时免贴职就任执政，但罢任后有的带贴职，有的则不带。如神宗元丰元年（1078）九月乙酉，户部侍郎、端明殿学士吕公著与工部侍郎、枢密直学士薛向同时就任同知枢密院事。② 元丰三年（1080）九月丙戌，薛向在枢密副使任上罢知颍昌府、京西北路安抚使，未带贴职。③ 元丰五年（1082）四月丁丑，吕公著在同知枢密院事任上罢知定州，带资政殿学士贴职。④

北宋元丰官制改革后，在任宰相不再带三馆贴职，但是任相前后是可以带职的。例如元祐元年（1086）闰二月庚寅，左相蔡确罢相知陈州，带观文殿大学士。⑤ 元祐元年四月己丑，右相韩缜罢知颍昌府，带观文殿大学士。⑥ 元祐八年七月丙子，太中大夫范纯仁任右相，免观文殿大学士。而到了哲宗绍圣元年（1094）四月壬戌，范纯仁罢右相带观文殿大学士知颍昌府、京西北路安抚使。⑦ 徽宗崇宁元年（1102）五月庚申，左相韩忠彦罢知大名府，带观文殿大学士。⑧ 枢密院执政罢任也可以继续带贴职。如元丰六年（1083）七月丙辰，知枢密院事孙固罢知河阳，带观文殿学士。⑨ 哲宗绍圣三年（1096）正月丙子，知枢密院事韩忠彦罢知真定府，带观文殿学士。⑩ 而三省执政的情况与改制前相似。如历任哲宗和徽宗朝执政的李清臣，带（免）贴职的事例很具典型性。哲宗元祐二年（1087）四月戊申，尚书左丞李清臣罢知河阳，带资政殿学士。元祐九年（1094）二月丁未，李清臣又由户部尚书升任中书侍郎，免资政殿学士。而到了绍圣四年（1097）正月庚戌，李清臣在中书侍郎任上罢知河南府，

---

① 徐自明撰，王瑞来校补《宋宰辅编年录校补》卷八，熙宁五年二月丙寅，第431页；熙宁八年正月庚子，第442页。
② 徐自明撰，王瑞来校补《宋宰辅编年录校补》卷八，元丰元年九月乙酉，第475页。
③ 徐自明撰，王瑞来校补《宋宰辅编年录校补》卷八，元丰三年九月丙戌，第487页。
④ 李焘：《续资治通鉴长编》卷三二五，元丰五年四月丁丑，第7828页。
⑤ 徐自明撰，王瑞来校补《宋宰辅编年录校补》卷九，元祐元年闰二月庚寅，第528页。
⑥ 徐自明撰，王瑞来校补《宋宰辅编年录校补》卷九，元祐元年四月己丑，第553页。
⑦ 徐自明撰，王瑞来校补《宋宰辅编年录校补》卷十，元祐八年七月丙子，第607页；绍圣元年四月壬戌，第623页。
⑧ 徐自明撰，王瑞来校补《宋宰辅编年录校补》卷一一，崇宁元年五月庚申，第690页。
⑨ 徐自明撰，王瑞来校补《宋宰辅编年录校补》卷八，元丰六年七月丙辰，第502页。
⑩ 徐自明撰，王瑞来校补《宋宰辅编年录校补》卷一○，绍圣三年正月丙子，第630页。

带资政殿大学士。① 徽宗元符三年（1100，未改元）四月甲辰，李清臣任门下侍郎，徽宗建中靖国元年（1101）十月乙未，李清臣由门下侍郎罢知大名府，带资政殿（大）学士。② 从李清臣的任执政经历看，执政任上是不带贴职的，卸任后则可以加带。

南宋时期在任宰执一般也不带贴职（但有些特殊职务例外，下文详析），只有就任宰执前后可以带贴职，也可不带贴职。如高宗建炎元年（1127）五月甲午，李纲"自资政殿学士、领开封府职事，除正议大夫、守尚书右仆射兼中书侍郎"。李纲就任右相前是带资政殿学士贴职的，而到了同年八月丁丑，"李纲罢左仆射，观文殿大学士、提举杭州洞霄宫"。③ 李纲罢相后以观文殿大学士的贴职提举宫观。高宗绍兴六年（1136）十二月壬寅，赵鼎罢左仆射、同中书门下平章事，"充观文殿大学士、两浙东路安抚制置大使、兼知绍兴府"。④ 绍兴七年（1137）九月壬申，右仆射、同中书门下平章事张浚"罢为观文殿大学士、提举江州太平观"。⑤ 孝宗隆兴元年（1163）五月，史浩罢右仆射，除观文殿大学士、知绍兴府。⑥ 这是史浩第一次罢相带观文殿大学士知绍兴府。后来淳熙五年（1178）三月壬子，史浩自观文殿大学士、醴泉观使再次任相，免观文殿大学士。⑦ 同年十一月十四日，史浩再次罢相，"特授少傅、保

① 徐自明撰，王瑞来校补《宋宰辅编年录校补》卷九，元祐二年四月戊申，第569页；卷一〇，元祐九年二月丁未，第609页；卷一〇，绍圣四年正月庚戌，第631页。

② 徐自明撰，王瑞来校补《宋宰辅编年录校补》卷一一，建中靖国元年十月乙未，第688页。按：李清臣此次罢知大名府应带资政殿大学士，而非资政殿学士。杨仲良《皇宋通鉴长编纪事本末》卷一三〇载："右光禄大夫、门下侍郎李清臣罢为资政殿大学士、知大名府。"（第2200页）《东都事略》卷九六《李清臣传》亦载："以资政殿大学士、知大名府。"（第826页）且李清臣至去世一直带资政殿大学士，晁补之《鸡肋集》卷六二《资政殿大学士李公行状》载："崇宁元年正月己卯，资政殿大学士、右光禄大夫、知大名府兼北京留守司事、大名府路安抚使李公薨。"（《景印文渊阁四库全书》第1118册，第924页）

③ 徐自明撰，王瑞来校补《宋宰辅编年录校补》卷一四，建炎元年五月甲午，第890页；建炎元年八月丁丑，第902页。

④ 李心传：《建炎以来系年要录》卷一〇七，绍兴六年十二月壬寅，第2010页。

⑤ 李心传：《建炎以来系年要录》卷一一四，绍兴七年九月壬申，第2131页。

⑥ 徐自明撰，王瑞来校补《宋宰辅编年录校补》卷一七，隆兴元年五月乙巳，第1156页。

⑦ 徐自明撰，王瑞来校补《宋宰辅编年录校补》卷一八，淳熙五年三月壬子，第1234页。

宁军节度使充醴泉观使"，① 而未带贴职。除宰相外，副宰相参知政事与枢密院长官等也是罢任后可带贴职，例如高宗绍兴元年（1131）八月己卯，张守罢参知政事，以资政殿大学士、提举洞霄宫。② 绍兴三十年（1160）六月庚午，王纶罢知枢密院事，除授资政殿大学士、知福州。③ 孝宗淳熙五年（1178）三月，李彦颖罢参知政事，除授资政殿学士、知绍兴府。④ 淳熙十六年（1189）正月丙申，黄洽罢知枢密院事，除授资政殿大学士、知隆兴府。⑤

综上所述，官员在就任宰执前后可以带贴职，所带贴职种类和级别要视官员品级、资历、威望甚至受皇帝恩宠程度而定。一般情况下，宰执就任前的官品资历相对于就任后稍低，如带职，其贴职级别也就相对低些。就任宰执后，无论是官品还是资历都有提升，所以宰执卸任后带职的情况相对于就任前为多。宰相卸任后，如果带职则带大学士，如观文殿大学士、资政殿大学士。执政如带职则带学士，如观文殿学士、资政殿学士，很少一部分亦可带大学士。一般情况下，宰执卸任带贴职者居多，除非获罪贬责。

二 带贴职的特殊执政——签书（同签书）枢密院事

签书枢密院事带贴职的情况还要从"枢密直学士"说起。"枢密直学士"一职始设于五代后唐时期。后梁太祖朱温曾改枢密院为崇政院，设崇政使、副使，开平二年（908），置直学士二员。后唐同光时复崇政院为枢密院，改崇政院直学士为枢密直学士，置枢密直学士一人，"枢密直学士"一名自此始。⑥ 此后的晋、汉、周各朝均设此职。入宋后，枢密直学士仍沿置。建隆元年（960）八月甲申，太祖任命"赵普枢密副使，自

① 周必大撰，王瑞来校证《周必大集校证》卷一〇三，第 1507 页。
② 徐自明撰，王瑞来校补《宋宰辅编年录校补》卷一五，绍兴元年八月己卯，第 963 页。
③ 徐自明撰，王瑞来校补《宋宰辅编年录校补》卷一六，绍兴三十年六月庚午，第 1133 页。
④ 徐自明撰，王瑞来校补《宋宰辅编年录校补》卷一八，淳熙五年三月，第 1233 页。
⑤ 徐自明撰，王瑞来校补《宋宰辅编年录校补》卷一八，淳熙十六年正月丙申，第 1261 页。
⑥ 孙逢吉：《职官分纪》卷一五《枢密直学士》，《景印文渊阁四库全书》第 923 册，第 362 页。

右谏议大夫、枢密直学士、兵部侍郎除"。① 赵普作为太祖的亲信霸府元从被委以重任，从枢密直学士升任枢密副使，进入执政序列。太平兴国四年（979）正月癸巳，石熙载自枢密直学士除授签书枢密院事。② 太宗雍熙元年（984）十一月壬申，"张齐贤、王沔同签书枢密院事，并自枢密直学士，迁右谏议大夫除"。③ 此后在太宗朝由枢密直学士升任枢密院副长官的还有寇准、温仲舒、刘昌言、向敏中等。之后真宗咸平四年（1001）三月辛卯，枢密直学士冯拯、陈尧叟迁升给事中、同知枢密院事。④ 以上官员在就任枢密院副长官前均担任枢密直学士，由该职务上除授枢密院副长官，并不是就任枢密院副长官后还兼带该职。其实这一时期的枢密直学士具有特殊性，其性质更类似于差遣，有实际工作，而不是贴职。像赵普、石熙载等人在担任枢密院副长官前，所带本官在元丰改制前均为没有实际事务的寄禄官阶，他们所带的"枢密直学士"则有实际职事。据笔者研究，从景德时期至大中祥符后期，枢密直学士经历了十余年的贴职化后，从具有诸多职事的天子近臣转变为一种荣誉性的贴职。⑤ 仁宗天圣八年（1030）九月己巳，刑部侍郎、枢密直学士赵稹任枢密副使，免枢密直学士。⑥ 此时的枢密直学士完全成为贴职。后担任枢密院副长官而带贴职化的枢密直学士，是在哲宗元祐时。哲宗元祐三年（1088）四月壬午，"赵瞻签书枢密院事，自中散大夫、试户部侍郎，迁枢密直学士除"。⑦ 赵瞻就任签书枢密院事是由职事官"迁枢密直学士除"授，而不是像上文赵普等是"自枢密直学士除"授，二者有本质区别。元祐四年（1089）六月丙午，"赵瞻同知枢密院事，自枢密直学士、签书枢密院事，迁中大夫除"。⑧ 一年两个月后，从赵瞻迁转任命，也可以看出其在签书枢密院事任上带枢密直学士贴职，其任

---

① 徐自明撰，王瑞来校补《宋宰辅编年录校补》卷一，建隆元年八月甲申，第6页。
② 李焘：《续资治通鉴长编》卷二〇，太平兴国四年正月癸巳，第442页。
③ 徐自明撰，王瑞来校补《宋宰辅编年录校补》卷二，雍熙元年十一月壬申，第43页。
④ 李焘：《续资治通鉴长编》卷四八，咸平四年三月辛卯，第1054页。
⑤ 田志光：《宋代枢密直学士考论》，《文史》2013年第2期。
⑥ 徐自明撰，王瑞来校补《宋宰辅编年录校补》卷四，天圣八年九月己巳，第190页。
⑦ 徐自明撰，王瑞来校补《宋宰辅编年录校补》卷九，元祐三年四月壬午，第580页。
⑧ 徐自明撰，王瑞来校补《宋宰辅编年录校补》卷九，元祐四年六月丙午，第585页。

同知枢密院事时仅有寄禄官中大夫衔，枢密直学士被免去。再有一例，《宋宰辅编年录校补》卷一〇载，元祐六年二月辛卯，"王岩叟签书枢密院事，自龙图阁待制、知开封府，充枢密直学士除"，① 又据元祐七年五月丙午，"枢密直学士、签书枢密院事王岩叟为端明殿学士、知郑州"，② 可知王岩叟在担任签书枢密院事期间一直带枢密直学士贴职。北宋最后一例以枢密直学士贴职就任签书枢密院事的是刘奉世，"（元祐七年六月辛酉）刘奉世签书枢密院事，自左朝议大夫、宝文殿待制、权户部尚书，迁枢密直学士除"。③《范太史集》卷三一亦有"枢密直学士、中大夫、签书枢密院事刘奉世押伴"④ 的记载，明确刘奉世就任签书枢密院事贴职枢密直学士。枢密直学士不同于一般的三馆秘阁的贴职，起初其性质相当于有实权的差遣，宋真宗朝后期才完全转变为贴职，也许是"出身"于枢密院系统，所以签书枢密院事贴职枢密直学士具有特殊性。然而这种"特殊性"在钦宗朝改变了，签书枢密院事不再贴职枢密直学士，而是其他贴职。

钦宗朝最早带职担任签书枢密院事的是耿南仲，时间是钦宗宣和七年（未改元）十二月，史载："钦宗以十二月庚申（二十三日）即皇帝位，壬戌（二十五日）南仲除签书枢密院事。"又载："十二月，耿南仲签书枢密院事，自徽猷阁学士、朝散大夫、太子詹事，迁资政殿学士除。"⑤ 钦宗刚即位，就将耿南仲从徽猷阁学士、朝散大夫、太子詹事升为资政殿学士签书枢密院事，其带职就任执政无疑。而《宋史·耿南仲传》载："帝（钦宗）即位，拜资政殿大学士、签书枢密院事。"⑥ 记耿南仲带资政殿大学士贴职任执政，实误，因为上引明确其是带资政殿学士外，直至耿南仲在此岗位上升迁为尚书左丞，仍带资政殿学士，靖康元年二月壬

① 徐自明撰，王瑞来校补《宋宰辅编年录校补》卷一〇，元祐六年二月辛卯，第594页。
② 李焘：《续资治通鉴长编》卷四七三，元祐七年五月丙午，第11285页。
③ 徐自明撰，王瑞来校补《宋宰辅编年录校补》卷一〇，元祐七年六月辛酉，第602页。
④ 范祖禹：《范太史集》卷三一《就驿赐大辽贺兴龙节人使不宴御筵口宣》，《景印文渊阁四库全书》第1100册，第351页。
⑤ 徐自明撰，王瑞来校补《宋宰辅编年录校补》卷一三，宣和七年十二月壬戌，第813页。
⑥《宋史》卷三五二《耿南仲传》，第11130页。

寅，"耿南仲尚书左丞，自资政殿学士、签书枢密院事迁中大夫除"。① 耿
南仲以中大夫寄禄官阶任尚书左丞，免资政殿学士贴职。靖康元年正月十
九日，"兵部尚书路允迪除资政殿学士、签书枢密院事、差奉使河东"，②
即带职资政殿学士任执政。还有就是宇文虚中，靖康元年二月初六，"圣
旨：宇文虚中除资政殿大学士、签书枢密院"。③ 除授宇文虚中以资政殿
大学士签书枢密院事，贴职级别较高，但宇文虚中也有自知之明，史载
"宇文枢密虚中，自资政殿大学士以本职签书枢密院事。自陈职名太高，
于是除去'大'称，而直以学士为之"，④ 最后也是带资政殿学士就任执
政。除去资政殿学士外，延康殿学士也是签书枢密院事常带之贴职。靖康
元年八月乙未，"李回签书枢密院事，自朝请大夫、御史中丞兼侍读，迁
延康殿学士除"。⑤ 而且李回是第一位带延康殿学士职就任签书枢密院事
的执政。李回"首拜延康殿学士、签书，延康今为端明"。⑥ 此后还有曹
辅。靖康元年十一月二十三日，"孙傅除同知枢密院事，曹辅除延康殿学
士、签书枢密院事，秦桧除御史中丞"。⑦ 在新除授的三人中，曹辅带延
康殿学士签书枢密院事，且曹辅在执政任上一直带贴职。建炎元年
（1127）五月庚寅（初一），"尚书左丞冯澥，延康殿学士、签书枢密院事
曹辅以宗社失守，上疏待罪"。⑧ 当日高宗即位，作为钦宗朝的执政，冯澥
与曹辅对北宋亡国自请承担责任，上疏请罪，此时曹辅仍带延康殿学士。
建炎元年五月丙申（初七），"延康殿学士、签书枢密院事曹辅薨"。⑨ 可见
曹辅直至去世仍带延康殿学士贴职担任执政。《建炎以来系年要录》卷四
有如下一条记载：

> 建炎元年夏四月庚申朔，金左副元帅宗维退兵。渊圣皇帝北迁。

① 徐自明撰，王瑞来校补《宋宰辅编年录校补》卷一三，靖康元年二月壬寅，第834页。
② 汪藻撰，王智勇笺注《靖康要录笺注》卷一，四川大学出版社，2008，第162页。
③ 汪藻撰，王智勇笺注《靖康要录笺注》卷二，第254页。
④ 徐度：《却扫编》卷上，《全宋笔记》第39册，第223页。
⑤ 徐自明撰，王瑞来校补《宋宰辅编年录校补》卷一三，靖康元年八月乙未，第861页。
⑥ 李心传：《建炎以来朝野杂记》甲集卷一〇《签书枢密院事》，第202页。
⑦ 汪藻撰，王智勇笺注《靖康要录笺注》卷一三，第1293页。
⑧ 李心传：《建炎以来系年要录》卷五，建炎元年五月庚寅，第133页。
⑨ 李心传：《建炎以来系年要录》卷五，建炎元年五月丙申，第140页。

尚书右仆射、兼中书侍郎何㮚，同知枢密院事、兼太子少傅孙傅，资政殿学士、签书枢密院事张叔夜，御史中丞秦桧，尚书兵部侍郎司马朴从。①

可知在建炎元年②四月庚申（初一），张叔夜作为签书枢密院事时已带贴职资政殿学士，当然这不是张叔夜带职担任执政的开始。《宋宰辅编年录校补》卷一三载："靖康元年闰十一月庚子（初九），张叔夜签书枢密院事，自延康殿学士、南道都总管除。"③ 明言张叔夜是从延康殿学士、南道都总管职务上升任签书枢密院事，时间是闰十一月庚子。《宋史》卷二三《钦宗本纪》载："（闰十一月）庚子，以资政殿学士张叔夜签书枢密院事。"④ 时间也是靖康元年闰十一月庚子，但贴职是资政殿学士而非上引的延康殿学士。那么张叔夜所带贴职究竟何种？《东都事略·张叔夜传》述其履历时如是载："进延康殿学士，又进资政殿学士，令提举南道兵，守御城上，擢拜签书枢密院事。"⑤《宋史·张叔夜传》亦载："四道置帅，叔夜领南道都总管……加延康殿学士……进资政殿学士，令以兵入城，俄签书枢密院。"⑥ 至此可知，张叔夜是先带延康殿学士，再转为资政殿学士。为何以上文献记载会出现张叔夜就任签书枢密院事前带职不一的情况呢？这是因为张叔夜担任二贴职的时间很近，易误记。靖康元年闰十一月"四日，驾（钦宗）上郑门，幸西壁，南道总管张叔夜以兵四万会城下，诏以叔夜为延康殿学士"。⑦ 靖康元年闰十一月"五日，驾（钦宗）幸戴楼门，召见张叔夜，升为资政殿大学士。……九日，张叔夜除

---

① 李心传：《建炎以来系年要录》卷四，建炎元年夏四月庚申，第 99 页。
② 该年亦即靖康二年，宋高宗五月初一改元"建炎"，李心传所作《建炎以来系年要录》将 1127 年作为建炎元年。其卷一载："臣谨案：建炎改元在五月之朔，今为所载乃中兴事始，故依《资治通鉴》及累朝《实录》岁中改元例，即于岁首书之。或谓建炎元年无春，当依旧文用靖康二年纪事。臣谓不然……"云云（第 1 页）。
③ 徐自明撰，王瑞来校补《宋宰辅编年录校补》卷一三，靖康元年闰十一月庚子，第 878 页。
④ 《宋史》卷二三《钦宗本纪》，第 433 页。
⑤ 王称：《东都事略》卷一〇八《张叔夜传》，第 932 页。
⑥ 《宋史》卷三五三《张叔夜传》，第 11141~11142 页。
⑦ 汪藻撰，王智勇笺注《靖康要录笺注》卷一三，第 1335 页。

签书枢密院事"。①由此可知，张叔夜是在两日内除延康殿学士并升为资政殿学士的，而且当时正值金兵南下直逼京师开封，政治动荡，史家记载阙考难免失误。通过以上证据链可知，张叔夜在靖康元年闰十一月初九带资政殿学士担任签书枢密院事，进入执政序列。建炎元年五月乙巳（十六日），"资政殿学士、签书枢密院事张叔夜薨"。②张叔夜去世前仍以执政身份带资政殿学士贴职。

综上所述，枢密院副长官签书枢密院事作为宰执集团的一员打破了元丰官制改革后执政任上不带贴职的惯例。其带贴职发生于哲宗元祐时期，后来直到钦宗即位这种情况逐渐增多，带职种类有枢密直学士、延康殿学士、资政殿学士，甚至包括除授而未就任的资政殿大学士。据现存史籍记载，尚未见在任三省执政带贴职的情况。但有一个特殊情况需要指出，建炎三年（1129）七月，为了安排官员扈从奉迎隆祐太后于南昌，高宗任命了五位官员权知三省、枢密院事，成为三省和枢密院的长官之一，此时五位在任执政均带贴职：

> （建炎三年七月）壬寅，以参知政事李邴，端明殿学士、签书枢密院事滕康，并为资政殿学士。邴权知三省、枢密院事，康权同知三省、枢密院事。凡常程有格法事，及四方奏谳，吏部差注、举辟、功赏之属，皆隶焉。③

可知李邴与滕康在权（同）知三省、枢密院事任上均带资政殿学士贴职，而且也负责处理和掌管三省事务。同年八月壬子，资政殿学士、权知三省、枢密院事李邴以本职提举洞霄宫，罢政事。资政殿学士滕康权知

---

①　汪藻撰，王智勇笺注《靖康要录笺注》卷一三，第1337、1349页。按：原文张叔夜升迁为"资政殿大学士"，据上文所引《东都事略》卷一〇八《张叔夜传》、《宋史》卷三五三《张叔夜传》是为资政殿学士，又据《宋史》卷二三《钦宗本纪》载"丙申（初五），帝（钦宗）幸宣化门……张叔夜数战有功，帝如安上门召见，拜资政殿学士"（第433页），以及孙觌《鸿庆居士集》卷二四外制载"延康殿学士、南道总管张叔夜，可资政殿学士"（《景印文渊阁四库全书》第1135册，第247页），可确定其带"资政殿学士"无疑。

②　李心传：《建炎以来系年要录》卷五，建炎元年五月乙巳，第149页。

③　李心传：《建炎以来系年要录》卷二五，建炎三年七月壬寅，第598页。

三省、枢密院。擢升吏部尚书刘珏为端明殿学士、权同知三省、枢密院事。① 建炎四年（1130）正月丙寅，诏罢滕康、刘珏三省、枢密院事，以卢益为资政殿学士权知三省、枢密院事，李回为端明殿学士权同知三省、枢密院事。② 到了建炎四年八月癸未，谏官吴表臣弹劾卢益"所至扰民"，于是高宗罢卢益资政殿学士、权知三省、枢密院事，改任其提举醴泉观兼侍读。③ 同年十月己丑，"李回同知枢密院事。自端明殿学士、权同知三省枢密院，迁中大夫除"。李回的改任原因是"从卫隆祐皇太后，至是，扈从六宫还朝，故有此除"。④ 李回以中大夫就任同知枢密院事，不再带端明殿学士贴职。以上李邴、滕康、刘珏、卢益、李回等五位官员在权（同）知三省、枢密院事任上皆带贴职，与之前带贴职的签书枢密院事不同者，是他们五人可以处理三省事务，亦属于三省系统的执政。只不过该职务仅为扈从隆祐太后还朝而设置，为权宜之计，当太后还朝后该岗位则被罢废，所任官员就任常设岗位。

南宋建立后，在签书枢密院事岗位上带职仍沿袭北宋旧制，可以说签书枢密院事基本上加带贴职。如上文提到的李邴曾在建炎三年三月丙午贴职端明殿学士就任签书枢密院事。同日，郑毅亦贴职端明殿学士就任签书枢密院事。⑤ 建炎三年五月癸未，滕康贴职端明殿学士就任签书枢密院事。⑥ 之后担任签书枢密院事带职成为惯例，且看如下事例：

> （建炎三年七月）己丑，资政殿学士、朝奉大夫王绹参知政事，朝奉大夫、试兵部尚书周望同签书枢密院事。望不加职，绹不进官，吕颐浩失之也。后四日，乃进绹中大夫，望除端明殿学士。⑦

① 李心传：《建炎以来系年要录》卷二六，建炎三年八月壬子，第 598 页。
② 徐自明撰，王瑞来校补《宋宰辅编年录校补》卷一四，建炎四年正月丙寅，第 940 页。
③ 李心传：《建炎以来系年要录》卷三六，建炎四年八月癸未，第 814 页。
④ 徐自明撰，王瑞来校补《宋宰辅编年录校补》卷一四，建炎四年十月己丑，第 956~957 页。
⑤ 《宋史》卷二一三《宰辅表四》，第 5547 页。
⑥ 《宋史》卷二一三《宰辅表四》，第 5548 页。
⑦ 李心传：《建炎以来系年要录》卷二五，建炎三年七月己丑，第 593 页。

周望在初除同签书枢密院事时并未带贴职，王绚任参知政事也未升迁官阶，当时吕颐浩任右仆射平章事为独相三省，也许是时局离乱、政务冗繁以致考虑不周，吕颐浩并未按惯例将二人的"官""职"做出相应的迁转，四日后周望除端明殿学士继续担任签书枢密院事。以上事例说明了就任签书枢密院事不带贴职违反了当时官员升迁的规则，可以视为主政者的"失职"行为。此后建炎时期就任签书枢密院事而带贴职的官员有张守、赵鼎、富直柔，高宗绍兴以后有权邦彦、徐俯、李若谷、汪勃、叶衡、陈自强、虞允文、梁克家、谢深甫、乔行简、谢方叔等。① 以上担任签书（同签书）枢密院事的执政均带端明殿学士贴职。这里需要指出的是，南宋三省与枢密院宰执经常施行互兼制，即宰相兼枢密使，部分参知政事与枢密院副长官互兼。② 而以上担任签书枢密院事的官员中有部分官员兼权参知政事，如叶衡、陈自强、谢深甫等，这是否意味着三省执政也带贴职呢？笔者认为他们担任的"本职"仍是签书枢密院事，而不是兼权参知政事，是否带贴职由前者决定。一旦他们全职担任三省系统的参知政事，则免去所带贴职。如叶衡、陈自强、谢深甫等即是这种情况，他们正式就任参知政事后免去所带端明殿学士贴职。③ 还有一例特殊情况，参知政事带贴职。如宁宗嘉定七年（1214）正月初十，"诏通奉大夫、参知政事章良能特转三官，除资政殿大学士、守参知政事致仕。以良能上遗表，故有是命"。④ 参知政事章良能临终前撰写遗表，去世后由家人进呈朝廷。宁宗特批章良能转三级官阶，加带资政殿大学士以原职务致仕。其实这种升官加职类似于赠官，表示对去世官员的优崇，并非真正意义上的带贴职。

此外也有极个别的情况，就任签书（同签书）枢密院事时未带贴职。如绍兴九年（1139）五月辛丑，楼照自翰林学士承旨、知制诰，除签书

---

① 参见《宋史》卷二一三《宰辅表四》、卷二一四《宰辅表五》，第5551~5656页。
② 参见梁天锡《论宋宰执互兼制度》，《宋史研究集》总第4辑，"国立"编译馆，1986。
③ 徐自明撰，王瑞来校补《宋宰辅编年录校补》卷一八，淳熙元年六月癸未，第1222页；卷二〇，庆元二年正月庚寅，第1313页；卷二〇，嘉泰元年七月甲子，第1319页。
④ 徐松辑《宋会要辑稿》职官七八之六三，第5223页。

枢密院事；① 孝宗淳熙元年（1174）七月己未，杨倓自昭庆军节度使、提举祐神观，除签书枢密院事。② 二人均未带贴职。再者就是南宋末恭宗、端宗时期，面对元军的进逼，南宋小朝廷流离失所四处遁形，此时期就任签书枢密院事的官员多不带职，打破了南宋以来枢密院副长官带职的传统。如恭宗德祐元年（1275）正月乙酉，文及翁自试吏部侍郎，除签书枢密院事。③ 此后的倪普、陈合、陈文龙、夏士林、贾余庆等人，在就任签书（同签书）枢密院事时也未带贴职。

小　结

宋代的宰执贴职形式灵活多样，贴职情况十分复杂，如要厘清其各种形式和状况必须爬梳史料，分类阐释，以大量实例分析论证。首先，针对北宋元丰改制前宰执兼带三馆贴职的情况，就有三相均带贴职、两相如何贴职（如昭文相—史馆相、昭文相—集贤相、史馆相—集贤相、史馆相—同平章事、集贤相—同平章事、同平章事—同平章事等组合形式）、独相怎样贴职等十余种情形，这些学界尚未充分探讨。其次，宰相兼带监修国史贴职时，该贴职具有实际职事，负责史馆的各项工作，且事务较为繁忙。在个别情况下，副宰相参知政事也可兼监修国史或权领史馆事，暂时负责史馆的修史工作。此外，史馆的"修""并修""同修""编修"等职务，类似于贴职，甚至可以看作准贴职，由执政等高级官员所带，参与具体的修史工作。所以史馆贴职、准贴职并不能与其他无职事的贴职同等看待，它们虽然都具有贴职性质，但功能差别较大，这些问题极易被忽视。最后，签书（同签书）枢密院事是宋代唯一在任时可以带职的执政，其带贴职产生于哲宗元祐时期，后来钦宗时期这种情况逐渐增多，南宋建炎以后几乎成为定制，带职种类有枢密直学士、延康殿学士、资政殿学士、端明殿学士，成为执政贴职的一道独特风景。究其原因，很可能是签书（同签书）为执政中级别最低的一类，相对其他执政而言一般以资浅

---

① 徐自明撰，王瑞来校补《宋宰辅编年录校补》卷一五，绍兴九年五月辛丑，第1047页。
② 徐自明撰，王瑞来校补《宋宰辅编年录校补》卷一八，淳熙元年七月己未，第1225页。
③ 吕邦耀撰，王瑞来校补《续宋宰辅编年录校补》卷二一，德祐元年正月乙酉，第1711页。

者担任，为加重其身份而带贴职，以示优崇和破格任用。关于宰执就任前后所带贴职情况，亦很复杂，一般宰执被罢免后所带贴职较任宰执前所带贴职为高；官员的品级、资历、政绩以及与皇帝的亲疏关系、政治斗争成败等因素，决定或影响官员是否带职或带职的高低、带职时间的长短等。宰执贴职类型、贴职形式、贴职时段以及各种特殊情况混杂在一起，造成一些史籍记载不一或以偏概全，所以必须深入系统分析才能厘清其全貌。

第九章

宋代宰相免谪地及相关问题（上）

宋代宰相为百官之长，其罢免一般出自皇帝旨意，但也受到诸多因素影响。宋代宰相罢免频率相较于前代明显提高。宰相免谪意味着其离开权力中枢，而宰相免谪地的远近则体现出离开政治核心的程度，这势必与其能否再度返朝任职存在一定关系。在宋代，宰相免谪地依据距离京师的远近可划分为京师（开封与临安）、临京府路、远府路、偏远府路四种类型。宰相免谪地远近一般取决于其罢免缘由，同时又受到宰相出身、地位、政绩以及与皇帝、同僚、后宫之间关系的影响。因此，宰相免谪地远近关涉多方因素，也为我们重新审视宰相罢免问题提供了新的视角，宰相免谪地的选择被灵活运用到宰相罢免的政治情势中。宋代皇帝也通过对宰相免谪地的精准拿捏，以此彰显在宰相人事任免上的皇权意志和最高统治力。

政治史研究一直是学界关注的热点领域，身处行政运行中枢的宰相，更是学界研究的重心。然而目前学术界仍未有专论对宋代宰相免谪地进行探讨，仅在一些相关著作中稍有涉及。如杨树藩《宋代宰相制度》[①] 第四节对宋代宰相罢免原因稍做提及；李裕民《两宋宰相群体研究》[②] 第五部分对宋代宰相罢相后的结局进行了简要统计；诸葛忆兵《宋代宰辅制度研究》第四章第五节在宋代尊崇宰辅的措施部分，对宋代宰相去职后赏官爵、授旌钺与赐御诗、赏赐与录子弟、同议军国大事、陪祀大礼、厚赐

[①] 杨树藩：《宋代宰相制度》，《宋史研究集》第 15 辑，"国立"编译馆，1984。

[②] 李裕民：《两宋宰相群体研究》，漆侠、王天顺主编《宋史研究论文集》，宁夏人民出版社，1999。

丧葬等问题进行了讨论，但未对宋代宰相免谪地予以关注；王原茵《北宋宰相罢相述论》①对北宋宰相罢相类型、罢相原因、罢相后果进行了探讨，但仍未涉及宰相免谪地。因此，从宰相免谪地的类型与特征、罢免缘由与任职地之关系、免谪地远近与返朝任职之关系等方面，对宋代宰相免谪地问题进行系统分析，可以推进对宋代宰相制度的持续深入研究。

需要指出的是，本书所言免谪有两种含义，一是指罢免宰相，具体来说又可分元丰官制改革前后。元丰官制改制前指免去宰相"同平章事"之差遣，不涉及宰相官阶、勋、爵等职衔的调整；元丰官制改革后官复其职，则指免去宰相之职事官。二是指宰相贬谪，即宰相罢免后赴外地就任官职。

宰相免谪地在不同历史时期呈现出不同的时代特征，其历史可以追溯至西汉时期。在西汉，随着宰相罢免现象的增多，皇帝开始为宰相罢免后的安排处置寻找解决措施。宰相罢免以后"有就国，有免归，有自杀，有伏诛，而无复为他官者"。②宰相罢免除自杀与被诛杀之外，或就封国任职或致仕还乡，反映出宰相免谪地逐渐在宰相罢免问题上产生影响。至东汉时期，宰相罢免"去三公而复为九卿郡守者，不可悉数矣"。③宰相罢免后改任他官与赴地方任职的现象大量出现，体现出免谪地在解决卸任宰相问题上的灵活作用。唐代开创了以他官带宰相衔（多种宰相差遣）任宰相的先河，宰相任用方式多元化，"及其贬责，亦无复礼貌"。④宋代宰相罢免体现出相对宽容的政治气氛，背后却贯穿着缜密的政治逻辑。这与宋代整体的政治氛围有关。历经五代纷乱，宋代统治者深刻认识到武将专兵给政权带来的威胁，逐渐向"崇文抑武"政策转变。宋太祖、太宗两朝所奠定的"事为之防，曲为之制"⑤的政治基调，使宋代逐渐建立起了一整套严密的规范体系，皇帝在处理

①　王原茵：《北宋宰相罢相述论》，《碑林集刊》第14辑。
②　朱弁：《曲洧旧闻》卷一〇《两汉唐宰相用废》，第229页。
③　朱弁：《曲洧旧闻》卷一〇《两汉唐宰相用废》，第230页。
④　朱弁：《曲洧旧闻》卷一〇《两汉唐宰相用废》，第230页。
⑤　李焘：《续资治通鉴长编》卷一七，开宝九年十月乙卯，第382页。

宰相免谪问题时显得尤为审慎，巧妙运用免谪地来凸显优容、安置或贬斥的政治姿态。因此，宋代宰相免谪地在宰相罢免中发挥着独特的政治作用。

第一节　宋代宰相免谪地类型与特征

一　宋代宰相免谪地类型

探讨宋代宰相免谪地，首先需要对宋代宰相的总人数与任免情况进行统计分析，据李裕民《两宋宰相群体研究》一文统计，北宋宰相共有 71 人，南宋宰相共有 62 人，[①] 两宋宰相共计 133 人。但据梁天锡《宋宰相表新编》所载情况，笔者统计出两宋宰相中，北宋共有 72 人，南宋共有 67 人，共计 139 人，其中四次入相的有 1 人，三次入相的有 7 人，两次入相的有 31 人，由此可知，宋代宰相因不同原因离任的总次数为 187 次。另外，由统计得出宋代所有宰相中有 16 位在任上去世，丁忧 10 人次，致仕 9 人次，特殊情况 10 人次，[②] 因此可以得出免谪总次数[③]为 142 人次。

其次，讨论宋代宰相免谪地需按行政区划对免谪地进行分类。在宋代，地方行政制度采用路、州、县三级制，与州平级的还有府、军、监等以不同性质细分的行政区划。本章以"路"为单位，同时根据免谪地距离京师的远近，将免谪地分为京师、临京府路、远府路、偏远府路四种类型。北宋以京师开封为中心，京师类型是指罢相后留任京师的情况，临京府路类型是指罢相后赴临京府路的情况，远府路类型是指罢相后赴任府路紧邻临京府路的情况，偏远府路类型是指罢相后免谪至除上述府路以外的地域。南宋以都城临安为中心，不同之处在于京师所在的临安府，在行政

---

① 李裕民：《两宋宰相群体研究》，第 31 页。

② 两宋宰相逃跑的有第一次罢相的留正、第一次罢相的王爚、第二次罢相的陈宜中、第二次罢相的留梦炎，共 4 人次，被俘的有吴坚、贾余庆 2 人，无职任陈自强、第二次罢相的吴潜 2 人次，记载不详的有赵顺孙、姚良臣 2 人，因此两宋特殊情况离相的共计 10 人次。

③ 免谪总次数＝离相总次数－去世－丁忧－致仕－特殊情况。

区划上并未从两浙西路中独立出来，但在宰相免谪地类型上将其独立为京师类型看待，临京府路类型则指罢相后赴任两浙西路与两浙东路者，远府路类型与偏远府路类型所指与北宋相同。

二 宋代宰相免谪地特征

结合宋代宰相总人数、罢免次数、免谪地类型，通过对宋代宰相免谪地进行归类梳理，则会发现宋代宰相免谪地总体分布趋势与时空上的显著特征。同时，京师免谪地类型的任职状况也呈现出明显的阶段性差异。

通过对宋代宰相免谪地在各时期人次数进行统计做出表 9-1，从中可以发现宋代宰相免谪地在纵向和横向上呈现出的总体特征。

表 9-1 宋代宰相免谪地各类型人次数统计

单位：人次，%

		京师类型	临京府路类型	远府路类型	偏远府路类型	合计	免谪率
北宋前期	宋太祖：17 年	3	1			4	23.5
	宋太宗：22 年	7	2	1		10	45.5
	宋真宗：26 年	10	1			11	42.3
北宋中期	宋仁宗：42 年	1	21	1		23	54.8
	宋英宗：5 年		1			1	20.0
	宋神宗：19 年	2	2	3		7	36.8
北宋晚期	宋哲宗：16 年	1	6		1	8	50.0
	宋徽宗：26 年	2	2	1	2	7	26.9
	宋钦宗：2 年	6				6	300.0
北宋总计		32	36	6	3	77	
南宋前期	宋高宗：36 年	6	2	1	7	16	44.4
南宋中期	宋孝宗：28 年	3	2	5	8	18	64.3
	宋光宗：6 年			2		2	33.3
	宋宁宗：31 年	1		3	1	5	16.1

		京师类型	临京府路类型	远府路类型	偏远府路类型	合计	免谪率
南宋晚期	宋理宗：41 年	12	1	1		14	34.1
	宋度宗：11 年	2		3		5	45.5
	宋恭宗：3 年	4				4	133.3
	宋端宗：3 年	1				1	33.3
	宋怀宗：2 年						
南宋总计		29	5	15	16	65	
两宋合计		61	41	21	19	142	

注：免谪率=合计/年数×100%。

资料来源：本章表格统计数据来源于《续资治通鉴长编》、《宋会要辑稿》、《宋史》、《宋宰辅编年录校补》、《隆平集校证》、《宋大诏令集》、《名臣碑传琬琰集校证》、《建炎以来系年要录》、《皇宋中兴两朝圣政辑校》、《宋季三朝政要笺证》以及梁天锡《宋宰相表新编》等。

　　从横向来看，京师免谪地类型为 61 人次，将近占所有免谪地类型人次数的一半，表明京师免谪地类型的普遍性。一般而言，宰相行为过失较轻、深受皇帝眷顾或者政治斗争缓和的时期，宰相罢免后会留在京师。偏远府路免谪地类型为 19 人次，仅占所有免谪地类型人次数的约 13.4%，体现出偏远府路免谪地类型的特殊性，除非宰相犯有极其严重的行为过失、皇帝恩宠衰退或是政治斗争极为激烈时期，宰相才会被免谪至偏远府路。临京府路、远府路免谪地类型人次数居于两者之间，成为京师与偏远府路之间的过渡。京师、临京府路、远府路、偏远府路免谪地类型人次数呈现出依次递减的总体趋势，正是由其背后的罢免缘由的不同程度决定的。需要注意的是，北宋时期临京府路免谪地类型人次数高于其他三种免谪地类型，南宋时期临京府路免谪地类型人次数明显低于其他三种免谪地类型，这与北宋时期临京府路的数量较多有关。

　　从纵向来看，宋代宰相免谪分布情况呈现出明显的阶段性特征。免谪率最高的两段时期分别为北宋末的钦宗朝与南宋末的恭宗朝，宋政权正处于危亡之秋，此时期宰相的任用与罢免频繁。免谪率次高的两段时期分别是北宋仁宗时期与南宋孝宗时期，这两位当属宋代历史上比较贤明的君主，励精图治，满怀忧患意识。仁宗积极寻求变革，以期实现富国强兵，其后又适逢宋夏交战，因此仁宗一朝的宰相变动频率较高。与其相似，孝宗面对的是偏安一隅的政治现实，急需一番作为重塑祖宗基业，因此宰相免谪同样比较频繁。

京师免谪地类型的人次数，在两宋时期呈现出"W"形的分布特点，高峰主要出现在北宋初期与南宋晚期，表明在国初或是晚期，由于政治形势动荡，政局不太稳定，而宰相人选相对有限，因此，宰相罢相后一般留任京师，以便在形势所需时起用。临京府路免谪地类型的人次数在仁宗时期达到高峰，造成此种现象的原因要从整体政治形势与具体罢免情况来分析。首先，从整体政治形势来看，经过宋前期三朝积淀，仁宗时期国势比较稳定，科举取士人数大为增加，官员士大夫阶层扩大。因此，宰相的预备人选相对充足。其次，从具体罢相情况来看，仁宗朝时间较长，政治事件多发，政策调整频繁，因此宰相罢免的频率相对较高。远府路免谪地类型主要集中在北宋晚期至南宋前中期，在此期间政策调整频繁，党争激烈，又恰逢边患不断，因此宰相免谪地的空间距离明显延伸。偏远府路免谪地类型相较于远府路免谪地类型人次分布更加集中且主要分布在哲宗至宁宗时期，这与政治斗争的严重程度密切相关。在此期间，蔡京、秦桧、韩侂胄、史弥远等权臣相继擅权，党同伐异，政治斗争十分激烈，因此，出于迫害政治对手的需要，偏远之地成为宰相免谪地的"最佳选择"。

在宋代，宰相免谪地在空间上呈现出范围广与相对集中的特点。范围广是指免谪地横跨范围较广。对于北宋来说，疆域最辽阔时期为政和元年（1111），全国共计24路，宰相免谪地范围遍及京师开封府所在的京畿路、京西北路、京西南路、京东西路、淮南东路、河北东路、河北西路、江南东路、京东东路、两浙路、福建路等11路（见表9-2）。对于南宋来说，疆域最辽阔时期为南宋嘉定元年（1208），全国共计17路，宰相免谪地范围遍及包含京师临安府在内的两浙西路、两浙东路、江南东路、江南西路、荆湖南路、福建路、潼川府路、成都府路等8路（见表9-3）。相对集中是指宰相免谪以后赴外地任职相对固定的地方，在临京府路与远府路免谪地类型中表现得尤为明显。北宋时期，临京府路免谪地类型集中在京西北路下辖的西京河南府、郑州、许州、陈州、颍昌，京东西路下辖的郓州、兖州，淮南东路下辖的亳州，河北东路下辖的大名府等地；远府路免谪地类型集中在京西南路下辖的邓州、江南东路下辖的江宁等地；偏远府路免谪地类型集中在两浙路下辖的越州、润州，福建路下辖的福州等地。

表 9-2　北宋宰相免谪地人次数分布

免谪地类型	府路	免谪地	人次
临京府路类型	京西北路	河阳（今河南孟州市西）	2
		郑州（今河南郑州）	2
		许州、颍昌府（今河南许昌）	7
		陈州（今河南淮阳）	4
		西京（今河南洛阳）	8
	京东西路	兖州（今山东济宁）	2
		郓州（今山东东平）	3
		颍州（今安徽阜阳）	1
		应天（今河南商丘）	1
	河北东路	大名（今河北大名）	2
	河北西路	相州（今河南安阳）	1
	淮南东路	亳州（今安徽亳州）	3
远府路类型	京西南路	邓州（今河南邓州）	2
	京东东路	青州（今山东青州）	1
	江南东路	江宁（今江苏南京）	3
偏远府路类型	两浙路	越州（今浙江绍兴）	1
		润州（今江苏镇江）	1
	福建路	福州（今福建福州）	1

表 9-3　南宋宰相免谪地人次数分布

免谪地类型	府路	免谪地	人次
临京府路类型	两浙东路	绍兴（今浙江绍兴）	3
		衢州（今浙江衢州）	1
	两浙西路	镇江（今江苏镇江）	1
远府路类型	江南东路	江宁、建康（今江苏南京）	4
		饶州（今江西鄱阳）	1
		信州（今江西上饶）	1
	福建路	福州（今福建福州）	7
		建宁（今福建建宁）	2

续表

免谪地类型	府路	免谪地	人次
偏远府路类型	江南西路	隆兴、洪州（今江西南昌）	3
		江州（今江南西路）	10
	荆湖南路	潭州（今湖南长沙）	1
	成都府路	成都（今四川成都）	2

第二节　宋代宰相罢免缘由与贬谪地之关系

宋代宰相罢免缘由多种多样，其直接关系到免谪的严重程度，而免谪是否严重在很大程度上体现在免谪地的远近方面。因此，宰相罢免缘由与宰相免谪地之间存在紧密联系。讨论宋代宰相免谪地问题，应将免谪地与罢免缘由结合考察。对于宋代宰相罢免缘由，前人研究已有讨论。如杨树藩《宋代宰相制度》一书将宋代宰相罢免缘由概括为两大类：一为自请罢免，此种自请罢相者，于免相职后，更予他官，或仍予原官，并非罢相即免为庶人也。二为因失误犯过或因灾害担责由天子免罢，此种免相，亦多不失本官，或非本官，亦命以他官，由于他官身份之高下，寓有礼遇或黜退之意，并不直免为庶人。[①] 其把宋代宰相罢免原因分为自请罢免与皇帝罢免两大类，为总体把握宋代宰相罢免之后的官衔与结局问题提供了合理的观察视角，但在讨论宋代宰相免谪地问题时则稍显不足，无法体现诸多免谪地类型的具体特征。王原茵《北宋宰相罢相述论》一文将北宋宰相罢免原因归纳为朋党、失举、失仪、失察、失职、忤上、权专、互毁、无能、内外交结、灾异、丁忧、病死、告老等十几个类型，另外，奸佞等也是罢相的重要因素。[②]

学者对北宋宰相罢免的原因也已做了比较具体的总结，但如将其与宰相免谪地联系起来去分析两者之间的关系，又显得过于琐碎。因此，笔者认为将宰相免谪理由与免谪地远近结合探讨更为有效。大致来说，宋代宰相罢免缘由可以分为年老体衰、因循保位、天变灾异、政治斗争、行为过

---

① 杨树藩：《宋代宰相制度》，《宋史研究集》第 15 辑，第 23 页。
② 王原茵：《北宋宰相罢相述论》，《碑林集刊》第 14 辑，第 375 页。

失等五种具体情况。年老体衰、因循保位、天变灾异等三种缘由导致的罢相属于轻度罢免，罢相后一般会留任京师或免谪至临京府路；而政治斗争、行为过失两种缘由导致的罢相则属于重度罢免。免谪地依据具体事件的严重程度而定，过失轻微者一般会免谪至临京府路与远府路，情节严重或政治斗争激烈的时期，则会免谪至偏远府路。如下分别对各种罢免缘由与免谪地之间的关系做具体探讨。

一　年老体衰罢相

年老体衰罢相是指由于年老或疾病，由皇帝罢免或自请罢免宰相职务的情况。同时，年老体衰致仕也包括在年老体衰罢相的范围内。对年老体衰这一罢相缘由进行分析时，应当仔细甄别究竟年老体衰就是罢相根本原因，还是另有他因而年老体衰只是一种罢相借口。当年老体衰成为真正罢相缘由时，多数寓留京师改任他官或充任祠禄官，或免谪至临京府路，以显示皇恩优容之意。如宋真宗咸平元年（998）十月因年老罢相的吕端，罢相之后以太子太保留任京师，体现出真宗对元老重臣的尊重与优待。太宗称吕端"小事糊涂，大事不糊涂"，① 其深得太宗的赏识与信赖。至道元年（995）四月，吕端由参知政事拜为户部侍郎、平章事时，"太宗常恨任用之晚"。② 而吕端在太宗驾崩后力主真宗继位一事也赢得了真宗的敬重与感激，史载：

> 太宗不豫，真宗为皇太子，端日与太子问起居。及疾大渐，内侍王继恩忌太子英明，阴与参知政事李昌龄、殿前都指挥使李继勋、知制诰胡旦谋立故楚王元佐。太宗崩，李皇后命继恩召端，端知有变，锁继恩于阁内，使人守之而入。皇后曰："宫车已晏驾，立嗣以长，顺也，今将如何？"端曰："先帝立太子正为今日，今始弃天下，岂可遽违命有异议邪？"乃奉太子至福宁庭中。真宗既立，垂帘引见群臣，端平立殿下不拜，请卷帘，升殿审视，然后降阶，率群臣拜呼万岁。③

① 吴曾：《能改斋漫录》卷二《事始·鹊突》，《全宋笔记》第 36 册，第 103 页。
② 徐自明撰，王瑞来校补《宋宰辅编年录校补》卷二，至道元年四月，第 72 页。
③ 《宋史》卷二八一《吕端传》，第 9516 页。

如上记述了身为宰相的吕端在皇位交接时所做的三件事：一是在太宗病入膏肓之际，吕端与太宗选定的皇太子每天都要去询问病情，以防太宗突然驾崩，发生不测；二是在太宗驾崩以后，吕端敏锐察觉到事态的异常，先将李皇后派来的内侍王继恩锁于阁中，随后坚决反对李皇后欲立楚王元佐的做法；三是在真宗初立之时，吕端坚持卷帘看清是真宗本人以后才率群臣参拜。以上三件事，充分体现出吕端审时度势、临机立断、坚毅果敢的政治才能，同时也显示出吕端在真宗即位过程中做出的突出贡献。真宗登基之后对吕端优礼有加，"每见辅臣入对，惟于端肃然拱揖，不以名呼"。① 故当吕端由于体力不支上疏请求辞相时，真宗在挽留未果的情况下才允其奏请，同时授予尊崇的太子太保之位，留任京师。

然而，有时年老体衰只是罢相的一种借口，其背后隐藏着更深层次的原因。斗争趋于激烈的政治环境以及与同僚之间的复杂关系，成为宰相罢免至外地而非京师的重要原因。如范纯仁于哲宗绍圣元年（1094）四月二次罢相，此时正值宣仁太后驾崩与哲宗亲政之际，范纯仁罢免至外地与当时的政治背景及其个人的政治主张有着直接关系。首先，从当时的政治背景看，此时正值"元祐更化"与"哲宗绍述"的转折点。哲宗即位后，宣仁太后效仿前朝太后垂帘旧制临朝听政，免谪蔡确等变法派成员，转而起用反变法派成员司马光为相，意欲废除熙宁、元丰时期施行的变法措施。元祐三年（1088）四月，范纯仁拜尚书右仆射兼中书侍郎，深受宣仁太后倚重。宣仁太后在病危之际嘱托范纯仁道："卿父仲淹可谓忠臣，在章献太后朝劝后尽母道，在仁宗朝劝帝尽子道，卿当似之。"② 宣仁太后将身后之事托付于范纯仁，希望范纯仁能够劝哲宗像仁宗尊奉章献太后一样尊奉自己。元祐八年（1093）九月，宣仁太后去世，哲宗开始亲政，"有复熙宁、元丰之意，首起惇为尚书左仆射兼门下侍郎，于是专以绍述为国是，凡元祐所革一切复之"。③ 罢去元祐旧臣吕大防，起用变法派的章惇，哲宗意欲释放出"绍述"的政治信号。身为元祐旧臣的范纯仁在

① 《宋史》卷二八一《吕端传》，第9516页。
② 邵伯温：《邵氏闻见录》卷一四，第154页。
③ 《宋史》卷四七一《章惇传》，第13711页。

此新旧交替之际请求外放，避开愈演愈烈的政治斗争。其次，从范纯仁个人的政治主张来看，范纯仁拜相以后始终秉持着敦厚博大的为政之风，意欲革新日益污浊的政风。针对司马光尽废新法的做法，范纯仁劝谏"去其泰甚者可也"。① 同时，范纯仁反对激烈的党争，当蔡确因《车盖亭诗》被贬于新州之时，范纯仁面谏宣仁太后："方今圣朝宜务宽厚，不可以语言文字之间暧昧不明之过，诛窜大臣。今日举动，宜与将来为法式，此事甚不可开端也。"② 当吕大防企图援引杨畏为谏议大夫助己之时，范纯仁认为"天子谏官当用正人，杨畏不可用"，③ 以谏官当用品行端正之人的理由坚决反对。正是由于此事，范纯仁开始提出辞相。④ 而范纯仁请禁论宣仁太后未果一事，则最终促成了其被罢相。史载：

> 上（哲宗）既亲政，言者争论垂帘。时纯仁数称疾求罢，最后出居慈孝寺，录诏以进，且言近闻狂人传播拟策，自云尝经御览，又台官章疏或已取用其说，甚非陛下尊奉先太后勤劳公正、保佑圣躬之意，伏乞特降明诏以信万方。今妄为诋讦者既多，陛下容之则妨圣孝，惩之则恐不忍。不若以诏禁约，事得两便。讫不从，纯仁固求罢，而有是命。⑤

以上表明哲宗亲政以后，言者多有议论宣仁太后之事，范纯仁建议哲宗明令禁止议论却未得应允，于是坚决请求辞去相位，主要托词即年老体衰。史载：

> 自今春以来，衰病浸加，形体疲羸，饮食减少，职事繁剧，难以支持；又况神识昏耗，思虑颠错，事多遗忘，耳目不明，自惭尸素，朝夕惶惧。……伏望圣慈，特赐罢黜，少逭愚臣窃位妨贤之罪，臣无任。⑥

① 《宋史》卷三一四《范纯仁传》，第 10286 页。
② 李元纲：《厚德录》卷二，朱旭强整理，《全宋笔记》第 66 册，第 257 页。
③ 邵伯温：《邵氏闻见录》卷一四，第 154 页。
④ 徐自明撰，王瑞来校补《宋宰辅编年录校补》卷一〇，绍圣元年四月，第 623 页
⑤ 徐自明撰，王瑞来校补《宋宰辅编年录校补》卷一〇，绍圣元年四月，第 624 页。
⑥ 范纯仁：《范忠宣公文集》卷七《乞罢相札子》，《宋集珍本丛刊》第 15 册，第 424 页。

其最终为右正议大夫、充观文殿大学士、知颍昌府、京西北路安抚使。① 综上，范纯仁以年老体衰的借口请求罢相，与其政治主张以及当时新旧交替的政治背景直接相关，而最终罢至京西北路的颍昌府，避开了愈演愈烈的政治斗争。

二　因循保位罢相

在宋代，尽管统治者提倡务实稳妥的为政之风，反对急功近利的冒险之举，但这并不意味着无限度容忍一味因循保位的做法。宰相罢免缘由中有一类情况，被称为"因循保位，久失物望"或"久在政府，无所建明"。宋代由于因循保位而遭到罢免的宰相一共有三位，分别为太宗淳化四年（993）十月罢相的李昉——卸任宰相之位以后改守本官尚书右仆射留在京师，以及仁宗庆历五年（1045）四月罢相的章得象与皇祐三年（1051）三月罢相的宋庠——分别被罢免至京西北路的陈州与西京洛阳，这正与宰相免谪地在横向上呈现出的特征相一致。如下分别对三人具体罢相情况进行分析，探求宰相免谪地背后的真实原委。

（一）由天灾引发的因循保位之罢相

宰相李昉于太宗淳化四年十月被罢守本官，一同被罢守本官的还有时任给事中、参知政事的贾黄中、李沆，左谏议大夫、同知枢密院事的温仲舒。李昉罢相缘起于淳化三年（992）夏，先是旱灾引发蝗灾，紧接着又是"近霖霪百余日"。② 拜贺太宗之时，面对太宗"久愆时雨，何由而致"③ 的切责，时任史馆相的李昉与平章事张齐贤、参知政事贾黄中及李沆一道"以燮理非材，上表待罪"，④ 然而当时太宗并未归罪于李昉。其间李昉多次上表辞相，但均未获准。淳化四年十月，太宗意欲以左仆射之官作为对李昉辞相的补偿，负责草制的张洎坚决反对，其言："近者霖霪百余日，昉职在燮和阴阳，不能决意引退。仆射之重，

---

① 徐自明撰，王瑞来校补《宋宰辅编年录校补》卷一〇，绍圣元年四月，第623页。
② 李焘：《续资治通鉴长编》卷三四，淳化四年十月辛未，第754页。
③ 徐自明撰，王瑞来校补《宋宰辅编年录校补》卷二，淳化四年十月，第65页。
④ 《宋史》卷二六五《李昉传》，第9137页。

右减于左，位望不侔，因而授之，何以示劝。"① 因此，应当对宰相李昉加以惩治，以儆效尤。而太宗的态度是"以昉耆旧，不欲深谴，但令罢守本官，制词仍以'久壅化源，深辜物望'责之"。② 综上可知，李昉因连绵之雨，以"因循保位，久失物望"的名义遭到罢相，而太宗也考虑到元老旧臣，并无深加黜陟之意，仅罢守本官留任京师。事实上，因循保位罢相属于轻度罢相，罢后将留任京师改守本官或改任他官，或者是免谪至京师附近，以达成"宜免公台之重，庶全进退之私"③ 的政治目的。

（二）政治形势影响下因循保位之罢相

在宋代，因循保位罢相的另一种情况是由政治形势的演变以及同僚的攻击所导致的。在这种情况下，因循保位成为罢相的借口，其背后的深层次原因影响着宰相免谪地的远近。如仁宗庆历五年四月章得象以因循保位罢相，便是庆历年间动荡的形势与陈执中的攻击所致。首先，从政治形势来看，章得象为相期间，正逢西夏来犯，边事不宁。仁宗"锐意天下事，进用韩琦、范仲淹、富弼，使同得象，经画当世务急"，④ 而身为宰相的章得象却因循保位，无所建明。此间，参知政事范仲淹因变法触犯保守派利益而遭到政敌群起攻击，被贬至外地。韩琦也由于为范仲淹、富弼辩解未果，自请赴外任职。面对一系列政治纷争，宰相章得象却居位自若，无所辩驳，由此遭到监察御史里行孙抗的弹劾。于是章得象也屡次奏请辞相，仁宗最后同意其辞相，被罢为检校太傅、同中书门下平章事、充镇安军节度、判陈州事。⑤ 章得象罢相的直接原因为久在中书，无所建明。实际上也与大的政治形势有关，国家值此多事之秋，急需勇于作为、行事果决之人，而身处政务运作核心的宰相一味因循保位，自然不能适应形势需要。其次，章得象罢相也与陈执中的弹劾密切相关。史载：

---

① 洪迈：《容斋随笔·四笔》卷一二《李文正两罢相》，第780页。
② 李焘：《续资治通鉴长编》卷三四，淳化四年十月辛未，第755页。
③ 《宋大诏令集》卷六五《宰相一五·李昉罢相制》，第319页。
④ 徐自明撰，王瑞来校补《宋宰辅编年录校补》卷五，庆历五年四月，第269页。
⑤ 徐自明撰，王瑞来校补《宋宰辅编年录校补》卷五，庆历五年四月，第269页。

既至中书，是时杜衍、章得象为相，贾昌朝与执中参知政事，凡议论，执中多与之立异。蔡襄、孙甫所言既不用，因求出。事下中书，甫本衍所举用，于是中书共为奏云："今谏院阙人，乞且留二人供职。"既奏，上颔之。退归，即召吏出札子，令襄、甫且如旧供职。衍及得象既署，吏执札子诣执中，执中不肯署，曰："向者上无明旨，当复奏，何得遽令如此？"吏还白衍，衍取札子坏焚之，执中遂上奏云："衍党顾二人，苟欲令其在谏署，欺罔擅权。及臣觉其情，遂取札子焚之以灭迹，怀奸不忠。"明日，衍左迁尚书左丞，出知兖州，仍即日发遣，贾昌朝为相，蔡襄知福州，孙甫知邓州。顷之，得象亦出知陈州，执中遂为相。①

由上可知，章得象的罢相是由蔡襄、孙甫的请辞之事引起。二人由于坚决反对起用陈执中的进言未被仁宗采纳，而上书辞去谏官之位。孙甫本是宰相章得象举荐，因此，章得象意欲以谏院缺人为由留住二人。中书所出札子由于参知政事陈执中拒绝签字，而只得封还给宰相杜衍。杜衍一气之下将札子烧毁，此举引发了陈执中的猛烈攻击。于是，宰相杜衍、章得象纷纷被外贬，章得象被罢至京西北路的陈州。章得象的罢相是政治形势与同僚攻击相互作用的结果，最终以因循保位无所建明的名义罢相，而以使相的身份罢知陈州，则是皇帝出于礼遇重臣的考虑。

（三）伴有行为过失的因循保位罢相

因循保位罢相的另一种情况表现为，以无所建明罢相且伴有直接或间接的行为过失，这种情况要视其行为过失的严重程度来选择免谪地，如仁宗皇祐三年三月罢相的宋庠。首先，对其罢相缘由具体分析，宋庠的罢相是受侄子牵连，"先是，弟祁之子与越国夫人张氏门人张彦方者游，后彦方坐伪造敕牒为人补官抵法"。② 宋祁之子与越国夫人张氏的门客张彦方相交甚欢，而张彦方竟伪造敕牒为人补官，事发被判处死刑。宋祁之子自然不能幸免，此事牵连到身为宰相的宋庠。"谏官包拯、吴奎、陈旭言工

---

① 司马光：《涑水记闻》卷四《陈执中为宰执》，第67~68页。
② 徐自明撰，王瑞来校补《宋宰辅编年录校补》卷五，皇祐三年三月，第287页。

部尚书、平章事宋庠不戢子弟，在政府无所建明。又言庠闻有劾章，即求退免，表既再上，乃不待答，复入视事。"① 宋庠听闻众人议论之后，随即上表求罢，然而却不待答复就再度苟位处理政务，此举更加招致台谏的强烈弹劾。物议沸腾之下，宋庠只得坚决辞相，仁宗也不便挽留，于是，宋庠被罢为刑部尚书、观文殿大学士、知河南府。② 其次，从宋庠与仁宗的关系来看，宋庠颇得仁宗赏识。早年为知制诰时，仁宗欲任命其为右谏议大夫、同知枢密院事，终因"中书言故事，无自知制诰除执政者"，③ 仍被授予翰林学士之职，仁宗待其甚厚，准备加以重用。参知政事范仲淹去位以后，仁宗问宰相章得象"谁可代仲淹者，得象荐宋祁"，④ 而仁宗却意欲用宋庠，于是将其复召为参知政事。直至皇祐中以兵部侍郎、同中书门下平章事、集贤殿大学士拜相，不久又迁官工部尚书，可见仁宗对其眷顾重视的程度。综上，宋庠罢相并非因自己直接的行为过失，而是受到子弟的牵连，其罢相当属轻度罢免，又因与仁宗关系甚密，最终仁宗将其免谪地选择在西京洛阳，也是基于政治与人情的双重考量。通过对李昉、章得象、宋庠三人罢相情况的具体分析，首先可以看出因循保位背后隐藏着更深层次的原因，天灾、时事、过失都有可能成为此类罢相的导火索。其次，由因循保位而罢相的情况，一般没有直接相关的行为过失，多属轻度罢免，或改任他官留在京师，或免谪至临京府路，以示轻黜之意。

三　天灾罢相

在古代中国，天人感应赋予了天灾非同寻常的政治意义。天灾，不再作为一种纯粹的自然现象，而被统治者视为政治清浊的晴雨表。受命于天的统治者自然要承担起为民请命的历史重任，身为皇帝重要辅臣的宰相也被赋予调和阴阳平衡的职责。紧随皇帝下诏罪己的脚步，宰相也会上表待罪请辞。与此同时，天灾也会成为政治斗争的工具，不同政见者借此打压政敌。在宋代，宰相在天灾发生以后会主动上表请罪，台谏官也会上言宰

---

① 李焘：《续资治通鉴长编》卷一七〇，皇祐三年三月己未，第4084页。
② 徐自明撰，王瑞来校补《宋宰辅编年录校补》卷五，皇祐三年三月庚申，第286页。
③ 《宋史》卷二八四《宋庠传》，第9590～9591页。
④ 《宋史》卷二八四《宋庠传》，第9592页。

相的过失，而皇帝则依据天灾与宰相行为过失的严重程度来选择宰相的免谪地。据统计，宋代因天灾罢相者共有 12 人，其中北宋有 6 人：天圣七年六月，宰相王曾罢为吏部尚书、知兖州（京东西路），景祐五年三月，王随罢相判河阳，陈尧佐罢相判郑州军州，皇祐元年八月，陈执中罢相知陈州，以上州份皆属京西北路，为临京府路类型；熙宁七年四月，王安石罢相知江宁军府事，属于江南东路，为远府路类型；崇宁五年二月，蔡京罢相充中太一宫使，留任京师。南宋亦有 6 人：绍兴三年九月，吕颐浩第二次罢相为提举临安洞霄宫；端平三年九月，郑清之与乔行简罢相充醴泉观使，皆留京师；绍兴三十年十二月汤思退，乾道三年十一月叶颙与魏杞，此三人罢相后提举江州太平兴国宫，属于江南西路，为偏远府路类型。① 首先，从罢相缘由来看，因天灾罢相的背后皆暗含着行为过失、政治斗争等政治因素。其次，从免谪地的分布状况来看，在北宋，因天灾罢相者，多数会被留任京师或是免谪至临京府路；在南宋，贬谪至偏远府路的情况增多。下面以王曾、王安石、吕颐浩为例，分别对因天灾罢相后免谪至临京府路、远府路及留任京师的情况进行分析。

（一）伴有行为过失的因天灾罢相

宋代由于天灾而罢相者同时会连带着一定的行为过失。天灾成为罢相的导火索，行为过失则会在很大程度上影响着皇帝对免谪地的选择。绍兴三年（1133）九月，尚书左仆射、同中书门下平章事兼知枢密院事吕颐浩第二次罢相便是由天灾引起，"时天象示变，台谏交章论颐浩之罪，上始厌之。及罢都漕司，颐浩不能争，乃求去"。② 一方面，当时发生的旱灾与地震等一系列天灾，对于身负调和阴阳之责的宰相来说无疑难辞其咎；另一方面，天灾给予台谏弹劾宰相的最佳借口，于是纷纷对宰相的为政之失进行弹劾。"侍御史辛炳劾其不恭不忠，敢坏法度。及颐浩引疾求去，殿中侍御史常同因论其十罪，大略。"③ 台谏揭发出的种种劣迹，使高宗对吕颐浩渐生厌恶。与此同时，宰相吕颐浩自觉失去高宗信赖，也主

---

① 以上据《宋史》《宋宰辅编年录校补》《续资治通鉴长编》《建炎以来系年要录》等统计。
② 李心传：《建炎以来系年要录》卷六八，绍兴三年九月癸丑，第 1323 页。
③ 李心传：《建炎以来系年要录》卷六八，绍兴三年九月戊午，第 1326 页。

动上疏辞相，最终被授以镇南军节度使、开府仪同三司、提举临安府洞霄宫。然而，御史中丞辛炳仍再次进言："伏睹大廷宣制置，罢吕颐浩左仆射以使相领宫祠，制辞优厚无一字贬出之意，臣所未谕也。"① 历数吕颐浩的种种过失，请求严加惩处，于是，吕颐浩最终被改罢为观文殿大学士、提举临安府洞霄宫。吕颐浩罢相后得以留在京师，一方面是由于其以天灾的名义罢相，行为过失相对较轻；另一方面，吕颐浩有助高宗复辟之功，高宗无意将其远贬。建炎三年（1129）三月"五日癸未，苗傅及御营副将军刘正彦反，揭榜于市"，② 苗刘之乱爆发。时隔七日，身在镇江、江宁等地负责沿江防务的签书枢密院事吕颐浩被召至行在，稳定大局并密谋复辟事宜，直至这一年的四月"四日辛亥，吕颐浩、刘光世、张浚、韩世忠、张俊、赵哲将兵入城。颐浩等入见上，皆号哭。上慰劳之"，③彻底将苗刘叛变势力赶出行在。吕颐浩凭借在高宗复辟过程中的功勋，随即升任为尚书右仆射，足以显示出高宗对其感激之情。因此，对于这样一位元老重臣，罢相后留在京师担任祠禄官无疑是优待之举。可见，吕颐浩的罢相是由地震与水灾引起，台谏又屡陈其过所致，而罢相后以观文殿大学士、提举临安府洞霄宫留任京师，也是皇帝以祠禄官安置离任官员的重要体现。

（二）政治斗争背景下的因天灾罢相

在宋代，隐藏在天灾背后的罢相缘由为政治斗争。天灾成为罢相的一种借口，而政治斗争的激烈程度则影响着宰相免谪地的选择。天圣七年（1029）六月，首次罢相的王曾便是在政治斗争推动下以天灾的名义被免。王曾罢相，最主要的原因就是其与刘太后之间的矛盾加剧。刘太后对王曾的不满，是一个逐渐积累的过程。史载：

> 真宗疾弥留，皇太子决政资善堂。刘太后讽宰相丁谓谋临朝，物议忧疑。王曾说后戚钱惟演曰："帝仁孝，结于民心深矣，今适不豫且大渐，天下莫不属于储君。而皇后遂欲称制以疑百姓，公不见吕、

---

① 徐梦莘：《三朝北盟会编》卷一五五，绍兴三年九月，第1124页。
② 无名氏：《建炎复辟记》，郑明宝整理，《全宋笔记》第31册，第136页。
③ 无名氏：《建炎复辟记》，郑明宝整理，《全宋笔记》第31册，第156页。

武之事乎，谁肯附者？必如所谋，刘氏无处矣。公寔后肺腑，何不入白？即帝不讳，立储为君，后辅政以居，此万世之福也。"后悟，不复有他志。及皇储践祚，遗诏军国事权听后旨，议久未决。丁谓迎后意乃上议："太后朝近臣，处大政；皇帝朝朔望，独见群臣。余日庶务令入内押班雷允恭传奏，禁中取可否即下中书覆。"谓党皆附和以为便。曾对曰："天下公器，岂可两宫异位？又政出宫人，乱之本也。不可。"乃引后汉冯、邓故事，奏："凡御朝，帝坐左，母后坐右，而加帘焉。奏事以次，如常仪。"纳之。①

　　由此可知，早在真宗病情加重之时，刘太后就有借机专权的野心，王曾通过太后姻亲钱惟演及时劝谏，刘太后才暂时放弃专权的想法。此外，仁宗登基后，在太后处理朝政的方式上，与丁谓一味迎合刘太后不同，王曾坚决反对丁谓提出的由太后负责处理重大事务，其余庶务由中书讨论经内侍取旨的建议。于是，刘太后被迫接受只能坐于帘后与仁宗共同听政。其后，在太后意欲于天安殿受册封一事上，王曾再次反对。太后亲戚稍有请托，王曾也加以制止。② 王曾一系列的做法，令刘太后十分不满，急于解决这一朝堂上的障碍。正当刘太后苦于罢免王曾无由时，"会玉清昭应宫灾，曾以使领不严，累表待罪，乃罢相出守"。③ 玉清昭应宫的天灾给了刘太后罢免王曾的最佳理由，于是王曾罢为吏部尚书，知兖州。④ 王曾罢相，是政治斗争引起而借口天灾罢相的典型案例，但由于北宋前期相对宽松的政治环境以及王曾元老重臣的政治地位，最终免谪至京东西路的兖州。

　　在政治斗争激烈的时期，以天灾之名而遭罢相者的免谪地向更远的地方延伸。如熙宁七年（1074）四月罢相的王安石，由于政治斗争日趋激烈，罢相后被免谪至远府路的江宁。王安石此次罢相是由于其变法触犯诸多阶层的利益同时又失去神宗的支持。恰逢天下大旱，流民遍地，因此旱

① 田况：《儒林公议》，储玲玲整理，《全宋笔记》第 8 册，第 184 页。
② 《宋史》卷三一〇《王曾传》，第 10185 页。
③ 李焘：《续资治通鉴长编》卷一〇八，天圣七年六月甲寅，第 2518 页。
④ 《宋大诏令集》卷六六《宰相一六·王曾罢相知兖州制》，第 323 页。

灾成为其遭受弹劾的重要原因。从政治背景来看，王安石罢相有一个不断发展的过程。自王安石主持熙宁变法以来，由于用人不当，新法设想与现实施行之间形成巨大落差，原为利民的新法逐渐演变为害民之法，反对者也越来越多。王安石罢相可以追溯至太皇太后曹氏与神宗的一次对话。起初，太皇太后趁神宗前来侍奉之时，对神宗言及新法中青苗、助役害农之事，并劝神宗"王安石诚有才学，然怨之者甚众。帝欲爱惜保全，不若暂出之于外，岁余复召用可也"。① 而王安石却丝毫没有顾忌，更加专任独断。不久以后，太皇太后及皇太后高氏又向神宗哭诉新法的弊端，并说"王安石变乱天下"，② 神宗不得已命令王安石对新法进行适度调整，王安石向神宗再三解释，才打消了神宗的顾虑。但是，随着反对声浪此起彼伏，神宗坚定推行新法的决心已逐渐动摇。从天变角度来看，旱灾的发生则直接促成了王安石的罢相。熙宁七年春，"天下久旱，饥民流离，帝忧形于色，对朝嗟叹，欲尽罢法度之不善者"，③ 神宗迫于形势，日益显露出对新法推行的迟疑。不久，郑侠绘《流民图》上疏神宗，并且说："天旱由安石所致。若罢安石，天必雨。"④ 神宗触目惊心，更加怀疑新法。事已至此，王安石上疏求去，而神宗意欲将其留任京师并以手诏告诉他："前日曾令吕惠卿及朕以手札谕卿，欲处以师傅之官，留京师。而继得卿奏，以义所难处，且欲得便郡休息。朕深体卿意，更不欲再三邀卿之留，已降制，命除卿知江宁，庶安心休息，以适所欲。"⑤ 尽管神宗对王安石的免谪甚是惋惜，但迫于政治形势，只得将王安石安置在远离京师的江宁府。通过对王安石罢相情况的分析可知，随着政治斗争的愈益激烈，宰相免谪地的选择逐渐呈现出远离京师的趋势。

综上所述，通过对天灾罢相具体情况的分析可知，其背后往往隐藏着行为过失、政治斗争等复杂因素。宰相免谪地的选择，因行为过失的严重程度与政治斗争的激烈程度而呈现出远近不同的特征。

---

① 邵伯温：《邵氏闻见录》卷三，第25页。
② 李焘：《续资治通鉴长编》卷二五二，熙宁七年四月丙戌，第6169页。
③ 《宋史》卷三二七《王安石传》，第10547页。
④ 司马光：《涑水记闻》卷一六，第322页。
⑤ 徐自明撰，王瑞来校补《宋宰辅编年录校补》卷八，熙宁七年四月，第436页。

四　因政治斗争罢相的案例分析

因政治斗争罢相是指宰相由于党争失势或与同僚不谐而被罢相或自请罢相的情况。尽管历代皇帝忌讳群臣结党营私，但终究无法彻底根除政治斗争赖以生存的土壤。政治斗争失势或与同僚关系不谐都会成为官员免谪的重要原因。尽管宋代皇帝一再强调严禁党争行为，然而北宋中期以后的政治斗争却愈演愈烈。与前代动则大肆杀戮不同，宋代统治者在"以忠厚立国，不杀士大夫"①的政治理念下，充分利用免谪地来处理不同的罢免对象，这一特点在处理宰相罢免问题上显得尤为突出。宋朝因政治斗争而被罢相者，其免谪地涵盖了所有的免谪地类型。宰相免谪地总体上呈现出随着政治斗争激化而逐渐向远府路及偏远府路扩展的趋势。

（一）政治斗争缓和时期

在政治斗争相对缓和时期，宰相罢免很多是基于宰辅间政见的不同，而非以人身攻击为目的。因此，由于政见不合而被罢相者多被免至京师或临京府路，如景祐四年（1037）四月二次罢相的王曾、熙宁二年（1069）十月罢相的富弼、熙宁八年八月罢相的韩绛等。下面以王曾为例，对政治斗争缓和时期因政治斗争而罢相的情况进行分析。景祐四年四月，时为集贤相的王曾与昭文史馆相吕夷简一同被罢相。王曾此次罢相是与吕夷简的矛盾所致。早在天圣年间，王曾为首相，时为参知政事的吕夷简"事曾谨甚，曾力荐为相"。②时隔不久，吕夷简为排挤次相李迪，便援引先前被罢相的王曾为枢密使，暗中相助。李迪罢相以后，王曾通过宋绶向吕夷简传达复相之意。吕夷简不仅当即应允，还表示"'吾虽少下之何害'，遂请用曾可首相"。③直至此时，可见二人关系比较和谐。但一贯专权的吕夷简在王曾拜相以后并未收敛，逐渐引发王曾的不满。史载：

> 既而夷简专决，事不少让，曾不能堪，论议多不合，曾数求去，夷简亦屡丐罢。上疑焉，问曾曰："卿亦有所不足耶？"曾言："夷简

① 吕邦耀撰，王瑞来校补《续宋宰辅编年录校补》卷一九，咸淳六年八月，第1696页。
② 《宋史》卷三一〇《王曾传》，第10185页。
③ 徐自明撰，王瑞来校补《宋宰辅编年录校补》卷八，景祐四年四月甲子，第213页。

招权市恩。”时外传夷简纳知秦州王继明馈赂，曾因及之。帝诘夷简，至交论帝前，夷简乞置对，而曾言亦有失实者。帝不悦，绶素与夷简善，齐议事闲附曾，故并绶、齐皆罢。①

如上详细记载了王曾与吕夷简的罢相经过，吕夷简专权独断的为政之风，使得二人之间的隔阂越来越深，于是，二人纷纷请求罢相。其后，王曾在仁宗询问过程中指责吕夷简过失，同时，吕夷简请对过程中揭发王曾涉嫌贿赂之事。最终，仁宗将二人一同罢相。在王曾免谪地的选择上，仁宗曾与吕夷简进行一番商议。史载：

> 王文正公，相真宗，吕许公为参知政事。仁宗朝。吕为首相，王再入，议论多不合，王求去甚力。一日，上留许公，问所以处王公者。吕惶恐不敢当。上再三问之，曰：“王某先朝旧臣，当得使相，或洛或许，惟圣裁。”再问其次。曰：“无已，则大资政，或青或郓。”上首肯。吕甚喜，出省与宋宣献分路，忘相揖。晚，报锁学士院，诸子问，皆不答。夜深，独语晦叔曰：“次辅均劳矣。”明日，盛服入朝，则两麻也，吕判许州，王知郓州。仁宗圣断如此。②

由此可知，在王曾免谪地的选择过程中，吕夷简的提议完全被仁宗采纳。王曾被罢为左仆射、资政殿大学士判郓州。从王曾的二次罢相可以看出，尽管是由于与吕夷简的争斗而罢相，但由于仁宗时期政治比较清明，以及王曾身为元老重臣且有辅弼之功，因此，王曾罢相后被贬至临京府路的郓州，“改判郓州，加资政殿大学士。由宰相罢政而带职，自曾始”。③加资政殿大学士之职以显示仁宗对其的优宠，开创了宰相罢政带职的先例。

（二）政治斗争激烈时期

在政治斗争激烈时期，宰辅间的斗争不再是单纯的政见之争，党派、身份、资历、地域、同僚关系等因素被牵扯其中。随着党争残酷程

---

① 李焘：《续资治通鉴长编》卷一二〇，景祐四年四月甲子，第2826~2827页。
② 赵与时：《宾退录》卷四，姜汉椿整理，《全宋笔记》第73册，第124~125页。
③ 王称：《东都事略》卷五一《王曾传》，第403~404页。

度不断加深，宰相免谪至京师与临京府路的情况尽管存在，但免谪至远府路与偏远府路的现象急剧增加。如下以咸淳五年（1269）正月罢相的叶梦鼎为例，对激烈党争背景下宰相的免谪地进行具体分析。南宋咸淳五年正月罢相的叶梦鼎，便是被权臣贾似道倾轧，而被免谪至福建路（远府路）。叶梦鼎拜相时，贾似道权势正如日中天，叶梦鼎的拜相也多出于贾似道的举荐。其实，早在理宗驾崩之时，意欲巩固自身地位的贾似道便企图拉拢叶梦鼎为援，拟任叶梦鼎为参知政事，而叶梦鼎坚决不就，于是，贾似道借"参政去则江万里、王爚必不来"①为由加以挽留，但未如愿。咸淳三年（1267）八月，叶梦鼎被授予特进、右丞相兼枢密使，与贾似道同列。此时发生利州转运使王价受冤一事，令叶梦鼎极为愤怒并上疏辞相。史载：

> 利州转运使王价尝以言去官，非其罪也，四川制置司已辟参议。及死，其子诉求遗泽。至是，梦鼎明其无罪，似道以为恩不己出，罢省部吏数人，榜其姓名于朝。梦鼎怒曰："我断不为陈自强。"即求去。②

起初，利州转运使因言获罪，四川制置使当时便已审理结案，直到其子乞求恩荫时，叶梦鼎方才发现其无罪。而贾似道以恩不己出，将尚书省吏部有关人员加以处置，此举令叶梦鼎大怒，当即要求辞相而去。咸淳四年（1268），策立杨贵妃之时"宰相无拜礼，吏赞拜，梦鼎以笏挥之，趋出"。③叶梦鼎大怒，将笏板一扔而去。第二天，再次上疏请求辞归乡里，皇帝下诏勉留未予批准。咸淳五年（1269），因感于贾似道的困扼，"引杜衍致仕单车宵遁故事累辞"。于是，叶梦鼎罢为观文殿学士、判福州，④辞而不受。

通过对不同政治环境中宰相免谪地的分析可知，在政治斗争趋于缓和

---

① 《宋史》卷四一四《叶梦鼎传》，第12434页。
② 《宋史》卷四一四《叶梦鼎传》，第12435页。
③ 《宋史》卷四一四《叶梦鼎传》，第12435页。
④ 《宋史》卷四一四《叶梦鼎传》，第12435页。

时期，因政治斗争失势而遭到罢免的宰相多被免谪至京师与临京府路；而在政治斗争趋于激烈时期，政治斗争的残酷程度加深，因政治斗争失势而遭到罢免的宰相多被免谪至远府路和偏远府路。

五　行为过失罢相

行为过失罢相是指宰相由于行为不当或违反法令而遭到罢免的情况。对于官员的罢免来说，因行为过失而遭罢免是最为普遍的现象。在宋代，因行为过失而遭到罢相的情况占罢相总人次的绝大多数。与此同时，由于台谏势力的崛起，以及"风闻言事"① 的兴起，宋代宰相罢免的行为过失多数是被台谏或其他官员揭发的，这也体现出宋代鲜明的时代特征。但需要注意的是，受到台谏及他官弹劾，一部分是涉事人员的确犯有过错，而另一部分罢相则是并无直接行为过失，多由同僚攻击所致。在空间分布上，由于行为过失的严重程度不同，宰相的免谪地涵盖了所有的免谪地类型。据相关史籍统计，免谪至京师与临京府路的为 52 人次，占因行为过失罢相的大多数，免谪至远府路与偏远府路的 17 人次，所占比重较低，表明犯有严重行为过失的情况相对较少。如下以真宗咸平五年（1002）十月罢相的向敏中、元符三年（1100）九月罢相的章惇为例，对因行为过失罢相的情况进行探讨。

（一）　轻度行为过失的罢相

轻度行为过失是指行为过失动机无意，情节轻微，未造成严重后果的情况。由此导致的罢相一般会留任京师或免谪至临京府路以示轻黜，如真宗咸平五年十月罢相的向敏中便是此类。向敏中此次罢相是由于对真宗所言不实。史载：

> 初，故相薛居正子惟吉妇柴氏无子，欲改适张齐贤。惟吉有子曰安上，诉其事。柴因上书讼敏中质其第亏价，又尝欲娶己，不许。上问敏中，敏中言实买安上居第，近丧妻，不复议姻，且未尝求婚于柴。既而

----

① 李焘：《续资治通鉴长编》卷一九一，嘉祐五年六月乙丑，第 4627 页。

闻其娶王承衍女弟，责其不实，乃罢相知永兴军，而贬齐贤。①

　　由上可知，向敏中罢相牵涉到购买薛安上府邸与求娶柴氏两件事。首先，向敏中与薛安上交易旧第一事，违反了皇帝之前下达的诏令。因为薛安上"兄弟素不肖，先是尝争竞财货，遂有诏不许其贸易父祖资产"。② 然而身为宰相的向敏中却明知故犯，"乃违诏贸其居第，令安上日出息钱二千"。③ 此事本来悄无声息，神不知鬼不觉，但被薛安上的父亲薛惟吉的妻子柴氏揭发出来。其次，向敏中在真宗询问求娶柴氏之事时对真宗说谎，招致真宗的不满。柴氏原本为薛居正儿子薛惟吉之妻，在薛惟吉去世以后便想携家产嫁给张齐贤。柴氏所为被薛安上告到开封府，④ 真宗就柴氏所言询问向敏中，向敏中承认了购置房产一事，却对求娶柴氏矢口否认。不久，与向敏中关系不睦的盐铁使王嗣宗趁机面奏真宗，"敏中议娶王承衍女弟，密约已定而未纳采"。⑤ 事后，真宗在王氏那里也证实了此事，才反应过来原来是向敏中欺骗自己，随即将向敏中罢相。综上，向敏中由于违反诏令购置薛安上故第，进而又在求娶柴氏一事上欺瞒真宗而罢相。但总体而言，向敏中行为过失相对较轻，因此被罢为户部侍郎，随即出知永兴军。

　　（二）重度行为过失的罢相

　　重度行为过失是指情节严重且造成严重后果的情况，因此而罢相者则会免谪至远府路及偏远府路。如元符三年（1100）九月罢相的章惇，行为过失就相当严重。章惇于哲宗亲政的绍圣元年（1094）四月拜相，上台之后便趁哲宗意欲效仿神宗有一番作为之机，掀起新一轮打击元祐旧臣的党争。从宋徽宗所说的"朕不欲用定策事贬惇，但以扈从灵驾不职，坐之"，⑥ 可以得知章惇罢相原因有二：一是策立徽宗之事，二是扈从哲宗灵柩一事。首先，章惇在徽宗策立之时，对向太后的提议横加干涉并对

---

①　徐自明撰，王瑞来校补《宋宰辅编年录校补》卷三，咸平五年十月丁亥，第95页。
②　李焘：《续资治通鉴长编》卷五三，咸平五年十月癸未，第1157页。
③　李焘：《续资治通鉴长编》卷五三，咸平五年十月癸未，第1157页。
④　李焘：《续资治通鉴长编》卷五三，咸平五年十月癸未，第1157页。
⑤　《宋史》卷二八二《向敏中传》，第9555页。
⑥　徐自明撰，王瑞来校补《宋宰辅编年录校补》卷一一，元符三年九月辛未，第671页。

徽宗指指点点，由此招至徽宗的衔恨。史载：

> 哲宗崩，皇太后议所立，惇厉声曰："以礼律言之，母弟简王当
> 立。"皇太后曰："老身无子，诸王皆是神宗庶子。"惇复曰："以长
> 则申王当立。"皇太后曰："申王病，不可立。"惇尚欲言，知枢密院
> 事曾布叱之曰："章惇，听太后处分。"①

以上记述了元符三年正月哲宗驾崩以后徽宗继位之事，向太后在情急
之下召集二府重臣议定继位人选，章惇却无所顾忌地表明自己的立场，被
向太后否决后，章惇仍继续坚持，并且直言徽宗轻佻，最后在知枢密院事
曾布的呵斥之下方才作罢。章惇的立场必然招致徽宗与向太后的怀恨和猜
忌。山陵使事毕辞相的传统，恰巧提供了罢免章惇的绝佳机会。不久后，
章惇即被任命为哲宗山陵使一职。章惇担任山陵使以后，开始遭到筠州推
官雍丘、崔鸥、左正言陈瓘的弹劾。同年八月，随着哲宗下葬永泰陵，山
陵事务即将完成。与此同时，左正言陈瓘上言"惇独相八年，迷国误朝，
罪不可掩，奉使失职，事于泰陵"，② 以章惇担任山陵使失职导致哲宗灵
车陷于泥泞不前之事进行猛烈弹劾，自觉大势已去的章惇主动上表请求罢
相。元符三年九月，章惇罢左仆射，依前特进知越州。③ 此前，在如何处
置章惇一事上，徽宗与辅臣进行过一番商议。史载：

> 九月甲子朔，左仆射章惇上表乞罢政，诏答不允。遣中使押入，
> 又径出。曾布曰："唐李珏事政于惇相似，初罢为太常卿，再贬浙西
> 及昭州。"上曰："然。"又曰："朕不欲用定策事贬惇，但以扈从灵
> 驾不职，坐之。"④

可知徽宗在处理章惇罢相之事时显得尤为谨慎。在章惇罢免名义的议定

① 《宋史》卷四七一《章惇传》，第 13713 页。
② 陈均：《皇朝编年纲目备要》卷二五，元符三年九月，第 631 页。
③ 徐自明撰，王瑞来校补《宋宰辅编年录校补》卷一一，元符三年九月甲子，第 671 页。
④ 徐自明撰，王瑞来校补《宋宰辅编年录校补》卷一一，元符三年九月甲子，第 671 页。

上，徽宗也只是强调以山陵失职一罪将其罢免。而从罢免地来看，章惇被免谪至越州是出于章惇的自请，曾布也在其中发挥了重要作用。通过对章惇罢相情况的分析可知，行为过失的严重程度对免谪地的选择有着重要的影响，行为过失较为严重时，罢相免谪地距离京师也较远。

（三）无直接行为过失的弹劾罢相

在宋代，台谏及他官的弹劾成为检举官员违法最为常见的一种手段，然而并非所有的弹劾都确有其事。检举确有过失的违法官员，为保证良好的政治生态提供了保障，而在政治斗争激烈的时期，弹劾有时会沦为一种党争、政争的工具，有些宰相即使没有直接行为过失也会被强加以某种理由而遭到罢免。南宋时期，秦桧、韩侂胄、史弥远、贾似道四大权相相继擅权，台谏成为其清除政敌最为有力的武器，每欲专权必先以心腹为台谏。在此期间，没有直接行为过失而遭台谏弹劾的现象大量增加。庆元元年（1195）二月赵汝愚的罢相，就是权相韩侂胄引用台谏倾轧所致。二人之间的矛盾起始于绍熙内禅之事，在此过程中，正是二人的紧密配合才使得宁宗顺利继位。然而在分配胜利果实的过程中，赵汝愚的做法却招致韩侂胄的忌恨。史载：

> 上（宁宗）之立也，知阁门事韩侂胄有力焉。侂胄，魏王琦曾孙，神宗女齐国长公主孙也，自孝宗时已知阁门事。赵汝愚将定策，侂胄往来慈福与其谋。及即位，推恩定策臣，汝愚曰："我与赵尚书皆宗臣，而韩知阁乃右戚，各不言功，惟爪牙之臣所当推赏。"乃先拜殿副郭杲为节度使。①

由上述记载可知，宁宗即位以后意欲奖赏功臣时，身为宰相的赵汝愚却以外戚之名剥夺了韩侂胄理应得到的丰厚回报，使得权力欲极强的韩侂胄怀恨在心。韩侂胄随即开始密谋驱逐赵汝愚，正当其苦于找不到驱逐赵汝愚的罪名时，京镗献计说："彼宗姓也，诬以谋危社稷，则一网打尽矣。"② 韩侂胄深为赞同，同时援引与赵汝愚有旧怨的秘书监李沐为右正

---

① 佚名：《续编两朝纲目备要》卷三，汝企和点校，绍熙五年七月戊寅，第39页。
② 《宋史全文》卷二八《宋光宗》，绍熙四年十二月，第2424页。

言，怂恿其弹劾赵汝愚以同姓居相位，将不利于社稷。① 赵汝愚随即出浙江亭待罪，但不久便赴都堂治事，由此招致台谏更大规模的弹劾，赵汝愚遂除观文殿学士，知福州。② 然而，台谏官并未就此罢休，"寻全台上言乞寝右丞相赵汝愚福州之命，且以职名奉祠，遂依旧观文殿大学士，提举临安府洞霄宫"。③ 于是，赵汝愚又被免去知福州，仅以观文殿大学士，提举临安洞霄宫。不久，其又被夺观文殿大学士之职，此后不断远贬，直至死于衡阳。④ 赵汝愚因宗室身份这一牵强借口而被罢相，并未有直接相关的行为过失，却受到台谏等官员的群起而攻，究其根源，正是受到韩侂胄的排挤。赵汝愚的罢相充分表现出弹劾罢相却无行为过失这一现象的具体情况，而此种情况多发生在政治斗争较为激烈的时期，因此，宰相的免谪地也要依据政治斗争的残酷程度而定。

小　结

综上所述，宋代宰相免谪地依据距离远近划分出京师、临京府路、远府路、偏远府路四种类型。宋代宰相免谪地在时空上呈现鲜明的特征，其免谪地类型的区分，为进一步探求免谪地背后的原委与影响提供了独特视角。通过分析宋代宰相免谪缘由与宰相免谪地之间的关系，可知在宋代宰相免谪缘由中，年老体衰、因循保位、天灾三大类罢免缘由，一方面表现是确实由此罢相，对应的免谪地依据此三种缘由具体情况并参考宰相自身的地位、功劳而定；另一方面表现为这三类缘由只是表面原因，背后潜藏着行为过失、政治斗争等因素。这与后两大类罢免缘由如政治斗争、行为过失的情况一致，此类情况的免谪地依据行为过失的严重程度与政治斗争的激烈程度而定。总体而言，宰相的免谪地与其行为过失程度直接相关，并受到政治斗争形势的影响。

---

① 《宋史》卷四七四《韩侂胄传》，第13772页。
② 《宋史》卷三九二《赵汝愚传》，第11988页。
③ 徐自明撰，王瑞来校补《宋宰辅编年录校补》卷二〇，庆元元年二月戊寅，第1302页。
④ 徐自明撰，王瑞来校补《宋宰辅编年录校补》卷二〇，庆元元年二月戊寅，第1302~1303页。

第十章

宋代宰相免谪地及相关问题（下）

宋代宰相罢免原因直接影响到宰相免谪地的安排，宰相罢免地的远近也与其再次返朝任职存在紧密联系。免谪地距离京师越远，卸任宰相再度返朝任职的概率就越小，显示出宰相免谪地在卸任宰相是否能再度返朝任职过程中的独特作用。在宰相免谪地的选择上，皇帝、同僚、台谏分别发挥着不同程度的作用，皇帝的态度起决定作用，同僚意见有着重要影响，台谏官有推动作用。宋代宰相免谪地在宋代政治生活中发挥着重要作用，也为我们深入认识宋代宰相任免、升降等问题提供了新视角。

第一节　宋代宰相免谪地远近与返朝任职之关系

宰相免谪地体现出宰相免谪的严重程度，也在一定程度上关系到被免谪宰相能否再度返朝任职，此处所言返朝任职特指再度拜相，即重返权力中枢。一般而言，宰相免谪地距京师的空间距离与其距中枢塔顶的政治距离呈正比例关系。罢相后留任京师或免谪至临京府路，则意味着再度拜相的可能性极大；免谪至远府路，再度拜相的可能性明显降低；免谪至偏远府路，由于距离京师遥远，几乎没有再度拜相的可能。

一　京师罢免地与再度拜相的关系

宰相罢免后留任京师者，从其罢免缘由来看，免谪严重程度最轻；从罢免地本身来看，其距离政治核心最近。因此，在所有的宰相免谪地类型中，其再度拜相的可能性最大。宋代宰相罢免地为京师且再度拜相的共有

15 人次，分别是：端拱元年二月李昉罢为左仆射；淳化二年九月吕蒙正
罢为吏部尚书；淳化四年六月张齐贤罢为尚书左丞；咸平五年十月向敏中
罢为户部尚书；景德三年二月寇准罢为刑部尚书；天禧四年十一月丁谓罢
为户部尚书，同时李迪罢为户部侍郎；崇宁四年六月赵挺之罢为金紫光禄
大夫、充观文殿大学士、中太一宫使；崇宁五年二月至宣和二年六月蔡京
曾三次罢相留任京师祠禄官；建炎四年四月吕颐浩罢为充镇南节度使、充
醴泉观使；端平三年九月乔行简罢为醴泉观使，同时郑清之亦罢为醴泉观
使；淳祐十二年十月吴潜罢为观文殿大学士、提举洞霄宫。这种情况占了
京师罢免地类型人次数的 21.3%，在所有的免谪地类型中再度拜相率较
高，充分表现出免谪地远近与再度拜相之间的密切关系。从宋代宰相罢相
后留任京师的情况来看，可以分为守本官或改他官、充任祠禄官两大类，
如下将以此角度进行归类分析。

（一）罢守本官

宋代宰相罢相后守本官或改授他官的情况，主要集中在元丰改制以前
的一段时期。如淳化二年九月罢相的吕蒙正。吕蒙正于淳化二年九月第一
次罢相后以吏部尚书留任京师，之所以能留在京师是由其罢免程度较轻决
定的。首先，从其罢相缘由来看，吕蒙正罢相是由宋沆牵连所致。淳化二
年九月，左正言、度支判官宋沆以吕蒙正妻族的身份得到吕蒙正提拔。然
而，其却在太宗不愿策立太子之时，与同僚一道伏阙上书，"请立许王元
僖为皇太子，词意狂率"。[1] 此前，太宗已经就立储之事做出过解释，"此
事朕自有时耳"。[2] 宋沆所为使太宗极其愤怒，将其贬谪流放以示重罚。[3]
时为宰相的吕蒙正也难逃干系，"以援引亲昵，窃禄偷安，罢为吏部尚
书"。[4] 吕蒙正因此而被罢去宰相职务，但本官由户部尚书升为吏部尚书，
留任京师，显示出其罢免程度较轻，因此，其再度拜相的可能性也较大。
其次，从其再度拜相的情况来看，淳化四年（993），李昉因久在中书而
无所建明，又适逢天灾而罢相，于是，吕蒙正再度任相。从吕蒙正与宋太

---

① 李焘：《续资治通鉴长编》卷三二，淳化二年九月丁丑，第 720 页。
② 徐自明撰，王瑞来校补《宋宰辅编年录校补》卷二，淳化二年九月乙亥，第 59 页。
③ 李焘：《续资治通鉴长编》卷三二，淳化二年九月丁丑，第 720 页。
④ 李焘：《续资治通鉴长编》卷三二，淳化二年九月丁丑，第 720 页。

宗之间的关系，可以解释其再度拜相的原委。史载：

> 太宗因上元观灯，蒙正侍宴，谓蒙正曰："五代之际，生灵凋丧，谓无复太平之日矣。朕躬览庶政，万事粗理，每念上天之贶，致此繁庶，乃知理乱在人。"蒙正避席曰："乘舆所在，士庶走集，故繁盛如此。臣尝见都城外不数里，饥寒而死者甚众。不必尽然，愿陛下视近以及远，苍生之幸也。"太宗变色不言，蒙正侃然复位，同列咸多其谅直。
>
> 太宗欲遣人使朔方，谕中书选材而可责以事者，蒙正退，以名上。太宗不许，它日凡三问，终不易其人，因固称其人可使，余人不及。且言臣不欲用媚道妄随人主意以害国事。同列皆惕息不敢动。太宗退谓亲信曰："蒙正气量我不如。"而卒用蒙正所选者，果称职。①

以上记述了吕蒙正上元观灯与推荐使者两件事中直言不讳的表现，吕蒙正在太宗志得意满之时，提醒太宗谨记苍生忧患；又在选派出使辽国使者一事上，不顾太宗反对坚持举荐合适人选。吕蒙正敢于直言的表现令太宗赞叹，因此，当李昉罢相以后，身在京师的吕蒙正自然成为太宗的理想人选。罢相后以本官或他官留任京师者，所犯行为过失相对较轻且多为皇帝倚重的重臣，因此再度拜相的可能性也较大。

（二）充任祠禄官

宋代宰相罢相后留任京师者有一部分担任较为清闲的祠禄官，再度拜相的可能性也较大。如理宗端平三年（1236）九月，右丞相兼枢密使乔行简与左丞相兼枢密使郑清之一同被罢，但罢相后二人均以观文殿大学士、醴泉观使兼侍读之职留在京师。② 时隔两个月乔行简便再度拜相。首先，从罢相缘由来看，乔行简此次罢相是由天灾所致，其罢相诏书如是载："朕比葳明禋，雨雷倾迅，天心示戒，在于朕躬。辅弼之臣，控章引咎，联车叠去，抗志莫留……虽鼎轴暂虚，而执政与宰相同。令郑性之、

---

① 徐自明撰，王瑞来校补《宋宰辅编年录校补》卷二，淳化四年十月辛未，第67页。
② 《宋史》卷四二《理宗本纪二》，第811页。

李鸣复时暂协力赞治，无负朕倚注之意。"① 明堂大礼之时，突然雷声四起，引起皇帝及群臣的格外重视。乔行简由于响雷罢相，情节较轻，因此罢相后得以留在京师。其次，从乔行简罢相之后的情况来看，宋理宗罢免乔行简、郑清之，而改任崔与之为相的做法，立即遭到了判漳州王迈等人的激烈反对。王迈上章言：

> 天与宁考之怒久矣。曲蘗致疾，妖冶伐性，初秋逾旬，旷不视事，道路忧疑，此天与宁考之所以怒也。隐、剌覆绝，攸、燠尊宠，纲沦法斁，上行下效，京卒外兵，狂悖迭起，此天与宁考之所以怒也。陛下不是之思，方用汉灾异免三公故事，环顾在廷，莫知所付。遥相崔与之，臣恐与之不至，政柄他有所属，此世道否泰，君子小人进退之机也。②

王迈首先指出正是朝政风气的败坏才引起了上天的警示，随即直言宋理宗罢免正直之人乔行简、郑清之，而引用奸邪之人崔与之，只会令朝政更加紊乱。宋理宗为之动容，随即下手札："乔行简三朝元老，一代鸿儒。趋中使以宣回，盍示冕旒之眷；对经筵而进读，庸彰体貌之恩。勉为朕留仫闻忠告。"③ 宋理宗将乔行简留在身边以备咨询。乔行简罢相后，宋理宗独将其留在身边，是出于对三朝元老、一代鸿儒的敬重。最后，从乔行简再度拜相的情况来看，端平三年（1236）十一月，由于崔与之迟迟不赴任，且蒙古军队又进入淮西边境，形势急迫，乔行简在罢相两个月后再度拜为左丞相兼枢密使，进封鲁国公。嘉熙三年（1239）正月，乔行简被拜为少傅、平章军国重事，④ 足以体现出理宗对其格外重视。综上，乔行简因天灾而罢相，以观文殿大学士、醴泉观使兼侍读的身份留在京师，两个月后便再度拜相，体现出京师免谪地与轻微过失、再度拜相之间关系的紧密性。

---

① 《宋史全文》卷三二《宋理宗二》，端平三年九月乙亥，第 2709 页。
② 《宋史》卷四二三《王迈传》，第 12635～12636 页。
③ 《宋史全文》卷三二《宋理宗二》，端平三年九月戊子，第 2709 页。
④ 《宋史》卷四一七《乔行简传》，第 12495 页。

通过对罢相后留任京师再度拜相情况的分析，可知尽管罢相后留在京师的人员在任职情况上存在差别，但多与较轻的行为过失以及尊崇的地位有关，因此，也就决定了其再度拜相的可能性极大。

二　临京府路免谪地类型与再度拜相的关系

宋代宰相罢相后免谪至临京府路者，或是行为过失相对严重，或是处于政治争端时期，再或者是两种情况兼具。尽管罢相后被免谪至外地，但由于其距离京师较近，区位优势明显，因此再度拜相的可能性也较大。一般而言，宰相免谪至外地且皇帝日后意欲起用时，便会将其免谪至临京府路临时安排。宋代宰相罢相后免谪至临京府路且再度拜相的共13人次，分别是：开宝六年八月赵普罢为检校太傅、同中书门下平章事、充河阳三城节度；明道二年四月吕夷简罢为检校太傅、同中书门下平章事、武胜军节度、判陈州军州事，景祐四年四月吕夷简第二次罢相为检校太师、同中书门下平章事、充镇安军节度、判许州；皇祐元年八月陈执中罢为兵部尚书、知陈州；皇祐三年十月文彦博罢为吏部尚书、观文殿学士、知许州军州事；至道元年四月吕蒙正第二次罢相为右仆射、判河南府兼西京留守；明道二年十月张士逊第二次罢相为左仆射、判河南府、兼京西留守；皇祐三年十月文彦博第二次罢为检校太师、同中书门下平章事、充河阳三城节度、判河南府、兼西京留守司；元祐四年六月范纯仁罢为太中大夫、充观文殿学士、知颍昌府；天圣七年六月王曾罢为吏部尚书、知兖州军州事；熙宁二年十月富弼罢为左仆射、同中书门下平章事、武宁军节度、判亳州；绍兴六年十二月赵鼎罢知绍兴；隆兴元年五月史浩罢知绍兴。以上罢相人员再度拜相率达到了31.7%，表明该免谪地类型再度拜相的可能性也较大。在时间段上，主要集中在北宋前中期，尤其是仁宗一朝就有7人次，这与仁宗时期政策调整频繁、政治事件多发、宰相免谪频率较高有关。在空间上，再度拜相的以北宋时期免谪至京西北路的情况居多。京西北路下辖的西京洛阳、郑州、陈州、许州等地，经济发达，文化昌盛，交通便利，因此宰相罢免至临京府路者以京西北路情况居多。如下以文彦博为例，对临京府路宰相免谪地类型与再度拜相的关系进行考察。

文彦博一生三度拜相，两次罢相均罢免至临京府路。第一次罢相发生

于皇祐三年（1051）十月，由张尧佐除宣徽使一事引发。仁宗欲授予张
尧佐宣徽使之职，殿中侍御史唐介极力反对。当从仁宗那里得知初拟的诏
书是来自中书时，"介言当责执政。退，请全台上殿，不许"。① 于是唐介
又开始弹劾文彦博专权任私、挟邪为党，"介遂极言宰相文彦博，以灯笼
锦媚贵妃，而致位宰相，今又以宣徽使结尧佐，请逐彦博而相富弼。又言
谏官观望挟奸，而言涉宫掖，语甚切直"。② 唐介指责文彦博默许张尧佐
的任命诏书当是为迎合张贵妃，因为文彦博位至宰相在很大程度上与结交
了张贵妃有关。与此同时，唐介还直言文彦博专权固位，勾结谏官吴奎之
事。史载：

> 彦博向求外任，谏官吴奎与彦博相为表里，言彦博有才，国家倚
> 赖，未可罢去。自彦博独专大政，凡所除授，多非公议，恩赏之出，
> 皆有夤缘。自三司、开封、谏官、法寺、两制、三馆、诸司要职，皆
> 出其门，更相援引，借助声势，欲威福一出于己，使人不敢议其过
> 恶。乞斥罢彦博，以富弼代之。臣与弼亦昧平生，非敢私也。③

台谏直言文彦博与谏官吴奎互为表里，欺世盗名，又弹劾文彦博专权
固位，援引亲信。仁宗要求二人当庭对质，唐介更是言辞激烈，使得文彦
博也只能拜谢不已。仁宗对于唐介的失态之举尤为愤怒，将其罢免为春州
别驾。④ 文彦博也由此被罢为吏部尚书、观文殿学士、知许州，⑤ 其后又
改忠武节度使、知永兴军兼秦凤路兵马事。⑥ 仁宗至和二年（1055）六
月，陈执中因治家不严而罢相，文彦博被授予吏部尚书、平章事、昭文馆
大学士，⑦ 富弼一同拜相。

仁宗嘉祐三年（1058）六月，文彦博第二次罢相。此次罢相是由于

---

① 徐自明撰，王瑞来校补《宋宰辅编年录校补》卷五，皇祐三年十月庚子，第 288 页。
② 魏泰：《东轩笔录》卷七，燕永成整理，《全宋笔记》第 20 册，第 257 页。
③ 李焘：《续资治通鉴长编》卷一七一，皇祐三年十月丁酉，第 4114 页。
④ 徐自明撰，王瑞来校补《宋宰辅编年录校补》卷五，皇祐三年十月，第 289 页。
⑤ 李焘：《续资治通鉴长编》卷一七一，皇祐三年十月丁酉，第 4115 页。
⑥ 李焘：《续资治通鉴长编》卷一七五，皇祐五年八月戊申，第 4228 页。
⑦ 李焘：《续资治通鉴长编》卷一八〇，至和二年六月戊戌，第 4353 页。

受到郭申锡、张伯玉的弹劾。起初，盐铁副使郭申锡受诏行河北，"与河北转运李参议论不相中，讼参于朝，且言参尝遣人赍河图属彦博。御史张仲玉亦论参结托有状"。① 由于此事牵连到宰相文彦博，皇帝特地下诏审查此事，结果二人所言皆不属实。"郭申锡、张伯玉攻彦博虽不胜，彦博亦不自安，数求退，上许之。"② 于是，文彦博被罢为河阳三城节度使、同平章事、判河南府。此后很长一段时间，尽管文彦博一直在地方任职，但圣宠不减。英宗在论及即位之事时，对文彦博感激道："朕之立，卿之力也。"③ 神宗在论及英宗即位之事时，依然对文彦博格外敬重，感叹道："发端为难，是时仁祖意已定，嘉祐之末，止申前诏尔。正如丙吉、霍光，不相掩也。"④ 临别之时，赐宴琼林苑，并遣两内侍前去赠诗，引世人赞誉。哲宗元祐元年（1086）四月，随着新法派骨干成员蔡确的罢相，废除新法之论兴起，司马光极力引荐元老重臣文彦博，于是，文彦博自河东节度使、守太师、开府仪同三司、潞国公落致仕，被授予太师、平章军国重事的显赫之职，并享受"六日一朝，一月两赴经筵，朝廷有大政令，即与辅臣共议"⑤ 的优厚礼遇。综上，文彦博作为历经仁、英、神、哲四朝的元老重臣，两次罢相后皆被免至临京府路，一生中三度拜相，凸显出临京府路免谪地类型与再度拜相之间的紧密关系。临京府路免谪地类型多承接的是轻度罢相，且日后再度拜相的可能性较大，仅次于京师免谪地类型。

三　远府路免谪地类型与再度拜相的关系

罢相后免谪至远府路者，一般为行为过失较重或处于政治斗争趋于激烈的时期。远府路在空间上距离京师较远，因此，其再度拜相的可能性也较小。宋代宰相罢相后免谪至远府路者，其后再度拜相的共有 8 人，北宋、南宋各 4 人，分别是：太平兴国八年十月赵普罢为太尉、兼侍中、行邓州刺史、武胜军节度使；天圣七年二月张士逊罢为刑部尚书、知江宁

---

① 陈均：《皇朝编年纲目备要》卷一五，嘉祐三年六月，第 353 页。

② 李焘：《续资治通鉴长编》卷一八七，嘉祐三年六月丙午，第 4511 页。

③ 《宋史》卷三一三《文彦博传》，第 10261 页。

④ 《宋史》卷三一三《文彦博传》，第 10262～10263 页。

⑤ 徐自明撰，王瑞来校补《宋宰辅编年录校补》卷九，元祐元年四月，第 560 页。

府；熙宁四年三月韩绛罢为吏部侍郎、知邓州军州、兼京西路安抚使；熙宁七年四月王安石罢吏部尚书、观文殿大学士、知江宁军府事；隆兴元年十二月陈康伯罢判信州；乾道九年十月梁克家罢知建宁府；宝祐六年四月程元凤罢判福州；咸淳五年正月叶梦鼎罢判福州。北宋罢相后免谪至远府路且再度拜相的情况主要集中于京西南路与江南东路，南宋罢相后免谪至远府路且再度拜相的情况主要集中于福建路。如下将分别以天圣七年（1029）二月罢相的张士逊与乾道九年（1173）十月罢相的梁克家为例，对其具体情况进行探讨。

仁宗天圣七年二月，张士逊因救枢密使曹利用第一次罢相。张士逊之所以能在曹利用获罪之时挺身相救，当是为报曹利用的引荐之恩。早在天圣六年（1028）三月，宰相张知白去世，仁宗寻找继任者，曹利用极力引荐张士逊。史载：

> 张知白既卒，上谋所以代之者。宰相王曾荐吕夷简，枢密使曹利用荐张士逊，太后以士逊位居夷简上，欲用之。曾言辅相当择才，不当问位，太后许用夷简。夷简因奏事，言士逊事上于寿春府最旧，且有纯懿之德，请先用之，太后嘉其能让。①

由于曹利用与吕夷简的极力引荐，张士逊才被任命为礼部尚书、平章事，因此张士逊对曹利用尤为感激。在张士逊为相期间，其对曹利用也十分敬重。"利用长枢密，凭宠自恣，士逊居其间，未尝有是非之言，时人目之为'和鼓'。"② 天圣七年正月，曹利用之子曹汭以任职不法而下狱，"坐被酒，衣黄衣，令人呼万岁，杖死"。③ 曹利用牵涉其中，"上（仁宗）以问辅臣，皆顾望，未有对者。张士逊徐曰：'此独不肖子为之，利用大臣，宜不知状'"。④ 曹利用畏罪自杀，张士逊也因营救他而被罢相。仁宗以其东宫旧臣的身份，以刑部尚书知江宁府。天圣八年（1030）八

---

① 李焘：《续资治通鉴长编》卷一〇六，天圣六年三月辛亥，第2468页。
② 李焘：《续资治通鉴长编》卷一〇七，天圣七年二月丙寅，第2495页。
③ 陈均：《皇朝编年纲目备要》卷九，天圣七年正月，第192页。
④ 陈均：《皇朝编年纲目备要》卷九，天圣七年正月，第192页。

月，知江宁府、刑部尚书张士逊知许州。① 天圣九年正月，张士逊回京师朝见，希望能够再度入相。天章阁待制鞠咏上疏反对："曹利用擅威福，士逊与之共事，相亲厚，援荐以至相位，陛下特以东宫僚属用之，臣愿割旧恩，伸公义，趣使之藩。"② 张士逊只得被授予定国节度使、检校太傅，接着赴许州任职。直至明道元年（1032）二月，张士逊才得以再度入相，被拜为行刑部尚书、同平章事、集贤殿大学士。③

南宋孝宗乾道九年十月罢相的梁克家，被免谪至远府路的福建路，其后又被召回京师再度拜相。梁克家罢相与进言未被采纳一事直接相关。乾道九年十月，金国派遣使者来宋，梁克家与知枢密院事张说在有关授书礼仪一事上产生分歧，"议金使朝见授书仪，时欲移文对境以正其礼，克家议不合，遂求去"。④ 于是，梁被罢为观文殿大学士、知建宁府。⑤ 孝宗淳熙元年十二月，朝廷下诏"宰执当守法度，以正百官。梁克家违戾差过员数最多，候服阕日落职"。⑥ 因此，梁被罢去观文殿大学士之职。淳熙六年（1179）正月，以资政殿大学士、宣奉大夫、提举洞霄宫梁克家改知福州。淳熙八年（1181）正月，梁克家请求授予在外宫观官而未得应允，于是，孝宗下诏恢复其观文殿大学士之职，依旧知福州。淳熙九年（1182），梁克家被召回京师，担任醴泉观使兼侍读之职。⑦ 同年九月，梁克家便被再拜为右丞相，封仪国公。⑧ 梁克家因与同僚政见不合而罢相，被免谪至福建路下辖的建宁府，其后又改知福州，其间意欲再度回京复相未得应允，直至淳熙九年才被召回京师再度任相。

综上，张士逊与梁克家罢相后被免谪至远府路，尽管其后皆再度拜相，但罢相与再度拜相的时间间隔明显偏长，且陆续在其他地方任职，直接由远府路任上再度拜相的现象也明显减少。这些情况都进一步表明，远

①　李焘：《续资治通鉴长编》卷一〇九，天圣八年八月丁未，第 2543 页。
②　李焘：《续资治通鉴长编》卷一一〇，天圣九年正月辛酉，第 2552~2553 页。
③　徐自明撰，王瑞来校补《宋宰辅编年录校补》卷四，明道元年二月庚戌，第 191 页。
④　《宋史》卷三八四《梁克家传》，第 11813 页。
⑤　徐自明撰，王瑞来校补《宋宰辅编年录校补》卷一七，乾道九年十月辛未，第 1216 页。
⑥　周密：《齐东野语》卷一《孝宗圣政》，第 2 页。
⑦　徐自明撰，王瑞来校补《宋宰辅编年录校补》卷一七，乾道九年十月，第 1217 页。
⑧　《宋史》卷三八四《梁克家传》，第 11813 页。

府路免谪地类型再度拜相的可能性明显较小，皇帝对罢相免谪至远府路官员的重视程度明显不够。

四　偏远府路免谪地类型与再度拜相的关系

在宋代，宰相罢相后免谪至偏远府路者，或是行为过失极度严重，或是处于极为激烈的政治斗争时期。一般而言，皇帝将其免谪至偏远府路，政治用意就是对犯有严重行为过失的官员予以严惩，且多含有永不复用之意。从空间上来看，罢相后被免谪至偏远府路，距离京师最远，返朝任相的政治距离也最远，几乎没有再度拜相的可能。

宋代宰相罢相后免谪至偏远府路，其后不断贬谪，直至死于贬所。徽宗崇宁元年（1102）闰六月罢相的曾布，便是其中代表。曾布罢相是由于受到蔡京及其党人的倾轧。时为左仆射的韩忠彦无力反击右仆射曾布的排挤，援引蔡京为翰林学士承旨以期助己。崇宁元年正月，韩忠彦的罢相促使蔡京加紧了攻击曾布的步伐。二人在元符末年关系就已不睦，"（曾）布于元符末，欲以元祐兼绍圣而行，故力排蔡京，逐出之"。① 因此，再度同列的二人，势必争斗不已。恰逢此时，曾布拟用姻亲陈佑甫为户部侍郎之事，使蔡京抓住弹劾的把柄，于是，便向皇帝检举揭发："爵禄者，陛下之爵禄，奈何使宰相私其亲？"② 二人在徽宗面前，大肆争论，言辞愈发激烈。徽宗大怒，御史也纷纷弹劾，曾布被罢为观文殿大学士、右银青光禄大夫、知润州。③ 即便如此，蔡京仍不罢休，"加布以赃贿，令开封吕嘉问逮捕其诸子，锻炼讯鞫，诱左证使自诬而贷其罪"。④ 于是，曾布又被剥夺观文殿大学士之职，提举太清宫、太平州居住。其后，又一路被免谪到南京、衡州、贺州、廉州、舒州等地，最后死于润州。⑤ 曾布从政晚期，适逢政治斗争激烈的北宋晚期，曾布先是被免谪至偏远府路的润州，其后一路免谪直至死于贬所，正凸显了偏远府路免谪地在宰相免谪过

① 陈均：《皇朝编年纲目备要》卷二六，崇宁元年闰六月，第661页。
② 徐自明撰，王瑞来校补《宋宰辅编年录校补》卷一一，崇宁元年闰六月壬戌，第699页。
③ 徐自明撰，王瑞来校补《宋宰辅编年录校补》卷一一，崇宁元年闰六月壬戌，第698页。
④ 《宋史》卷四七一《曾布传》，第13716页。
⑤ 《宋史》卷四七一《曾布传》，第13716~13717页。

程中所发挥的独特作用。

宋代免谪至偏远府路者，一般来说几无再度拜相的可能。但对于南宋狭小的版图来说，偏远府路与京师的距离相对缩小，与此同时，囿于身份地位、人际关系以及免谪情况的差别，免谪至偏远府路者也存在再度拜相的特例。高宗建炎三年（1129）四月罢相的朱胜非，便是唯一免谪至偏远府路而再度拜相者。首先，从罢相缘由来看，朱胜非的再度拜相与其免谪程度相对较轻有关。朱胜非的罢相是由苗刘之乱所致。建炎三年三月，因入内内侍省押班康履与其他内侍宦官妄作威福，以及签书枢密院事王渊赏罚不均，引起部将苗傅、刘正彦的强烈不满，"傅、正彦令世修伏兵城北桥下，俟渊退朝，即捽下马，诬以结宦官谋反，正彦手斩之，遂遣人围康履家，分兵捕内官，凡无须者皆杀"。① 苗刘之乱骤然爆发，宰相朱胜非在此期间相机行事以护社稷周全，"胜非之性缓而不迫，虽柔懦而安审，故能委曲调护二贼，使不得肆为悖乱"。② 建炎三年"四月一日，皇帝复位"。③ 被迫退位的高宗复辟以后，宰相朱胜非仍坚持辞相："臣昔遇变，义当即死，偷生至此，欲图今日之事耳。"④ 高宗再度挽留，其辞相更加坚决。于是，朱胜非被罢为观文殿大学士、知洪州。⑤ 不久，又被改命为江西安抚大使兼知江州。绍兴元年（1131），马进陷江州，"侍御史沈与求论九江之陷，由胜非赴镇太缓"。⑥ 朱胜非由于救援不及时，被降为中大夫，分司南京，江州居住。⑦ 绍兴二年（1132），得益于吕颐浩推荐，朱胜非被授予兼侍读之职。⑧ 同年九月，观文殿学士、左宣奉大夫、提举万寿观兼侍读朱胜非被授予左宣奉大夫、同平章事兼知枢密院事。⑨ 综上，朱胜非由于苗刘兵变引咎辞相而被免谪至偏远府路的洪州，时隔三年再度拜相，与其在苗刘兵变过程中的委曲调护之功有关，也与吕颐浩的

①　李心传：《建炎以来系年要录》卷二一，建炎三年三月癸未，第484页。
②　徐自明撰，王瑞来校补《宋宰辅编年录校补》卷一四，建炎三年四月癸丑，第933页。
③　徐梦莘：《三朝北盟会编》卷一二七，建炎三年四月，第926页。
④　《宋史》卷三六二《朱胜非传》，第11318页。
⑤　徐自明撰，王瑞来校补《宋宰辅编年录校补》卷一四，建炎三年四月癸丑，第932页。
⑥　《宋史》卷三六二《朱胜非传》，第11318页。
⑦　《宋史》卷三六二《朱胜非传》，第11318页。
⑧　《宋史》卷三六二《朱胜非传》，第11318页。
⑨　徐自明撰，王瑞来校补《宋宰辅编年录校补》卷一五，绍兴二年九月乙丑，第983页。

极力引荐有关，朱胜非也因此成为两宋时期唯一一位罢相后免谪至偏远府路而再度拜相的宰相。

第二节　宋代宰相免谪地与皇权及同僚之关系

宋代宰相作为阁揆之首，其任命罢免一般出自皇帝决断，宰相免谪地的选择自然也不例外。然而，在处理宰相的罢免过程中，却有可能受到来自各方面的干预和影响。事实上，皇帝、宰辅成员、台谏官、后宫势力等都会在不同程度上影响宰相免谪地的选择。

一　皇权在宰相免谪地选择上的主导作用

在宋代，皇帝作为国家的最高统治者，拥有对所有军国大政的最终裁决权，在宰相免谪地的选择上自然拥有绝对的主导权。因此，宰相与皇帝之间的亲疏关系、受恩宠程度，对宰相免谪地的选择尤为重要。功勋卓著或与皇帝关系较为亲密者，罢相后多数被免谪至京师与临京府路；而无所建树或是失去恩宠者，则一般会被免谪至远府路及偏远府路。如下将以韩琦与余深为例，对皇权在宰相免谪地选择方面的作用做一探析。

神宗治平四年（未改元，1067）九月罢相的韩琦，既功勋卓著又与神宗关系极为密切，因此，在其罢相过程中，神宗始终礼遇有加。首先，就韩琦的个人地位来说，在军事方面，早年便与范仲淹一同经略西部边陲，"上（仁宗）以四路诸招讨委之。仲淹与韩琦谋，必欲收复灵夏横山之地，边上谣曰：'军中有一韩，西贼闻之心骨寒；军中有一范，西贼闻之惊破胆。'元昊闻而惧之，遂称臣"。① 在政治方面，韩琦于嘉祐三年（1058）六月拜相，其后两次深受顾命之托，拥护英宗、神宗顺利继位，被神宗追尊为"两朝顾命定策元勋"，② 可谓德高望重。韩琦的罢相，一方面是其担任山陵使后屡次请辞的缘故，英宗陵寝覆土以毕，时为山陵使的韩琦职事随之完成。韩琦便依前朝山陵使惯例主动辞相，"自有唐至于

① 孔平仲：《谈苑》卷三，池洁整理，《全宋笔记》第 19 册，第 326 页。
② 王明清：《挥麈后录》卷七，燕永成整理，本朝先正御书碑额与御书阁名，《全宋笔记》第 57 册，第 172 页。

五代，山陵使事讫求去。今先帝已祔庙，而臣两为山陵使，恬然不能援故事去位，则是不知典故，何以胜天下之责？虽陛下欲以私恩留臣，顾中外公议且谓臣何？"① 韩琦在上疏中直言辞相是出于对唐五代山陵使制度的恪守。另一方面也与御史弹劾有关。因宰相押班问题，韩琦遭到御史中丞王陶弹劾，王陶言："琦虽上表待罪，而卒不肯赴文德殿立班，臣岂可更处风宪！"② 于是，深感形势变化的韩琦，上表坚决辞相。治平四年九月，韩琦最终罢相，以镇安武胜军节度使、司徒兼侍中判相州。从免谪地来看，韩琦罢相被特授以两镇节度使并被允许回故乡任职，也体现出神宗对其非比寻常的荣宠。

徽宗宣和二年（1120）十一月罢相的余深，因直言劝谏，令徽宗大为不悦。余深作为蔡京死党，依靠蔡京提拔而位至太宰（宰相）。余深罢相与两件事有关，先是上言禁取福州花果一事，"时福建以取花果扰民，深为言之，徽宗不悦"。③ 徽宗意欲罢免余深，而王黼认为此事不足罢，便指使谏官弹劾余深门客交接曹辅一事。史载：

> 宣和中，余深为太宰，王黼为少宰。是时上皇多微行，而司谏曹辅言之。一日上皇独留黼，问辅何自而知，对曰："辅南剑人，而余深门客乃辅兄弟，恐深与客言，而达于辅也。"上皇然之。即下开封府捕深客，锢身押归本贯。内外惊骇，莫知其由。而深患失，何敢与客语？又曹只同姓同郡，实非亲也。未几，王独赐玉带，余遂求罢，即得请。黼遽攘其位焉。④

司谏曹辅对徽宗微服出行之事了如指掌，徽宗对此尤为不解，时为少宰的王黼趁机挑唆是余深的门客结交曹辅所致，暗指余深与曹辅有私交，时余深也提出辞相，徽宗遂将其贬至遥远的福州，更加凸显了皇权在宰相免谪地选择上的决定性作用。

---

① 王明清：《挥麈后录》卷二《韩魏公章子厚为山陵使》，第 116 页。
② 徐自明撰，王瑞来校补《宋宰辅编年录校补》卷七，治平四年九月，第 361 页。
③ 《宋史》卷三五二《余深传》，第 11122 页。
④ 庄绰：《鸡肋编》卷下《王黼攘余深位》，萧鲁阳点校，中华书局，1983，第 90 页。

二　同僚在宰相免谪地上的影响

宋代宰相免谪地选择上除皇权外，还会受到其他宰辅成员与台谏等同僚的影响。免谪宰相作为政治生活中的一件大事，皇帝常常与其他宰辅商议，听取部分宰辅的意见，所以其他在任宰辅的态度也发挥了一定的作用。宋代台谏作为一支较为独立的政治势力，几乎在所有的宰相罢免中都能看到他们的身影，台谏也在逐渐推动宰相免谪地向外延伸。以下以卢多逊与寇准为例，对同僚在宰相免谪地选择上发挥的作用进行探讨。

卢多逊罢相由秦王廷美谋反一事所致，但在很大程度上与赵普的攻击有关，"自后以秦王事谪于朱崖，所以至今皆言卢遭赵之毒手耳"。① 无论是在罢相过程中，还是在免谪地的选择上，赵普都一直发挥着重要作用。事实上，卢多逊与赵普之间的矛盾由来已久。早在太祖开宝六年（973）六月，有关参知政事职权的厘定过程中，就有卢多逊攻击赵普的行为。当时赵普一人独相，专权之势愈发明显，此举引起同僚的不满。太祖在听闻赵批的呈诉之后，意欲罢免赵普，但随即便打消了该念头。时在翰林的卢多逊"因召对，数毁短普，且言普尝以隙地私易尚食蔬圃，广第宅，营邸店，夺民利"。② 卢多逊激烈批评赵普，使赵普衔恨于心。太平兴国六年（981）九月，赵普之子赵承宗与燕国长公主的女儿成婚，而"承宗适知潭州，受诏归阙成婚，礼未逾月，多逊白遣归任，普由是愤怒"。③ 卢多逊急遣赵普儿子归任的行为，使赵普更加愤怒。时隔数日，赵普便因献出"金匮之盟"策而再度复相。④ 赵普复相以后，加紧了排挤卢多逊的步伐，而卢多逊却贪权固位，不肯离去。太平兴国七年（982）夏四月，"后禹锡、熠告秦王廷美阴谋，事连宰相卢多逊。赵普与多逊有积怨，上章乞备枢轴，以纠奸变"。⑤ 第二天，又召文武常参官集议朝堂，卢多逊被剥夺官爵及三代封赠、妻子官封，举家安置崖州。⑥ 卢多逊罢相之事，

---

① 丁谓：《丁晋公谈录》，虞云国、吴爱芬整理，《全宋笔记》第6册，第189页。
② 李焘：《续资治通鉴长编》卷一四，开宝六年六月丁未，第304页。
③ 李焘：《续资治通鉴长编》卷二二，太平兴国六年九月丙午，第500页。
④ 李焘：《续资治通鉴长编》卷二二，太平兴国六年九月丙午，第500页。
⑤ 邵博：《邵氏闻见后录》卷一，第1页。
⑥ 李焘：《续资治通鉴长编》卷二三，太平兴国七年四月丙子，第517页。

赵普在其中运作颇多。在卢多逊免谪地的选择上，赵普的意志也必定掺杂其中。这从时为权知开封府李符劝赵普的话中可以窥见蛛丝马迹。李符在得知卢多逊免谪崖州以后，便劝赵普说："朱崖虽在海外，水土不甚恶，春州近在内地，至者无生还，宜以多逊改窜春州，外示台座宽贷，而实置之必死之地。"① 尽管赵普没有采纳李符的建议，但此事从侧面反映出赵普在卢多逊的免谪地选择上所发挥的重要作用。

真宗天禧四年（1020）六月，寇准二次罢相。此次罢相多因受到丁谓攻击，而丁谓欲以偏远之地将其贬死。丁谓曾受到寇准的提携而位至参知政事，起初其对寇准也很恭谨。一次，在中书聚餐之时，"羹污莱公须，谓为公拂之，公曰：'君为参政大臣，而为宰相拂须耶！'谓大愧"，② 使丁谓极其难堪，从此，便对寇准怀恨在心。天禧四年六月，宰相寇准因请立太子监国事泄，遭丁谓倾轧而罢相。史载：

> 章圣既倦政，而丁谓曲意迎合太后之意，有临朝之谋。准便殿请对，言："太子睿德天纵，足以任天下之事，陛下胡不协天人系望，讲社稷之丕谋，引望大明，歒照重霄？若丁谓恃才而挟奸，曹利用恃权而使气，皆不可辅幼主，恐乱陛下家事。"因俯伏呜咽流涕，真宗命中人扶起，慰谕之。明日，谓之党以急变闻，飞不轨之语以中准，坐是罢相。③

真宗病危之时，丁谓曲意逢迎太后。而寇准执意靠拢太子，并直言丁谓奸邪。丁谓随即援引党人反击。于是，寇准被罢为太子太傅，封莱国公。其后，丁谓不断向真宗请求外放寇准均未得逞。不久，周怀政谋反一事被揭发，寇准由于牵涉其中，随即被罢为太常卿、知相州。其后，又一路被贬至安州、道州，皆由丁谓主导。乾兴元年（1022）二月，真宗驾崩，寇准又被贬为雷州司户。史载：

---

① 李昌龄：《乐善录》卷上，中华书局，1991，第1页。
② 王辟之：《渑水燕谈录》卷四之《忠孝》，第36页。
③ 魏泰：《东轩笔录·佚文》，第322~323页。

> 寇公之贬也，丁晋公与冯相拯在中书，丁当秉笔，初欲贬崖州，忽自疑语冯曰："崖州再涉鲸波如何？"冯唯唯而已。丁乃徐拟雷州。①

史籍中的寇公即为寇准，丁晋公便是丁谓，在决定寇准此次免谪地的过程中，丁谓起初想把寇准免谪至崖州，由于崖州已被作为免谪地，便选定在雷州。在确定雷州作为寇准的免谪地后，丁谓又派中使前去切责。"谓恶准、迪，必欲置之死地，遣中使赍敕赐二人。中使承谓指，以锦囊贮剑揭于马前，示将有所诛戮状。"②中使奉承丁谓之意，俨然要杀掉寇准。寇准见到中使表示必见诏书而后死，中使遂不能得逞。③由此可知，无论是寇准的二次罢相还是其免谪地的选择，丁谓的态度都在其中产生了重要影响。

综上，卢多逊与寇准的罢相皆是由他们与政治对手的斗争所致，政治对手唯恐其日后东山再起，在免谪地的选择上极力怂恿皇帝将其远贬，不惜鼓动台谏等官员持续攻讦。由此可知，在宰相免谪地选择过程中，同僚尤其是政治对手起着极为重要的作用。后来丁谓罢相以后，在其免谪地选择上依然如此。史载：

> 丁之贬也，冯遂拟崖州，当时好事者曰："若见雷州寇司户，人生何处不相逢。"丁谓既逐，李文定因肆行贬窜，时王沂公参政不平之曰："责太重矣。"谓熟视久之曰："居停主人恐亦不免也。"沂公惧，因密谋去之，以擅移山陵劾谓，虽沂公以计倾之，而公议不以为非也。④

上引史籍中李文定为真宗时期的宰相李迪，王沂公为宰相王旦，丁谓免谪之时，冯拯欲将其免谪至崖州，李迪在其被驱逐之后又借机将其远贬。因此，同僚在宋代宰相免谪地的选择上发挥着重要作用。

---

① 潘自牧：《记纂渊海》卷三六之《贬窜》，《景印文渊阁四库全书》第931册，第23页。
② 李焘：《续资治通鉴长编》卷九八，乾兴元年二月戊辰，第2274~2275页。
③ 李焘：《续资治通鉴长编》卷九八，乾兴元年二月戊辰，第2275页。
④ 潘自牧：《记纂渊海》卷三六之《贬窜》，第23~24页。

三　台谏在宰相免谪地选择上的作用

宋代台谏势力逐渐崛起并在国家政治生活中发挥着重要作用。在宰相罢免过程中，台谏成为揭露宰相过失的重要力量，而在免谪地的选择上，台谏也发挥着一定的作用，推动宰相免谪地向更远的地方延伸。然而在不同时期，由于政治环境不同，台谏在宰相免谪地选择上发挥的作用有所不同。在政治相对清明之际，台谏检举宰相的过失行为，给予相关人员应有的惩罚；而在政治黑暗之际，台谏成为权相为所欲为的得力帮凶，推动政治风气向愈加恶劣的方向发展。如下将以蔡确与赵鼎为例，对台谏在宰相免谪地选择上发挥的作用进行探析。

哲宗元祐元年（1086）闰二月蔡确罢相，台谏在其免谪过程中表现出规模空前的政治威力。首先，从蔡确的罢相推动因素来看，台谏在各种政治势力中一直占据上风。蔡确罢相由担任神宗山陵使一事而起。元丰八年（1085）十月，由于蔡确负责的神宗山陵事务结束，其无视山陵旧制拒不辞相，侍御史刘挚开始上第一道弹劾蔡确的奏章。史载：

> 伏见今月六日神宗皇帝灵驾进发，准敕，前一日五使、三省执政官宿于两省及幕次。窃闻宰相蔡确独不曾入宿，中外莫不疑骇。伏以山陵国之大事，迁坐发引，葬之大节。故前夕群臣宿于内者，以陛下是夜躬行祭奠之礼，臣子之心同于攀慕，不得安寝于其私也。下逮执事、奔走之众，谁敢不虔奉期会，以共厥事？而确位冠百辟，身充山陵使，正当典领一行职务，而乃于是夜独不赴宿，慢废典礼，有不恭之心，谨具弹劾以闻。伏望圣断，特赐详酌施行。①

刘挚在奏疏中强烈谴责蔡确在神宗灵驾前拒不入宿的大逆之举，又指责蔡确在山陵事务结束以后拒不辞相，留恋权位。与此同时，左正言朱广庭就此事也上奏弹劾蔡确，并历数蔡确诬陷太皇太后、引用亲信等恶

---

① 李焘：《续资治通鉴长编》卷三六〇，元丰八年十月己丑，第 8629 页。

行。① 随后，刘挚连上十章弹劾蔡确，言辞愈发激烈。至元祐元年闰二月，蔡确终被罢相，依前官充观文殿大学士、知陈州。② 因此，蔡确罢相是由于担任山陵使失职，而遭台谏猛烈攻击，台谏在其罢相过程中起到了重要的推动作用。其次，从其罢相后的免谪地来看，台谏一直在持续推动其免谪地与政治中心的远离。哲宗元祐二年（1087）二月，"蔡确坐弟硕事，谪知安州，作甑山公等诗，意有所讥切。谏官言之，未决"。③ 蔡确受到其弟蔡硕拖欠官钱之事的牵连，受到台谏的猛烈弹劾，御史中丞傅尧俞、给事中顾临、右谏议大夫梁焘、右司谏王觌也纷纷强烈请求对蔡确严加贬谪，蔡确再度被贬知安州。元祐三年（1088）正月，朝廷欲复授蔡确观文殿学士、知邓州。给事中赵君锡表示强烈反对。④ 于是夺蔡确所复之职，知邓州。元祐四年（1089）五月，蔡确车盖亭诗案被知汉阳军吴处厚揭发出来。史载：

> 蔡确《安陆诗》，吴处厚告于朝，台官唯李公择言"不宜长此风"。盛陶言"无意"，余持两端，故谪辞用"首鼠对寒蝉"之句。谏官四人朱光庭、吴安诗、刘安世、梁焘，交章排论，两府独范纯仁留身力解之。时王存已去，行数步，为范一言而留之。蔡既贬新州，范、王皆罢政。公言："使确诚无意，如'沧海扬尘'之句，非佳语也。"⑤

蔡确在安陆所作之诗，语涉诬谤太皇太后，谏官朱光庭、吴安诗、刘安世、梁焘纷纷上疏弹劾。于是，蔡确又被责授英州别驾、新州安置。⑥ 从蔡确的罢相情况可以看出，台谏自始至终都起着极为关键的作用，其活动贯穿了整个免谪过程。台谏推动蔡确免谪地逐渐向偏远之地延伸。

南宋高宗绍兴八年（1138）十月，赵鼎二次罢相，台谏的弹劾也贯穿始终，这一切都受秦桧指使。首先，从其罢相过程来看，台谏一直作为

---

① 李焘：《续资治通鉴长编》卷三六〇，元丰八年十月己丑，第 8629~8630 页。
② 徐自明撰，王瑞来校补《宋宰辅编年录校补》卷九，元祐元年闰二月庚寅，第 528 页。
③ 苏辙：《龙川别志》卷下，俞宗宪点校，中华书局，1982，第 93 页。
④ 徐自明撰，王瑞来校补《宋宰辅编年录校补》卷九，元祐三年正月，第 533 页。
⑤ 孙升：《孙公谈圃》卷中，赵维国整理，《全宋笔记》第 15 册，第 275~276 页。
⑥ 徐自明撰，王瑞来校补《宋宰辅编年录校补》卷九，元祐三年五月辛巳，第 533 页。

秦桧排挤赵鼎的工具。当时，"金人有许和之议，上与宰相议之，赵鼎坚执不可讲和之说"，① 而秦桧再三力劝高宗议和，高宗最终采纳了秦桧的意见，同意议和。又因赵鼎在为赵璩争封国一事上使高宗反感，秦桧便趁机指使侍御史萧振弹劾赵鼎。史载：

> 初，侍御史萧振既击刘大中，谓人曰："如赵丞相不必论，盖欲其自为去就也。"时传语纷纷："今日曰，赵丞相乞去矣，明日曰，赵丞相般上船矣，盖秦桧之属，以此撼之。"②

侍御史萧振受秦桧指使，故意编造宣传赵鼎辞相的谣言，而赵鼎起初并未察觉秦桧的排挤，最终赵鼎在方畴的指点下恍然大悟，主动请求辞相。于是，其被罢为奉国军节度使、知绍兴府。临别之时，面对秦桧的饯别，赵鼎却言："议已不协，何留之有？"③ 遂登舟而去。其次，从赵鼎此后的贬谪地来看，其因台谏的弹劾，贬谪地越来越远。史载：

> （张）浚初求去，有旨召（赵）鼎。鼎至越丐祠，桧恶其逼己，徙知泉州，又讽谢祖信论鼎尝受张邦昌伪命，遂夺节。御史中丞王次翁论鼎治郡废弛，命提举洞霄宫。鼎自泉州归，复上书言时政，桧忌其复用，讽次翁又论其尝受伪命，乾没都督府钱十七万缗，谪官居兴化军。论者犹不已，移漳州，又责清远军节度副使，潮州安置。在潮五年，杜门谢客，时事不挂口，有问者，但引咎而已。中丞詹大方诬其受贿，属潮守放编置人移吉阳军，鼎谢表曰："白首何归，怅余生之无几；丹心未泯，誓九死以不移。"桧见之曰："此老倔强犹昔。"④

以上记载了秦桧在赵鼎罢相后，忌其复用，不停指使台谏官谢祖信、王次翁、詹大方等人弹劾赵鼎，致使赵鼎相继被贬至泉州、兴化军、潮

---

① 徐梦莘：《三朝北盟会编》卷一八四，绍兴八年十月，第1333页。
② 李心传：《建炎以来系年要录》卷一二二，绍兴八年冬十月甲戌，第1974页。
③ 徐自明撰，王瑞来校补《宋宰辅编年录校补》卷一五，绍兴八年十月，第1035页。
④ 《宋史》卷三六〇《赵鼎传》，第11294页。

州、吉阳军等地。① 最后，赵鼎于贬谪地绝食而死。从赵鼎的第二次罢相情况来看，无论是罢相之时还是以后贬谪地的变化上，台谏弹劾就像催化剂，使其贬谪地愈来愈远。事实上，台谏的弹劾已经成为赵鼎与秦桧之间政治斗争的一种表现形式，这反映出在政治斗争剧烈的时期，台谏俨然沦为权臣打击异己的有力武器，而宰相受其弹劾，免谪地向更加偏远的地方转移。

小　结

综上所述，宰相罢免缘由直接影响到宰相免谪地的远近，而宰相罢免地的远近势必与其返朝任职存在紧密联系。通过对宋代京师、临京府路、远府路、偏远府路免谪地与再度返朝任职情况的分析可以发现，随着距离京师空间距离的逐渐加大，罢相以后再度返朝任职的概率也在明显降低。这进一步凸显了宰相免谪地在宰相再度返朝任职过程中的独特作用，宰相免谪的严重程度不只表现为官衔与俸禄待遇的变化，更体现为宰相免谪地的远近方面。从宰相免谪地距离京师的远近可以看出君主对卸任宰相是否复用的政治态度。然而，在宰相免谪地的选择上，并非罢免缘由起着单一决定作用，皇帝、同僚、台谏分别发挥着不同程度的作用，皇帝的态度对宰相免谪地的选择具有决定性作用，宰相与同僚之间的关系也影响着免谪地的选择，台谏对宰相免谪地的选择亦具有推动作用。皇帝、同僚、台谏三者由于政治角色不同，在宰相免谪地的选择上分别扮演着不同的角色，发挥着各异的作用。

---

① 徐自明撰，王瑞来校补《宋宰辅编年录校补》卷一五，绍兴八年十月，第 1036~1038 页。

余　论

在传统的中国古代政治史研究中，学者更多地将注意力倾向于各种制度、措施、政策、法令的制定与颁布，而对制度制定的背景、推动制度实施的动力、制度在施行中的演变过程以及与之密切相关的人际因素关注不够，或者说没有将其系统地整合贯通起来研究。宋代官僚政治发达，加之实行"上下相维，轻重相制"的统治策略，致使君臣间关系、臣僚间关系、上下级间关系、机构间关系等错综复杂。作为推动制度运行的宰辅集团是宋朝治国的主要力量，若想更好地阐释政务决策与运作的过程，就需要我们把握宰辅集团与之密切相连的各种关系。既要以动态的视角关注制度的变迁与厘革，又要把握推动制度运行的人的因素，做到将制度中的人与事、情与境结合分析，明确制度运作与人为因素相互影响、相互作用的内在关系，这样才能更好地阐释、解读政治制度运作与演变的整个过程。日本学者平田茂树继承发展寺地遵的"政治过程论"，就是站在微观的角度确定政治现象是由什么样的人（主体），基于什么样的力量源泉，并通过何种过程而发生的，针对政治活动中力量的输入和输出进行的动态研究，关于产生政治权力、精英以及领导者的政治过程的研究，特定的政策的形成、决定、实施的过程等研究。本书在研究中突破以往学者囿于皇权与相权大小、强弱的争执，将皇权与相权作为对立统一的整体来探讨，从不同的背景与官员职任出发，分时段分案例地分析，从制度与机制的运作中来观察皇帝与宰辅集团以及宰辅集团成员之间的关系与权力配置。

在前期研究中，笔者针对宋代中枢运作机制以及相关问题有了较为深入的探讨，提出了一些新的见解，对决定和影响中枢运作的政治背景、政治事件、制度机制、君主性格、官员理政作风等因素进行了具体分析，提出如下总结性观点。

第一，在宋代中枢运作研究中始终注意制度史与政治史研究的不同侧重。制度史偏重制度的前后演变情况，以及推动制度变化的内外在动力、制度形成的原因、制度施行后产生的影响；而政治史则注重政治演变的规律，政治事件、政治人物、政治环境三者在政治进程中的作用。在探讨宋代中枢运作时既要结合当时的政治军事形势，关注制度中的人与事、情与境，又要把握其背后的基本治国方略，这样才能更好地阐释、解读政治制度运作与演变的整个过程，才能使研究更加贴近历史真实，最大限度地还原鲜活多彩的历史景象。

第二，宋代帝王基于"分权"理念基础上提出的"异论相搅"，虽然维护了朝政稳定，但在具体政务运作中平添了政治内耗，增加了行政成本。然而这些对于最高统治者所期许的政局稳定和帝位传承来说，是微不足道的。正是这一系列"崇文抑武""守内虚外""将从中御""强干弱枝"等祖宗法构建了宋代政治运行的实态。

第三，宋代中枢运作反映出中国古代帝制时期中央集权（centralisation）、分权制衡（decentralisation）、君主专权（autocracy）原则的融合与冲突。作为统治阶级的君主和宰执都希望将国家权力集中于中央，在这一层面上君主与宰执立场一致。但中央集权实现后，则面临着君权与宰执权力之间的分配，而勤政的君主总想尽量控制执政臣僚，使中央权力得到较为合理的配置，在君主专权与宰执分权之间保持一个恰当的度，既要保证中枢政务决策与执行的效率，又要限制某些官员权力的过分膨胀，在这一层面上君主与宰执则处于对立面。待君权与宰执权力配置完成后，剩余的中央权力归落于宰执和宰执机构，在这一过程中使制度性权力、关系性权力、人格性权力得以充分展现。

第四，北宋元丰官制改革，从制度建设的层面看，使北宋施行了百余年的中书门下决策机制发生了巨变，憧憬唐朝官制的宋神宗，决意要回归到"中书取旨，门下审覆，尚书受而行之"的《唐六典》所规定的轨道上去。不能否认，这一充满反馈机制的决策程序是一种近乎理想的程序。与《周礼》的官制设计一样，三省制其实是一种理想化的静态设计，理想的制度一旦付诸实施，便加入了人的活动因素，增添了很大的变数。正是这些变数让理想的制度变形、扭曲，无形中遵循力学原理，为强力所牵引。元丰改制实施在一个特殊的背景——充满争议的王安石变法之后，一个理想化的制度投入活跃的党争背景之下，其施行状态可想而知。元丰改制后，左仆射兼门下侍郎为首相，右仆射兼中书侍郎为次相，左尊于右。但由于右仆射兼中书侍郎有取旨之权，也就获得了更多的与皇帝商议政务的便利，形成了次相实际权力重于首相的局面。在改制之初，王珪为左仆射，蔡确为右仆射，蔡确实权在握。尽管有三省同进呈取旨的规定，但为蔡确所阻挠，从而实际形成了中书单独取旨的形态。王珪去世后，蔡确成为左仆射，韩缜成为右仆射。蔡确明升暗降，失去实权。在党争的背景下，权重的中书侍郎成为各派角逐的对象，看重的即是中书省的单独取旨权。尽管后来又实行三省同进拟同取旨，但元丰改制毕竟造成了中书省权重的势态，后来，设置平章军国事，中书省独大的局面得到限制，三省权力运行呈现出一体化的趋势。北宋后期蔡京效仿王安石制置三司条例司，超越三省，攫取了最高行政权力，蔡京的长期擅权，致使正常的三省运作机制被破坏殆尽。综上所述，北宋元丰改制后三省权力运作与决策机制改革，呈现出理想与现实的冲突。无论理想与现实，遵循事物自身发展的规律，顺其自然，方可行远。

第五，对政治事件及政治人物的详细分析虽然有助于更好地阐释制度演变的过程，但是对政治事件及人物论述篇幅过大，就会偏离机制运作的这条主线，如何将二者更好地结合起来，是需要不断思索的问题，也是如何将政治史与制度史研究很好地结合的问题。在研究中力图将制度、人物、事件三位一体的整合呈现出来，突破以往就事论事、就制度论制度的思维模式，即以机制演变过程为主线，串合制度演进中的宰辅员任个性特点、政治立场、执政环境、与皇帝的亲疏关系以及政治事件在推动制度变迁中所起的作用。

笔者曾提出研究中国古代政治制度史需要注意的"四要素"：背景、体制、人物、事件。首先，关于背景，宋代在中国古代历史上可以说是一个承前启后的时代，无论是"唐宋变革论"，还是"宋元变革说"，无疑将宋代划归一个转折的朝代。处于历史转型中的宋代社会，表现出诸多鲜明的时代特色，蕴含着丰富的时代内容。例如宋代经济繁荣，科技进步，文化发达，政治氛围较为宽松，然而"崇文抑武"致使军事力量薄弱，对外征战中常处于被动局面；朝政内部，尤其是国家统治后期政治腐败，内廷奢侈达到极致；仁人志士辈出而权佞之臣也同样林立朝野。宋代是一个文官制度高度发达的朝代，无论是身居朝廷的在任官员，还是致仕或赋闲的文人士大夫，在右文政策的感召下，他们积极建言献策、参政议政，民间百姓也可以较为自由地议论朝政，批评朝廷官员，社会自由度较大，民众意见能够及时传递到朝廷。但有宋一代又面临着各种矛盾和问题，诸如民族关系复杂，对外战争频繁，历经多次经济与政治改革，冗官、冗员、冗费等"三冗"问题突出，自然灾害以及不间断的农民起义、民变、群体性事件频发等。宋朝复杂的政治、经济、军事及社会环境，给宋代政治制度发展演变增添了很大的变数。因此研究宋代政治制度，这些因素必须考虑进去。

其次，关于体制，北宋前期实行官、职、差遣相分离的职官制度，致使宋朝机构重叠，官员浮冗，财政耗费巨大。一些有识之士（如范仲淹、欧阳修等）强烈呼吁实施官制改革，以消除积弊。至元丰时，宋神宗励精图治，亲自主持官制改革，在中央废除使职差遣制度，施行循名责实的三省六部制。这次改革虽然精简了机构和吏员，节约了财政开支，但改革后的"三省—枢密院"机制较之前的二府机制效率有所下降。元丰改制前的太祖、太宗、真宗朝二府运作机制有一个逐渐调整的过程，至仁宗时施行"宰枢同议"和"宰枢互兼"制度，英宗治平时宰相韩琦、曾公亮一度兼任枢密院公事，并施行中书、枢密院"朔望会于南厅"之制，神宗时王安石先后任参知政事和宰相，"中书每取兵数，料兵食，盖常事"。这样军政决策效率有所提高。改制后，三省与枢密院的运作机制也不断调整，一些宰执正是利用机制调整的机会来扩张个人或本部门的权力。北宋官制改革，总是遵循着"分权制衡""上下相维，轻重相制"原则。南宋高宗建炎三年（1129）四月，以尚书省左、右仆射兼同中书门下平章事代替原来的左、右仆射兼中书侍郎、门下侍郎为左、右宰相，以参知政事为副宰相，原来的中书侍郎、门下侍郎与尚书左、右丞退出副宰相行列。孝宗乾道八年（1172）二月，三省设置左、右丞相与参知政事，宰相通治三省之事。从宰相、副宰相的职权看，即三省领导权的合一，但名义上三省机构仍存在。南宋时期实行宰辅互兼体制，宰相常兼枢密使，参知政事兼任枢密副使。高宗、孝宗时期都曾令宰相兼任枢密使，宁宗开禧以后宰相兼枢密使更成为定制。熟悉这些基本制度和体系，是研究具体制度、规定的前提和基础。

再次，关于人物。宋代作为一个文官制度高度发达的朝代，皇帝奉行"与士大夫治天下"的理念，推行文治、"重用儒臣"的治国方针，在这种背景下，涌现出一大批极具影响力的文人士大夫。宋代士大夫作为治国理政的中坚力量，常以天下为己任，积极入世。其中最具代表性的是赵普、王旦、寇准、范仲淹、富弼、王安石等。例如在北宋元丰改制前，参知政事的权力变化分为如下几个阶段：乾德二年、开宝六年、雍熙四年、至道元年、至道二年。乾德二年不宣制，不押班，不知印，不升政事堂；开宝六年同议公事，同押班、知印；雍熙四年文德殿置参政砖位；至道元年分日知印，押正衙班，同升都堂，砖位与宰相合而为一；至道二年参知政事不知印押班，砖位列宰相后，不升政事堂。至道二年以后参政的权力因人因时而异，权力不断变化。即使参知政事权力有明确诏令规定的时候，在中书政务的运作中，其实际权力的大小也存在差别，究其原因是担任参知政事的官员在个人素质、能力、性格方面存在不同，与君主的信任、器重及其与君主亲疏关系的差异也有关系。这些因素制约影响甚至决定着制度规定以外的参知政事的权力。《山堂考索》续集卷三二《官制门·参知政事》言："或得或失，有逸出于法制分界之外者，非法之所能禁，但顾所任之人如何耳。"这也充分证明了在古代人治社会中，制度因素往往被人为因素左右。如王安石凭借神宗的器重与信任，在中书门下取得了绝对的主导地位，其虽然是参知政事，但实际上代表宰相主持中书工作，成为中央政府的真正首脑。又如寇准这样勇于自任又深得太宗信任的参知政事，他的就任带来了参知政事法定权力的调整，而鲁宗道、陈执中担任参知政事时，仅是在皇帝默认或支持下，使参知政事的权力与地位获得了上升。所以由于担任参知政事的官员的情况不同，其职权在政治运作中呈现出进退、强弱、大小不一的状况。

最后，关于事件。研究政治制度，要将其置于当时的背景环境中，既要对制度本身进行研究，又要对执行制度的人进行考察，然后把三者置于活生生的事件中，做四位一体的分析探讨，这样才能深入了解政治运作的过程和愈加真实地还原历史。崇宁五年（1106）正月，彗星出现在西方。在古代，星变的出现意味着朝政有缺失之处，上天的征兆和惩罚，给统治者以警醒，它往往带来政局的变动。于是徽宗以"星变"下诏允许朝廷中外臣僚直言朝政缺失，且命毁元祐党籍碑，大赦元祐党人，并将权相蔡京罢为司空、开府仪同三司、安远军节度使、中太一宫使。例如，笔者在研究北宋中后期中枢权力运作时，就力图将制度（三省—枢密院体制）、人物（蔡确、章惇、吕公著、蔡京等）、事件（吕惠卿除授、西夏进犯、蔡确责降、施行戒约、蔡京专权等）三位一体的整合呈现出来，突破以往就事论事、就制度论制度的思维模式，将制度运作、人物（主要指宰辅，也包括皇帝）、政治（含军事）事件置于一个总的权力场中，在这个场（field）中，"可以呈现出各种权力的纠合与角力，透视各种关系的和谐与紧张，全方位地展示一个时代的政治态势"。① 以制度运作机制的演变为主线，串合制度演进中的宰辅员任特点、政治立场、执政情况、与皇帝（垂帘太后）的关系等，注重政治演变的规律，政治事件、政治人物、政治环境三者在政治进程中的作用，唯有此才能使研究更加贴近历史的真实，最大限度地还原鲜活多彩的历史景象。

---

① 王瑞来：《宰相故事——士大夫政治下的权力场》，第12页。

主要参考文献

一 古籍

蔡绦：《铁围山丛谈》，中华书局，1983。

晁补之：《鸡肋集》，《景印文渊阁四库全书》第 1118 册，台湾商务印书馆，1986。

陈东：《少阳集》，《景印文渊阁四库全书》第 1136 册。

陈均：《皇朝编年纲目备要》，许沛藻等点校，中华书局，2006。

陈骙、佚名：《南宋馆阁录·续录》，张富祥点校，中华书局，1998。

陈起：《江湖后集》，《景印文渊阁四库全书》第 1357 册。

陈思：《两宋名贤小集》，《宋集珍本丛刊》第 102 册，线装书局，2004。

陈元靓：《事林广记》，中华书局，1963。

程俱：《北山小集》，《宋集珍本丛刊》第 33 册。

程俱撰，张富祥校证《麟台故事校证》，中华书局，2000。

丁谓：《丁晋公谈录》，《全宋笔记》第 6 册，大象出版社，2019。

窦仪：《宋刑统》，薛梅卿点校，法律出版社，1999。

杜大珪编，顾宏义、苏贤校证《名臣碑传琬琰集校证》，上海古籍出版社，2021。

杜佑：《通典》，中华书局，1988。

范纯仁：《范忠宣公文集》，《宋集珍本丛刊》第 15 册。

范祖禹：《范太史集》，《景印文渊阁四库全书》第 1100 册。

方回：《桐江集》，《续修四库全书》第 1322 册，上海古籍出版社，2002。

方回：《瀛奎律髓汇评》，《景印文渊阁四库全书》第 1366 册。

费衮：《梁溪漫志》，上海古籍出版社，2012。

管仲：《管子》，房玄龄注，《景印文渊阁四库全书》第 729 册。

韩维：《南阳集》，《景印文渊阁四库全书》第 1101 册。

何休解诂，徐彦疏《春秋公羊传注疏》，北京大学出版社，1999。

洪迈：《容斋随笔》，孔凡礼点校，中华书局，2005。

洪迈：《夷坚志》，中华书局，1981。

胡寅：《斐然集》，《景印文渊阁四库全书》第 1137 册。

黄履翁：《古今源流至论·别集》，《景印文渊阁四库全书》第 942 册。

黄震：《古今纪要》，《景印文渊阁四库全书》第 383 册。

江少虞：《宋朝事实类苑》，上海古籍出版社，1981。

《旧五代史》，中华书局，1976。

孔平仲：《谈苑》，《全宋笔记》第 19 册。

黎靖德编《朱子语类》，中华书局，1986。

李昌龄：《乐善录》，中华书局，1991。

李焘：《续资治通鉴长编》，中华书局，2004。

李纲：《李纲全集》，王瑞明点校，岳麓书社，2004。

李心传：《建炎以来朝野杂记》，中华书局，2000。

李心传：《建炎以来系年要录》，中华书局，2013。

李心传：《旧闻证误》，中华书局，1981。

李攸：《宋朝事实》，中华书局，1955。

李元纲：《厚德录》，《全宋笔记》第 66 册。

李埴撰，燕永成校正《皇宋十朝纲要校正》，中华书局，2013。

《辽史》，中华书局，1974。

林駧：《古今源流至论》，《景印文渊阁四库全书》第 142 册。

刘克庄：《后村先生大全集》，《宋集珍本丛刊》第 82 册。

刘时举：《续宋中兴编年资治通鉴》，中华书局，2014。

刘一清撰，王瑞来校笺考原《钱塘遗事校笺考原》，中华书局，2016。

刘挚：《忠肃集》，中华书局，2002。

陆游：《老学庵笔记》，中华书局，1979。

吕希哲：《吕氏杂记》，《全宋笔记》第 17 册。

吕颐浩：《忠穆集》，《宋集珍本丛刊》第 31 册。

吕中：《类编皇朝大事记讲义》，上海人民出版社，2014。

罗从彦：《豫章罗先生文集》，《宋集珍本丛刊》第 32 册。

罗大经：《鹤林玉露》，中华书局，1983。

罗愿：《罗鄂州小集》，《宋集珍本丛刊》第 61 册。

马端临：《文献通考》，中华书局，2011。

茅星来：《近思录集注》，《景印文渊阁四库全书》第 699 册。

孟元老撰，邓之诚注《东京梦华录注》，中华书局，1982。

慕容彦逢：《摛文堂集》，《景印文渊阁四库全书》第 1123 册。

欧阳澈：《欧阳修撰集》，《景印文渊阁四库全书》第 1136 册。

潘汝士：《丁晋公谈录》，中华书局，2021。

潘自牧：《记纂渊海》，中华书局，1988。

庞元英：《文昌杂录》，《全宋笔记》第 12 册。

彭百川：《太平治迹统类》，广陵书社，1981。

钱若水修，范学辉校注《宋太宗皇帝实录校注》，中华书局，2012。

潜说友：《（咸淳）临安志》，《宋元方志丛刊》第 4 册，中华书局，1990。

邵伯温：《邵氏闻见录》，李剑雄、刘德权点校，中华书局，1983。

邵博：《邵氏闻见后录》，李剑雄、刘德权点校，中华书局，1983。

司马光：《传家集》，《景印文渊阁四库全书》第 1094 册。

司马光：《涑水记闻》，中华书局，1989。

司马光：《资治通鉴》，中华书局，1956。

宋敏求：《春明退朝录》，中华书局，1980。

《宋史全文》，汪圣铎点校，中华书局，2016。

《宋史》，中华书局，1977。

苏辙：《龙川别志》，中华书局，1982。

孙逢吉：《职官分纪》，《景印文渊阁四库全书》第 923 册。

孙升：《孙公谈圃》，《全宋笔记》第 15 册。

《唐六典》，中华书局，1992。

田况：《儒林公议》，《全宋笔记》第 8 册。

汪藻：《浮溪集》，《景印文渊阁四库全书》第 1128 册。

汪藻撰，王智勇笺注《靖康要录笺注》，四川大学出版社，2008。

王安石：《临川先生文集》，中华书局，1959。

王安石撰，李壁注《王荆公诗注》，《景印文渊阁四库全书》第 1106 册。

王辟之：《渑水燕谈录》，吕友仁点校，中华书局，1981。

王称：《东都事略》，齐鲁书社，2000。

王夫之：《宋论》，中华书局，2013。

王巩：《闻见近录》，《全宋笔记》第 20 册。

王珪：《华阳集》，《景印文渊阁四库全书》第 1093 册。

王明清：《挥麈后录》，《全宋笔记》第 57 册。

王应麟：《困学纪闻》，上海古籍出版社，2008。

王应麟：《四明文献集》，中华书局，2010。

王应麟：《玉海》，广陵书社，2016。

王栐：《燕翼诒谋录》，诚刚点校，中华书局，1981。

王曾：《王文正公笔录》，《全宋笔记》第 7 册。

王铚：《默记》，王杰人点校，中华书局，1981。

魏了翁：《重校鹤山先生大全文集》，《宋集珍本丛刊》第 76 册。

魏泰：《东轩笔录》，中华书局，1983。

无名氏：《建炎复辟记》，《全宋笔记》第 31 册。

吴泳：《鹤林集》，《宋集珍本丛刊》第 74 册。

吴曾：《能改斋漫录》，《全宋笔记》第 36 册。

吴自牧：《梦粱录》，古典文学出版社，1957。

谢翱：《晞发集》，《宋集珍本丛刊》第 91 册。

谢深甫：《庆元条法事类》，黑龙江出版社，2002。

谢维新：《古今合璧事类备要》，《景印文渊阁四库全书》第 939 册。

徐度：《却扫编》，《全宋笔记》第 39 册。

徐梦莘：《三朝北盟会编》，上海古籍出版社，2008。

徐乾学：《读礼通考》，《景印文渊阁四库全书》第 114 册。

徐松辑《宋会要辑稿》，上海古籍出版社，2014。

徐自明撰，王瑞来校补《宋宰辅编年录校补》，中华书局，1986。

杨仲良：《皇宋通鉴长编纪事本末》，李之亮校点，黑龙江人民出版社，2006。

叶梦得：《石林燕语》，中华书局，1984。

叶绍翁：《四朝闻见录》，中华书局，1989。

夷门君玉：《国老谈苑》第 2 编，大象出版社，2006。

佚名：《东南纪闻》，《全宋笔记》第 101 册，大象出版社，2019。

佚名：《宋大诏令集》，司义祖整理，中华书局排印本，1962。

佚名：《续编两朝纲目备要》，中华书局，1995。

佚名撰，孔学辑校《皇宋中兴两朝圣政辑校》，中华书局，2019。

佚名撰，王瑞来笺证《宋季三朝政要笺证》，中华书局，2010。

宇文懋昭撰，崔文印校证《大金国志校证》，中华书局，1986。

元绛：《追荣集序》，《全宋文》第 43 册，上海辞书出版社，2006。

岳珂编，王曾瑜校注《鄂国金佗稡编续编校注》，中华书局，2018。

曾巩撰，王瑞来校证《隆平集校证》，中华书局，2012。

曾敏行：《独醒杂志》，上海古籍出版社，1986。

张方平：《张方平集》，中州古籍出版社，1992。

章如愚：《山堂考索》，中华书局，1992。

赵鼎：《建炎笔录》，《全宋笔记》第 31 册。

赵汝愚：《宋朝诸臣奏议》，上海古籍出版社，1999。

赵昇：《朝野类要》，中华书局，2007。

赵与时：《宾退录》，《全宋笔记》第 73 册。

中敕：《大唐开元礼》，民族出版社，2000。

周必大撰，王瑞来校证《周必大集校证》，上海古籍出版社，2020。

周淙：《（乾道）临安志》，《宋元方志丛刊》第 4 册。

周麟之：《海陵集》，《景印文渊阁四库全书》第 1142 册。

周密：《齐东野语》，中华书局，1983。

周密：《癸辛杂识》，吴企明点校，中华书局，1988。

朱弁：《曲洧旧闻》，孔凡礼点校，中华书局，2002。

朱熹：《晦庵先生朱文公文集》，《朱子全书》第 21 册，上海古籍出版社、安徽教育出版社，2002。

朱熹、吕祖谦：《近思录》，《景印文渊阁四库全书》第 699 册。

朱彧：《萍洲可谈》，《全宋笔记》第 26 册。

庄绰：《鸡肋编》，萧鲁阳点校，中华书局，1983。

二　著作

包伟民主编《宋代制度史研究百年（1900～2000）》，商务印书馆，2004。

曹家齐：《宋史研究杂陈》，中华书局，2018。

陈振：《宋代社会政治论稿》，上海人民出版社，2007。

陈振：《宋史》，上海人民出版社，2003。

〔日〕池泽滋子：《丁谓研究》，巴蜀书社，1998。

迟振汉：《北宋宰相制度》，丽文文化事业股份有限公司，2010。

邓小南：《朗润学史丛稿》，中华书局，2010。

邓小南：《宋代文官选任制度诸层面》，河北教育出版社，1993。

邓小南主编《政绩考察与信息渠道——以宋代为重心》，北京大学出版社，2008。

邓小南：《祖宗之法——北宋前期政治述略（修订版）》，生活·读书·新知三联书店，2014。

龚延明编著《宋代官制辞典（增补本）》，中华书局，2017。

龚延明：《中国古代职官科举研究》，中华书局，2006。

郭东旭：《宋代法制研究》，河北大学出版社，2000。

何忠礼：《南宋政治史》，人民出版社，2008。

何忠礼：《宋代政治史》，浙江大学出版社，2007。

贾玉英：《宋代监察制度》，河南大学出版社，1996。

贾玉英：《唐宋时期中央政治制度变迁史》，人民出版社，2011。

姜青青：《〈咸淳临安志〉宋版〈京城四图〉复原研究》，上海古籍出版社，2015。

赖瑞和：《唐代高层文官》，中华书局，2017。

李昌宪：《司马光评传》，南京大学出版社，1998。

李昌宪：《宋朝官品令与合班之制复原研究》，上海古籍出版社，2013。

李昌宪：《中国行政区划通史·宋西夏卷》，复旦大学出版社，2007。

李华瑞：《宋夏关系史》，河北人民出版社，1998。

李华瑞主编《宋辽西夏金史青蓝集》，中国社会科学出版社，2017。

李俊：《中国宰相制度》，商务印书馆，1947。

李全德：《唐宋变革期枢密院研究》，国家图书馆出版社，2009。

梁天锡：《宋枢密院制度》，黎明文化事业股份有限公司，1981。

梁天锡：《宋宰辅制度研究论集》，中国佛教文化出版有限公司，1996。

梁天锡：《宋宰相表新编》，"国立"编译馆，1996。

刘后滨：《唐代中书门下体制研究》，齐鲁书社，2004。

刘静贞：《北宋前期皇帝和他们的权力》，稻乡出版社，1996。

〔美〕刘子健：《中国转向内在：两宋之际的文化转向》，赵冬梅译，江苏人民出版社，2012。

罗家祥：《北宋党争研究》，台北：文津出版社，1993。

苗书梅：《宋代官员的致仕和管理》，河南大学出版社，2008。

苗书梅：《宋代官员选任和管理制度》，河南大学出版社，1996。

〔日〕平田茂树：《宋代政治结构研究》，林松涛、朱刚译，上海古籍出版社，2010。

漆侠：《探知集》，河北大学出版社，1999。

漆侠、王天顺主编《宋史研究论文集》，宁夏人民出版社，1999。

漆侠主编《宋史研究论文集》，河北大学出版社，2002。

苏基朗：《唐宋法制史研究》，香港：中文大学出版社，1996。

陶晋生：《宋辽关系史研究》，中华书局，2008。

田志光：《北宋宰辅政务决策与运作研究》，人民出版社，2013。

汪圣铎：《宋代政教关系研究》，人民出版社，2010。

汪圣铎：《宋真宗》，吉林文史出版社，1996。

王瑞来：《宰相故事——士大夫政治下的权力场》，中华书局，2010。

王瑞明：《宋代政治史概要》，华中师范大学出版社，1989。

王曾瑜：《荒淫无道宋高宗》，河北人民出版社，2007。

吴宗国：《中国古代官僚政治制度研究》，北京大学出版社，2004。

谢元鲁：《唐代中央政权机构决策研究》，台北：文津出版社，1992。

杨果：《中国翰林制度研究》，武汉大学出版社，1996。

杨树藩：《宋代中央政治制度》，台湾商务印书馆，1977。

〔日〕衣川强：《宋代官僚社会史研究》，东京：汲古书院，2006。

游彪：《宋代荫补制度研究》，中国社会科学出版社，2001。

张邦炜：《宋代政治文化史论》，人民出版社，2005。

张复华：《北宋中期以后之官制改革》，文史哲出版社，1991。

张国刚：《唐代官制》，三秦出版社，1987。

张其凡：《宋初政治探研》，暨南大学出版社，1995。

张其凡：《宋代人物论稿》，上海人民出版社，2009。

张其凡：《赵普评传》，北京出版社，1991。

张希清等：《宋朝典章制度》，吉林文史出版社，2001。

张驭寰：《北宋东京城建筑复原研究》，浙江工商大学出版社，2011。

郑天挺等主编《中国历史大辞典》，上海辞书出版社，2017。

周道济：《汉唐宰相制度》，大化书局，1978。

朱瑞熙、程郁：《宋史研究》，福建人民出版社，2006。

朱瑞熙：《中国政治制度通史》第6卷《宋代》，人民出版社，1996。

诸葛忆兵：《宋代宰辅制度研究》，中国社会科学出版社，2000。

宫崎圣明『宋代官僚制度の研究』北海道大学出版会、2010。

和田清『中国官制発達史』汲古书院、1982。

梅原郁『宋代官僚制度研究』同朋舍、1985。

王瑞来『宋代の皇帝権力と士大夫政治』汲古书院、2001。

Michael McGrath，"The War with Hsi Hsia（1038-1044），" Cambridge：
Cambridge University Press，2009。

三 论文

常沁飞:《北宋宰相加官问题考论》,《绵阳师范学院学报》2018 年第 10 期。

陈文龙:《北宋本官形成述论——唐后期至北宋前期官僚品位结构研究》,博士学位论文,北京大学,2011。

陈元锋:《宋代馆职的名实与职任》,《史学月刊》2004 年第 12 期。

陈振:《关于北宋前期的宰相制度》,《中州学刊》1985 年第 6 期。

陈振:《关于北宋前期的"中书"》,《中国史研究》1979 年第 4 期。

陈振:《〈政事堂制度辨证〉质疑》,《中国史研究》1985 年第 1 期。

迟景德:《北宋宰相的名称与官阶》,《宋史研究集》第 16 辑,"国立"编译馆,1986。

迟景德:《宋代宰枢分立制之演变》,《宋史研究集》第 15 辑,"国立"编译馆,1984。

迟景德:《宋元丰改制前之宰相机构与三司》,《宋史研究集》第 7 辑,"国立"编译馆,1974。

邓杰:《北宋官员丁忧持服制度研究》,硕士学位论文,辽宁大学,2013。

邓小南:《近臣与外官——试析北宋初期的枢密院与其长官人选》,漆侠主编《宋史研究论文集》,河北大学出版社,2002。

邓小南:《掩映之间:宋代尚书内省管窥》,《华中国学》2014 年第 1 期。

邓小南:《走向"活"的制度史:以宋代官僚制度史研究为例的点滴思考》,《浙江学刊》2003 年第 3 期。

丁建军、贾亚方:《宋朝丁忧制度与政治斗争——以"李定匿丧"与"史嵩之起复事件"为例》,《保定学院学报》2013 年第 6 期。

董喜宁:《论秦桧久相与高宗朝的政局制衡》,《史学月刊》2021 年第 6 期。

方诚峰:《走出新旧:北宋哲宗朝政治史研究(1086~1100)》,博士学位论文,北京大学,2009。

傅礼白：《宋代枢密院的失势与军事决策权的转移》，《史学月刊》2004 年第 2 期。

傅礼白：《宋代章奏制度与政治决策》，《文史哲》2004 年第 4 期。

〔日〕宫崎市定：《宋代官制序说》，佐伯富：《宋史职官志索引》，京都：同朋舍，1974。

龚延明：《宋代崇文院双重职能探析——以三馆秘阁官实职、贴职为中心》，《北京大学学报》2016 年第 4 期。

龚延明：《宋代真迹官告文书的解读与研究——以首次面世的司马伋吕祖谦真迹官告为中心》，《中华文史论丛》2016 年第 1 期。

龚延明：《宋代中央机构剖析》，《浙江学刊》1993 年第 3 期。

何忠礼：《南宋孝宗朝的政治生态与周必大的政治活动》，《井冈山大学学报》2015 年第 2 期。

惠鹏飞：《宋代吏部尚书兼官研究》，《史志学刊》2015 年第 5 期。

季平：《宋王朝集议国事考论》，《北京师范大学学报》1990 年第 4 期。

贾亚方：《宋朝官员丁忧制度研究》，硕士学位论文，河北大学，2014。

贾玉英：《略论宋太宗的官制改革》，邓广铭、漆侠主编《宋史研究论文集》，河北教育出版社，1989。

贾玉英：《宋代中央行政体制演变初探》，《中州学刊》1995 年第 4 期。

贾玉英：《唐宋时期三省制度变迁论略》，《中州学刊》2008 年第 6 期。

姜锡东：《关于北宋前期宰相制度的几个问题》，《中州学刊》1990 年第 2 期。

蒋复璁：《宋太祖时太宗与赵普之政争》，《史学汇刊》第 5 期，1973。

金中枢：《宋代公教人员的退休制度（二）》，《宋史研究集》第 29 辑，"国立"编译馆，1998。

金中枢：《宋代公教人员的退休制度（三）上》，《宋史研究集》第 30 辑，"国立"编译馆，1999。

金中枢:《宋代公教人员的退休制度(三)下》,《宋史研究集》第31辑,"国立"编译馆,2002。

金中枢:《宋代公教人员的退休制度(一)》,《宋史研究集》第28辑,"国立"编译馆,1997。

柯昌基:《宋代中枢的秘书制度》,《中国史研究》1986年第4期。

赖瑞和:《唐职官书不载许多使职:前因与后果》,《唐史论丛》2014年第2期。

李昌宪:《北宋前期官品令复原研究》,《河南大学学报》2012年第1期。

李昌宪:《宋代文官贴职制度》,《文史》总第30辑,中华书局,1988。

李华瑞:《宋神宗与王安石共定"国是"考辩》,《文史哲》2008年第1期。

李勤德:《试论赵普》,《史学月刊》1983年第6期。

李全德:《通进银台司与宋代的文书运行》,《中国史研究》2008年第2期。

李裕民:《两宋宰相群体研究》,漆侠、王天顺主编《宋史研究论文集》,宁夏人民出版社,1999。

梁太济:《北宋前期的中枢机构及渊源》,《宋史研究集刊》第2辑,1988年。

梁天锡:《论宋宰执互兼制度》,《宋史研究集》第4辑,"国立"编译馆,1986。

林天蔚:《蔡京与讲议司》,《宋史研究集》第10辑,"国立"编译馆,1978。

林天蔚:《宋代权相形成之分析》,《宋史研究集》第8辑,"国立"编译馆,1976。

刘后滨:《"正名"与"正实"——从元丰改制看宋人的三省制理念》,《北京大学学报》2011年第2期。

罗家祥:《曾布与北宋哲宗、徽宗统治时期的政局演变》,《华中科技大学学报》2003年第2期。

马玉臣:《试论北宋前期之枢相》,《中州学刊》2002年第5期。

孟宪玉：《北宋通进银台封驳司研究》，博士学位论文，河北大学，2008。

穆朝庆：《论宋代的官员致仕制度》，《许昌师专学报》1989 年第2 期。

倪士毅：《宋代宰相出身和任期的研究》，《杭州大学学报》1986 年第4 期。

钱穆：《论宋代相权》，《中国文化研究汇刊》第2 卷，1942 年3 月。

邱志诚：《错开的花：反观宋代相权与皇权研究及其论争》，《海南大学学报》2007 年第5 期。

沈松勤：《论南宋相党》，《中国文化研究》2002 年第2 期。

史美珩：《史嵩之起复问题探》，《宁波大学学报》2003 年第4 期。

田志光：《北宋前期宰相官衔再探》，《史林》2010 年第1 期。

田志光：《北宋中后期三省决策与权力运作机制》，《史林》2013 年第6 期。

田志光：《北宋中后期"三省—枢密院"运作机制之演变》，《史学月刊》2012 年第3 期。

田志光：《试论北宋前期宰辅军事决策机制的演变》，《史林》2011 年第2 期。

田志光：《试论宋仁宗朝宰相兼枢密使之职权》，《史学集刊》2011 年第5 期。

田志光：《宋朝对大理寺审判的约束机制》，《云南社会科学》2010 年第1 期。

田志光：《宋代枢密直学士考论》，《文史》2013 年第2 期。

田志光：《宋太宗朝"将从中御"政策施行考——以宋辽、宋夏间著名战役为例》，《军事历史研究》2011 年第2 期。

田志光：《宋太祖朝参知政事的设立及职权考论》，《北方论丛》2013 年第4 期。

王超：《政事堂制度辨证》，《中国史研究》1983 年第4 期。

王瑞来：《多元立体，推陈出新——政治史研究新路径思索》，《史学月刊》2014 年第3 期。

王瑞来：《论宋代相权》，《历史研究》1985 年第2 期。

王原茵：《北宋宰相罢相述论》，《碑林集刊》第 14 辑，陕西出版集团、陕西人民美术出版社，2009。

吴以宁：《宋代朝省集议制度述论》，《学术月刊》1996 年第 10 期。

严复：《严几道与熊纯如书札节钞》，《学衡》第 13 期，1923 年。

杨树藩：《宋代宰相制度》，《宋史研究集》第 15 辑，"国立"编译馆，1984。

杨天云：《晏殊研究——以政治活动为中心》，硕士学位论文，西北大学，2016。

姚澄宇：《唐朝政事堂制度初探》，《中国史研究》1982 年第 3 期。

袁良勇：《宋代三省制度演变研究》，硕士学位论文，河北大学，2003。

张吉寅：《北宋致仕制度研究》，硕士学位论文，辽宁大学，2013。

张仁玺：《宋代集议制度考略》，《山东师范大学学报》1998 年第 2 期。

张祎：《关于北宋的"大敕系衔"》，《首都师范大学学报》2015 年第 6 期。

甄鹏：《北宋前期首相考》，《中国石油大学胜利学院学报》2017 年第 1 期。

朱瑞熙：《宋朝"敕命"的书行和书读》，《中华文化论丛》2008 年第 1 期。

朱瑞熙：《宋代官员致仕制度概述》，《南开学报》1983 年第 3 期。

祝建平：《北宋官僚丁忧持服制度初探》，《学术月刊》1997 年第 3 期。

祖慧：《南宋文官贴职制度研究》，《文史》总第 44 辑，中华书局，1998。

久保田和男「宋代に於ける制勅の伝達について」『宋代社会のネットワーク』汲古書院、1998。

后　记

　　《宋代宰相制度研究》这部书稿是我自博士生求学、工作至今，对宋代宰辅制度研究的一个阶段性总结。2008 年我赴南京大学历史学院读书，在导师李昌宪先生指导下确定宋代宰辅制度研究的选题，当时学界虽有不少研究成果问世，但在细致研读史籍、史料与认真思考后，我认为宋代宰辅制度尚有很大的研究空间，事实也证明了这个想法。因为选题庞大、内容繁杂，在与李老师商议后，我将博士学位论文的研究内容限定在北宋宰辅政务决策与运行方面，三年学习期间完成了 30 余万字的博士学位论文。2011 年毕业后我入职北宋京都所在地开封的河南大学，至今已有 10 余年，其间虽然宋代宰辅问题是我学术研究的主脉络，但也不仅仅局限于此，尝试将研究领域扩展至宋代政治、军事、社会等方面，最近两三年又将研究议题聚焦于宋代政治观念、治国方略，希望由此进一步思考古代中国的治国理念和施政举措以及对当今国家治理的现实借鉴等。这样，宰辅制度断断续续地研究了多年，其间也发表了数篇专题小文，后来又增加相关内容申报获批了 2019 年国家社科基金后期资助一般项目。课题获批后，根据评审专家的建议和意见又增加了部分内容，形成了本书共十章的研究内容。本书稿虽然名为《宋代宰相制度研究》，但并不是对宋代宰相制度进行系统和面面俱到的研究，而是进行专题探讨，这与我博士学位论文撰写思路相近，原因还是宋代宰相制度体系庞大，深入细致探讨方方面面的研究并非易事，个人愚见认为宋代宰相制度研究即使再出几部甚至十几部专题研究著作也不一定能研究"完毕"。有鉴于此，这部书稿也就成了如此的形式和规模。接下来，宰辅研究我还会继续关注，也许数年后会再出一本相关研究的小书供学界指正。

本书稿部分篇章的撰写和思考，其实延续了博士学位论文的一些内容，撰写该部分内容时，限于资料收集缺憾，甚至是时间的不足，有的未能深入思考，有的只提出了观点。后来在学习和研究中，随着新史料的发现，长时间思索后，认为仍有一些问题有必要深入探究。例如北宋中后期宰相"取旨"制度、北宋初期宰相权力配置、元丰改制前宰相贴职以及宰辅理政场域政事堂、都堂等，这些问题在本书中有了进一步论述和阐释，提出了一些新观点。然而本书稿仍是宋代宰相制度研究的阶段性成果。学术探索之路很长，我想只要坚定信心，路会越走越通畅，历史研究会越来越深入，更加贴近历史的真实。

需要指出的是，日本学习院大学东洋文化研究所王瑞来先生在百忙中为拙作赐序，王先生是宋代宰辅政治研究的大家、名家，在我多年的求学过程中对我鼓励有加，教正良多，在此深表谢意。本书稿在申报国家社科基金后期资助课题时，社会科学文献出版社历史学分社社长郑庆寰博士对申报书论证格式和内容调整有所教益，社会科学文献出版社赵晨先生作为拙著的责任编辑，认真负责，细致编校，在此对他们特致谢忱。本书出版同时得到河南高校哲学社会科学创新团队"唐宋时期国家治理研究"（2023-CXTD-03）经费的资助。本书出版前的史料校对由我指导的博士研究生岳童瑶协助完成，部分史籍更新利用了较好的版本，童瑶勤勉认真，辛劳付出，在此一并感谢。

最后，本书稿付梓之际，仍有一些不足或疏误之处，敬请方家雅正。

壬寅年仲秋于汴京明伦校园

田志光

图书在版编目（CIP）数据

宋代宰相制度研究 / 田志光著 . --北京：社会科
学文献出版社，2023.3（2024.9 重印）
国家社科基金后期资助项目
ISBN 978-7-5228-0488-0

Ⅰ.①宋…　Ⅱ.①田…　Ⅲ.①官制-研究-中国-宋
代　Ⅳ.①D691.42

中国版本图书馆 CIP 数据核字（2022）第 133198 号

·国家社科基金后期资助项目·

宋代宰相制度研究

著　　者 / 田志光

出 版 人 / 冀祥德
责任编辑 / 赵　晨
文稿编辑 / 李蓉蓉　郑彦宁
责任印制 / 王京美

出　　版 / 社会科学文献出版社·历史学分社（010）59367256
　　　　　地址：北京市北三环中路甲 29 号院华龙大厦　邮编：100029
　　　　　网址：www.ssap.com.cn
发　　行 / 社会科学文献出版社（010）59367028
印　　装 / 唐山玺诚印务有限公司

规　　格 / 开　本：787mm×1092mm　1/16
　　　　　印　张：20.75　字　数：328 千字
版　　次 / 2023 年 3 月第 1 版　2024 年 9 月第 3 次印刷
书　　号 / ISBN 978-7-5228-0488-0
定　　价 / 98.00 元

读者服务电话：4008918866